현대 사회문제의 해법을 찾다

사랑의 사회학

이 저서는 2018년 정부(교육부)의 재원으로 한국연구재단의 지원을 받아 수행된 연구임.
(NRF-2018S1A6A4A01033047)

사랑의 사회학

초판 1쇄 인쇄 2020년 6월 15일
초판 1쇄 발행 2020년 6월 25일

지은이 홍승표
펴낸이 김승희
펴낸곳 도서출판 살림터

기획 정광일
편집 조현주

인쇄·제본 (주)신화프린팅
종이 월드페이퍼(주)

주소 서울시 양천구 목동동로 293, 22층 2215-1호
전화 02-3141-6553
팩스 02-3141-6555
출판등록 2008년 3월 18일 제313-1990-12호
이메일 gwang80@hanmail.net
블로그 http://blog.naver.com/dkffk1020

ISBN 979-11-5930-148-3 93330

이 도서의 국립중앙도서관 출판예정도서목록(CIP)은 서지정보유통지원시스템 홈페이지(http://seoji.
nl.go.kr)와 국가자료종합목록 구축시스템(http://kolis-net.nl.go.kr)에서 이용하실 수 있습니다.
(CIP제어번호: CIP2020025217)

현대 사회문제의 해법을 찾다

사랑의 사회학

홍승표 지음

살림터

들어가는 글

46억 년 전 대우주라는 거대한 바다 위에 하나의 물거품과 같은 지구가 탄생했다. 지구는 아주 뜨거웠고, 마그마가 흘러넘쳤다. 지구가 식고 하늘이 생겨나면서, 생명이 탄생했고 번성하기 시작했다. 지구는 아름다운 녹색별이 되었다. 오랜 진화의 역사 끝에 인류가 출현했고, 1만 년 전쯤 농업혁명이 일어나면서 고대문명이 형성되는 놀라운 일이 벌어졌다. 18세기 말 산업혁명이 발발했고 서유럽 사회를 중심으로 현대[1] 문명이 꽃을 피우기 시작했다. 그리고 지금 인공지능(AI)의 발달을 중심으로 신기술혁명이 일어나고 있다. AI의 출현과 발달은 지금까지 상상조차 할 수 없었던 새로운 세계로 인류를 인도할 것이다.

AI는 단순히 하나의 새로운 기술이 아니다. AI는 많은 분야에서 이미 인간의 능력을 추월했지만 미래의 관점에서 보면 이것은 미미한 시작에 불과한 것이다. 불과 지금으로부터 이삼십 년 후로 예상되는 특

---

1. 현대(modern)라는 용어에는 두 가지 용례가 있다. 한 가지 용례는 인류 역사의 특정 시점을 가리키는 것으로 현대라는 용어가 사용된다. 이 경우, 현대는 '전현대' 이후 그리고 '탈현대' 이전의 특정 기간 동안의 역사적인 시기를 가리킨다. 다른 한 가지 용례는 '현시대(the present time)'를 가리키는 경우이다. 이 경우에는 역사의 어떤 시점에서나 현재의 그 시점이 현대를 의미한다. 이 책에서 현대라는 용어는 전자의 의미로 사용된다. 이 책에서 '탈현대'는 '후기 현대'가 아니라 '현대 이후의 새로운 시대(the new era after the modern time)'를 지칭하는 용어로 사용한다. 현대와 탈현대는 전현대와 현대보다 더 근본적인 차이를 갖는다. 이에 대한 상세한 설명은 홍승표의 「동양사상과 존재혁명」, 『철학논총』 63(1)(새한철학회, 2011), 147-148쪽을 참고하기 바란다.

이점Singularity에 도달하면, 기술 폭발이 일어나고, 기술 발달에 걸리는 시간이 0(Zero)이 되는 새 시대에 진입할 것이다. 인간의 관점에선 불가능했던 모든 기술이 가능해질 것이다. 지구는 대우주의 고립된 행성의 위치를 벗어나 대우주사회의 일원으로 편입될 것이다. 모든 희소자원이 사라지고, 희소자원을 차지하기 위한 쟁탈전도 사라질 것이다. 항구적인 평화의 시대가 찾아오고, 사랑으로 충만한 새로운 세상, 사랑의 사회가 열리게 될 것이다.

그러나 놀랍고 멋진 새 시대로 진입하기 이전에 넘어야만 하는 높은 산이 있다. 그것은 '내가 에고²라는 생각'이다. '내가 에고라는 생각'을 가진 채로 인류는 사랑의 사회로 나아갈 수 없다. 사랑의 사회로 도약할 수 있는 전제 조건은 인류가 에고로부터 '참나'³로의 존재혁명을 이루는 것이다.

모든 사회는 소프트웨어로서의 세계관과 하드웨어로서의 기술적 하부구조를 갖고 있고, 특정의 세계관과 기술적 하부구조가 상호작용하면서 특정의 사회 시스템이 형성된다. 현대 사회는 소프트웨어로서의 현대 세계관과 하드웨어로서의 산업혁명을 기반으로 한 기술적 하부구조, 그리고 이 양자의 상호작용에 의해 현대 사회 시스템이 형성된 사회이다.

그런데 과거 산업혁명에 의해 전현대 사회의 균열과 붕괴가 일어났듯이, 신기술혁명에 의해 현대 사회의 균열과 붕괴가 일어나고 있다. 전현대 사회의 붕괴가 문명의 붕괴가 아니라 새로운 문명의 시작이었

---

2. 이 책에서 에고란 현대 인간관의 관점에서 인식된 인간을 의미한다. 즉, 자신을 둘러싸고 있는 세계로부터 근원적으로 분리·독립된 개체로서의 인간, 우리가 개인(Individual)이라고 부르는 인간이 바로 이 책에서 사용되는 에고의 의미이다.
3. 이 책에서 '참나'란 탈현대 인간관의 관점에서 인식된 인간을 의미한다. '참나'는 영원한 시간과 무한한 공간을 자신 안에 품고 있는 우주적인 존재이며, 진정한 나, 사랑의 존재로서의 나를 의미한다.

듯이, 현대 사회의 붕괴 역시 문명의 붕괴가 아니라 새로운 문명의 시작이다.

현대 사회는 인류 문명의 종착역이 아니다. 현대 사회는 인류 문명이 거쳐 지나가야만 하는 작은 간이역에 불과한 것이다. 그러나 현재 인류에게 커다란 착각이 일어나고 있다. '내가 에고라는 생각'은 현대기에 통용되고 있는 인간에 대한 하나의 생각에 불과한 것인데, 현 인류는 '내가 에고라는 생각'을 인간에 대한 하나의 생각이 아니라 사실로 간주하고 있다. 그렇게 되면, 현대 세계관[4]은 역사의 특정 시점에 통용되었던 하나의 세계관이 아니라 보편적인 세계관이 되고, 현대 사회 시스템은 역사의 특정 시점에 존재한 하나의 사회 시스템이 아니라 보편적인 사회 시스템으로 간주된다.

이런 착각을 하게 되면, 현대 사회 시스템이 붕괴되는 것은 하나의 사회 시스템이 붕괴되는 것이 아니고, 사회 시스템 자체가 붕괴되는 것, 즉 '세상이 망하는 것'을 의미하게 된다. 마치 대원군과 그 시대 유학자들에게 조선 사회가 붕괴되는 것이 낡은 전현대 사회가 붕괴되는 것이 아니라, '사회가 붕괴되는 것'으로 인식되었던 것과 동일한 이치로….

현재 신기술혁명이 빠른 속도로 일어나고 있고, 이에 따라서 모든 현대 사회 시스템들이 붕괴하고 있다. 현대 자본주의체제로 대변되는 현대 경제 시스템도 붕괴하고 있고, 현대 국가로 대변되는 현대 정

---

4. 현대 세계관이란 17세기를 전후해서 서구 사회에서 출현한 인간과 세계를 바라보는 관점을 지칭한다. 현대 세계관은 이후 전 세계로 확산되었고, 오늘날에 이르기까지 현대 사회의 지배적인 세계관으로 작용하고 있다. 현대 세계관의 핵심은 '시공간적으로 모든 존재들 간의 근원적인 분리'에 대한 가정이다. 현대 세계관에서는 바로 이 가정의 바탕 위에서 인간과 세계에 대한 인식이 이루어진다.

치 시스템도 붕괴하고 있으며, 현대 기술 교육으로 대변되는 현대 교육 시스템도 붕괴하고 있고, 현대 핵가족으로 대변되는 현대 가족 시스템도 붕괴하고 있다. 산업혁명의 결과로 모든 전현대 사회 시스템들이 붕괴했듯이, 신기술혁명의 결과로 모든 현대 사회 시스템들이 붕괴하고 있는 것이다.

지금 일어나고 있는 현대 사회 시스템들의 붕괴는 '세상이 망하는 것'이 아니다. 단지 새로운 기술적 하부구조와 조화를 이룰 수 없는 낡은 사회 시스템이 붕괴하고 있는 것이다. 이것은 신기술혁명이 일어나면서 필연적으로 붕괴할 수밖에 없는 낡은 현대 사회 시스템이 붕괴하고 있는 것이며, 새 시대가 시작되면서 무너져야 할 것이 무너지고 있는 것이다.

현 인류는 '내가 에고라는 생각', 낡은 현대 세계관에 고착되어 있다. 19세기 말 유학자들은 낡은 유교 세계관에 고착되어 있었다. 그들에게 유교 세계관은 하나의 세계관이 아니라 세계관이었다. 그래서 유교 세계관의 관점에서 바라본 조선 사회의 붕괴는 낡은 사회 시스템이 붕괴하는 것이 아니라 '세상이 망하는 것'이었다.

똑같은 착각이 지금 이 시대에 일어나고 있다. 신기술혁명의 발발에 따라 낡은 현대 사회 시스템이 붕괴하고 있다. 산업혁명과 전현대 사회 시스템이 공존할 수 없었듯이, 신기술혁명과 현대 사회 시스템은 공존할 수 없다. 산업혁명의 발발이 낡은 전현대 사회 시스템을 붕괴시켰던 것이 필연적이었던 것과 마찬가지로, 신기술혁명의 발발이 낡은 현대 사회 시스템을 붕괴시키고 있는 것은 필연적인 것이다.

그러나 전현대 세계관에 고착되어 있었던 전현대인의 눈에는 낡은 전현대 사회 시스템의 붕괴가 당연히 무너져야 할 것이 무너지는 것으로 인식되지 않고, '세상이 망하는 것'으로 인식되었다. 마찬가지로 현대 세계관에 고착되어 있는 현 인류의 눈에는 낡은 현대 사회 시스템의 붕괴가 당연히 무너져야 할 것이 무너지는 것으로 인식되지 않고, '세상이 망하는 것'으로 인식되고 있다.

이것이 바로 지금 이 세상에서 일어나고 있는 '낡은 현대 세계관'과 '새로운 신기술혁명' 간의 거대한 문명 충돌의 진상이다. 낡은 현대 세계관에 고착되어 있는 현 인류는 새로운 신기술혁명에 의해 붕괴되고 있는 현대 사회 시스템을 복구하고자 하는 필사적인 노력을 경주하고 있다. 그 결과는 무엇이겠는가? 문명 대파국이다. 이것이 바로 현대 문명 위기의 본질이다.

지금 '낡은 현대 세계관'과 '새로운 신기술혁명' 간의 거대한 문명 충돌이 일어나고 있다. 문명 충돌이 계속되면, 수많은 SF 영화들이 그리고 있는 것과 같이 지구문명은 파멸에 이를 것이다. 문명의 파멸을 막기 위해서, 새롭고 아름다운 문명으로 나아가기 위해서, 지금 충돌하고 있는 '낡은 현대 세계관'과 '새로운 신기술혁명' 중 무엇을 폐기해야만 하겠는가?

'새로운 신기술혁명'을 폐기해야 하겠는가? 아니다. 신기술혁명은 폐기할 수도 없고, 폐기해서도 안 된다. 신기술혁명은 미래 사랑의 사회가 건설될 수 있는 기술적 하부구조이기 때문이다. 현 인류가 폐기해야 할 것은 '새로운 신기술혁명'이 아니라 '낡은 현대 세계관'이다.

신기술혁명은 일어나고 있고, 앞으로 가속화될 것이다. 이것은 필연적이고 불가역적인 역사운동이다. 현 인류가 기울여야 할 노력은 신기술혁명에 의해 생겨나고 있는 새로운 세계와 조화할 수 없는 '낡은 현대 세계관'을 폐기하고, 새로운 문명 건설을 주도할 수 있는 '새로운 탈현대 세계관'을 받아들이는 것이다. 즉, 낡은 현대 세계관으로부터 새로운 탈현대 세계관으로 세계관의 전환을 이루는 것이다. 인간이 에고밖에 안 되는 존재가 아니라 에고를 훨씬 넘어서는 '참나'의 존재, 사랑할 수 있는 존재라는 새롭고 멋진 생각을 받아들이는 것이다.

낡은 현대 세계관으로부터 새로운 탈현대 세계관에로의 세계관의 대전환을 이루어야만, 에고의 존재로부터 '참나'의 존재로의 존재혁명을 위한 노력을 기울일 수 있고, 존재혁명을 이루어야만 인류는 어두운 현대 말 사회의 터널을 지나 빛나는 사랑의 사회로 나아갈 수 있다.

『사랑의 사회학』은 바로 이런 사회학적인 계몽을 위해 쓰인 책이다. 낡은 현대 세계관을 따라 고집스럽게 이 길을 계속 걸어간다면, 이 길 끝에는 천길만길의 낭떠러지가 있다. 새로운 탈현대 세계관이 인도하는 새로운 길을 걸어간다면, 인류는 사랑의 존재로 재탄생할 것이고, 아름다운 사랑의 사회, 인류가 꿈꾸기도 어려웠던 멋진 신세계로 도약할 것이다.

현 인류가 직면해 있는 문명 위기의 본질이 무엇인가를 이 책을 통해 밝히고자 했다. 어떻게 이 문명 위기를 벗어날 수 있는가를 이 책에서 모색했다. 그리고 만일 인류가 세계관의 대전환을 이루어 낸다면, 그래서 존재혁명을 이루는 데 성공한다면, 우리가 도달하게 될 사랑의 삶과 사회의 모습을 이 책에서 그려 보고자 했다.

필자는 1985년 미국 유학길에 올랐고, 사회통계학과 사회조사방법 등 전형적인 미국의 실증적인 사회학을 공부했다. 1989년 귀국 후 1997년 초까지 7년 반 동안 대학에 취업이 안 되어 심한 마음고생을 겪었다. 1992년 어느 날 취업 전망이 암울한 상태에서 우연히 『노자老子』를 읽게 되었는데, 놀라운 경험을 했다. 외적인 상황은 변한 게 없는데, 내 마음엔 그전에 느끼지 못했던 평화가 찾아왔다. 내 힘든 마음을 치유해 주었듯이, 『노자』에는 현대 문명의 근본 문제를 치유할 수 있는 방안이 담겨 있다는 직감이 들었다. 필자는 『노자』를 바탕으로 현대 문명의 근본 문제를 진단하고 치유하는 방안에 대한 두 편의 논문을 썼는데, 이것이 필자의 학문 인생에 전환점이 되었다.

그날 이후, 그때까지 해 왔던 실증적인 사회학 공부를 접었다. 저절로 접혀졌다는 표현이 옳을 것이다. 더 이상 실증적인 사회학 연구를 할 수 없게 되었다. 그리고 오늘에 이르기까지 줄기차게 동양사상의 바탕 위에서 현대 문명의 근본 문제를 인식하고, 탈현대 사회이론을 구성하며, 인류가 살아갈 새로운 세상을 탐구하고, 새로운 세상으로 나아갈 수 있는 방안을 모색해 왔다. 이전에도 공부를 싫어했던 것은 아니지만 공부는 엄청 재미있고 행복한 일이 되었고, 필자의 삶과 학문은 하나가 되었다.

10년 동안의 궁구 끝에 2002년 『깨달음의 사회학』을 출판했다. 이것은 필자에겐 새로운 사회학 선언이었다. 이어서 『존재의 아름다움』2003. 수필집, 『동양사상과 탈현대』2005, 『노인 혁명』2007, 『동양사상과 새로운 유토피아』2010, 『동양사상과 탈현대적 삶』2011, 『탈현대와 동양사상의 재발견』2012, 『주역과 탈현대 문명』2014, 『무르익다』2016. 수필집, 『노자와 탈현대 문명』2018, 『인공지능 시대의 사회학적 상상력』2019을 출판했다.

동양사상에서 인류가 살아갈 새로운 삶과 사회에 대한 비전을 찾는다는 필자의 생각엔 변함이 없지만, 근래 들어 '인공지능'이 인류의 미래에 폭발적인 영향을 미칠 것이라는 생각을 갖게 되었다. 이전에는 사회의 기술적인 하부구조에 대한 관심은 제한적이었는데, '동양사상과 인류의 미래'라고 하는 원래의 주제가 '동양사상, 인공지능, 그리고 인류의 미래'로 확장되었다. 중요한 새 변수가 등장한 것이다.

동양사상과 탈현대 연구회는 정재걸, 이승연, 이현지, 백진호, 그리고 필자, 이렇게 5명으로 구성되어 있는데, 우린 1997년부터 경전 강독과 '동양사상과 탈현대'라고 하는 주제를 함께 탐구해 왔다. 『주역과 탈현대』, 『노자와 탈현대』, 『논어와 탈현대』, 『동양사상과 마음교육』, 『유교의 마음교육』, 『공자혁명』, 『동양사상과 노인복지』 등 많은 연구서를 함께 집필했다. 동양사상과 탈현대 연구회는 필자의 학문적인 자궁이 되어 주었다.

동양사상과 탈현대 연구회에서는 사오년 전부터 '동양사상, 인공지능, 인류의 미래'라는 주제에 관심을 집중시키고 있다. 원래 연구주제에 인공지능이 새롭게 추가된 것이다. 연구회에서는 2017년 『동양사상에게 인공지능 시대를 묻다』를 출간했고, 2019년 『동양사상에게 인공지능 시대의 가족을 묻다』를 출간했다. 지금 '동양사상과 인공지능'에 대한 연작을 준비하고 있다. 『동양사상에게 인공지능 시대의 휴머니즘을 묻다』, 『동양사상에게 인공지능 시대의 교육을 묻다』, 『동양사상에게 인공지능 시대의 정치를 묻다』 등을 현재 열심히 준비하고 있다.

『사랑의 사회학』은 지난 삼십 년 가까이 진행된 위의 작업의 연속이기도 하고, 필자의 본격적인 탈현대 사회학의 출발이기도 하다. 필자가 1976년부터 사회학을 공부하면서 이상하게 여겼던 일이 있다. 현대 사회학에는 일반 사회학이론으로 갈등이론과 교환이론이 있다. 두 이론 모두 사회관계이론이다. 그리고 사회학자들은 지배와 복종, 경쟁과 같은 사회관계를 연구한다. 그런데 '왜 현대 사회학에는 사랑의 사회학이론은 없는 것일까? 사랑을 연구하지 않는 것일까?' 하는 의문이 늘 있었다.

현대 사회학에 미미하게 있는 사랑과 관련한 사회학도 '사랑에 대한 사회학'이며, '사랑의 관점에서의 사회학'은 아니다. '사랑에 대한 사회학'의 경우도 거의가 '생물학적 본능에 기반을 둔 남녀 간의 사랑'에 국한되며, '참나의 발현으로서의 사랑'을 탐구 대상으로 한 사회학적 연구는 전무한 실정이다.

이 책은 이런 의미에서 세계 최초의 사랑의 관점에서 이루어진 사회학 연구서가 될 것이다. 『사랑의 사회학』은 '사랑에 대한 사회학 Sociology of Love'이 아니다. 『사랑의 사회학』은 '사랑의 관점에서 사회를 연구하는 새로운 사회학'이다. 그리고 이때 사랑은 생물학적 본능에 바탕을 둔 이성애나 모성애가 아니라 '참나'가 뿜어내는 빛으로서의 사랑을 의미한다. 다시 말하자면, 『사랑의 사회학』은 탈현대 세계관의 바탕 위에서, 사랑의 정체성을 구명하고, 사랑의 사회학이론을 구성하며, 현대 사회를 창조적으로 비판하고, 탈현대 사회에 대한 비전을 제시하며, 탈현대 사회에 이르는 방법을 연구하는 탈현대 사회학이다.

현대 사회학의 목표는 현대 사회를 완성하는 것이었다. 현대 사회학의 세계관적인 토대는 두 가지인데, 현대 세계관과 전현대 세계관이 그것이다. 현대 세계관의 바탕 위에서 현대 사회에 잔존하고 있는 전현대 사회의 잔재를 비판했고, 전현대 세계관의 바탕 위에서 현대 사회가 상실한 전현대 사회의 미점을 부각시켰다. 이 두 개의 사회학이 기반을 두고 있는 세계관은 상이하지만, 목표는 '현대 사회의 완성' 하나이다.

탈현대 사회학인 사랑의 사회학의 목표는 현대 사회를 탈피해서 탈현대 사회에 도달하는 것이다. 현대 사회학에서 현대 사회는 완성시켜 가야 할 목표이지만, 탈현대 사회학에서 현대 사회는 극복의 대상이다. 그래서 이 책에서는 앞부분에서 사랑과 사랑의 사회학의 정체성을 규명하고, 1부에서는 사랑의 사회학의 세계관적 토대가 되는 탈현대 세계관을 서술하며, 2부에서는 탈현대 세계관의 바탕 위에서 사랑의 사회학이론을 구성하고, 3부에서는 실제 현대 사회의 주요 이슈의 해결을 위해 사랑의 사회학을 적용해 볼 것이다.

간절한 마음으로 이 책을 썼다. 설레는 마음을 안고 이 책을 썼다. 행복한 시간이었다. 이 책이 누군가에게 도움이 되어, 인류가 사랑의 사회로 나아가는 데 작은 기여를 할 수 있기를 소망한다.

이 책을 이 세상 하나뿐인 사랑하는 아우와 태어나서 지금까지 많은 사랑을 베풀어 주신 그리고 제가 많이 사랑하는 여섯 분의 누님들께 바친다.

2020년 6월
홍승표

차례

들어가는 글 4

서론: 사랑의 사회학으로 새로운 사회학을 구상하다 18
　1. 사랑이란 무엇인가 19
　2. 사랑의 사회학은 왜 이 시대 혁명의 사회학인가 34
　　1) 현대 사회학 진단 34
　　2) 현대 사회학의 기여와 한계 42
　　3) 사랑의 사회학의 정체성 45

1부 사랑의 사회학의 세계관적 기초를 밝히다 49

Ⅰ. 사랑의 사회학은 어떤 세계를 지향하는가 55
　1. 모든 존재는 하나 57
　2. 독자적이면서 전체와 조화를 이루는 개체 71
　3. 모두가 중심이 되는 세계 76
　4. 절대 평등의 세계 81

Ⅱ. 사랑의 사회학의 인간관은 무엇인가 85
　1. '참나'를 품고 있는 아름다운 존재 86
　2. '참나'를 자각할 수 있는 위대한 존재 89
　3. 사랑의 즐거움을 누릴 수 있는 존재 91

Ⅲ. 사랑의 사회학이 바라본 나와 너의 관계는 무엇인가 109

2부 사랑의 사회학으로 새로운 사회이론을 구성하다 115

Ⅰ. 사랑의 사회학의 연구방법은 무엇인가 121

　1. 사랑학의 정체성 124
　　1) 사랑학의 앎의 목적 124
　　2) 사랑학의 앎의 의미 128
　　3) 사랑학의 앎의 방법 132
　2. 사랑의 사회학의 앎의 목적 136
　　1) 현대 사회학에서의 앎의 목적 136
　　2) 사랑의 사회학에서의 앎의 목적 138
　3. 사랑의 사회학의 앎의 의미 139
　　1) 현대 사회학에서의 앎의 의미 139
　　2) 사랑의 사회학에서의 앎의 의미 140
　4. 사랑의 사회학의 앎의 방법 142
　　1) 현대 사회학에서의 앎의 방법 142
　　2) 사랑의 사회학에서의 앎의 방법 143

Ⅱ. 사랑의 사회학의 관점에서 사회문제는 무엇인가 145

　1. 자아확장투쟁으로서의 현대적인 삶 148
　　1) 자아확장투쟁으로서의 삶의 원인 149
　　2) 자아확장투쟁으로서의 삶의 양상 151
　　3) 자아확장투쟁으로서의 삶의 문제 161
　2. 적대 관계로서의 현대적인 관계 162
　　1) 경쟁관계와 문제 163
　　2) 갈등관계와 문제 166
　　3) 교환관계와 문제 170
　　4) 지배와 복종의 관계와 문제 171
　3. 현대 사회 시스템의 문제 174
　　1) 현대 경제 시스템의 문제 176
　　2) 현대 정치 시스템의 문제 186
　　3) 현대 교육 시스템의 문제 193
　　4) 현대 가족 시스템의 문제 197

Ⅲ. 사랑의 사회학의 사회 발전의 목표는 무엇인가 201

   1. 사회 발전의 의미 202

   2. 사랑의 사회학에서의 사회 발전 방안 206

     1) 존재 변화를 촉발시키는 요인 206

     2) 수행을 통한 존재 변화 210

     3) 감화를 통한 존재 변화 242

   3. 사랑의 사회학에서의 발전된 사회의 모습 249

     1) 사랑의 즐거움을 누리는 삶 250

     2) 사랑의 관계 258

     3) 사랑이 충만한 사회 265

3부 사랑의 사회학으로 현대 사회문제의 해법을 찾다 277

Ⅰ. 현대 가족문제를 어떻게 해결할 수 있나 281

   1. 〈아메리칸 뷰티〉와 현대 가족 281

   2. 현대 가족문제의 본질 284

     1) 현대 가족문제의 양상 284

     2) 현대 가족문제의 원인 288

   3. 현대 가족문제의 해결 방안 301

     1) 세계관의 전환 302

     2) 사랑의 알통 기르기 연습 310

     3) 가정을 천국으로 만들기 316

Ⅱ. 노인이 행복한 사회는 어떻게 가능한가 324

   1. 현대 노인문제의 본질 325

     1) 현대 인간관과 노화에 대한 부정적인 태도 325

     2) 한국 노인문제가 더 심각한 원인 329

     3) 노인문제의 양상 332

   2. 노인문제의 해결 방안 336

     1) 세계관의 전환 337

     2) 존재 변화를 위한 노력 343

     3) 새로운 노인의 탄생 348

     4) 사랑의 사회 건설 주역으로서의 새로운 노인 353

Ⅲ. 현대 교육문제를 어떻게 해결할 수 있나 356

    1. 현대 교육문제의 본질 358

       1) 현대 교육과 새 시대 간의 충돌 358

       2) 교육문제가 더 심각한 한국의 사례 359

    2. 현대 교육문제의 해결 방안 364

       1) 신기술혁명과 현대 교육에 대한 헌신의 철회 364

       2) 세계관의 전환과 새로운 교육의 목표 366

       3) 사랑의 교육에 대한 비전 367

Ⅳ. 사랑의 다문화 사회란 어떤 모습인가 376

    1. 현대 세계관과 사랑이 메마른 현대 다문화 사회의 문제 377

       1) 문화 간 분리와 단절 378

       2) 문화 간 불평등 380

       3) 상대편 문화에 대한 비하 383

       4) 상대편 문화에 대한 무례함 385

       5) 문화 간 지배와 피지배 387

       6) 문화 간 갈등 389

    2. 탈현대 세계관과 사랑의 다문화 사회에 대한 비전 390

       1) 통일체로서의 다문화 사회 391

       2) 절대 평등의 다문화 사회 392

       3) 상호 존경의 다문화 사회 394

       4) 예(禮)의 다문화 사회 396

       5) 평화로운 다문화 사회 398

       6) 조화로운 다문화 사회 400

맺는 글 403

참고 문헌 432

서론:
사랑의 사회학으로
새로운 사회학을 구상하다

사랑의 사회학은 사랑에 대한 사회학이 아니다.
사랑의 사회학은 현대 사회학이 아니다.
사랑의 사회학은 사회학의 혁명이다.

사랑의 사회학의 출발점은 '사랑의 의미가 무엇인가'를 규정하는 것
이다. 사랑의 사회학에서 말하는 사랑의 의미는 현대 사회에서 흔히
사용되는 사랑의 의미와 다르다. 현대 사회에서는 흔히 인간의 생물학
적인 본능에서 유래하는 이성애異性愛나 모성애母性愛를 사랑이라고 말
한다. 그러나 사랑의 사회학에서 말하는 사랑은 '참나'의 발현으로서
의 사랑을 가리킨다.

사랑의 사회학 서론에서 두 번째 작업은 '사랑의 사회학이란 무엇인
가' 즉 사랑의 사회학의 학문적인 정체성을 밝히는 것이다. 사랑의 사
회학은 현대 사회학의 한 분야가 아니다. 사랑의 사회학은 사랑에 바
탕을 둔 탈현대 사회학이다. 사랑의 사회학의 정체성을 밝히기 위해,
먼저 현대 사회학의 정체성을 서술하고, 현대 사회학의 역사적인 기여
와 현시점에서의 한계를 서술하고자 한다. 그 뒤에 사랑의 사회학의
학문적인 정체성을 밝힐 것이다.

1. 사랑이란 무엇인가

사랑한다는 것은
사랑스럽지 않은 너를 사랑하는 것이다.

사랑의 사회학에서 말하는 사랑이란 무엇인가? 그것은 '진정한 사랑'의 줄임말로 '참나'의 발현으로서의 사랑을 가리킨다. 이것은 대중가요의 노랫말에 자주 등장하는 '사랑'의 의미와는 다른 것이다. 사랑의 사회학에서 말하는 사랑이란, '참나'를 자각했을 때, '참나'의 태양이 내뿜는 빛이라고 할 수 있다. 진정한 사랑은 다양한 형태로 표현되는데, 감사, 용서, 겸손, 배려, 깊은 이해, 관용 등이 그것이다.

모든 사랑에는 두 가지 원천이 있다. 하나는 모성애와 이성애 같은 생물학적 본능이고, 다른 하나는 '참나'이다.

[표 1] 사랑의 두 가지 원천

사랑의 원천 1	사랑의 원천 2
생물학적인 본능: 생물학적인 본능의 발현으로서의 사랑	참나: '참나'의 발현으로서의 사랑

사랑에는 두 가지 원천이 있다. 하나는 생물학적인 본능에 바탕을 두고 발현되는 사랑인데, 이성애나 모성애가 그것이다. 다른 하나는 '참나'의 발현으로서의 사랑인데, 석가모니Śākyamuni, BC 563?~BC 483?, 노자老子, 미상, 예수Jesus Christ, BC 4?~AD 30, 공자孔子, BC 551~BC 479 등과 같이 '참나'를 자각했을 때 발현되는 사랑이다. 로미오와 줄리엣의 사랑과 이태석 신부님의 톤즈 지역 사람들에 대한 사랑을 떠올려 보면 쉽게 그 공통점과 차이점을 인식할 수 있다. 이 책에서는 전자의 사랑을

'생물학적인 사랑'이라고 명명하고, 후자의 사랑을 '진정한 사랑'이라고 명명하기로 한다. 사랑의 사회학에서 말하는 사랑은 진정한 사랑을 의미하며, 두 가지 유형의 사랑을 비교하는 경우를 제외하면, 이 책에서 사용되는 사랑의 의미는 '참나'의 발현으로서의 진정한 사랑이다.

생물학적인 사랑은 순수한 형태로 발현할 수도 있고, 에고와 결합해서 발현할 수도 있으며, '참나'와 결합해서 발현할 수도 있다.

[표 2] 사랑의 원천과 주체에 따른 사랑의 유형

원천 \ 주제	생물학적인 본능	에고	참나
생물학적인 본능	사랑의 유형 1 〈순수한 생물학적인 사랑〉: 순수한 생물학적인 본능의 발현	사랑의 유형 2 〈거짓된 사랑〉: 생물학적인 본능과 에고의 결합	사랑의 유형 3 〈진정한 사랑 2〉: 생물학적인 본능과 '참나'의 결합
참나			사랑의 유형 4 〈진정한 사랑 1〉: 순수한 '참나'의 발현

〈사랑의 유형 1〉은 순수한 생물학적인 본능의 발현에 의한 '순수한 생물학적인 사랑'이다. 문명 이전, 에고가 발생하기 전, 인류가 동물적인 차원에서만 존재했을 때는 생물학적인 사랑만 존재했다. 그러나 에고가 발생하고 난 뒤에도 생물학적인 존재는 인간 존재 차원의 한 층을 형성하고 있기 때문에 여전히 생물학적인 사랑은 존재해 왔고, 존재하고 있다.

동물의 경우, 에고가 존재하지 않기 때문에, 생물학적인 사랑은 순수한 형태로 발현된다. 수사슴은 발정기가 되면, 물불을 가리지 않고 암컷을 차지하려고 한다. 암탉은 목숨을 걸면서까지 매로부터 자신의 새끼를 보호하려 한다. 수사슴이나 암탉의 이런 행동은 모두 생물학적인 본능에 바탕을 두고 있다. 인간의 경우에도 순수한 생물학적인 사랑을 경험하는데, 사춘기가 되면 이성에 대한 강렬한 동경을 느낀다 거나 엄마가 자신의 갓난아기에게 깊고도 강한 사랑을 느끼는 것 등 이 여기에 해당한다.

〈사랑의 유형 2〉는 생물학적인 본능과 에고가 결합한 경우이고, 이 것은 진정한 사랑과 대비되는 '거짓된 사랑'이다. 이것을 이 책에서 '거 짓된 사랑'이라고 부르는 이유는 '진정한 사랑'과 반대되는 특징을 갖 고 있기 때문이다. 물론 에고가 발생하기 이전의 인류나 동물에게는 〈사랑의 유형 2〉는 존재하지 않으며, 에고가 극대화된 현대 사회에서 광범위하게 관찰되는 사랑의 유형이다.

드라마 〈스카이 캐슬〉에 보면, 남다른 승부욕을 가진 야망의 화신 인 로스쿨 교수 차민혁이 등장한다. 그는 세 자녀에게 입버릇처럼 '피 라미드의 꼭대기에 올라서라!'고 말한다. 그러면서 자신은 자녀를 사 랑한다고 생각한다. 이것이 에고가 생물학적인 본능인 부성애와 결합 한 하나의 사례이다.

현대인은 에고를 자신이라고 생각하기에, 〈사랑의 유형 2〉는 현대 사회에서 흔히 발견된다. 배우자나 연인 또는 자녀를 소유하려고 하거 나 지배하려고 하는 경우, 배우자나 연인 또는 자녀에게 자기중심적인 성향이 존재하는 경우, 결혼을 통해 지위상승을 도모하려 한다거나 자녀에게 조건부 사랑을 제시하는 경우, 중매시장에서 이루어지는 거 래로서의 결혼 등이 모두 여기에 해당한다. 〈사랑의 유형 2〉는 본인들 은 이것을 사랑이라고 생각할지 모르지만, 사랑의 사회학에서 말하는 사랑의 기준에서 보았을 때, 이것은 전혀 사랑이 아니다.

〈사랑의 유형 3〉은 생물학적인 본능과 '참나'가 결합한 경우로 '진정한 사랑 2'라고 명명했다. 아시시의 성 프란치스코St. Franciscus

Assisiensis, 1181~1226와 성녀 클라라St. Clara, 1194~1253 간의 사랑이 〈사랑의 유형 3〉에 해당한다. 사랑을 통해 이들은 함께 더 낮은 곳으로 내려갔고, 그래서 가장 높은 곳에 도달할 수 있었다. 현대 사회에서는 이런 사랑을 쉽게 관찰할 수 없지만, 탈현대 사회에서는 〈사랑의 유형 3〉에 해당하는 모성애나 이성애가 확산될 것이다. 〈사랑의 유형 3〉은 부모 자녀 간이나 이성 간의 생물학적인 사랑과 '참나'가 결합한 경우로, 이것은 진정한 사랑의 한 가지 유형이다.

〈사랑의 유형 4〉는 생물학적인 본능과 무관하게 '참나'가 발현한 경우로 '진정한 사랑 1'이라고 명명했다. 이태석 신부님이 톤즈 지역의 어린아이들을 자기 자식처럼 사랑하는 것은 그 하나의 예이다. 〈사랑의 유형 4〉에서 사랑은 모든 대상을 향한다. 이것은 진정한 사랑의 순수한 형태이다.

위에서 설명한 '진정한 사랑'의 두 가지 형태와 '진정한 사랑'이 아닌 두 가지 형태의 비교를 통해, 사랑의 사회학에서 사랑의 의미인 '진정한 사랑'에 대한 명확한 이해를 도모해 보고자 한다.

첫째, 〈사랑의 유형 1〉인 '순수한 생물학적인 사랑'과 〈사랑의 유형 4〉인 '진정한 사랑 1'의 공통점과 차이점을 비교해 보면 다음과 같다.

[표 3] 〈순수한 생물학적인 사랑〉과 〈진정한 사랑 1〉의 공통점

공통점 1	사랑하는 사람과 사랑받는 사람에게 행복감을 줌
공통점 2	사랑하는 대상에게 깊은 관심을 기울임
공통점 3	사랑하는 대상에 대해 민감해짐
공통점 4	사랑하는 대상에 대한 깊은 이해에 도달함

[표 3]에서 정리한 바와 같이, 먼저 '순수한 생물학적인 사랑'과 '진정한 사랑 1'의 공통점을 살펴보면 다음과 같다.

첫째, 두 가지 유형의 사랑은 모두 사랑하는 사람과 사랑받는 사람에게 행복감을 준다. 생물학적인 본능에서 비롯되는 이성애나 모성애는 사랑하는 사람과 사랑받는 사람에게 행복감을 준다. 누구나 첫사랑의 아련한 기억을 간직하고 있을 것이다. 남녀 간에 사랑했던 기억, 사랑받았던 기억을 갖고 있을 것이다. 그리고 그 순간의 깊은 행복감을 기억하고 있을 것이다. 또한 엄마가 자신의 아기를 깊이 사랑할 때, 이 사랑은 엄마에게도 아기에게도 깊은 행복감을 준다.

'참나'의 발현인 '진정한 사랑 1'도 사랑하는 사람과 사랑받는 사람 모두에게 행복감을 준다. 톤즈 지역에서의 이태석 신부님의 영상을 보면 피부는 까맣게 타고 격무에 시달리지만 그의 표정은 늘 밝고 행복하다. 또한 이태석 신부님의 사랑을 받는 톤즈 지역의 아이들이나 병든 노인들도 신부님의 사랑을 받으면서 행복감을 느낀다.

둘째, 두 가지 유형의 사랑은 모두 사랑하는 대상에 깊은 관심을 기울인다. W. 셰익스피어William Shakespeare, 1564~1616는 『사랑의 헛수고Love's Labour's Lost』2014에서 이렇게 썼다. "사랑을 하고 있는 사람의 귀는 아무리 낮은 소리라도 다 알아듣는다네A lover's ear will hear the lowest sound." 또 『좋으실 대로As You like it』2018에서는 이렇게 썼다. "사랑의 눈은 모든 것을 찾아낸다네." 이것은 바로 연인이나 엄마의 귀이고 눈이기도 하고, '참나'의 발현으로서의 사랑을 하는 사람의 귀이고 눈이기도 하다.

셋째, 두 가지 유형의 사랑은 모두 사랑하는 대상에 민감해진다. 엄마는 아기의 상태에 대해 누구보다 잘 안다. 아기가 어디가 불편하고 어떤 도움을 필요로 하는지 누구보다 먼저 알아차릴 수 있다. 아기가 보채면 아기가 어디가 불편해서 보채는지를 안다. 사랑하는 남녀는 서로에 대해 민감해진다. 발자국 소리만을 듣고도 그 사람이 가까이 오고 있는 것을 알 수 있다. 상대편의 바뀐 헤어스타일, 그날의 의상을 알려고 하지 않아도 알 수 있다. 상대편이 지금 행복한지 불행한지 바로 알 수 있다. 이와 마찬가지로, '참나'가 활동해서 사랑의 빛을 뿜어내면 사랑하는 대상에 대해 민감해진다. 화초를 사랑하는 사람은 이파리만 보면 화초의 건강상태와 화초가 무엇을 필요로 하는지 바로 알 수 있다. 이태석 신부님은 아이들의 몸짓만 봐도 아이들의 마음을 알 수 있다.

넷째, 두 가지 유형의 사랑은 모두 사랑하는 대상에 대한 깊은 이해에 도달할 수 있다. 사랑을 통해 얻는 깊은 이해는 객체로서의 대상에 대한 관찰을 통해 얻어지는 이해와는 다른 것이다. 깊은 이해는 대상지對象知로는 도달할 수 없는 것이다. 세상 사람들이 연인의 모진 성격을 힐난할 때, 연인을 깊이 사랑하는 사람은 그것이 그 사람이 갖고 있는 상처라는 것을 알 수 있다. 조카딸 중에 밤마다 보채는 아기가 있었다. 주변에서는 모두 그 아이가 별나다고 수군거렸다. 하지만 아기 엄마인 누나는 분명 아기가 뭔가로 고통받고 있다고 생각했다. 나중에 아기가 선천성 심장판막증을 앓고 있음이 밝혀졌다.

'참나'를 자각한 사람은 세상 사람들이 희대의 살인마라고 나쁜 놈이라고 욕하는 사람을 따뜻한 눈으로 바라볼 수 있다. 그리고 그 사람에 대한 깊은 이해에 도달할 수 있다. 그래서 그 사람이 단지 상처투성이의 사람임을 그는 알 수 있다.

어느 날 틱낫한 스님은 열두 살 소녀가 태국 해안의 해적에게 강간을 당하고 자살했다는 끔찍한 소식을 들었다. 스님은 깊은 슬픔에 잠겨 방에서 나오지 않고 사흘 동안 통곡했다. 그리고 〈내 진짜 이름들로 나를 불러 주세요Please Call Me by My True Names〉E. Fielding, 2015라는 시를 발표한다. 시에서 스님은 말한다. 소녀를 강간한 해적과 해적에게 강간당한 소녀와 소녀의 안타까운 죽음에 통곡하는 자신이 모두 하나라고…. 열두 살 어린 소녀를 강간한 해적은 상처투성이의 가엾은 사람임을 스님은 발견한 것이다.

위에서 '순수한 생물학적인 사랑'과 '진정한 사랑 1'의 공통점을 서술했다. 하지만 [표 4]에서 보듯이, 양자 간에는 여러 가지 차이가 있다.

[표 4] 〈순수한 생물학적인 사랑〉과 〈진정한 사랑 1〉의 차이점

	순수한 생물학적인 사랑	진정한 사랑 1
사랑의 대상	특수한 대상에 한정됨	모든 대상을 향함
사랑의 지속성	일시적임	지속적임
사랑의 가능성	때가 되면 누구나 할 수 있음	사랑의 능력을 갖고 있는 사람만이 할 수 있음

첫째, '순수한 생물학적인 사랑'은 사랑이 향하는 대상이 특수한 대상에 한정되어 있다. 엄마는 자신의 아이만을 사랑하며, 남의 아이를 자신의 아이만큼 사랑하지 않는다. 남녀 간에도 특정한 대상만을 사랑한다. 원더걸스의 〈Nobody〉란 노래를 들으면 '난 다른 사람은 싫어 네가 아니면 싫어I want nobody nobody but you'라는 가사가 반복된다.

그러나 '진정한 사랑 1'은 자기 자신을 포함해서 모든 존재를 향한다. 나와 특수한 관계에 있는 사람은 물론이고, 모든 사람이 사랑의 대상이 된다. 인간은 물론이고 동물과 식물, 무생물도 사랑의 대상이 된다. 석가모니가 자비심을 갖는 대상은 자신의 가족이나 특수 관계에 있는 사람에 한정된 것이 아니었다. 석가모니의 사랑은 모든 존재계를 향한 것이었고, '진정한 사랑 1'의 대상도 그러하다.

둘째, '순수한 생물학적인 사랑'은 세월이 흐르면 사랑이 퇴색한다.

특히 이성애의 경우 지속 기간이 짧다. 심한 경우는 사랑이 하루 또는 며칠에 그치는 경우도 있고, 어떤 때는 몇 분 만에 사랑이 끝날 때도 있다. 아무리 길어도 남녀 간의 열정이 몇 년 이상 지속되는 경우는 드물다.

〈아주 오래된 연인들〉이란 노래 가사에는 이런 내용이 있다. "저녁이 되면 의무감으로 전화를 하고 관심도 없는 서로의 일과를 묻곤 하지. 가끔씩은 사랑한단 말로 서로에게 위로하겠지만 그런 것도 예전에 가졌던 두근거림은 아냐." 모성애도 자녀가 성장해 가면서 강도가 약해진다. 동물의 세계를 보면, 다 성장한 새끼를 돌보는 어미는 없다. 그러나 '진정한 사랑 1'은 세월이 흘러도 퇴색되지 않는다. 오히려 세월이 흐를수록 사랑의 강도가 더 커지고 깊어진다.

셋째, '순수한 생물학적인 사랑'은 생물학적인 본능이 발현되는 것이기 때문에 일정한 때와 상황이 되면 누구나 사랑할 수 있다. 사춘기가 되면 이성에 대한 격렬한 열정을 느끼며, 아기를 출산하면 강렬한 모성애를 느낀다.

이에 반해서, '진정한 사랑 1'은 누구나 할 수 있는 것이 아니다. 오직 '참나'를 자각해서 활성화시킨 사람만이 '진정한 사랑'을 할 수 있다. '참나'가 활성화되는 것은 세 가지 경로가 있다. 수행을 통해 '참나'를 자각하는 것, 누군가로부터 '진정한 사랑'을 받는 경험을 하는 것, 늙음·죽음·사고·파산·암 발병·인기 폭락 등과 같이 에고가 큰 재앙을 겪으면서 '참나'를 각성하게 되는 것이 그것이다. 이 중에서 첫 번째 수행을 통한 방법이 능동적으로 '참나'를 자각할 수 있는 방법이 된다.

[표 5]에서는 '에고와 결합한 생물학적인 사랑'인 '거짓된 사랑'과 '참나와 결합한 생물학적인 사랑'인 '진정한 사랑 2'의 차이점을 정리

[표 5] 〈거짓된 사랑〉과 〈진정한 사랑 2〉의 차이점

	거짓된 사랑	진정한 사랑 2
차이점 1	상대편을 소유하고 지배하려 함	상대편을 자유롭게 함
차이점 2	사랑이 증오로 돌변할 수 있음	사랑이 증오로 돌변하지 않음
차이점 3	상대편에게 서운한 마음이 생길 수 있음	상대편에게 서운한 마음이 생기지 않음
차이점 4	상대편에 집착함	상대편에 집착하지 않음
차이점 5	상대편을 부끄러워할 수 있음	상대편을 부끄러워하지 않음
차이점 6	상대편에 대한 배려심이 없음	상대편에 대한 배려심이 깊음
차이점 7	상대편의 잘못을 용서하지 못함	상대편의 잘못을 용서함
차이점 8	이해타산을 따짐	이해타산을 따지지 않음
차이점 9	상대편을 근본적으로 불신함	상대편을 근본적으로 믿음
차이점 10	상대편을 존경하지 않음	상대편을 존경함

해 보았다. [표 5]에서 언급한 내용을 구체적으로 서술하면 다음과 같다.

첫째, '에고와 결합한 생물학적인 사랑'인 '거짓된 사랑'은 상대편을 소유하고 지배하려고 한다. 젊은 연인들이 '나는 네 것. 너는 내 것'이라고 말하는 것을 들을 땐, 섬뜩한 느낌이 든다. 어떤 부부는 마치 결혼이 상대편에 대한 소유권을 갖게 되는 것인 양 착각한다.

이에 반해서, '참나와 결합한 생물학적인 사랑'인 '진정한 사랑 2'는 상대편을 자유롭게 한다. 『노자』에는 "낳아 주었으되 소유하지 않고, 길러 주었으되 주재하려 하지 않는다[生而不有 長而不宰]"라는 구절이 되풀이되는데, 이것이 바로 '진정한 사랑 2'에 대한 좋은 묘사이다.

둘째, 두 가지 사랑의 차이점의 하나는 '사랑의 반대 면이 있느냐' 여부이다. '에고와 결합한 생물학적인 사랑'인 '거짓된 사랑', 그중에서도 이성애의 경우 쉽게 사랑이 증오로 돌변하고 상대편을 비난하는

것을 관찰할 수 있다. 이에 반해서 '참나와 결합한 생물학적인 사랑'인 '진정한 사랑 2'는 세월이 흐르면서 약해질 수는 있지만 증오로 돌변하지는 않는다. 또한 어떤 경우에도 상대편을 비난하지 않는다.

셋째, 엄마는 갓난아기에게 많은 도움을 준다. 하지만 '내가 너에게 많은 도움을 주었어!'라고 생각하지 않는다. 그러나 나이 드신 부모님들 중에는 '내가 너에게 어떻게 해 주었는데!'라고 한탄에 사로잡혀 있는 경우를 자주 관찰한다. 부부간에도 '내가 당신을 어떻게 뒷바라지 해 주었는데!' 하며 서운함을 느끼는 경우가 있다. 이것이 '에고와 결합한 생물학적인 사랑'인 '거짓된 사랑'의 한 가지 양상이다. 사랑하는 상대편에게 서운함을 느낀다면 바로 이런 유형의 사랑에 빠져 있는 경우라고 보아도 된다. 이런 생각에 사로잡히면 본인도 상대편도 고통받게 된다.

반면에 '참나와 결합한 생물학적인 사랑'인 '진정한 사랑 2'에는 상대편에 대한 서운한 감정이 없다. 그 대상이 연인이건 자녀이건 간에 아낌없이 베풀어 주지만 '내가 너에게 어떻게 해 주었어!'라는 생각이 없다. 그래서 '진정한 사랑 2'는 사랑하고 사랑받는 사람 모두에게 행복을 주고, 세월과 더불어 성장한다.

넷째, 두 가지 사랑의 차이점의 하나는 '사랑하는 대상에 대해 집착하는 마음이 있느냐 없느냐'이다. '에고와 결합한 생물학적인 사랑'인 '거짓된 사랑'은 사랑하는 대상에 집착한다. 왜냐하면 에고는 사랑하는 대상과 자신을 동일시하기 때문이다. '나는 네가 없으면 안 돼'라는 심리상태가 만들어지는 것이다. 그러므로 엄마에게 아이는 없어서는 안 되는 존재가 된다. 그래서 자녀가 장성해서 더 이상 부모의 보살핌이 필요 없어지고 나서도 자녀에 집착한다. 남녀 간에도 상대편에게 집착하며 상대편의 애정을 끊임없이 확인하려 한다. 부자간이건 이성 간이건 집착은 고통을 낳는다.

반면에 '참나와 결합한 생물학적인 사랑'인 '진정한 사랑 2'는 사랑하는 대상에 집착하지 않는다. '진정한 사랑 2'의 중심은 상대편에게 가 있다. 부부간에 그들은 상대편에게 자유를 선물한다. 이것은 배우자에게 줄 수 있는 최고의 선물이다. 부모는 자녀에게 자유를 준다. 장성하고 난 자녀를 떠나보낼 수 있다. 떠나보내기 때문에 자녀는 부모에게 돌아올 수 있다.

다섯째, 두 가지 사랑의 차이점의 하나는 '사랑하는 사람을 부끄러워할 수 있느냐 없느냐'이다. '에고와 결합한 생물학적인 사랑'인 '거짓된 사랑' 중에서도 이성애의 경우 사랑하는 상대편이 형상의 차원에서 문제가 있을 때 부끄러움을 느끼는 경우가 많다. 상대편이 상황에 맞게 옷을 잘 입지 못한다거나, 매너가 부족하다거나, 추한 외모를 갖고 있다거나, 장애가 있다거나, 가족적인 배경이 별로라거나, 출신 학교가 내세울 만하지 못하다거나, 직장에서 쫓겨났다거나, 번듯한 직장이 없다거나 등, 상대편에 대해 부끄러움을 느낄 수 있는 많은 상황이 있다.

반면에 '참나와 결합한 생물학적인 사랑'인 '진정한 사랑 2'의 경우, 상대편이 형상의 차원에서 어떤 문제가 있더라도 그를 부끄럽게 여기지 않는다. 마음 아프게 느낄 뿐이다. 상대편을 자랑스럽게 여기는 마음은 이런 문제에 의해 훼손되지 않는다. 그는 늘 부족한 그와 함께한다.

여섯째, '상대편에 대한 배려심이 깊으냐 아니냐?' 하는 것은 두 가지 사랑의 차이점의 하나이다. 오경웅嗚經態, John Ching Hsiung Wu은 『禪의 황금시대』1986에서 이렇게 썼다. 임종을 앞둔 아내에게 신부님이 병자성사를 왔는데, 아내가 이렇게 말했다. '여보, 신부님 다리가 아프시

겠는데 의자를 좀 갖다 드려요.' 이것이 진정한 사랑의 한 가지 특징인 배려심의 사례이다. 반면에 에고는 자기중심적이다. 그래서 '에고와 결합한 생물학적인 사랑'인 '거짓된 사랑'에는 상대편에 대한 배려심이 나타나기 힘들다.

일곱째, '상대편의 잘못을 용서할 수 있느냐 없느냐?' 하는 것은 두 가지 사랑의 차이점의 하나이다. 예수는 간음한 여인을 돌팔매로 쳐 죽이려는 군중을 향해 "누구든 죄 없는 자는 저 여인을 돌로 쳐라"고 말했다. 용서받은 여인은 누구보다 도덕적인 사람으로 거듭났을 것이다. 처용은 아내가 외간남자와 간음을 하고 있는 현장을 목격했다. 그러고 밖으로 나와 덩실덩실 춤을 추었다. 이후 처용의 아내는 신라에서 가장 정숙한 여인이 되었을 것이다. 용서의 결과는 찬란한 것이다.

하지만 에고는 상대편의 잘못을 용서하지 못한다. 용서하기 싫어서 용서하지 않는 것이 아니라 용서할 수 있는 능력이 없어서 용서하지 못하는 것이다. '에고와 결합한 생물학적인 사랑'인 '거짓된 사랑'도 마찬가지이다. 현대인이 아내의 불륜현장을 목격한다면 어떤 일이 벌어질까? 그는 격심한 분노에 사로잡혀 자신과 아내를 이 세상에서 가장 불행한 사람으로 만들 것이다.

여덟째, '이해타산을 따지느냐 않느냐?' 하는 것은 두 가지 사랑의 차이점의 하나이다. '에고와 결합한 생물학적인 사랑'인 '거짓된 사랑', 그중에서도 이성애의 경우에는 이해타산이 빈번하게 개입된다. '데이트 비용을 누가 내느냐', '혼수를 얼마나 해 왔느냐', '결혼 상대자의 집안은 번듯하냐' 등을 따진다. 반면에 '참나와 결합한 생물학적인 사랑'인 '진정한 사랑 2'는 이해타산을 따지지 않는다. 사랑하는 너의 이익이 바로 나의 이익이기 때문이다.

아홉째, '믿음이 있느냐 없느냐?' 하는 것은 두 가지 사랑의 차이점의 하나이다. '에고와 결합한 생물학적인 사랑'인 '거짓된 사랑'은 믿음직해 보이는 것만을 선택적으로 믿을 수 있을 뿐이다. 상대편이 갖고 있는 능력이나 성격 등이 믿을 만할 때만 믿으며, 근본적으로는 불신이 바탕에 깔려 있다. 특히 이성애의 경우, 상대편을 불신하는 경우가 많다. '참나와 결합한 생물학적인 사랑'인 '진정한 사랑 2'는 믿음직스럽지 않은 것도 믿을 수 있다. 상대편에 대한 깊은 믿음은 창조적인 변화를 가져온다.

열째, '에고와 결합한 생물학적인 사랑'인 '거짓된 사랑'에는 상대편에 대한 존경심이 없다. 이성애에는 이것이 심해서, 심각한 경우에는 상대편을 경멸한다. 영화 〈아메리칸 뷰티〉의 여주인공인 캐롤린은 무능한 남편 레스터를 경멸하고 무시하는데, 이것은 현대 사회의 실제 부부관계에서도 흔히 발견된다. 이에 반해서, '참나와 결합한 생물학적인 사랑'인 '진정한 사랑 2'는 사랑하는 사람을 깊이 존경한다.

위에서의 논의를 바탕으로, 이 책에서 말하는 진정한 사랑의 의미를 정리하면 [표 6]과 같다.

[표 2]에서 '진정한 사랑'의 두 가지 유형, '순수한 참나의 발현'인 '진정한 사랑 1'과 '생물학적인 본능과 참나의 결합'인 '진정한 사랑 2'를 제시했다. 이 두 가지 유형의 '진정한 사랑'이 사랑의 사회학에서 말하는 사랑의 의미이다. 사랑의 사회학에서 말하는 사랑, 즉 '진정한 사랑'의 의미를 정리하면 다음과 같다.

'진정한 사랑'의 주체는 '참나'이다. 다시 말하면, '참나'가 깨어나 활동해야지만 '진정한 사랑'을 할 수 있다.

'진정한 사랑'은 모든 대상을 향한다. '진정한 사랑'은 자기 자신을 사랑한다. 대상이 연인이나 자녀를 포함해서 특수 관계에 있는 사람일 때, '진정한 사랑'은 그 사람을 향해 발현된다. '진정한 사랑'은 모든

[표 6] 진정한 사랑의 의미

주체	참나
대상	자기 자신에 대한 사랑
	특수 관계에 있는 사람에 대한 사랑
	모든 인간에 대한 사랑
	자연에 대한 사랑
지속성	세월과 더불어 성장함
능력	사랑스럽지 않은 상대편을 사랑할 수 있음
	믿음직스럽지 않은 상대편을 믿을 수 있음
	용서할 수 없는 상대편을 용서할 수 있음
	존경스럽지 않은 상대편을 존경할 수 있음
	사랑하는 대상을 따뜻하게 품어 줄 수 있음
	모든 존재의 경이로움을 느낄 수 있음
	아름다운 미소를 지을 수 있음
양태	사랑하는 대상에게 깊은 관심을 기울임
	사랑하는 대상에 민감해짐
	사랑하는 대상에 대한 깊은 이해에 도달함
	'내가 너에게 어떻게 해 주었다'라는 생각이 없음
	사랑하는 대상을 자유롭게 함
	사랑하는 대상에 대한 집착이 없음
	사랑하는 대상에 대한 배려심이 깊음
	사랑하는 대상이 필요로 하는 도움을 베풂
	사랑하는 대상과 기쁨과 슬픔을 함께함
	사랑하는 대상을 위로하고 격려함
	사랑하는 대상에 헌신함
	사랑하는 사람과 함께 있어 줌
결과	사랑하는 사람과 사랑받는 사람에게 행복감을 줌
	사랑받는 사람에게 사랑할 수 있는 능력이 생겨남
	사랑받는 사람에게 감사할 수 있는 능력이 생겨남
	절망에 빠져 있던 상대편이 희망을 갖게 됨
	상대편이 갖고 있었던 상처가 치유됨
	사랑의 사회 건설의 원동력이 됨

인간에 대한 사랑이며, 자연에 대한 사랑으로도 나타난다.

'진정한 사랑'은 세월과 더불어 성장한다. '진정한 사랑'은 세월이 흐른다고 해서 퇴색되지 않는다. '진정한 사랑'은 증오와 같은 반대면이 없다.

'진정한 사랑'은 인간이 가질 수 있는 최고의 능력이다. '진정한 사랑'은 사랑스럽지 않은 상대편을 사랑할 수 있다. 믿음직스럽지 않은 상대편을 믿을 수 있다. 용서할 수 없는 잘못을 저지른 상대편을 용서할 수 있다. 존경스러워 보이지 않는 상대편을 존경할 수 있다. 사랑하는 대상을 따뜻하게 품어 줄 수 있다. 모든 존재의 경이로움에 깨어날 수 있다. 아름다운 미소를 지을 수 있다.

'진정한 사랑'은 사랑하는 대상에게 깊은 관심을 기울인다. 사랑하는 대상에게 민감해진다. 사랑하는 대상에 대한 깊은 이해에 도달한다. '내가 너에게 어떻게 해 주었다'라는 생각이 없다. 사랑하는 대상에게 자유를 선물할 수 있다. 사랑하는 대상에 대한 집착이 없다. 사랑하는 대상에 대한 배려심이 깊다. 사랑하는 대상이 필요로 하는 도움을 베푼다. 사랑하는 사람과 기쁨과 슬픔을 함께한다. 사랑하는 대상을 위로하고 격려한다. 사랑하는 대상에게 헌신한다. 사랑하는 대상과 함께 있어 준다.

'진정한 사랑'은 사랑하는 사람과 사랑받는 사람에게 깊은 행복감을 준다. '진정한 사랑'을 받은 사람에게 사랑할 수 있는 능력이 생겨난다. 사랑받는 사람에게 감사할 수 있는 능력이 생겨난다. 절망에 빠져 있던 상대편이 희망을 갖게 된다. 상대편이 갖고 있었던 상처가 치유된다. '진정한 사랑'은 사랑의 사회 건설의 원동력이 된다.

2. 사랑의 사회학은 왜 이 시대 혁명의 사회학인가

마르크스의 사회학은 과거 혁명의 사회학이었던가?

그렇다.

마르크스의 사회학은 지금 혁명의 사회학인가?

그렇지 않다.

사랑의 사회학은 이 시대 혁명의 사회학이다.

사랑의 사회학의 정체성은 무엇인가? 사랑의 사회학은 새로운 사회학이다. 사랑의 사회학은 사랑에 대한 사회학이 아니다. 사랑의 사회학은 사랑의 관점에서 사랑이 메마른 현대 사회를 비판하고, 사랑이 가득한 탈현대 사회로 나아가는 길을 모색하는 탈현대 사회학이다. 2장에서는 현대 사회학의 학문적인 정체성을 밝히고, 현시대 상황에서 현대 사회학의 문제점을 서술하며, 탈현대 사회학으로서 사랑의 사회학의 정체성을 논의하고자 한다.

1) 현대 사회학 진단

사회학의 궁극 목표는 '살기 좋은 세상'을 만드는 데 기여하는 것이다. 이를 위해 사회학은 사회문제를 인식하고, 원인을 규명하며, 사회 발전 방안을 제시하고자 한다. 즉, 사회문제론과 사회발전론이 사회학의 본령이다. 사회문제와 사회 발전에 대한 논의가 이루어지기 위해서는 특정 세계관이 전제되어야 한다. 현대 사회학은 두 개의 세계관의 토대 위에서 발전해 왔다. 하나는 전현대 세계관이고, 다른 하나는 현대 세계관이다. 세계관적인 바탕에 따라, 두 가지 유형의 현대 사회학

[표 7] 세계관과 사회학

	현대 사회학		사랑의 사회학
	현대 사회학 1	현대 사회학 2	
목적	현대 사회의 완성		탈현대 사회 건설
세계관	전현대 세계관	현대 세계관	탈현대 세계관
사회상	집단이 개인보다 우위를 점하는 사회	개인이 집단보다 우위를 점하는 사회	개인 속에 사회가 있고 사회 속에 개인이 있는 사회
인간관	집단 에고: 소속 집단의 일원으로서의 인간	개별 에고: 개별체로서의 인간 1. 욕망 추구자 2. 이성적인 존재	참나: 1. 온 우주를 품고 있는 우주적인 존재 2. 사랑할 수 있는 존재
관계관	위계적·공동체적 관계관	적대적 관계관	대대(待對)적 관계관
대표 이론과 사회학자	구조기능주의이론: É. Durkheim, T. Parsons 공동체이론: F. Tönnies, C. H. Cooley	갈등이론: K. Marx 비판이론: M. Horkheimer, J. Habermas	사랑의 사회학: 홍승표, 이현지, 정재걸, 이승연, 백진호
이상 사회관	공동체적 사회	1. 풍요한 사회 2. 이성적인 사회	사랑의 사회
사회 문제에 대한 인식	전현대적인 관점에서 현대 사회 비판: 1. 뿌리 뽑힘: 사회통합의 약화 아노미 2. 인간관계 악화 3. 고독	현대적인 관점에서 현대 속에 잔존하는 전현대 비판: 1. 비합리성: 불평등, 남녀차별, 부패, 특수주의 2. 빈곤	탈현대적인 관점에서 현대 사회 비판: 1. 사랑이 메마른 삶: 자아확장투쟁으로서의 삶 2. 사랑이 메마른 관계: 적대적인 사회관계 3. 사랑이 메마른 사회
사회 문제 해결 방안	공동체의 복원: 해결 방안 없음	1. 이성의 계몽 2. 과학기술 발달과 산업화 3. 사회운동과 혁명	1. 영성의 계몽 2. 사랑의 알통 기르기: 수행 3. 사랑과 감화(感化)
사회 문제가 해결된 상태	공동체의 회복	풍요한 사회 이성적인 사회	사랑의 사회

과 탈현대 사회학으로서의 사랑의 사회학을 비교하면 다음과 같다.

[표 7]에서 보듯이, 현대 사회학은 두 가지 유형의 세계관의 기초 위에 발달해 왔다. 하나는 전현대 세계관에 바탕을 둔 〈현대 사회학 1〉이고, 다른 하나는 현대 세계관에 바탕을 둔 〈현대 사회학 2〉이다.

현대 사회학이라고 하면, 현대 세계관에 바탕을 둔 〈현대 사회학 2〉를 떠올리기 쉽지만, 19세기 사회학 발달의 역사에서 보면 오히려 전현대 세계관에 바탕을 둔 〈현대 사회학 1〉이 더 강세를 보이는 점이 이채롭다. 이것은 독립 학문으로서의 사회학 발달이 활발하게 일어나던 19세기 중엽의 서유럽 사회가 한편으로는 현대 사회에 본격적인 진입이 이루어졌지만, 다른 한편으로는 현대화의 과정에서 많은 새로운 문제들이 발생한 사회였기 때문이다. 특히 그 당시 전현대 세계관이 여전히 사람들에게 강한 영향력을 미치고 있었기 때문에, 현대화의 과정에서 사라져 가는 전현대의 아름다운 점에 대한 향수가 컸다. 이것이 문예의 영역에서는 낭만주의 사조로 표출되었고, 사회학에서는 〈현대 사회학 1〉로 형상화되었던 것이다.

이렇게 〈현대 사회학 1〉과 〈현대 사회학 2〉는 세계관적인 바탕을 달리하지만, 그 목표는 동일하다. 두 가지 현대 사회학의 공통 목표는 '현대 사회의 완성'이다. 〈현대 사회학 2〉의 목표가 '현대 사회의 완성'이라는 점은 쉽게 수긍할 수 있지만, 〈현대 사회학 1〉의 목표도 '현대 사회의 완성'이란 점은 어떻게 설명할 수 있을까? 〈현대 사회학 1〉의 대표자라고 할 수 있는 E. 뒤르켐Émile Durkheim, 1858~1917이나 F. 퇴니에스Ferdinand Tönnies, 1855~1936를 포함해서 〈현대 사회학 1〉의 진영에 해당하는 학자들 중에서 '과거로의 회귀'를 주창한 사회학자는 아무도 없었다. 그들이 추구했던 것은 현대화의 과정에서 훼손된 전현대 사회의 좋았던 점들을 보완함으로써 현대 사회를 더욱 살 만한 사회로 완성시켜 가는 것이었다.

〈현대 사회학 1〉은 전현대 사회의 좋은 점들이 현대화 과정에서 와해된 사실을 비판함으로써 현대 사회 건설 과정에서 발생한 문제점을 보완하고자 했던 반면에, 〈현대 사회학 2〉는 현대 사회에 잔존하고 있는 전현대적인 요소들을 비판함으로써 현대 사회의 완성을 도모했던 것이다.

〈현대 사회학 1〉의 대표자는 뒤르켐이나 T. 파슨스Talcott Parsons, 1902~1979와 같은 기능주의이론가와 퇴니에스나 C. H. 쿨리Charles Horton Cooley, 1864~1929와 같은 공동체이론가이다. 전자는 현대 사회에 접어들면서 약화된 사회통합을 강화시킬 수 있는 방안을 모색했으며, 후자는 와해된 공동체에 대한 비판을 전개했다.

〈현대 사회학 2〉의 대표자는 K. 마르크스Karl Marx, 1818~1883 등의 갈등이론가와 M. 호르크하이머Max Horkheimer, 1895~1973와 J. 하버마스Jürgen Habermas, 1929~ 를 위시한 비판이론가들이다. 마르크스는 사회불평등과 노동 소외를 비판하고 프롤레타리아혁명을 통해 이성적인 현대 사회를 건설하고자 했고, 비판이론가들은 현대 사회 속에 잔존하고 있는 비합리성을 비판하면서 이성적인 사회 건설을 추구했다.

전현대 세계관과 〈현대 사회학 1〉

두 개의 현대 사회학 중에서, 먼저 전현대 세계관과 〈현대 사회학 1〉의 형성을 살펴보기로 하자. 전현대 세계관의 핵심은 전체를 개체보다 우위에 둔다는 점이다. 사회의 영역에서 보면, 사회가 개인에 우선한다. 개인은 나고 죽지만, 사회는 이와 무관하게 지속한다. 사회를 떠난 개인이란 존재할 수 없으며, 개인은 전체 사회를 구성하는 일부분일 따름이다. 전현대적인 관점에서 보면, 사회는 개인들의 단순한 합을 넘어서는 객관적인 실재인 것이다. 그래서 이들은 사회를 구성하고 있는 부분들 간의 유기적인 연관 관계를 강조한다.전경갈, 1993: 53 이런 관점에서 보면, 이상적인 사회관계의 형태는 밀접하게 연관되어 있는 구성원들 간의 공동체적 유대 관계이다. 또한 이상적인 삶은 개별 의지를 공동체의 번영을 위해서 헌신하고 매몰시키는 삶이다.R. A. Nisbet, 1985: 102-103

전현대 세계관의 바탕 위에 형성된 현대 사회학을 〈현대 사회학 1〉이라고 명명했다. 〈현대 사회학 1〉을 대표하는 사회학으로는 퇴니에스와 쿨리 등의 공동체이론과 뒤르켐과 파슨스 등의 구조기능주의이론이 있다.

공동체이론: 19세기 보수주의 사상의 영향을 받으면서, 퇴니에스와 쿨리 등은 공동체이론을 구성했다. 공동체이론가들은 전통사회에서 농촌지역의 대가족이나 마을공동체를 이상적인 사회 모델로 삼고, 이를 바탕으로 현대 사회를 비판했다. 이들이 행한 비판의 요점은 과거 공동체사회에서 존재했던 집단 내 유대가 약화되고, 이해관계로 맺어지는 인간관계가 증가하면서, 사람들 사이에 상호 긴장과 적대가 증대했다는 점이다.

퇴니에스는 현대기의 사회변동을 사회집단의 성격 변화를 중심으로 파악했다. 그는 현대화가 진행됨에 따라 본질의지Wesenswille에 기초하고 있는 공동사회Gemeinschaft는 약화되고, 선택의지Willkür에 기초하고 있는 이익사회Gesellschaft는 강화된다고 했다. 쿨리는 유기체적 사회관을 갖고 있었다. 그는 사회를 구성하고 있는 부분들의 체계적 상호 연관성을 강조했다. 사회는 개인에게 커다란 영향을 미치는데, 개인의 사회화에 영향을 미치는 중요한 사회 집단으로 원초집단primary group을 제시했다. 원초집단은 서로 친밀하게 얼굴과 얼굴을 대하는 직접적 접촉과 협동을 그 특징으로 한다. 그는 현대화 과정에서 1차 집단을 의미하는 원초집단은 약화되고, 2차 집단이 강화됨을 주장했다.

구조기능주의이론: 뒤르켐에서 파슨스로 이어지는 구조기능주의이론은 사회구조 분석과 사회통합 문제의 해명에 많은 관심을 기울였다. 사회실재론자였던 뒤르켐은 사회는 개인에 외재하면서, 동시에 개인에 영향을 미치는 독자적인 실재라고 주장했다. 그래서 뒤르켐의 연구는 개인을 초월하여 존재하는 사회적 사실을 연구하는 데 초점이 맞추어졌다. 그는 특히 사회 구성원들 간의 공동의 유대와 사회통합의 문제를 해명하는 데 많은 노력을 기울였다.

파슨스도 사회를 하나의 체계system라고 보았다. 파슨스는 사회구조의 중요한 차원으로, 문화 유형cultural pattern, 사회 체계social system, 인성 체계personality system 등을 제시했다. 파슨스는 이들 체계 내의 그리고 체계 간의 통합이 원활하게 이루어질 때, 사회는 질서를 이룬다고 했다. 파슨스는 사회화를 체계 간의 통합을 이루기 위한 가장 주요한 기제로 제시했고, 보조적인 장치로 사회통제를 말했다.

현대 세계관과 〈현대 사회학 2〉

현대 세계관의 핵심은 '시간적으로 그리고 공간적으로 모든 존재들 간의 근원적인 분리'라고 할 수 있다. 그래서 현대 세계관의 관점에서 보면, 전체는 개체들의 단순한 집합일 따름이다. 이에 따라서 현대 세계관은 '개체와 전체', '개인과 사회' 간의 관계에서 개체와 개인을 우선한다. 사회란 개인들의 단순한 집합체에 불과한 것이다.

현대 세계관의 관점에서 보면, 인간이란 자신을 둘러싸고 있는 세계로부터 분리된 고립적인 개체이다. 그는 합리적으로 자신의 욕망을 추구한다. 현대 세계관의 영향으로 현대 사회에서는 '욕망 추구자로서의 인간', '이성적인 존재로서의 인간'에 대한 관점이 강하게 대두되었다. 근원적으로 분리된 개체로서 개인은 각자 자신의 욕망을 추구하기에, 사회에는 잠재적인 또는 현재적인 갈등이 편재하게 된다.

현대 세계관의 바탕 위에 형성된 현대 사회학을 〈현대 사회학 2〉라고 명명했다. 이를 대표하는 사회학으로 계몽사상에서 시작해서 마르크스와 프랑크푸르트학파로 이어지는 비판이론, M. 베버Max Weber, 1864~1920와 G. H. 미드George Herbert Mead, 1863~1931에서 시작해서 H. 블루머Herbert Blumer, 1900~1987, E. 고프먼Erving Goffman, 1922~1983, H. 가핑클Harold Garfinkel, 1917~2011 등으로 이어지는 해석적 사회학, G. 호만스George Homans, 1910~1989와 P. M. 블라우Peter M. Blau, 1918~2002 등의 교환이론이 있다.

비판이론: 18세기 계몽사상은 비판이론의 출발점이 된다. 계몽사상가들은 이성에 비추어 전현대 사회제도와 사회구조의 비합리성을 비판했다. 계몽사상가들의 관점에서 볼 때, 인간이란 자유롭고, 이성적이며, 능동적이고, 자율적이며, 창조적인 존재이다. 이들은 이런 인간적인 특성을 억압하고 파괴하는 부조리한 사회 현실에 대한 비판 활동을 전개했다.

J. J. 루소Jean Jacques Rousseau, 1712~1778는 문명의 형성과 대규모 사회의 출현 자체가 인간을 병들게 만드는 근원적인 요인이라고 주장했다.P. Lobtson, 95: 102 루소1968: 49는 『사회계약론』 첫머리에서 "인간은 자유롭게 태어났으나 어디에서나 속박당하고 있다"고 말했다.

마르크스는 계몽사상가들의 비판 정신을 계승했다. 그는 자본주의 사회에서의 인간 소외론을 전개했다. 자본주의사회가 인간 본성을 억압하고 파괴하여, 인간을 이기적이고 탐욕적인 존재로 전락시킨다는 것이다. 마르크스는 노동 분업, 기계화된 공장, 사유재산제도 등 자본주의적 사회구조가 노동의 소외와 인간의 비인간화를 초래하는 핵심적인 요인이라고 지적했다.

프랑크푸르트학파는 계몽사상가들과 마르크스의 관점을 이어받아, 현대 산업사회에서의 인간 소외론을 전개했다. 이들의 사회비판의 목표는, 억압된 이성을 해방시키고 이를 통해 이성적인 사회를 건설하는 것이었다. 이들은 전체주의적 정치체제, 사회조직, 과학과 기술, 대중매체 등과 같은 현대 사회에서 출현한 사회구조가 인간의 이성을 억압하고 파괴한다고 비판했다.

해석적 사회학: 해석적 사회학의 전통에 속하는 사회학자들은 의미의 구성과 행위, 개인들 간의 상호작용을 해석하는 것을 사회학의 중심 과제로 삼았다. 해석적 사회학은 '생각하는 존재로서의 인간'이라는 R. 데카르트René Descartes, 1596~1650의 이성적 인간관에 바탕을 두고 있다.

해석적 사회학의 전통은 베버와 미드에서 시작되었다. 베버는 그가 제창했던 이해 사회학에서 사회학적 인식의 대상이 행위의 주관적 의미를 이해하는 것이라고 규정했다. 미드, 고프먼, 가핑클을 위시해서 해석적 사회학의 입장에 서 있는 사회학자들은 행위나 상호작용의 과정에서 인간의 능동성과 창조성을 강조했다.

미드는 사회적 상호작용의 과정을 거치면서 사람들이 어떻게 사회적 자아를 구성하고, 의미 있는 사회적 행위를 수행하는가를 설명하고자 했다. A. 슈츠Alfred Schutz, 1899~1959는 E. 후설Edmund Husserl,

1859~1938의 현상학과 베버의 이해 사회학을 종합해서 현상학적 사회학을 구성했다. 이를 계승한 가핑클은 실증적인 차원에서 개인들이 공유하고 있는 의미의 세계를 연구하면서 민속방법론Ethnomethodology을 주창했다. 고프먼은 사람들은 자아 연출을 통해 다른 사람들에게 자신에 대한 인상을 심어 주려고 하며, 이런 인상 관리를 해석해 내는 것이 사회학의 과제라고 생각했다.

교환이론: 교환이론은 '이성적인 존재로서의 인간'과 '욕망을 추구하는 존재로서의 인간'이라고 하는 현대 인간관의 바탕 위에 형성된 사회학이론이다. 교환이론은 호만스에 의해서 정립되었는데, 그는 '인간이란 합리적으로 자신의 욕망을 추구하는 존재'라고 하는 현대 인간관의 바탕 위에 교환이론을 구성했다. 호만스는, 인간은 본래부터 이기적인 존재라고 생각했다. 인간은 쾌락을 추구하고 고통을 피하려 한다. 그리고 행위를 통해서 가장 큰 보상과 가장 적은 처벌을 선택하고자 한다. 호만스는 고전경제학에서의 경제인 개념을 사회의 모든 영역으로 확대하여 인간의 행위와 상호작용을 설명하고자 했다.

2) 현대 사회학의 기여와 한계

〈현대 사회학 1〉과 〈현대 사회학 2〉는 사회와 개인의 관계에서 상반된 관점을 갖고 있다. 그러나 이 두 가지 양태의 현대 사회학은 각각 다른 관점에서 현대 사회를 완성시켜 가는 데 기여해 왔다. 〈현대 사회학 1〉은 급격한 현대 사회 건설 과정에서 과거 전통사회의 좋은 점들이 파괴된다는 점을 인식하고 현대 사회가 이를 보완하는 데 기여했다.

〈현대 사회학 2〉는 현대 사회를 건설하는 과정에서 여전히 잔존하고 있는 전현대 사회의 문제점을 지적하고, 이를 개선해 나가는 데 기여했다. 현대 문명 초기는 물론이고, 중기에 이르기까지 현대 사회학은 그 시대의 사회문제를 인식하고, 그 원인을 규명하며, 문제 해결 방안을 제시하는 등 사회학 본연의 임무에 충실했다.

현대 문명 말기에 이르고, 문명 대전환이 시작된 현시점에 이르게 되면, 현대 사회학에 대한 평가는 전혀 달라진다. 그것은 현시점에서 문명의 과제가 현대 문명을 건설하는 것으로부터 탈현대 문명을 건설하는 것으로 바뀌기 때문이다. 현대 문명의 건설이라는 과제를 수행해야 했을 때, 현대 사회학은 역사 속에서 자신의 소임을 감당할 수 있는 유의미한 학문이었다. 하지만 탈현대 문명 건설이라는 새로운 과제 앞에서 현대 사회학은 무력하며, 지극히 소외된 학문으로 전락하게 되었다. 이것이 바로 현대 사회학 위기의 본질이다.

오늘날 현대 사회학은 심각한 위기에 직면해 있다. 위기의 진상은 현대 사회학이 이 시대가 겪고 있는 심각한 사회문제를 해결하는 것은 고사하고 인식조차 하지 못한다는 것이다. 또한 현대 문명으로부터 탈현대 문명으로의 문명 대전환기에 처한 현시점에서, 현대 사회학은 미래 사회에 대한 비전을 전혀 제시하지 못하고 있다.

1차원적 학문으로 전락

문명 대전환기인 현시점에 이르러, 〈현대 사회학 1〉과 〈현대 사회학 2〉는 모두 현실을 창조적으로 부정할 수 있는 능력을 상실했다. 〈현대 사회학 2〉의 경우, 〈현대 사회학 2〉의 세계관적인 기초와 현대 사회의 세계관적인 기초가 동일해졌다. 현대 인간관의 관점에서 보면, 인간은 이성적인 존재이고, 욕망을 추구하는 존재이다. 그래서 〈현대 사회학 2〉가 제시하는 이상사회는 합리적인 사회이고 욕망 충족적인 사회이다.

그런데 현대 사회는 과거 어느 사회보다 합리적이고 욕망 충족적인 사회가 되었다. 현대 사회는 수십 년 이후 존속 자체를 장담할 수 없을 정도로 위기에 가득 찬 사회이지만, 〈현대 사회학 2〉의 관점에서 보면 현재 사회는 이상사회에 근접한 사회로만 인식될 뿐, 현대 문명 위기에 대한 인식조차 불가능한 실정이다.

〈현대 사회학 1〉이 현재 사회에 내릴 수 있는 진단은 '과거로 돌아가라'이다. 이것은 심리학에서 말하는 퇴행적인 욕구와 같다. 과거로 돌아가는 것은 불가능할 뿐만 아니라 만일 억지로 돌아가고자 한다면 엄청난 재앙을 초래할 것이다. 게르만 민족공동체의 부흥을 외쳤던 나치당이 유럽 사회를 얼마나 황폐화시켰는가를 회고하면, 쉽게 그 결과를 예상할 수 있다. 즉, 〈현대 사회학 1〉 역시 현재 사회에 대한 창조적인 비판이 불가능한 것이다.

새로운 비전 제시가 불가능함

과거 현대 문명의 여명기에는 수많은 유토피아 사상이 등장했다. 중세 봉건사회를 넘어서 인류가 살아갈 새로운 사회에 대한 활발한 모색이 이루어졌던 것이다. 지금 인류는 현대 문명으로부터 탈현대 문명으로의 전환이라고 하는 문명 대전환기를 살아가고 있다. 문명의 현시점에서, 이 시대가 사회학에게 요구하는 것은 인류가 살아갈 새로운 사회에 대한 비전을 제시하라는 것이다. 그러나 현대 사회학에는 미래 사회에 대한 어떤 비전 제시도 없다.

〈현대 사회학 2〉는 지금보다 더 '합리적인 사회 건설'과 '욕망 충족적인 사회 건설'을 반복적으로 말할 따름이다. '현대는 아직 완성되지 않았으며, 현대를 더 확장시켜 나가는 것'이 이들의 관점에서 바라본 유일한 미래 사회에 대한 비전이다. 그러나 실제적인 의미에서 이것은 전혀 미래 사회에 대한 비전이 아니다. 마치 조선 말 유학자들이 '유교 사회는 아직 완성되지 않았으며, 유교 사회를 더욱 완성시켜 나가는 것이 미래를 위한 작업이다'라고 생각했던 것과 마찬가지로 이것은 시대착오적인 생각일 따름이다.

〈현대 사회학 1〉의 미래 사회에 대한 비전은 〈현대 사회학 2〉보다 더 빈곤하다. '공동체를 부흥시키자.' 이것이 미래 사회에 대한 비전이 될 수 있을까? 물론 없다. 성장의 고통을 겪고 있는 아이가 '자궁으로 다시 돌아가자'고 외치는 것이 아이의 미래에 대한 비전이 될 수 없는 것과 마찬가지로….

3) 사랑의 사회학의 정체성

시대는 이 시대 사회학에게 중요한 역사적인 책무를 부여했다. 현 인류가 겪고 있는 고통의 본질을 규명하고, 새로운 미래로 나아갈 수 있는 방안을 제시하라는….

그러나 현대 사회학은 시대의 사회학에 대한 요청에 침묵하고 있다. 이 침묵이 현대 사회학의 소외이다. 현대 사회학이 사회학이며, 현대 사회학의 세계관적인 토대가 사회학의 세계관적인 토대라는 커다란 착각이 침묵의 원인이다.

사랑의 사회학이란 새로운 세계관의 바탕 위에 사회학에게 부여된 이 시대의 책무에 부응하고자 하는 새로운 사회학이다. 사랑의 사회학은 탈현대 세계관에 기반을 둔 탈현대 사회학이다. 사랑의 사회학의 목표는 '사랑의 사회 건설'이다. 사랑의 사회학은 현대 사회학의 한 가지 형태가 아니라 현대 사회학과는 세계관적인 토대가 전혀 다른 새로운 사회학이며 탈현대 사회학이다.

사랑의 사회학은 '사랑에 대한 사회학'이 아니라 '사랑의 관점에서 이루어지는 사회학'이다. 사랑의 사회학이란 따뜻한 사랑의 눈으로 '고통의 매트릭스'에 빠져 있는 현대인과 현대 사회를 연구하는 것이다. 사랑의 사회학이란 증오심에 사로잡혀 갈등하며 서로에게 고통을 주는 현대인과 현대 사회의 문제를 진단하고 연구하는 것이다. 사랑의 사회학이란 '사랑이 충만한 사회'라고 하는 새로운 이상사회에 대한 비전을 제시하고, 새로운 이상사회로 나아갈 수 있는 방안을 모색하는 것이다.

사랑의 사회학의 세계관적 토대

사랑의 사회학의 세계관적 토대는 무엇인가? 탈현대 세계관이다. 탈현대 세계관의 특징에 대해서는 '1부 사랑의 사회학의 세계관적 기초'에서 상세히 설명할 것이므로, 여기서는 간단히 요점만을 말할 것이다. 현대 세계관이 시공간적으로 모든 존재들 간의 근원적인 분리를 세계 인식의 대전제로 삼고 있는 데 반해서, 탈현대 세계관은 시공간적으로 모든 존재들 간의 근원적인 통일성을 세계 인식의 대전제로 삼는다.

탈현대 세계관의 관점에서 보면, 모든 존재는 아무리 미물이라고 하더라도 영원한 시간과 무한한 공간을 자신 안에 품고 있는 위대한 존재이다. 그러므로 이 세상 모든 존재는 존귀하다는 점에서 절대적으로 평등하다. 인간은 다른 모든 존재와 마찬가지로 위대한 존재이다. 또한 인간은 모든 존재의 위대함을 자각할 수 있는 존재이며, 그래서 사랑할 수 있는 존재이다. 나의 존재는 너의 존재를 전제로 해서만 성립할 수 있으며, 나와 너의 정상적이고 이상적인 관계는 사랑의 관계이다. 이에 따라서 탈현대 세계관에 기반을 두면, '사랑의 존재로서의 인간과 사랑의 사회'라고 하는 사랑의 사회학에서의 정상적인 상태에 대한 가정이 이루어진다.

사랑의 사회학의 실제

사랑의 사회학의 실제에 대해서는 이 책의 2부에서 사랑의 사회학의 연구방법론, 사회문제론, 사회발전론을 다루고, 3부에서 사랑의 사회학을 실제 현대 사회문제에 적용해서 해결 방안을 찾아볼 것이다. 여기에서는 사랑의 사회학이론에 해당하는 사회문제론과 사회발전론에 대해 요점만 간단히 언급하겠다.

사랑의 사회학의 관점에서 볼 때, 소외된 인간이란 사랑할 수 없는 존재로서의 인간이며, 근본적인 사회문제는 사랑이 메마른 사회이다. 즉, 현대인이 바로 소외된 인간이고, 현대 사회가 바로 소외된 사회이다. 사랑이 메마른 현대적인 삶과 사회문제의 중심에 자아확장투쟁[5]으로서의 삶과 경쟁과 갈등으로 점철된 사회가 있다. 사랑의 사회학은 이런 근원적인 현대 사회문제를 인식하고, 그 원인을 밝히고자 한다.

사랑의 사회학에서 사회 발전이란 사랑이 메마른 사회로부터 사랑이 충만한 사회로의 전환을 이루는 것이다. 사랑의 사회학이 사회 발전을 이룰 수 있는 방안은 인류의 존재혁명을 통해서이다. 즉, 에고로

---

5. '자아확장투쟁'이란 용어는 필자가 2011년 출판한 책 『동양사상과 탈현대적 삶』에서부터 사용하기 시작한 것이다. '자아확장투쟁으로서의 삶'이란 '분리된 개체로서의 자기 인식'에서 비롯되는 무력감과 무의미감을 벗어나기 위해 강박적인 노력을 기울이는 삶을 일컫는다. 즉, 돈, 인기, 외모, 학력, 직업, 권력, 명예 등의 성취를 통해 자신의 존재 가치를 확보하고자 하는 모든 현대적인 삶의 양상들이 자아확장투쟁으로서의 삶의 의미가 된다.

서의 존재 상태를 벗어나 '참나'의 존재가 되는 것, 이것이 사랑의 사회학의 사회 발전 전략이다. 현대 사회학이 사회구조의 개혁을 통해 사회 발전을 추구했다면, 사랑의 사회학의 사회 발전 전략은 '나의 변화를 통한 세계 변화'라고 하겠다. 그래서 사회 구성원 각자가 수행修行과 감화感化를 통해 사랑할 수 있는 존재로의 변화를 이루게 될 때, 인류는 사랑의 사회에 도달할 수 있다.

1부

사랑의 사회학의
세계관적 기초를 밝히다

한 알의 모래 속에 세계를 보며
> To see a World in a grain of sand,

한 송이 들꽃에서 천국을 본다.
> And a Heaven in a wild flower,

그대 손바닥 안에 무한無限을 쥐고
> Hold Infinity in the palm of your hand,

한순간 속에 영원을 보라.
> And Eternity in an hour.

이것은 W. 블레이크William Blake, 1757~1827[1974: 83]의 시 〈순수의 전조 Auguries of Innocence〉의 한 구절이다. 이 시구는 우주만물이 시공간적으로 상즉相卽, mutual identification·상입相入, mutual penetration하는 탈현대 세계상을 잘 묘사하고 있다.

1부에서는 사랑의 사회학의 세계관적 기초를 밝히고자 한다. 현대 사회학의 세계관적인 기초가 현대 세계관이듯이, 탈현대 사회학인 사랑의 사회학의 세계관적인 기초는 탈현대 세계관[6]이다. 현대 세계관의 핵심 가정은 '시공간적으로 모든 존재들 간의 근원적인 분리'이며, 이 바탕 위에서 인간과 세계에 대한 인식이 이루어진다. 이에 반해서, 탈현대 세계관의 핵심 가정은 '시공간적으로 모든 존재들 간의 근원적인 통일성'이며, 이 바탕 위에서 인간과 세계에 대한 인식이 이루어진다.

19세기 중엽 이후, 현대가 본격적으로 시작하던 시기에 형성된 현대 사회학에게, 현대 세계관은 그 시대의 사회문제를 직시하고, 원인을 밝히며, 새로운 사회에 대한 생생한 비전을 제시해 주었다. 하지만 현대 말·탈현대 초라 할 수 있는 오늘날에 이르러서, 여전히 현대 세계관에 고착되어 있는 현대 사회학은 사회문제론과 사회발전론이 사라진 무력한 사회학으로 전락했다.

시대는 사회학에게 현대 문명 위기의 진상을 밝히고, 새로운 시대에 대한 비전을 제시해 줄 것을 요청하고 있지만, 현대 사회학은 시대의 요청에 전혀 부응하지 못하는 소외된 사회학이 되어 버렸다. 그 근본 원인은 현대 사회학이 낡은 그래서 새로운 시대에 대해 어떤 비전도 제시해 줄 수 없는 현대 세계관에 고착되어 있기 때문이다. 현대 세계관은 현대 사회학의 세계관적인 토대일 뿐이지, 결코 사회학의 움직일 수 없는 세계관적인 토대가 아님을 인식하는 것이 절실한 상황이다.

사회학이 학문적인 활력을 회복하고, 이 시대의 요청에 부응할 수 있는 학문이 되기 위해서는 현대 세계관으로부터 탈현대 세계관으로의 세계관의 전환이 필요하며, 사회학은 새로운 세계관의 기초 위에서 현대 사회학으로부터 탈현대 사회학으로의 변화를 이루어 내어야 한다. 이것이 탈현대 사회학인 사랑의 사회학을 구성하기 위해 이 책에서 탈현대 세계관을 논의하는 이유이다.

---

6. 1부 탈현대 세계관에 대한 논의는 홍승표의 다음 책들을 참고했다. 2002년, 『깨달음의 사회학』 1부 1장 「통일체적 세계관」. 2007년, 『노인혁명』 2부 1장 「노인혁명의 세계관적 기초: 통일체적 세계관」. 2011년, 『동양사상과 탈현대적 삶』 3부 9장 「탈현대적 삶의 양식의 세계관적 기초: 통일체적 세계관」.

사랑의 사회학의 세계관적 기초가 되는 탈현대 세계관은 물론 필자가 창안한 새로운 세계관이 아니다. 인류 역사가 시작된 이래, 탈현대 세계관은 어느 시대 어느 사회에서나 존재해 왔다. 다만 탈현대 세계관이 그 시대와 사회 속에서 어느 정도 인간과 세계를 인식하는 관점으로 작용했는가는 시대와 사회에 따라 차이가 있다. 전현대 세계관이 전현대 사회에서 주도적인 세계관으로 작용하였고, 현대 세계관이 현대 사회에서 주도적인 세계관으로 작용한 것과 마찬가지로, 탈현대 세계관은 탈현대 사회에서 주도적인 세계관으로 작용하게 될 것이다.

현대 세계관이 전현대 사회에서도 부분적으로 존재했던 것과 마찬가지로 탈현대 세계관도 전현대 사회나 현대 사회에서 부분적으로 존재해 왔다. 그러나 다른 사회나 시대보다 고대 그리스와 로마의 사상과 문화에서 현대 세계관의 원형이 가장 분명하게 형상화되었던 것과 마찬가지로, 다른 사회나 시대보다 불가佛家·도가道家·유가儒家 사상을 중심으로 하는 동아시아 전통사상에는 탈현대 세계관이 풍부하게 내장되어 있다. 그중에서도 가장 정교한 체계를 갖추며 탈현대 세계관을 발전시킨 경우는 중국 당대唐代에 융성했던 화엄사상이라 하겠다.

물론 동아시아 전통사상을 포함해서, 역사 속에 등장한 탈현대 세계관은 빈번히 전현대 세계관이나 현대 세계관과 뒤섞여 있다.[7] 그러므로 순수한 탈현대 세계관을 구성하기 위해서는, 역사 속의 탈현대 세계관에 대한 제련이 필요하다. 저자가 수행한 작업은 동서양의 탈현대 세계관을 수합하고 정리해서 순수한 탈현대 세계관을 구성하는 것이었다.

---

7. 유불도로 대변되는 동아시아 전통사상에는 다양한 세계관이 혼합되어 있고, 유가, 불가, 도가의 세계관적인 기초도 엄격히 일치하는 것이 아니다. 다만 이 책의 목적은 각각의 전통사상의 세계관적인 특징을 구명하는 것이 아니라 이들 동아시아 전통사상에 내포되어 있는 탈현대 세계관의 요소를 추출해서 새로운 세계관으로 탈현대 세계관을 구성하고자 하는 것임을 밝힌다.

탈현대 세계관의 효용은 크다. 탈현대 세계관은 인간과 사회를 바라보는 새롭고 창조적인 관점을 제공할 수 있다. 탈현대 세계관은 현대 사회가 직면하고 있는 위기의 본질을 발전적으로 인식할 수 있는 관점을 제시할 수 있다. 뿐만 아니라 탈현대 세계관은 탈현대의 새로운 삶과 문명을 설계하는 데 그 바탕이 될 수 있다. 이 책에서는 탈현대 세계관의 바탕 위에서 사랑의 사회학이라는 탈현대 사회학을 구상해 보고자 한다.

사랑의 사회학의 세계관적인 기초인 탈현대 세계관을 살펴보는 1부에서의 작업은 세 부문으로 나뉜다. 사랑의 사회학의 세계상, 인간관, 관계관이 그것이다. 먼저 사랑의 사회학의 세계상을 살펴보고, 사랑의 사회학의 관점에서 볼 때 인간이란 어떤 존재인가를 알아본 뒤에, 사랑의 사회학의 관계관을 살펴보도록 하겠다.

I.

사랑의 사회학은
어떤 세계를 지향하는가

> 우주는 한 원자 속에도,
> 시간의 한순간 속에도 표시될 수 있다.

R. W. 에머슨Ralph Waldo Emerson, 1803~1882[1973: 221]의 이 한마디에는 탈현대 세계관의 관점에서 바라보는 세계의 모습이 잘 드러난다. 탈현대 세계상에서 바라보면, 하나의 원자도 무한한 공간을 품고 있고, 한순간도 영원한 시간을 담고 있다. 탈현대 세계관에서 바라본 세계는 온 우주가 시간적·공간적으로 상즉·상입하는 화엄華嚴의 세계인 것이다.

아래 인용하는 『화엄경華嚴經』의 한 구절은 에머슨의 윗글과 완전히 동일한 탈현대 세계상을 보여 주고 있다.

> 낱낱의 그 몸속에
> 모든 세계 용납하고
> 또 한 찰나 가운데
> 세 세상을 다 보이네[8]

사랑의 사회학의 세계관적 토대가 되는 탈현대 세계관의 관점에서 볼 때 세계의 모습은 어떤 것일까? 탈현대 세계상의 요점을 다음과 같이 정리할 수 있다.

- 이 세상 모든 존재는 시간적·공간적으로 연결되어 있다.
- 아주 미세한 입자 하나에도 무한한 공간이 내재해 있으며, 아주 짧은 순간 속에도 영원한 시간이 담겨 있다.
- 나는 너 속으로 너는 나 속으로, 현재는 과거 속으로 과거는 미래 속으로 자유롭게 드나들 수 있다.
- 우주가 작은 입자 속으로 들어간다고 해도 작은 입자는 자신의 독자성을 상실하지 않으며, 영원이 짧은 시간 속으로 들어간다고 해도 짧은 시간은 자신의 독자성을 잃지 않는다.
- 이 세상 어떤 것도 배타적인 중심이 아니면서, 이 세상 모든 것이 중심이 되는 탈중심적인 세계의 모습이 세상의 진정한 모습이다.
- 이 세상 모든 존재는 모두 영원한 시간과 무한한 공간을 내장하고 있기에 절대적으로 평등하다.

홍승표, 2011a: 183

아래 네 개의 장에서, 탈현대 세계상이 갖고 있는 이런 특징들을 나누어서 서술해 보겠다. '이 세상 모든 존재들은 근원적으로 하나임', '개체는 독자성을 가진 채로 전체와 조화를 이룸', '어떤 것도 배타적으로 중심이 아니면서 모든 것이 중심이 되는 세계', '이 세상 모든 존재들 간의 절대 평등'의 순으로 살펴보겠다.

---

8. 『한글대장경 華嚴經(六十卷本) 1』, 「盧舍那佛品 2」, p. 81.

1. 모든 존재는 하나

탈현대 세계관의 관점에서 보면, 아무리 미물이라고 하더라도 어떤 존재에도 영원한 시간과 무한한 공간이 내재해 있다. 그러므로 모든 존재가 각각 온 우주를 품고 있으므로, '모든 존재는 궁극적으로 하나'라는 인식에 이르게 된다. 이렇듯, '이 세상 모든 존재들 간의 시공간적인 통일성'이 탈현대 세계관의 관점에서 이루어지는 세계 인식의 근본 특징이 된다.

동아시아 전통사상에 나타난 통일체로서의 세계상

동아시아 전통사상에는 이 세상 모든 존재들 간의 근원적인 통일성에 대한 사유가 풍부하게 내장되어 있다. '천인합일天人合一', '물아일여物我一如', '만물일체萬物一體', '심신일여心身一如', '내외합일內外合一', '표리일체表裏一體', '체용불리體用不離', '자타불이自他不二', '자타일여自他一如', '일즉전 전즉일一卽全 全卽一', '일즉다 다즉일一卽多 多卽一', '인즉천人卽天' 등은 모두 모든 존재들 간의 근원적인 통일성을 표현하는 용어들이다.

틱낫한Thich Nhat Hanh, 1987: 46 스님은 이렇게 말했다.

> 만일 당신이 시인이라면, 당신은 이 종이 안에 구름이 떠 있는 것을 분명히 볼 수 있을 것입니다.

이 말 속에는 이 세상 모든 존재가 궁극적으로 하나라고 하는 탈현대 세계상이 잘 표현되어 있다. 한 장의 종이를 깊이 들여다보면, 종이가 되기 이전의 나무를 볼 수 있다. 그 나무는 비를 맞으면서 자랐다. 구름이 비가 되었다. 그러니까 한 장의 종이를 깊이 들여다보면, 그 종이 안에 구름이 떠 있는 것을 분명히 볼 수 있다. 한 장의 종이 안에는 구름뿐만 아니라 하늘, 햇빛, 비, 흙, 바다 그리고 이 세상 모든 것들이 들어 있다. 무한한 공간과 영원한 시간을 담고 있는 한 장의 종이, 그것이 바로 탈현대 세계관의 관점에서 바라본 이 종이의 진정한 모습이다.

이와 같이 탈현대 세계관에서는 '주체와 객체' 그리고 '인간과 자연'의 상호 통일을 기본 전제로 해서 세계를 인식하고자 한다.蒙培元, 1993: 1 탈현대 세계관의 관점에서 보았을 때, 이 세상 모든 존재는 서로 상즉·상입하여 통일체적 존재 양식을 취하고 있는 것이다. 이 세상 어떤 것도 분리된 실체로 존재하지 않는다. 모든 것은 서로 연관되어 있을 뿐만 아니라 궁극적으로 하나이다. '부분은 전체를 포함하고 있으며, 부분과 전체는 하나'라고 하는 이 세상 모든 존재들 간의 근원적인 통일성에 대한 가정은 탈현대적 세계 인식의 핵심적인 특징이며, 현대 세계관과의 중요한 차이점이다.홍승표, 2011a: 184

현대인은 '이 세상 모든 존재들 간의 근원적인 분리'라는 관념에 워낙 익숙해 있어서, '이 세상 모든 존재들 간의 근원적인 통일성'을 이해하는 것이 쉽지 않다. 최근 유전공학에서 활발한 연구가 이루어지고 있는 유전자 복제를 생각해 보면, 이 세상 모든 존재들 간의 근원적인 통일성의 의미를 이해하는 데 도움이 될 것 같다.

하나의 생명체 안에는 수많은 세포가 있다. 각각의 세포는 전체 몸에 대한 유전 정보를 갖고 있다. 그래서 하나의 세포를 배양하면 전체 생명체와 똑같은 모습의 복제가 가능하다. 이런 식으로 생명체를 바라보는 유전 공학자의 관점은 탈현대 세계관에서 모든 존재를 바라보는 관점과 유사하다. 생명체 속의 수많은 세포들은, 인다라망因陀羅網[9]에 달려 있는 수많은 구슬들처럼, 서로가 서로를 비추며, 하나하나의 세

포가 전체 생명체를 포함하는 구조를 갖고 있다.홍승표, 2011a: 184

화엄사상에 나타난 개체와 전체의 통일성

역사적으로 볼 때, 개체와 전체를 바라보는 탈현대적인 관점을 가장 정교하게 발달시킨 것은 화엄사상이다. 화엄사상가들은 '일즉다一卽多 다즉일多卽一', '일중다一中多 다중일多中一'의 논리 구조를 갖고서, 이 세상 모든 존재의 근원적인 통일성을 서술한다.

의상義湘, 625~702은 탈현대 세계상에서 말하는 개체와 전체의 통일성을 『화엄일승법계도華嚴一乘法界圖』에서 다음과 같이 표현했다.김해주, 1993: 122

> 일一 가운데 일체一切가 있고 다多 가운데 일一이 있으며
>
>   一中一切多中一
>
> 일一이 곧 일체一切요 다多가 곧 일(一)이다. 一卽一切多卽一
>
> 한 티끌 속에 시방十方을 포함하고   一微塵中含十方
>
> 일체一切 티끌 중에도 이와 같다.   一切塵中亦如是
>
> 무량한 먼 겁이 곧 일념이요,   無量遠劫卽一念
>
> 일념이 곧 무량겁이다.   一念卽是無量劫

위의 구절에서 볼 수 있듯이, 화엄사상은 탈현대 세계상을 직접적으로 잘 표현하고 있다. 시공간적으로 하나 가운데 일체가 들어가 있

---

9. 범어로는 indrajāla이다. 불교의 욕계(欲界)에 속한 천신(天神)들의 왕인 인드라, 즉 제석천이 머무는 궁전 위에 끝없이 펼쳐진 그물이다. 사방으로 끝없는 이 그물의 그물코에는 보배구슬이 달려 있고 어느 한 구슬은 다른 모든 구슬을 비추고 그 구슬은 동시에 다른 모든 구슬에 비춰지고, 나아가 그 구슬에 비춰진 다른 모든 구슬의 영상이 다시 다른 모든 구슬에 거듭 비춰지며 이러한 관계가 끝없이 중중무진(重重無盡)으로 펼쳐진다(한국학중앙연구원, 『한국민족문화대백과』 http://encykorea.aks.ac.kr/).

고[一中一切], 일체 가운데 하나가 들어가 있다[多中一]. 그러므로 하나가 곧 일체[一即一切]이고, 일체가 곧 하나[多即一]이다. 내 안에 네가 있고, 너 안에 내가 있어서, '나와 너는 하나'라는 탈현대 세계상이 성립하는 것이다.

이리하여 화엄사상에서는 상즉相即 사상이 핵심을 이루게 되며, 이것은 곧 탈현대 세계상에서 '시공간적으로 모든 존재들 간의 통일성'이라고 하는 생각과 직결된다. 상즉이란 '색즉시공色即是空 공즉시색空即是色', '일즉다一即多 다즉일多即一', '일즉일체一即一切 일체즉일一切即一'이라고 말할 때와 같이, 외견상 상이한 범주들 간의 통일성을 지시하는 개념이다.

'시공간적으로 모든 존재들 간의 근원적인 통일성'을 세계 인식 원리로 삼는 탈현대 세계관과 '시공간적으로 모든 존재들 간의 근원적인 분리'를 세계 인식 원리로 삼는 현대 세계관 간에는 세계상에서 현격한 차이가 발생한다.

현대 세계상을 바탕으로 한 세계 인식은 형식논리학의 영역에 속한다. 형식논리학은 'A=A'라고 하는 동일률, 'A≠not A'라고 하는 모순율, 그리고 'A=A & A≠not'라고 하는 배중률에 바탕을 두고 있다. 즉, '나는 나이고, 나는 나 아닌 어떤 존재가 아니다'라고 하는 명제가 성립한다. 그러나 탈현대 세계상에 바탕을 둔 세계 인식은 형식논리학의 영역을 넘어선다. 탈현대적인 관점에서 보면, 'A≠A'이고, 'A=not A'이며, 'A≠A & A=not A'가 성립하게 된다. 즉, '나는 나가 아니고, 나는 나가 아닌 모든 것이다'라고 하는 명제가 성립한다.

탈현대적인 관점에서 보면, 어떻게 'A≠A'의 논리가 성립하는가? 이것은 선가禪家에서 '산은 산이 아니다'라고 말할 때와 동일한 진술이다. A가 나라고 한다면, 앞의 A는 '참나로서의 나' 즉 '우주적인 존재로서의 나'이다. 뒤의 A는 '에고로서의 나', 즉 '분리된 개체로서의 나'를 가리킨다. '우주적인 존재로서의 나[참나]'는 '분리된 개체로서의 나[에고]'가 아니다. 그러므로 'A≠A'의 논리가 성립하게 된다.

그렇다면 어떻게 'A=not A'의 논리가 성립하는가? A가 나라고 한다면, 앞의 A는 '우주적인 존재로서의 나[참나]'이다. 뒤의 not A는 나 아닌 모든 존재를 가리키는데, 나 아닌 모든 존재 역시 우주적인 존재[참나]이다. 나도 우주적인 존재이고 나 아닌 모든 존재도 우주적인 존재이다. 그러므로 'A=not A'의 논리가 성립하게 된다. 이것이 상즉 사상의 논리이며, 또한 탈현대 세계관의 관점에서 바라본 세계의 모습인 것이다.

상즉 사상의 한 가지 표현인 '일즉다 다즉일'의 사유 체계에는, 탈현대 세계관에서 말하는 개체와 전체의 통일성에 대한 관념이 담겨 있다. 화엄사상에 관한 글을 읽으면, '일이 일체이며 일체가 일이다[一卽一切 一切卽一]'라는 구절이 빈번하게 등장한다. '일즉다'란 '일이 다를 포함하고 있고, 다가 일을 포함하고 있어서' 지금 바로 이 순간에 있어 '일이 곧 다요 다가 곧 일'이라는 것이다. 그래서 법장法藏, 643~712[1998: 374]은 "하나가 일체에 즉하고 일체가 하나에 즉하여 완전무결하게 융합되어 자유자재하며 걸림이 없다"라고 말했다.

『화엄경』「보현보살행품普賢菩薩行品」에서는 탈현대 세계상의 핵심인 '개체와 전체'의 통일성을 다음과 같이 표현하고 있다.

일체 세계를 한 털구멍에 들이고 한 털구멍에서 불가사의 한 세계를 내며, 일체 중생의 몸을 다 한 몸에 들이고 한 몸 에서 한량없는 몸을 내며, 말할 수 없는 겁을 다 한 찰나에 들이고 한 찰나를 말할 수 없는 겁에 들게 하며, 일체의 불법을 다 한 법에 들이고 한 법을 일체의 불법에 들게 하며, 일체의 받아들임을 한 받아들임에 들이고 한 받아들임을 일체의 받아들임에 들게 하며, 일체의 감관을 한 감관에 들이고 한 감관을 일체의 감관에 들게 하며, 일체의 감관을 감관 아닌 법에 들이고 감관 아닌 법을 일체의 감관에 들이며, 일체의 모양을 다 한 모양에 들이고 한 모양을 일체의 모양에 들이며, 일체의 말을 한 말에 들이고 한 말을 일체의 말에 들이며, 일체 삼세三世를 다 한 세상에 들이고 한 세상을 일체의 삼세에 들이는 것 등이다.[10]

광대한 온 세상이 작디작은 털구멍 하나에 모두 들어오고, 작은 털구멍 하나에서 광대한 온 세상이 나온다. 공간적으로 광대한 것과 미세한 것 간의 통일성, 시간적으로 영원과 찰나 간의 통일성, 이렇게 탈현대 세계관에서 바라본 세계는 시간적·공간적으로 모든 것이 하나인 세계이다.

이렇듯, 『화엄경』에는 개체와 전체의 통일성을 가리키는 구절들이 많이 나온다. 아래 인용구들은 그중 일부이다.

이 말할 수 없는 세계의 티끌 수 같은 향수해 가운데 말할 수 없는 세계 티끌 수의 세계종世界種이 있고, 낱낱 세계종世界種에는 말할 수 없는 세계의 티끌 수 같은 세계가 있느니라.[11]

10. 『한글대장경 華嚴經(六十卷本) 2』, 「普賢菩薩行品」, pp. 209-210.
11. 『한글대장경 華嚴經(八十卷本) 1』, 「華藏世界品 1」, p. 162.

세 세상이 한량없는 그 겁 동안에
이뤄지고 무너지는 갖가지 모양
한 털구멍에서 모두 나타내나니
이것이 깨끗한 최상의 지혜이네.[12]

한 털 속에 모든 세계 다 수용하고[13]

낱낱의 티끌 같은 그 갈래에서
일체 모든 세계를 다 나타내네.[14]

하나하나의 그 티끌 속에서
시방의 모든 국토 두루 보았네.[15]

하나하나 티끌 속에
나타나는 모든 세계[16]

한 티끌 속에 있는 많은 세계들[17]
하나 가운데 한량없는 것 알고
한량없는 것 가운데서 하나를 알아
그것들이 서로 서로 내는 줄 알면
지혜로운 그 사람 공포 없으리.[18]

12.『한글대장경 華嚴經(八十卷本) 1』,「世間淨眼品」, p. 39.
13.『한글대장경 華嚴經(八十卷本) 1』,「盧舍那佛品 2」, p. 70.
14.『한글대장경 華嚴經(八十卷本) 1』,「盧舍那佛品 2」, p. 74.
15.『한글대장경 華嚴經(六十卷本) 2』,「入法界品 9」, p. 629.
16.『한글대장경 華嚴經(六十卷本) 2』,「入法界品 9」, p. 85.
17.『한글대장경 華嚴經(六十卷本) 2』,「賢首菩薩品 1」, p. 190.

낱낱의 작은 그 티끌 속에
한량이 없는 부처 세계 있나니
하나 속에서 무량을 알고
무량 속에서 하나를 아네.[19]

또한 『화엄경』에는 미세한 것과 거대한 것의 상입을 말하는 구절이
많이 있다. 아래 인용한 것은 그중 일부이다.

한 국토가 시방에 차기도 하고
시방 세계 한 국토에 들기도 하나[20]

한 몸으로 한량없는 몸이 되다가
한량없는 몸이 다시 한 몸 되나니[21]

한 털 끝에 한량없는 세계 있어도
그 안이 조금도 비좁지 않고
미세한 그 털끝이 커지지도 않지만
두루 넓은 부처 세계 다 용납하네.[22]

저 세계의 하나하나 티끌 가운데
시방 세계 국토들이 모두 들도다.[23]

---

18. 『한글대장경 華嚴經(六十卷本) 2』, 「如來光明覺品」, p. 132.
19. 『한글대장경 華嚴經(六十卷本) 2』, 「普賢菩薩行品」, pp. 214-215.
20. 『한글대장경 華嚴經(六十卷本) 1』, 「盧舍那佛品 3」, p. 101.
21. 『한글대장경 華嚴經(六十卷本) 1』, 「如來光明覺品」, p. 139.
22. 『한글대장경 華嚴經(六十卷本) 1』, 「心王菩薩問阿僧祇品」, p. 147.
23. 『한글대장경 華嚴經(八十卷本) 1』, 「華藏世界品 1」, p. 155.

도가와 유가 사상에 나타난 개체와 전체의 통일성

시공간적으로 이 세상 모든 존재들 간의 통일성에 대한 관념은 도가와 유가 사상에서도 풍부하게 찾아볼 수 있다. 『노자』와 『장자莊子』를 중심으로 하는 도가 사상에는 만물일체萬物一體 사상이 내장되어 있다. 도가 사상가들은 특히 인간과 자연의 통일성을 강조했다. 도가적인 관점에서 보면, 아무리 미물이라고 하더라도 모든 존재는 도道를 품고 있다. 그러므로 '모든 존재는 하나'라고 하는 탈현대 세계상이 성립하게 된다.

『장자』에 나오는 다음 구절들은 도가 사상에 내장되어 있는 만물일체 사상을 잘 보여 준다.

참된 도의 입장에서는 다 같이 하나가 된다.[24]

천지는 나와 함께 태어났으며, 만물은 나와 일체가 된다.[25]

천지도 하나의 손가락이고 만물도 한 마리의 말이다.[26]

고요한 하늘과 하나가 되는 경지에 든다.[27]

장자莊子, B.C. 362~286의 만물일체 사상은 『노자』에도 본체계와 현상계의 신비한 합일을 뜻하는 현동玄同이란 형태로 이미 등장했다. 도가의 만물일체 사상은 불교와 신유학을 포함하여 후대 동아시아 사상

---

24. 『莊子』, 「齊物論」, "道通爲一".
25. 『莊子』, 「齊物論」, "天地與我並生 而萬物與我爲一".
26. 『莊子』, 「齊物論」, "天地一指也 萬物一馬也".
27. 『莊子』, 「大宗師」, "乃入於寥天一".

에 폭넓은 영향을 미쳤다. 이런 의미에서 도가의 만물일체 사상은 이 세상 모든 존재들 간의 통일성을 강조하는 동아시아 전통사상의 근원이 되고 있다. 훗날 당대唐代 석두石頭 희천希遷, 700~790은 장자 사상의 영향을 받아서 다음과 같이 말했다.

> 천지와 나는 같은 뿌리에서 나왔고, 모든 만물은 나와 하나이다.[28]

송대宋代 신유가의 한 사람인 장재張載, 1020~1077도 '만물은 한 몸'이라는 만물일체萬物一體 사상을 발전시켰는데, 이는 모든 존재들 간의 근원적인 통일성에 대한 주장을 담고 있다. 노사광勞思光 1987: 205은 장재의 주저인 『서명西銘』의 요지는 "만물은 한 몸이라는 것[萬物一體]과, '이치'는 하나인데 나뉘어 다르게 되었다[理一分殊]는 뜻을 논한 것"이라고 했다.

만물일체 사상은, 『서명』에 나오는 아래의 구절들에 명료하게 나타난다.

> 건은 (하늘로서) 아버지라 부르고 곤은 (땅으로서) 어머니라고 부른다. 나는 여기서 아득하게 작지만 하늘·땅과 한데 섞여서 그 가운데 있다. 하늘과 땅의 가득 찬 것은 나의 몸이고, 하늘과 땅을 이끌고 가는 것은 나의 본성이다. (사람이나 사물은 만유의 기가 모여서 이루어진 것으로) 사람들은 모두 한 뱃속의 형제와 같고, 모든 만물은 나와 함께 있는 (친구

---

28. J. C. H. Wu(鳴經態), 류시화 옮김, 『禪의 황금시대』(경서원, 1986), 247-248쪽에서 재인용, "天地與我同根 萬物與我爲一".

인) 것이다.[29]

천하를 보건대 어떠한 사물도 자기가 아님이 없다.[30]

『서명』은 부모 자식 간의 사랑을 전 우주적인 범위까지 확대한 것이다. 공자와 맹자孟子에서 시작된 '인仁' 사상은 부모에서 이웃과 인류에 대한 사랑으로 넓혀져 갔다. 이것은 마침내 송대宋代에 이르러 천지가 만물을 낳는 마음으로 환원되고, 인간과 만물이 일체가 되는 경지로 차원의 전환을 이루었다.곽신환, 1996: 17 나와 세계의 통일성에 대한 사상이 확충되고 체계화된 것이다.

시간적인 측면에서의 통일성

탈현대 세계관에서 말하는 모든 존재들 간의 통일성은 공간적인 측면에서만이 아니라 시간적인 측면에서도 작용한다. 순간과 영원은 상즉·상입하면서 통일체적 존재 양식을 취한다. 탈현대 세계관은 '시간을 초월하여 모든 존재들은 하나'라고 하는 이 세상 모든 존재들 간의 근원적인 통일성을 가정한다. 과거·현재·미래 간의 시간적인 통일성을 기본 전제로 하고서, 나와 세계를 이해하고자 한다.

의상의 『화엄일승법계도』의 다음 구절은 탈현대 세계관에서 말하는 시간적인 통일성을 잘 표현하고 있다.

무량한 먼 겁이 곧 일념이요, 無量遠劫卽一念

---

29. 『張子全書 1』, 「西銘」, "乾稱父 坤稱母 予玆藐焉 乃混然中處 天地之塞吾其體 天地之師吾其性 民吾同胞 爲吾與也". 장윤수, 『정주철학원론』(이론과실천, 1992), 159쪽의 번역을 사용했다.
30. 『張子全書 1』, 「西銘」, "視天下無一物非我", 장윤수, 『정주철학원론』(이론과실천, 1992), 159쪽의 번역을 사용했다.

일념이 곧 무량겁이다. 一念卽是無量劫 김해주, 1993: 122

　이렇듯, 한순간 속에 영원한 시간이 들어 있다는 것이 탈현대 세계관의 시간관이다. 각각의 순간은 영원과 맞닿아 있으며, 영원을 포함하고 있다. 궁극적으로 순간과 영원은 하나인 것이다.
　『화엄경』에도 순간이 영원을 포함하고 있다는 탈현대적인 시간관이 많이 표현되어 있다.

　　　한량없고 수없는 그 많은 겁을
　　　한 생각 가운데서 다 관찰할 때
　　　온 것도 없거니와 간 것도 없고
　　　현재에도 또한 머물러 있지 않네.[31]

　　　세 세상의 한량없는
　　　그동안에 하시던 일
　　　찰나 찰나 그 사이에
　　　남김없이 다 보시네.[32]

　　　한 찰나 사이에 말할 수 없는
　　　모든 겁의 바다에 두루 들어가[33]

　　　지난 세상 오는 세상 지금 세상의

31. 『한글대장경 華嚴經(六十卷本) 1』, 「如來光明覺品」, p. 147.
32. 『한글대장경 華嚴經(六十卷本) 1』, 「世間淨眼品 2」, p. 57.
33. 『한글대장경 華嚴經(六十卷本) 3』, 「入法界品 15」, p. 150.

시방에 벌려 있는 모든 세계들
한량없는 겁 동안의 깨끗한 장엄
낱낱 부처 세계에 다 나타나네.[34]

세 세상의 부처님과
그 일체의 불국토를
한 세계의 가운데서
그 모든 것 볼 수 있네.[35]

과거가 바로 그 미래요
미래가 바로 그 과거요
현재가 바로 과거요 미래거니
보살은 그것 모두 환히 아네.[36]

틱낫한[1990: 13] 스님은 또한 순간과 영원의 통일성에 관해 다음과 같이 말했다.

우리들이 현재의 이 순간과 깊이 있게 접촉하였을 때, 우리들은 모든 우리의 조상들과 모든 미래의 후손들이 우리들 안에 현존하고 있음을 볼 수 있습니다.

지금의 내 안에는 나의 아버지와 어머니가 살고 있고, 나의 할아버

---

34. 『한글대장경 華嚴經(六十卷本) 1』, 「盧舍那佛品 2」, p. 87.
35. 『한글대장경 華嚴經(六十卷本) 1』, 「盧舍那佛品 3」, p. 108.
36. 『한글대장경 華嚴經(六十卷本) 2』, 「普賢菩薩品」, p. 225.

지와 할머니가 살고 있으며, 수십억 년 전의 나의 조상인 아메바와 같은 단세포 생물을 포함해서 모든 나의 조상들이 살고 있다. 또한 내 안에는 나의 자식과 자식의 자식, 그리고 수억 년 후의 나의 후손들이 살고 있다. 나는 이들 모두이고, 이들 모두는 나이며, 나와 이들 모두는 하나이다. 탈현대 세계관의 관점에서 볼 때, 한순간은 영원을 담고 있는 것이다.홍승표, 2011a: 193

틱낫한2003: 117-118 스님의 시 『종이 한 장』에는 모든 존재들이 시간적으로 상즉·상입하는 탈현대 세계상이 아름답게 표현되어 있다.

> 옴도 감도 없고
> 나중도 먼저도 없다.
> 나는 그대를 꼬옥 붙잡았다가
> 자유롭게 놓아 드립니다.
> 나는 그대 안에 있고 그대는 내 안에 있습니다.

탈현대 세계상의 핵심은 시간적·공간적으로 모든 존재들 간의 근원적인 통일성에 대한 가정이다. 내 안에는 네가 있고, 네 안에는 내가 있다. 그래서 너와 나는 하나이다. 현재의 이 순간 속에는 억겁의 과거로부터 억겁의 미래에 이르기까지 영원한 시간이 들어 있다. 그래서 현재와 과거와 미래는 하나이다. 그래서 모든 존재는 무한한 공간과 영원한 시간을 품고 있는 우주적인 존재이며, 모든 존재는 위대하고 경이로운 것이다. 모든 존재가 위대하고 경이로운 존재라는 것이 바로 탈현대 세계관의 관점에서 바라본 세계의 실상이다.

2. 독자적이면서 전체와 조화를 이루는 개체

탈현대 세계관의 관점에서 볼 때, 시간과 공간을 넘어서 이 세상 모든 존재는 하나이다. 하지만 이런 이 세상 모든 존재들 간의 통일성에 대한 인식이 개체가 갖고 있는 개성과 자유에 대한 억압으로 이어지는 것은 아니다. 오히려 탈현대 세계관은 개체의 독자성과 자율성을 강조하며, 개체의 독자성과 자율성의 바탕 위에서만 진정한 하나 됨이 이루어질 수 있음을 말한다.

개인의 자유, 자율성, 개성 등에 대한 존중은 현대 사회가 어렵게 성취한 것이다. 이런 현대적인 성취는 탈현대 세계가 되면서 사라지는 것이 아니라 탈현대 사회의 기초가 된다. 탈현대 세계관은 개체들 간의 분리를 넘어서고자 한다는 점에서 현대 세계관을 극복의 대상으로 삼지만, 개체성을 존중한다는 측면에서는 현대 세계관을 계승한다.

이 책은 탈현대 세계관 구성에서 동아시아 전통사상을 중요한 전거로 삼고 있다. 그런데 동아시아 전통사상은 전현대 사회에서 발전한 것이다. 이에 따라서 동아시아 전통사상에는 개인의 개체성에 대한 인식과 존중이 미발달되어 있는 경우가 많다. 동아시아 전통사상에서 인간은 빈번하게 그가 속한 집단으로부터 미분화된 존재로 인식된다. 그러므로 동아시아 전통사상을 바탕으로 탈현대 세계관을 구성하고자 할 때, 이 점을 유의하고 또한 보완하는 것이 중요하다.

그러나 비록 동아시아 전통사상에 전현대 세계관의 특징인 집단 중심적인 관점[37]이 많이 섞여 있다고 하더라도, 탈현대 세계관은 그 원리

---

37. 현대 세계관의 집단 중심적인 관점과 현대 세계관의 개인 중심적인 관점에 대한 서술에는 홍승표의 『깨달음의 사회학』(예문서원, 2002), 25-41쪽을 참조했다.

상 개체의 특수성과 독자성을 전제하기 때문에, 개체의 독자성을 중시하는 부분이 내포되어 있다는 사실도 주목해야 한다. 이 책에서는 그런 부분들을 참고하면서, 개체의 독자성을 강조하는 탈현대 세계관의 특징을 서술해 보겠다.

탈현대 세계관에서 말하는 '이 세상 모든 존재들 간의 통일성'이란 개념은 전현대 세계관의 집단 중심적인 관점에서 말하는 '모든 존재들의 일체성'이란 개념과 외관상 유사해 보인다. 그러나 '통일성'과 '일체성'은 근본적으로 다르다. 양자 간의 차이를 명백하게 인식하는 것은 탈현대 세계관을 올바르게 인식하는 데 중요하다.

전현대 세계관의 집단 중심적인 관점에서 '일체성'을 말할 때, 집단 구성원들 각자가 갖고 있는 개별자로서의 독자성은 존중되지 않는다. '일체성'이란 전체만을 중시하는 가운데, 개체의 개성이 인정되지 않는 획일화된 '동同'의 상태를 가리킨다. 예를 들어서, 똑같은 군복을 입고서, 똑같은 걸음걸이로 행진하는 군대의 모습을 상상해 보라. 이런 것이 바로 획일화된 '동'의 상태로 '일체성'이 확보된 모습이다.

그러므로 전현대 세계관의 집단 중심적인 관점에서 말하는 '일체성'은 개체성에 대한 억압과 부정을 반드시 수반하게 된다. 일체성을 중시하는 집단 중심적인 사회에서는, 전체를 구성하고 있는 각각의 구성원은 개별자로서의 독자성을 갖지 못한다. 개인은 오직 집단에 소속되었을 때만 자신의 존재 의미를 찾을 수 있다. 전현대 세계관의 집단 중심적인 관점에서, 전체가 하나 되기 위해서는 개체가 갖는 특성은 소멸되어야만 하는 것이다.

이에 반해서, 탈현대 세계관에서는 각각의 개인이 자신만의 색깔과 향기를 갖고 있는 독자적인 존재라고 간주하며, 이를 존중한다. 탈현대적인 관점에서 말하는 '통일성'의 구현은 전체를 구성하고 있는 개체가 갖고 있는 자유와 개성 그리고 자율성의 실현에 바탕을 둔다. '통일성'이란 각각의 개체가 자신의 개성을 실현하는 가운데, 다양한 것들 간의 어울림이 이루어진 '화和'의 상태이다. 탈현대적인 세계란 획일성이 강조되는 '동'의 세계가 아니라 서로 다른 것들 간의 어울림이 강조되는 '화'의 세계인 것이다.[38]

그러므로 탈현대적인 관점에서 말하는 '통일성'에 이르기 위해서는, 개체성에 대한 존중과 개성 실현이 반드시 전제되어야 한다. 모든 것들이 하나 되기 위해서는, 각각의 개체가 갖고 있는 고유한 특성이 실현되어야 하는 것이다.

탈현대 세계관에는 전현대 세계관의 집단 중심적인 관점이 중시하는 '전체의 일체성'이라는 관념과 현대 세계관의 개인 중심적인 관점이 중시하는 '개체의 독자성과 자율성'이라고 하는 관념이 모두 포함되어 있다. 하지만 '통일성'이란 전체의 '일체성'이나 개체의 '독자성' 중에서 그 어느 하나와 동일한 개념은 아니다. '통일성'이란, 모든 존재들 간의 분리를 전제하는 가운데 개체의 '독자성'만을 인정하는 '독자성'과 의미가 다른 만큼이나, 각 개체의 '독자성'을 인정하지 않는 가운데 전체의 '일체성'만을 인정하는 '일체성'과도 의미가 다르다.

이와 같이 탈현대 세계관의 관점에서 볼 때, 전체 세계의 통일성과 부분이 갖고 있는 개성은 서로 모순되는 것이 아니다. 뿐만 아니라, 전체를 이루고 있는 각각의 부분은 자신이 갖고 있는 개성을 지키고 실현해 나가는 과정에서 전체의 조화에 참여하게 된다. 화단에 있는 각각의 식물들이 자신만의 모양을 유지한 채로 자신만의 향기와 색깔을 가진 꽃을 피울 때, 전체로서의 화단이 조화로운 꽃밭이 되는 것과 같

---

38. 바로 이런 이유에서, 공자는 『論語』, 「子路篇」에서 "군자는 화(和)하지만 동(同)하지 않고, 소인은 동(同)하지만 화(和)하지 않는다[君子和而不同 小人同而不和]"고 말했다.

다. 또 오케스트라에서 각각의 악기가 자신만의 음색을 가진 채로 자신의 소리를 낼 때, 전체로서의 오케스트라가 조화로운 음악을 만들어 내는 것과 같다. C. G. 융Carl Gustav Jung, 1875~1961이 '참나[Self]'를 실현해 가는 과정을 '개성화[Individuation] 과정'이라고 명명한 것도 이와 같은 맥락에서 이해할 수 있다.

다만 여기에서, 탈현대 세계관에서 말하는 개체의 개성과 현대 세계관의 개인 중심적인 관점에서 말하는 개체의 개성이 가리키는 바가 다른 것임을 명심해야 한다. 현대 세계관의 개인 중심적인 관점에서 말하는 개체의 개성이란 세계와 분리되고 단절된 개체가 갖고 있는 특수한 성질을 가리킨다. 이에 반해서, 탈현대 세계관에서 말하는 개체의 개성이란 개체가 갖고 있는 고유한 특성이지만 그것은 시간과 공간을 넘어 이 세상 모든 존재와 연결되어 있고 궁극적으로는 하나인 것이다.

엄군평嚴君平, BC 88~AD 1~5?의 저술인 『노자지귀老子指歸』에는 이 세상 모든 존재들 간의 통일성에 대한 주장과 더불어 개체의 자유와 독자성에 대한 강조가 두드러진다. 엄군평의 사상을 소개하면서, 원정근 1977: 42은 이렇게 말했다. "도가 철학은 존재하는 모든 것이 전체로서 유기적 통일성의 관계망을 형성하면서도 그 전체에 함몰되지 않고 개체적 독자성을 누리고 있다는 사실을 자명한 원리로 삼는 데서 출발한다."

엄군평이 지향하는 이상사회는 태평사회다. 태평사회란 모든 사람이 이 세상 모든 존재들과 하나로 합치하는 상태에서 각자 자신의 자유를 실현할 수 있는 사회이다.원정근, 1977: 59 엄군평은 태평사회의 기초로 '독獨'과 '현동玄同'을 제시했다. "'독'은 개인의 독자적 자유 상태를 말하고, '현동'은 사회의 공동체적 통일 상태를 말하며, 양자는 분리될 수 없는 하나의 관계로 통섭되어 있다"[원정근, 1977: 59]. 여기에서 엄군평은 '독'을 '현동'의 전제로 삼고 있다.

엄군평은 '개별자의 독자성'과 '이 세상 모든 존재들 간의 통일성'이 조화를 이룬다는 것을 설명하기 위해, 인체를 예로 들고 있다. 인체는 사지와 다양한 장기로 구성되어 있다. 각 기관이 갖고 있는 특성과 수행하는 기능은 서로 다르다. 몸의 여러 가지 기관은 자신의 독자성을 실현하는 동시에 전체의 통일성에 기여한다. 이 둘은 다른 것이 아니다.[39]

화엄사상에서도 개체의 독자성에 대한 강조를 찾아볼 수 있다. 만물이 상즉·상입한다고 했을 때, 상즉이나 상입하는 개체의 특성이 사라진다는 것은 결코 아니다. 두순杜順, 557~640은 『화엄법계관문華嚴法界觀門』에서 물결의 비유를 들어 다음과 같이 말했다.

> 이는 온전히 한 큰 바다가 한 물결 가운데 있으나 바다가 줄어들지 않음과 같으며, 저 한 작은 물결이 큰 바다를 두르되 물결이 커지지 않음과 같다.[대한불교조계종교육원 편, 2001: 170]

이렇듯, 각 존재는 자신만의 개성을 잃지 않을 뿐만 아니라, 바로 그 개성이 상즉과 상입을 위한 전제가 된다. 그러므로 일과 다는 서로를 받아들이고 있으면서도 같은 것은 아니라고 하는 '일다상용부동一多相容不同'[40]이 성립되는 것이다. "일 속에 다를 갖추고 있다고 하더라도 또한 일은 바로 그 다가 아닐 따름이다."[法藏, 1998: 398] 바로 이 점에서 화엄사상은 탈현대 세계관의 특징을 구비하고 있다. 화엄의 다즉일

---

39. 嚴遵, 『老子指歸』(中華書局, 1994), p. 34, "四支九竅 趨務舛馳 異能殊形 皆元一心".
40. 일다상용부동문(一多相容不同門)은 화엄사상 「십현문(十玄門)」의 하나이다.

多即一은 개체성을 인정하지 않는 전체주의 철학과는 근본적으로 다른 것이다.

『화엄오교장華嚴五教章』에서는 집을 짓는 것을 예로 들어서, 전체를 구성하고 있는 개체들 간의 차이가 존재하는 것과 전체의 조화가 이루어지는 것이 하나임을 설명한다. 서까래와 기와가 각각 갖고 있는 개체성을 상실하고 모두 같은 것[同]이 되어 버린다면, 집은 이루어질 수 없다. 서까래와 기와의 다름이 집이 이루어질 수 있는 전제가 되는 것이다. 서까래와 기와는 각각 자신의 개성을 갖고 있는 개체이지만, 둘 다가 집을 구성하는 부분이라는 점과 집을 이루려는 뜻에서는 동일한 것이다. 집의 구성 요소와 집 간의 관계에 대한 이와 같은 비유는 탈현대적인 관점에서 개체와 전체 간의 관계를 바라볼 수 있는 시각을 제공해 준다.

3. 모두가 중심이 되는 세계

'어떤 것도 배타적인 중심이 아니면서, 모든 것이 중심이 되는 세계', 이것이 탈현대 세계관의 관점에서 바라본 세계의 모습이다. 현대 사회의 근본적인 문제 중 하나는 '중심과 주변의 구조'이다. 현대 세계관의 관점에서 보면, 모든 존재는 근원적으로 분리되어 있다. 그러므로 강자가 약자를 존중해야 할 어떤 논리적인 이유가 없다.

이에 따라서 현대 사회에서는 강자가 중심이 되고 약자가 주변이 되는 '중심과 주변의 구조'가 일반화되어 있다. 인간이 중심이 되고 자연이 주변이 되는 인간 중심적인 구조, 미국과 중국 같은 강대국이 중심이 되고 약소국이 주변이 되는 강대국 중심적인 구조, 영어와 같은 강한 언어가 중심이 되고 다른 언어들이 주변이 되는 영어 중심적인 구조, 백인종이 중심이 되고 유색인종이 주변이 되는 백인종 중심적인 구조 등은 현대 사회에서 '중심과 주변의 구조'의 현저한 사례들이다.

탈중심성의 논리적인 근거는 이 세상 모든 존재가 영원한 시간과 무한한 공간을 품고 있는 우주적인 존재라는 탈현대적인 세계 인식이다. 그러므로 모든 존재는 위대하고 경이로운 것이며, 어떤 존재도 배타적으로 세계의 중심이 되지 못한다. 모든 존재가 중심이 되는 탈중심적인 세계가 출현하는 것이다.

도가 사상에서 보면, 모든 존재는 도를 품고 있다. 아무리 미물이라고 하더라도 도를 품고 있지 않은 존재는 없다. 장자와 동곽자東郭子가 주고받은 아래 문답은 도의 편재성에 대한 탈현대 세계관의 관점을 잘 보여 준다.

동곽자: 소위 도란 어디에 있습니까?

장자: 없는 곳이 없소.

동곽자: 분명히 가르쳐 주십시오.

장자: 땅강아지나 개미에게 있소.

동곽자: 어째서 그렇게 낮은 곳에 있습니까?

장자: 강아지풀이나 피에 있소.

동곽자: 어째서 그렇게 점점 더 낮아집니까?

장자: 기와나 벽돌에 있소.

동곽자: 어째서 그렇게 차츰 더 심하게 내려갑니까?

장자: 똥이나 오줌에 있소.

동곽자는 (그만 말문이 막혀) 아무 대꾸도 하지 않았다.[41]

장자가 조금 더 친절하게 대답했다면, '도는 땅강아지에도 개미에도, 강아지풀이나 피에도, 기와나 벽돌에도 그리고 똥이나 오줌에도 흐르고 있다'라고 말했을 것이다. 이렇듯 이 세상 모든 존재가 도를 품고 있으므로, 이 중 어느 것도 세계의 배타적인 중심이 될 수 없으며, 모든 것이 세계의 중심이 되는 탈중심적인 세계가 출현한다. 물론 이런 자연물들 앞에서 인간의 위치도 동일하며, 인간세상에서 백인종이나 부자의 위치도 같다.

장자로부터 천년의 세월이 흐른 후, 당나라 선사였던 조주趙州 종심從諗, 778~897은 같은 의미의 질문을 던지는 승려에게 장자와 똑같이 대답했다. "뜰 앞의 잣나무이다."J. C. H. Wu, 1986: 141 질문을 받는 순간, 그의 눈에 뜰 앞의 잣나무가 들어왔을 것이다.

탈현대 세계관의 관점에서 볼 때, 대우주의 도는 모든 것에 편재해 있다. 신유가의 리理·도가의 도道·불가의 불성佛性 등은 모든 사물 속에 내재해 있는 것이다. 사람이나 동물, 식물, 그리고 원자에서 대우주에 이르기까지, 모든 존재는 우주적인 도가 여러 가지 형태로 나타난 것이다.J. S. Bolen, 1994: 12-13

도가 사상에는 도의 편재성에 대한 관념이 풍부하게 내장되어 있다. 도는 모든 곳에 편재한다는 생각을 노자는 이렇게 표현했다. "대도가 넘쳐남이여! 그 좌우로 넘치는구나."[42] 도는 흘러넘쳐서 이르지 않는 곳이 없다는 말이다. 이 세계의 모든 존재들은 우주적 대생명과 하나하나 관련되어 있다.陳鼓應, 1997: 293 그러므로 아무리 미물이더라도

---

41. 『莊子』, 「知北遊」, "東郭子問於莊子曰 所謂道惡乎在 莊子曰 無所不在 東郭子曰 期而後可 莊子曰 在螻蟻 曰 何其下邪 曰 在稊稗 曰 何其愈下邪 曰 在瓦甓 曰 何其愈甚邪 曰 在屎溺 東郭子不應". 번역을 위해 안동림이 역주를 단 『莊子』(현암사, 1993)의 도움을 받았다.
42. 『老子』, 34章, "大道氾兮 其可左右". 왕필(王弼, 226-249)은 이 구절을 주석하기를 "도는 흘러 넘쳐서 가지 않는 곳이 없다"라고 했다.

모든 존재에는 대우주의 도가 흐르고 있다. '도는 어디에나 없는 곳이 없는'[43] 것이다.

이와 같이 도는 모든 곳에 편재해 있기 때문에, 삶에서 마주치는 어떤 경험을 통해서나 도를 깨달을 수 있다. 『장자』에서 포정庖丁이 소를 잡는 과정에서 도를 깨닫는 일화나 바퀴 만드는 장인이 작업 과정을 통해서 도를 깨닫는 것은 그 하나의 예이다. 그러므로 우리가 인생에서 '무엇과 만나는가'가 아니라 그것과 '어떻게 만나는가' 하는 것이 중요한 것이다.

불가 사상에도 도의 편재성에 대한 관념이 존재한다. 틱낫한[1987: 26] 스님은 다음과 같이 말한다.

> 모든 것이 법을 설하고 있습니다. 조약돌 하나하나, 나뭇잎 하나하나, 그리고 꽃들이 『묘법연화경妙法蓮華經』을 설법하고 있습니다.

동산洞山, 807~869이 강을 건너다 읊은 아래 게송도 도의 편재성에 대한 관념을 잘 보여 준다.

> 나는 오늘 홀로 가다가 我今獨自往
> 곳곳마다 그대를 만나게 되었네. 處處得逢渠[44]

『화엄경』에도 불성의 편재성을 가리키는 구절들이 많이 등장한다.

---

43. 『莊子』, 「齊物論」, "道惡乎往而不存".
44. 이것은 동산의 「과수게(過水偈)」의 한 구절이다. 장순용, 『禪이란 무엇인가 - 十牛圖의 사상』(세계사, 1991), p. 51에서 재인용했다.

대표적인 게송을 인용하면 다음과 같다.

부처님 몸 온 법계에 두루 계시어

간 데마다 중생 앞에 나타나시며[45]

송대宋代 신유가의 대표자인 주희朱熹의 리일분수론理一分殊論에도 도의 편재성에 대한 생각이 풍부하게 담겨 있다. 리일분수란 하나의 이치가 모든 사물에 나누어 부여되어 있는 것을 말한다. 그러므로 세상 만물은 모두 '리理'를 내재하고 있다. 주희는 제자들과의 문답에서, '리'란 모든 곳에 편재해 있다고 말했다. 비유하자면 '리'는 마치 커다란 호수에 담긴 물과 같은 것이다. 그것이 하나의 국자에 떠지건, 커다란 통에 담기건, 작은 그릇에 채워지건, 이 모두가 같은 물이라는 사실에는 변함이 없다.[46]

도의 편재성에 대한 관념은 동아시아 전통사상뿐만 아니라, 기독교 신비주의 사상이나 아메리카 원주민들의 글을 통해서도 확인할 수 있다. 기독교 신비주의 사상가들은 이 세상 모든 존재에 신이 깃들어 있다고 말한다. 그러므로 모든 존재는 성스러운 것이다. M. 에크하르트 Meister Eckhart, 1260~1327[1994: 37]는 이렇게 말했다.

우리가 성스러운 한, 그리고 내면에 신적 존재를 갖고 있는 한, 우리는 우리가 하는 모든 일들 곧 먹고 자고 철야하는 일과 그 외의 모든 일들을 성스럽게 하는 것이다.

이 말은 당나라 선사 마조馬祖 도일道一, 709~788의 제자 방온거사龐蘊

---

45. 『한글대장경 華嚴經(六十卷本) 1』, 「盧舍那佛品 1」, p. 71.
46. 『朱子語類』, 「理氣上」, "如一海水 或取得一杓 或取得一擔 或取得一椀 都是這海水".

居士가 읊었던 "내 마음 공부는 물 긷고 땔나무 줍는 일이로다"J. C. H. Wu, 1986: 91와 상통한다.

아메리카 원주민 수콰미쉬족과 두와미쉬족의 추장이었던 시애틀의 다음 말은 모든 존재가 신성하다고 생각했던 고대인의 의식세계를 잘 보여 준다.

> 햇살 속에 반짝이는 소나무들, 모래사장, 검은 숲에 걸려 있는 안개, 눈길 닿는 모든 곳, 잉잉대는 꿀벌 한 마리까지도 우리의 기억과 가슴속에서는 모두가 신성한 것들이다.류시화, 2003: 17

탈현대 세계관의 관점에서 보면, 모든 존재는 '참나'를 내장하고 있는 신성하고, 위대한 존재이다. 그러므로 어떤 존재도 배타적으로 중심이 될 수 없으며, 모든 존재가 중심이 되는 탈중심성이 탈현대 세계상의 중요한 일부가 된다. 탈중심적인 세계에서도 강자와 약자는 존재한다. 하지만 강자와 약자 간 관계의 성격이 변화한다. 인간은 자연을 존중하고, 외경한다. 강한 인종이나 민족은 약한 인종이나 민족을 존중하며, 약한 인종이나 민족의 아래에 선다. 탈현대 사회가 되면, 강대국과 약소국의 구조나 강한 언어와 약한 언어의 구조는 완전히 해체된다.

4. 절대 평등의 세계

위에서 논의한 탈중심성에 대한 생각 속에 이미 이 세상 모든 존재들 간의 절대 평등관이 들어 있다. 탈중심성에 대한 생각은 자연스럽게 모든 존재들 간의 절대 평등관으로 연결된다. 탈중심성과 절대 평등관은 사랑의 사회인 탈현대 사회의 세계관적인 기초가 된다.

현대 사회에서도 평등을 추구했다. 그러나 현대 사회에서 추구되었던 평등은 본질적으로 불구적인 것이었다. 그것은 대립물 간의 차이를 부정하는 획일화로서의 평등의 추구였다. 이것을 극단적으로 추구했을 때, 그것은 프로크루스테스의 침대[47]가 되어 파괴적인 결과를 초래한다. 그 대표적인 사례가 바로 마오쩌둥이 주도한 '문화혁명'이다. 그것은 광기에 가득 찬 획일화로서의 평등 추구였으며, 전통의 파괴는 물론이고 중국 사회를 심각하게 황폐화시켰다.

획일화로서의 평등의 추구 외에 현대 사회의 평등관에는 또 하나의 문제가 있다. 인간 중심주의의 문제가 그것이다. 현대 사회에서 주창된 평등은 그 외연을 아무리 확장해도 인간의 범위를 넘어서지 않는다. 현대 평등관에는 인간과 자연 간의 평등에 대한 관념은 없다. 이것은 자연, 인간, AI 등 이 세상 모든 존재들 간의 조화로운 공존을 이루어야 할 미래 사회의 관점에서 보면, 중요한 문제점이다.

탈현대 세계관의 관점에서 보면, 이 세상 모든 존재는 '참나'를 내장하고 있다. 그러므로 인간을 포함해서 모든 존재는 존귀하며, 절대적으로 평등하다. 이것이 탈현대 세계상의 하나로 '모든 존재들이 지극히 존귀하다는 의미에서 모든 존재들 간의 절대 평등관'이다. 평등의 범위는 인간에 국한되지 않는다. 모든 생명체와 무생명체 그리고 AI를

---

47. "프로크루스테스는 그리스 신화에 나오는 인물로, 힘이 엄청나게 센 거인이자 노상강도였다. 그는 아테네 교외의 언덕에 살면서 길을 지나가는 나그네를 상대로 강도질을 일삼았다. 특히 그의 집에는 철로 만든 침대가 있었는데, 프로크루스테스는 나그네를 붙잡아 자신의 침대에 눕혀 놓고 나그네의 키가 침대보다 길면 그만큼 잘라 내고, 나그네의 키가 침대보다 짧으면 억지로 침대 길이에 맞추어 늘여서 죽였다고 한다"(지식엔진연구소, 2018).

포함한 모든 존재가 절대 평등의 범주 안에 들어 있다.

이것이 바로 장자가 말하는 '제물齊物의 세계'이며, 탈현대적인 세계의 모습이다. 장자는 "만물은 한결같이 평등하다"[48]라고 했다. 이 밖에도 장자는 이 세상 모든 존재들 간의 절대적인 평등을 주창하는 많은 언명을 했다.

> 문둥병 환자와 미인 서시를 비교한다는 것은, 매우 괴이하고 야릇한 대조이지만 참된 도의 입장에서는 다 같이 하나가 된다.[49]

> 오직 도에 도달한 자는 모든 것이 하나임을 깨닫게 된다.[50]

현대 사회에서 서로를 경계 짓는 권력·지위·돈·명예·외모·지식 같은 것들에서의 차이란, 영원한 도의 관점에서 보았을 때 아무것도 아니다. 이것은 어떤 차별의 근거도 될 수 없다. 높은 산이 낮은 땅 아래에 처하는 『주역』「겸괘謙卦」의 괘상은 바로 이런 절대 평등사상에 기반을 둔 것이다.

「겸괘」 괘상을 보면, 땅을 뜻하는 곤坤이 위에 위치하고 있고, 산을 뜻하는 간艮이 아래에 위치해 있다. 땅은 산보다 낮고, 산은 땅보다 높다. 어떻게 낮은 땅이 높은 산보다 더 높은 곳에 위치하고 있고, 위치해야만 하는가? 어떻게 높은 산이 낮은 땅보다 더 낮은 곳에 위치하고 있고, 위치해야만 하는가?

---

48. 『莊子』, 「秋水」, "萬物一齊".
49. 『莊子』, 「齊物論」, "厲與西施 恢恑憰怪 道通爲一".
50. 『莊子』, 「齊物論」, "唯達者知通爲一".

여기서 높음[艮]이란 '높다', '크다', '강하다', '단단하다', '뛰어나다', '아름답다', '부유하다', '권세가 있다', '학식이 있다' 등을 표상하는 것이고, 낮음[坤]이란 '낮다', '작다', '약하다', '부드럽다', '떨어지다', '추하다', '가난하다', '권세가 없다', '학식이 없다' 등을 표상한다. 높음이건 낮음이건, 이건 모두 개체가 갖고 있는 특징이다. 그런데 탈현대 세계관의 관점에서 보면, 모든 개체 안에는 영원한 시간과 무한한 공간이 내장되어 있으며, 그래서 모든 개체는 우주적인 존재이고, 절대적으로 평등한 존재이다.

그러므로 내가 개체로서 높은 곳에 있다고 해서 낮은 곳에 있는 개체 위에 군림해서는 안 되며, 낮은 곳에 있는 개체 아래에 위치해야 한다. 내가 개체로서 낮은 곳에 있다고 해서 높은 곳에 있는 개체 아래에서 움츠러들어서는 안 되며, 높은 곳에 당당하게 위치해야 한다. 인간은 자연 앞에서 낮은 곳에 위치하면서 자연을 존중하고 존경해야 한다. 부강한 나라는 약소한 나라의 아래에 위치하면서 약소한 나라를 존중하고 존경해야 한다. 높은 곳에 있는 사람은 낮은 곳에 있는 사람의 아래에 위치하면서 낮은 곳에 있는 사람을 존중하고 존경해야 한다. 그래서 노자는 이렇게 말했다. "큰 나라는 작은 나라의 아래에 위치해야 한다."[51]

---

51. 『老子』, 61章, "大國以下小國".

Ⅱ.
사랑의 사회학의
인간관은 무엇인가

인간이란 어떤 존재일까?

파면 팔수록 악취가 나는 존재일까?

파면 팔수록 향기가 나는 존재일까?

'인간이란 어떤 존재인가?' 이 질문에 대한 대답은 사회학적인 인식에 커다란 영향을 미친다. 현대 인간관에 기반을 둔 현대 사회학의 인간 인식은 인류가 새로운 미래로 나아가는 데 커다란 걸림돌이 되고 있다.

Ⅱ장에서는 탈현대 인간관인 사랑의 사회학의 인간관을 서술해 보겠다. 사랑의 사회학에서는 인간을 다른 모든 존재와 마찬가지로 영원한 시간과 무한한 공간을 자신 안에 내재하고 있는 우주적인 존재라고 본다. 또한 인간은 다른 모든 존재들과 달리 우주적인 존재로서의 자신과 세계를 자각할 수 있는 존재이다. 그리고 이런 자각을 통해, 인간은 사랑할 수 있는 존재로 재탄생할 수 있다.

1. '참나'를 품고 있는 아름다운 존재

현대 인간관의 관점에서 보면, 인간은 시공간적으로 다른 모든 존재들과 근본적으로 분리되어 있는 고립적인 개체이다. 인간은 시간적으로 보면 태어났을 때부터 죽을 때까지만 존재하며, 공간적으로 보면 자신의 피부를 경계선으로 해서 피부 안쪽에서만 존재한다.

현대는 이런 인간을 개인individual이라고 불렀다. 'Individual'이란 용어의 의미는 '더 이상 나눌 수[divide]' '없는[in]' 존재라는 의미를 갖고 있는데, 이는 고대 그리스 사회에서 더 이상 분할될 수 없는 물질을 가리키는 원자atom라는 말에서 그 의미를 가져온 듯하다. 현대 사회학은 바로 이런 현대 인간관의 바탕 위에 사회학을 구축했다.

탈현대 세계관의 관점에서 보면, 현대적인 관점과는 판이한 인간 인식이 이루어진다. 탈현대적인 관점에서 보면, 아무리 미물이라고 하더라도 모든 존재는 자신 안에 영원한 시간과 무한한 공간을 품고 있는 우주적인 존재이다. 그러므로 모든 존재는 존귀하다. 물론 인간은 이런 우주적인 존재의 하나이다. 그러므로 인간도 다른 모든 존재들과 동일하게 존귀한 존재이다. 이 책에서는 한정된 자아로서의 에고를 넘어선 '우주적인 자기'를 '참나'라고 명명했다.

동서양의 많은 사상가들은 이런 궁극적인 자기로서의 '참나'를 구름 뒤편에서 언제나 밝게 빛나는 태양에 비유하곤 했다.[52] 에고를 넘어서, 모든 인간 안에 내재해 있는 '참나'를 가리키는 많은 이름이 있다. 유가에서 말하는 '성性', '명덕明德', '인仁', 불가에서 말하는 '불성佛性', '진여眞如', '여래장如來藏', '진아眞我', 도가에서 말하는 '신인神人', '진인眞人',

---

52. 예컨대, 에크하르트(1994: 141-142)는 이렇게 표현했다. "태양은 끊임없이 비치고 있지만, 구름이나 안개가 우리와 태양 사이를 가릴 때 우리는 빛을 받을 수 없다."

'대인大人' 등이 모두 '우주적인 나'로서의 '참나'에 대해 붙여진 이름들이다.

융은 개체로서의 나를 가리키는 자아ego와 구분되는 우주적인 존재로서의 '자기self'를 말했으며, 기독교 신비주의자들은 '우리 안에 살고 있는 신'이라고 표현했다. 다른 표현을 쓰고 있지만, 이들 모두가 궁극적으로 말하고자 하는 것은 한정된 자아로서의 에고를 넘어선 '참나'이다. 특히, 유불도로 대변되는 동아시아 전통사상은 '참나'를 내장한 존재로서의 인간관을 기반으로 하고 있다.

유가 사상가들은 인간에게 '참나'가 내재해 있다고 본다. 『중용中庸』에서 말하는 '성性',[53] 『대학大學』의 '명덕明德',[54] 공자나 맹자의 '인仁'은 표현을 달리하지만, 모두 '참나'를 가리킨다. 유가의 관점에서 보면, 인간 본성은 하늘로부터 부여받은 것이며, 모든 인간에 내재해 있다. 그리고 이 본성은 바로 하늘의 이치이기도 하다.

달리 말해서, 인간은 다른 사람들이나 이 세계와 분리된 개체가 아니다. 나와 세계는 시간과 공간을 초월한 통일체인 것이다. 모든 인간에게는 하늘의 이치가 내재해 있다. 그러므로 각자 수신修身의 노력을 통해서 자신의 본성을 자각하고 실현해 간다면, 그는 동시에 이 세상 모든 존재의 이치를 깨닫고 우주만물과 하나가 될 수 있다.

불가 사상도 인간은 '참나[불가에서는 불성佛性]'를 내장하고 있는 존재로 본다. 불성은 모든 존재에 편재해 있다. 그러므로 당연히 인간에게도 불성이 내재해 있다. '자신 안에 부처를 품고 있는 존재' 이것이 불가의 인간관이다. 불성, 진여, 진아眞我, 여래장 등의 개념들은 모두 인간에 내재해 있는 '참나'를 가리키는 말들이다.

---

53. 『中庸』, 1章, "天命之謂性".
54. 『大學』, 1章, "大學之道 在明明德 在親民 在止於至善".

중생의 마음은 탐욕[貪]·분노[瞋]·어리석음[痴]과 같은 번뇌에 물들어서 아상我想 또는 가아假我라고 하는 '거짓된 나'를 벗어나지 못한다. 그러나 아무리 어리석은 인간이라고 하더라도 그의 내면 깊은 곳에는 부처의 성품이 존재한다. 불가에서는 '일체 중생은 모두 불성을 갖고 있다'고 본다. 여래장 사상은 이런 불가의 인간관을 잘 보여준다.

『대반열반경大般涅槃經』에서는 땅속에 묻혀 있는 황금에 대한 비유를 들어서 인간에 내재해 있는 불성을 설명한다.

> 가난한 여인의 집안에 진금장眞金藏이 묻혀 있어도 그녀는 그것을 모른다. 그것을 다른 사람이 파내어서 보여 주니까 그제야 비로소 그 여인은 마음에 기쁨이 생겼다. 중생에게 불성이 갖추어져 있어도, 그것이 번뇌로 뒤덮여 있기 때문에 중생은 그것을 보지 못하며, 알지 못하고, 이제 여래에 의하여 그것이 개시된다고 하는 의미로 풀이할 수 있다. 여기서 가난한 여인이란 헤아릴 수 없이 많은 일체의 중생을 가리키며, 진금장이란 불성을 지시하는 것이다.이평래, 1992: 459-460에서 재인용

전혀 다른 문화권에서 활동했던 에크하르트도 위의 인용과 흡사한 비유를 하면서, '겉사람'과 구분되는 '속사람'에 대한 주장을 하고 있다. 에크하르트1994: 69는 말했다.

> 만일 그대가 진정 그대의 가난을 바꾸기를 원할진대 그대는 어찌하여 이루 말할 수 없는 만큼 값진 보물이 들어 있는

이는 시대와 사회가 달라도 개체로서의 에고를 초월하는 '참나'에 대한 공통된 인식이 이루어질 수 있다는 것을 보여 주는 하나의 사례이다.

현대 세계관의 관점에서 바라본 인간은 이 세상 다른 모든 존재와 더불어 자신의 시공간적인 테두리 속에 갇혀 있는 하찮은 존재이다. 이 세상의 모든 하찮은 존재들 중에서 인간은 가장 뛰어난 존재이다. 탈현대 세계관의 관점에서 바라본 인간은 이 세상 다른 모든 존재와 더불어 영원한 시간과 무한한 공간을 자신 속에 담고 있는 우주적인 존재이다. 그러므로 모두가 존귀한 존재라는 의미에서, 인간과 다른 모든 존재는 절대적으로 평등하다.

이렇게 탈현대적인 관점에서 바라본 인간은 다른 사람들이나 세계와 분리된 존재가 아니다. 시공간적으로 모든 존재는 자신 안에 '참나'를 내장하고 있기 때문에, 나와 세계는 시간과 공간을 초월한 통일체인 것이다. 사랑의 사회학의 인간관은 바로 다른 모든 존재들과 더불어 '참나'를 내장하고 있는 존재로서의 인간이다. 바로 이런 인간관의 바탕 위에서 사랑의 사회학의 사회학적 인식이 이루어진다.

2. '참나'를 자각할 수 있는 위대한 존재

탈현대 세계관의 관점에서 보면, 인간을 포함해서 이 세상 모든 존재에는 우주적인 존재로서의 나인 '참나'가 내장되어 있다. 그러나 현재까지의 지구에 한정해서 보면, '참나'를 자각할 수 있는 지구상 유일의 존재는 인간이다. 한자경2002: 101은 인간이 갖고 있는 이런 놀라운 능력을 이렇게 표현했다.

> 그러나 '일 즉 일체'의 사실 자체보다 한층 더 놀라운 것
> 은 우리가 그 '일 즉 일체'의 사실을 의식한다는 사실이다.
> 그 점에서 우리 인간은 먼지나 이끼나 돌멩이와 구분된다.

인간은 유독 자신 안의 '참나'를, 그리고 시공을 넘어 통일체로서의 세계를 자각할 수 있다. 하지만 이 말이 인간은 태어나면서부터 곧바로 '참나'를 자각한다거나 때가 되면 저절로 '참나'를 자각하게 된다는 것을 의미하는 것은 물론 아니다. '참나'는 인간이 이를 자각하건 자각하지 않건 언제나 존재하고 있다. 그리고 인간은 '참나'를 자각할 수 있는 잠재적인 능력을 갖고 있다. 하지만, 실제로 '참나'를 깨닫기 위해서는 많은 노력을 기울여야만 한다.

'참나'를 자각한다는 것은 무엇인가? 이 책에서 말하는 '참나'의 자각이란, 통일체로서의 세계를 자각하는 것, 즉 시간과 공간을 초월해서 자신과 이 세상 모든 존재가 '하나임'을 자각하는 것이다. '참나'를 자각하게 되면, 우린 자신과 이 세상 모든 존재가 '하나임'을 즐기는 삶을 살아갈 수 있다. '참나'를 자각하면, 정신분석학적인 측면에서 완전한 정신 건강의 상태에 도달할 수 있다. 마음속 욕망의 응어리가 다 제거되어서, 어떤 욕망이나 희망·공포·불안의 영향도 받지 않고, 현실의 가장 깊은 층을 또렷하게 볼 수 있다. 장자는 '참나'를 자각한 사람의 이와 같은 마음 상태를 '조철朝徹'이라고 표현했다. 조철이란 아침 해가 처음 떠오를 때처럼 마음이 맑아지는 것을 말한다.

'참나'를 자각하면, 모든 대립이나 이원성이 사라진다. 그의 마음은

자신과 이 세상 모든 존재들이 하나임을 알게 된다._{Johnston, 1993: 53} 그 이전까지 평범하고 진부하게만 느껴졌던 일상의 모든 일들이 깨어나 경이롭게 느껴진다. 이것은 우리가 누군가에게 사랑을 느꼈을 때, 그 때까지 잠들어 있던 모든 것들이 깨어나서 말을 걸어오고 눈부시게 아름다운 자신의 모습을 보여 주는 체험과 유사한 것이다. 운문雲門, ?~949이 말했던 '하루하루가 다 좋은 날[日日是好日]'의 세계가 열리는 것이다.

R. W. 에머슨Ralph Waldo Emerson, 1803~1882^{1973: 14}의 아래 글귀에서도 무아의 상태에서 우주와 하나 된 '참나'를 자각한 상태를 느낄 수 있다.

> 나는 하나의 투명한 안구가 된다. 나는 무無로 된다. 나는 만물을 본다. 우주적 존재의 흐름이 나를 뚫고 순환한다.

'참나를 자각할 수 있는 존재로서의 인간', 이것이 사랑의 사회학의 인간관의 두 번째 양상이다. 그리고 이것은 인류가 '참나'에 기반을 둔 문명인 '사랑의 사회'로 나아갈 수 있는 근거가 된다. 또한 '참나'를 자 각하고 있지 않은 현대인의 소외와 에고의 문명으로서의 현대 사회를 비판할 수 있는 바탕을 제공해 준다.

3. 사랑의 즐거움을 누릴 수 있는 존재

'참나'를 자각한 만큼 우린 사랑할 수 있는 존재, 즉 '사랑의 존재'가 된다. 물론 여기서 말하는 사랑은 생물학적인 본능을 바탕으로 한 사랑이 아니라 '참나'의 자각에서 비롯되는 진정한 사랑이다. 사랑할 수 있는 '사랑의 존재로서의 인간', 이것이 사랑의 사회학에서 강조하는 인간다운 인간의 모습이다.

'참나'를 태양에 비유한다면, 사랑은 '참나의 태양'이 내뿜는 빛에 비유될 수 있다. 태양을 가리고 있던 구름[에고]이 걷혀진 만큼, 내 안의 태양은 사랑의 빛을 발산할 수 있다. '참나'의 자각을 통해 '사랑할 수 있는 존재가 된 사람'은 구체적으로 어떤 모습일까? 그것은 아래와 같이 다양한 모양으로 표출된다.

겸손

사랑의 존재가 된 사람은 마음이 낮아진다. 현대인은 겸손하지 않다. 현대인은 때로는 오만하고, 때로는 비굴할 뿐 겸손할 수는 없다. 오만과 비굴은 양태상으로는 상반된 것이다. 하지만 이 둘은 모두 자신을 '분리된 자아[에고]'로 인식했던 현대 인간관이라고 하는 같은 뿌리에서 생겨난 두 개의 가지일 뿐이다.

에고로서의 자기가 돈, 인기, 외모, 재능, 권력, 학력, 지위 등에서 상대적으로 우월하면, 현대인은 자기보다 열등한 상대에 대해 오만한 마음을 품는다. 반면에 '분리된 자아'로서의 자기가 돈, 인기, 외모, 재능, 권력, 학력, 지위 등에서 상대적으로 열등하면, 현대인들은 자기보다 우월한 상대에 대해 비굴한 마음을 갖는다.

이와 같이 자신보다 약자에게는 군림하려 하고, 자신보다 강자에게는 적극적으로 복종하려하는 성격 유형을 E. 프롬Erich Fromm, 1900~1980은 권위주의적 성격이라고 명명했다. 프롬은 『자유로부터의 도피』에서 1930년대 독일 하류 중산층이 1차 세계대전에서의 패배와 독점자본주의의 진전으로 인해 무력감이 증대하면서 권위주의적 성격을 갖고 있었고, 이것이 히틀러와 나치당의 합법적인 집권을 가능케 한 사회심리적인 요인이라고 분석했다.

프롬이 말한 권위주의적 성격은 그 당시 독일 하류 중산층의 사회적 성격이었을 뿐만 아니라, 정도의 차이는 있지만, 현대인 일반이 갖고 있던 사회적 성격이기도 하다. '분리된 자아'에서 자신의 정체성을 파악하는 한, 누구도 우월감과 열등감의 복합체인 권위주의적 성격으로부터 자유로울 수 없다.

현대인이 갖고 있는 권위주의적 성격과 반대되는 성격 유형이 '겸손'이다. 사랑의 존재가 된 사람에게도 에고의 측면에서 볼 때, 다른 사람에 비해서 우월한 점이나 열등한 점이 있다. 하지만 이들은 단지 우월하거나 열등할 뿐 그것에 수반되는 우월감이나 열등감을 갖지 않는다. 그래서 우월한 사람도 열등한 사람 앞에서 자신의 우월함을 뽐내지 않으며, 열등한 사람도 우월한 사람 앞에서 주눅 들지 않는다. 왜냐하면 사랑의 존재가 된 사람은 자신이나 상대편 모두가 각자의 열등함이나 우월함을 훨씬 넘어 있는 위대한 존재임을 자각하고 있기 때문이다.

사랑의 존재가 된 사람이 갖는 겸손의 의미는 무엇일까? 『주역周易』「지산겸괘地山謙卦」 괘상卦象을 보면, 겸손의 의미가 잘 나타나 있다. 「지산겸괘」는 위에는 땅地이 아래에는 산이 위치해 있다. 이런 괘상을 통해 보면, '높은 산이 낮은 땅 아래에 처하는 것' 혹은 '낮은 땅이 높은 산 위에 처하는 것'이 겸손의 의미이다.

이는 권력이나 돈, 지위, 외모, 재능, 학력 등에서 더 많은 것을 갖고 있는 사람이 그렇지 못한 사람의 아래에 위치하고, 역으로 이를 더 적게 갖고 있는 사람이 더 많이 갖고 있는 사람의 위에 위치함을 뜻한다. 우월한 사람은 열등한 사람 앞에서 자신을 낮추고, 열등한 사람은 우월한 사람 앞에서 자신을 높이는 것이 겸손이다. 이처럼, 겸손이란 권위주의적 성격과는 정반대되는 성격 유형이다.

겸손은 인간 간의 관계나 집단 간의 관계뿐만 아니라 인간과 자연의 관계, 그리고 미래의 인간과 AI의 관계에도 적용된다. 인간은 자연보다 우월하다. 그러나 사랑의 존재가 된 사람은 자연 위에 군림하지 않으며, 자연 아래에 위치하면서, 자연을 존중하고, 외경한다. 미래의 AI는 인간보다 우월한 존재가 될 것이다. 그러나 사랑의 존재가 된 사람은 자신보다 우월한 AI와 사랑의 관계를 맺을 것이다.

'분리된 자아로서의 나', 즉 에고를 '나'라고 생각하는 현대인에게, 겸손이란 근원적으로 불가능한 것이다. 외양으로 겸손을 꾸미더라도 그것은 오래갈 수 없는 꾸밈에 그칠 뿐 진정한 겸손은 아니다. 그렇다면 사랑의 존재가 된 사람은 어떻게 겸손할 수 있을까? 진정한 겸손은 에고의 감옥으로부터 해방된 상태에서만 가능하다. 사랑의 존재가 된 사람은 에고로부터 해방된 사람이기 때문에 진정으로 겸손할 수 있다.

에고를 '나 자신'으로 인식하는 한, 나는 나의 지식, 외모, 소유와 소비, 성격, 지위, 인기, 권력 등의 총체일 따름이다. 이런 형태의 자기 인식은 필연적으로 자신에 대한 우월감이나 열등감을 형성한다. 우월감이나 열등감은 자신보다 열등한 존재에 대한 오만과 자신보다 우월한 존재에 대한 굴종을 낳게 된다. 우월감이든 열등감이든 이것은 반드시 불구적인 관계를 만들어 내며, 양자 간의 사랑은 근원적으로 불가능하다.

사랑의 존재가 된 사람은 에고를 자신으로 인식하지 않기 때문에 더 이상 열등감이나 우월감의 지배를 받지 않는다. 그들은 자신과 상대편을 긍정하고, 깊이 존중하며 존경한다. 그러므로 사랑의 존재가 된 사람들의 사회인 사랑의 사회에서는 무례함이 자취를 감추게 되며, 약한 것과 강한 것이 서로를 존중하며 조화롭게 공존한다.

근심이 없음

사랑의 존재가 된 사람에게는 근심이 없다. 모든 근심은 에고의 몫이기 때문이다. 에고의 삶을 살아가는 사람을 『논어』에서는 소인小人이라고 했다. 소인에게는 늘 근심이 많다. 사랑의 존재가 된 사람을 『논어』에서는 군자君子라고 한다. 군자에게는 근심이 없으며,[55] 마음이 늘 화평하다. 『논어』에서는 공자가 한가로울 때의 모습을 다음과 같이 묘사하고 있다. "공자께서 한가로이 계실 적에 마음은 평화롭고도 즐거운 듯하고 얼굴은 환히 피어나셨다."[56]

노자 역시 사랑의 존재가 된 도인의 모습을 '편안하고 태평함'[57]이라고 묘사하고 있다. 즉 도인의 마음은 편안하고 태평하다는 것이다. 어떻게 도인은 편안하고 태평하며, 근심이나 두려움이 없는 것일까? 어떤 나쁜 상황이 발생해도, 일어난 나쁜 상황은 '참나'를 근심에 빠지게 하거나 두렵게 할 수 없다. 그런데 도인이란 '참나'의 삶을 살아가는 사람이기에 어떤 일을 당해도 편안하고 태평할 수 있는 것이다.

현대인은 에고의 삶을 살아간다. 그에게는 매사가 심각하며 근심거리이다. 에고는 자신이 원하는 것을 갖지 못할까 근심하며, 자신이 갖고 있는 것을 잃어버릴까 근심한다. 그러니 에고의 삶을 살아가는 현대인에겐 근심이 떠날 날이 없다. 구조조정이 있을 것이라는 소식을 들어도, 누가 자기를 조금만 비난해도, 몸에 병이 발견되어도, 현대인

---

55. 『論語』, 「顏淵篇」, "君子不憂".
56. 『論語』, 「述而」, "子之燕居 申申如也 夭夭如也".
57. 『老子』, 35章, "安平太".

은 그때마다 근심에 빠진다. 에고는 어떤 사소한 문제로도 손상을 입기 때문이다.

하지만 노자가 말하는 도인은 '참나'를 자각하고 실현한 존재이다. '참나'에게는 심각한 일이란 없다. 이 세상 어떤 일도 큰 바다[참나]에 일어나는 작은 파도[일어난 일]와 같은 것이다. 태풍이 불어올 때도 깊은 바다 속은 고요하다. 어떤 것도 그를 동요하게 할 수 없다. 그러므로 '참나'의 삶을 살아가는 사람은 근심하지 않으며, 늘 태평하다.[58]

틱낫한[2003: 51] 스님은 이렇게 말했다. "수행을 잘하면, 여러분은 강하고 안정된 존재가 되어 진정한 평화로움 속에서 모든 일을 미소로 맞이할 수 있게 됩니다." 수행을 통해 사랑의 존재로 거듭났을 때, 우리는 더 이상, 분노나 원망, 질투나 시기, 기대나 회한 같은 것들에 사로잡히지 않으며, 마음의 평화가 깨뜨려지지 않는 새로운 삶의 경지에 들어서게 된다.

자유

사랑의 존재가 된 사람은 자유롭다. 공자는 인간이 사랑의 존재가 되었을 때 궁극적으로 도달할 수 있는 경지를 '마음이 가는 대로 행해도 법도에 어긋나지 않는다[從心所欲不踰矩]'라고 표현했다. 이는 사랑의 존재가 된 사람이 누리는 대자유의 경지이다. 장자는 『소요유逍遙遊』에서 어떤 것에도 구애받지 않는 도인道人이 누리는 대자유를 말했다. 성 아우구스티누스Aurelius Augustinus Hipponensis, 354~430는 "사랑하라, 그리고 마음대로 하라"라고 말했는데, 이 역시 사랑의 존재가 된 사람의 자유를 말하고 있는 것이다.

---

58. 그래서 지두 크리슈나무르티(Jiddu Krishnamurti, 1895~1986)는 이렇게 말했다. "나는 무슨 일이 일어나도 근심하지 않습니다"(Tolle, 2013: 234).

사랑의 존재가 된 사람은 '내가 누구이다', '내가 무엇을 했다', '내가 옳다'는 생각으로부터 자유롭다. 나는 부자가 아니고 가난뱅이도 아니다. 나는 자선을 행하지도 않았고 받지도 않았다. 나는 '내가 옳다'고 생각하는 순간, 이미 틀렸다는 것을 안다. 아무것도 아닌 존재가 되어 모든 것이 되는 사람, 그것이 바로 사랑의 존재가 된 사람이며, 그의 존재는 자유이다.

사랑의 존재가 된 사람은 칭찬과 비난으로부터 자유롭다. 그들도 물론 칭찬받는 것을 좋아하고, 비난받는 것을 싫어한다. 하지만 그들은 더 이상 칭찬과 비난에 얽매이지 않는다. 칭찬을 듣더라도 그것이 그들의 마음을 크게 출렁이지 못하며, 비난을 들어도 그것이 그들의 마음에 상처를 주지 않는다. 그러므로 사랑의 존재가 된 사람은 '남이 나를 어떻게 볼까?' 하는 생각이 없으며, 타인의 시선으로부터의 자유를 누린다. 상대편에게 인정받고 싶은 욕구로부터의 자유를 누리는 것이다.

사랑의 존재가 된 사람은 욕망에 대한 집착으로부터 자유롭다. 사랑의 존재가 된 사람은 '분리된 자아'라는 측면에서 보았을 때 '모든 존재가 비어 있다는 사실[空]'을 깊이 인식하고 있다. 그러므로 그들은 어떤 것에도 집착하지 않고, 무엇에도 속박되지 않으면서, 그것을 즐긴다. 현대 사회에는 텔레비전, 컴퓨터 게임, 프로 스포츠 등과 같은 것에 습관적으로 중독되어 속박된 삶을 사는 사람들이 많다. 사랑의 존재가 된 사람은 습관의 힘으로부터도 자유롭다. 그러므로 그들은 자신의 삶의 주인이 되어 자유롭게 소요逍遙하는 삶을 즐긴다.

사랑의 존재가 된 사람은 삶에서 경험하는 실패나 좌절 그리고 그로 인한 갖가지 고통과 불행으로부터도 자유롭다. 그들 역시 삶에서 이런 일들을 겪는다. 그러나 에고의 삶을 살아가는 현대인과는 달리,

그들은 이런 것들에 더 이상 함몰되지 않는다. 오히려 사랑의 존재가 된 사람은 이런 것들을 통해 배움을 얻고, 이런 것들을 자신의 성장 기회로 삼는다. 그러므로 사랑의 존재가 된 사람은 영화로운 곳에 있어도 편안히 처하고,[59] 욕된 곳에 있어도 불편해하지 않는다.

유머 감각

사랑의 존재가 된 사람은 언제나 어떤 상황에서도 아름답게 미소 지을 수 있다. 유머란 무엇인가? 유머란 무한과 영원의 눈으로 유한한 존재인 나와 너[에고]를 바라볼 때 생겨나는 웃음이다. 다시 말하자면, 깨어난 '참나'가 나와 너의 에고를 바라보며 짓는 웃음이 유머이다.

에고에 매몰된 삶을 살아가는 현대인에게는 유머가 부족하다. 현대 한국 사회는 특히 유머 공간이 부족하다. 작은 일에도 짜증을 내기 일쑤다. 왜 그럴까? 그것은 한국인들의 경우 에고 속에 갇혀 있는 정도가 더 크기 때문이다. 현대인은 에고가 거두는 성공과 실패를 향해 미소 지을 수 없다. 작은 성공이라도 거두면 우쭐하는 마음의 노예가 되고, 작은 실패라도 경험하면 마음은 끝없이 움츠러든다.

'참나'가 깨어나면, 우리는 무한과 영원의 빛 아래 유한한 자신과 세계를 바라볼 수 있는 새로운 눈을 갖게 된다. 이런 눈으로 바라보면, 이 세상에는 어떤 심각한 일도 없다. 자신의 죽음은 에고로서의 나에게 일어날 수 있는 가장 심각한 일일 것이다. 그러나 '참나'가 깨어나 사랑의 존재가 된 사람은 죽음의 불안과 공포를 느끼는 자신을 따뜻하게 미소 지으며 바라볼 수 있다. 설혹 혜성이 지구와 충돌해 지구 최후의 날이 온다고 하더라도, 이런 눈을 가진 사람은 대우주 안에서

---

59. 『老子』 26章의 '雖有榮觀 燕處超然'을 참조했다.

일어나는 작은 에피소드로 이 일을 받아들일 수 있다.

만일 자신의 죽음과 지구의 종말을 웃으며 맞을 수 있다면, 이 세상에 일어나는 일 중에 웃을 수 없는 일이란 없다. 그래서 '참나'를 자각한 사람은 모든 것을 향해 따뜻하게 웃음 짓는다. 외모가 조금 잘났다든지 못났다든지, 머리숱이 많다든지 적다든지, 살고 있는 아파트가 넓다든지 좁다든지, 일류 대학을 다닌다든지 그렇지 못하다든지, 인기가 많다든지 적다든지, 이런 사소한 일에 우쭐거리고 움찔하는 자신의 에고를 바라보며, 따뜻하게 미소 지어 준다.

그러므로 '참나'가 주인공이 되어 살아가는 삶에는 웃음이 끊이지 않는다. 유머는 자신이나 상대편을 에고의 감옥에서 벗어나게 하는 치료약이기도 하다. 유머는 심각성에 갇혀 있는 현대적인 삶과 문명을 그 근원에서부터 무너뜨릴 수 있는 비책이다. 유머는 자각 속에 사는 사람에게도 끊임없이 다시 나타나는 에고의 망령을 쫓아내는 부적이기도 하다.

세상에는 자신이 깨달았다고 주장하는 사람들이 많다. 그들이 진정으로 존재 변화를 이룬 사람인가를 판명할 수 있는 시금석의 하나가 '유머 감각'이다. '깨달음을 얻은 자기 자신을 향해 미소 지을 수 있는가?' 이것이 없다면, 그는 가짜이다. 그 사람은 깨달음의 체험에 압도당한 사람이고, 깨달음의 체험을 자신의 에고를 더 높이는 데 활용하는 사람이며, 그래서 보통 사람보다 에고의 감옥을 벗어나기 더 힘든 불치병에 걸린 사람일 가능성이 높다.

관용

사랑의 존재가 된 사람은 관용의 정신을 갖고 있다. 관용은 진정한 힘을 갖고 있는 사람만이 베풀 수 있는 것이다. 그래서 무력감이 높은 현대인은 상대편의 잘못에 너그러울 수 없고, 처벌과 보복으로 대응할 수밖에 없다. 톨레랑스tolérance, 관용의 나라라는 명예를 누리던 프랑스조차 무슬림에 대한 차별과 그들의 반발로 심각한 어려움에 처해 있는 상황을 지켜보면서, 현대인의 무력감이 전 지구적인 차원에서 얼마나 고조되고 있는가를 실감하게 된다.

현대인은 왜 근원적인 무력감을 갖고 있는가? 그 근본적인 원인은 현대 인간관이다. 현대 인간관의 관점에서 보았을 때, 나는 세계로부터 분리된 보잘것없는 개체이다. 현대인은 우주에 내팽개쳐진 미아와 같은 존재로 자신을 인식한다. 세계는 자신을 밀가루 반죽처럼 주무를 수 있지만, 자신은 세계에 아무런 영향을 미칠 수 없다. 그러기에 현대인은 존재론적인 무력감을 갖게 된다. 그들은 '에고'의 바벨탑을 쌓아 자신의 무력감을 벗어나고자 하는 강박적인 노력을 계속한다. 그러나 애초에 '에고'의 탑을 쌓아 하늘에 도달하는 것은 불가능한 일이기에, 그것은 결코 성공을 거둘 수 없는 무력한 노력이다.

더군다나 근래에 들어 인류적인 차원에서 무력감이 증대하고 있다. 그 이유는 신기술혁명의 결과로 모든 현대 사회 시스템들이 붕괴되고 있기 때문이다. 그래서 현대 자본주의체제를 비롯한 현대 사회 시스템들을 자신이 영원히 살아가야 할 집이라고 생각하는 현대인들은 현대 사회 시스템들이 무너져 내리는 가운데 깊은 무력감을 느끼게 되는 것이다.

이에 반해서, 사랑의 존재로 재탄생한 사람은 진정한 힘을 갖고 있다. 이 세상에 진정한 힘은 하나밖에 없다. 그것은 '참나'가 깨어나면서 발휘되는 사랑의 힘이다. 사랑의 힘을 가진 사람만이 용서할 수 있으며, 자신을 진정으로 낮출 수 있다. 사랑의 존재가 된 사람은 자신 안에 잠들어 있던 '참나'를 깨워서 활동할 수 있게 되었기에, 진정으로 힘 있는 사람이다. 그래서 그들은 자신에게나 상대편에게 모두 관용적일 수 있으며, 관용적이다.

사랑의 존재가 된 사람은 자신이나 상대편이 범한 실수나 잘못을 깊이 바라본다. 깊이 바라본 결과, 자신이나 상대편의 실수나 잘못의 배후에는 자신이나 상대편의 완고하고 편협한 자아, 열등감이나 우월감의 노예가 되어 있는 에고가 자리 잡고 있음을 발견한다. 바라봄이 깊어질수록, 자신도 상대편도 잘못을 범하고 싶지 않았지만 어쩔 수 없는 힘에 이끌려 그렇게 행했음을 이해하게 된다. 잘못을 범한 나와 너의 에고는 비난받아야 할 대상이 아님을 알게 된다. 오히려 잘못을 범한 나와 너는 상처받고 고통을 겪고 있는 그러므로 위로받아야 할 존재임을 자각한다.

그래서 사랑의 존재가 된 사람은 자신이나 상대편이 범한 실수나 잘못을 처벌하거나 복수하려고 하지 않는다. 그들은 따뜻한 눈으로 자신과 상대편의 잘못을 바라보며, 마음 깊은 곳에서부터 잘못을 용서한다. 이들의 용서는 끝이 없다.

사랑의 존재가 된 사람의 관용의 정신은 다른 영역에서도 발휘된다. 그들은 자신과 다른 상대편의 특징을 용인하고 존중한다. 자신과 다른 성격이나 취미, 습관, 기호 등을 존중한다. 또한 자신의 것과 다른 종교, 문화, 신념, 의견, 관습 등에 대해서도 이를 존중한다. 이들은 결코 폭력적으로 획일화를 종용하지 않는다.

감사

사랑의 존재가 된 사람은 자신에게 주어진 모든 것에 깊은 감사의 마음을 느낀다. 현대인은 매사에 불평, 불만이나 원망하는 마음을 갖는 일이 많다. 그들은 미래의 지금보다 더 나을 때 또는 과거의 지금보다 더 좋았던 때와 지금 이 순간을 비교하고, 현재에 대한 불평을 토로하는 일이 많다. 이에 반해서, 사랑의 존재가 된 사람은 '지금 이 순간' 자신에게 주어진 일상의 모든 것에 대해 늘 깊은 감사를 느낀다. 매일 되풀이되는 일상적인 일들에 늘 새롭게 감사를 느낄 수 있는 능력은 이들을 행복으로 인도하는 중요한 통로가 된다.

사랑의 존재가 된 사람은 백 년 동안이나 아름다운 행성 지구를 여행할 수 있는 '삶'이 선물로 주어졌음에 늘 깊은 감사와 큰 기쁨을 느낀다. 그래서 사랑의 존재가 된 사람은 매일 아침 눈을 뜰 때마다 새로운 하루가 선물로 주어졌음에 대한 감사의 기도로 하루를 시작한다. 또한 매일 밤 하루를 끝내는 시간에도 지난 하루라는 귀한 선물에 감사를 느낀다.

많은 현대인은 일류 대학 입학, 일류 직장 취업, 경쟁에서의 승리 등과 같은 일이 생겼을 때 기쁨을 느낀다. 하지만 이와 비견할 수 없이 큰 선물인 '자신에게 주어진 삶'이라고 하는 선물에 대해서는, 대부분의 현대인이 기쁨을 느끼지 못한다. 사랑의 존재가 된 사람은 현대인의 이런 모습에 의아함을 느낀다. 사랑의 존재가 된 사람은 자신에게 선물로 주어진 삶에 깊이 감사하며, 삶을 소중하게 여긴다.

사랑의 존재가 된 사람은 내 속마음을 털어놓을 수 있는 친구의 존재에 감사하고, 이렇게 아름다운 행성 지구 위를 마음대로 걸을 수 있음에 감사하며, 언제나 돌아보면 그 자리에 있는 사랑하는 아내의 존재에 감사하고, 한가롭게 차를 마실 수 있는 여유로움에 감사한다. 아름다운 하늘과 구름, 석양에 감사하고, 맛있게 밥을 먹을 수 있게 해주는 위장에 감사하며, 집에 머무는 시간 그 편안함에 감사하고, 아름다운 음악을 들을 수 있음에 깊은 감사를 느낀다.

도움을 베풂

사랑의 존재가 된 사람은 도움을 필요로 하는 존재에게 도움을 베푼다. 노자는 이렇게 말했다.

> 만물이 스스로 그러하도록 돕되 감히 작위하지 않는다.[60]

> 물은 만물을 이롭게 함을 즐긴다.[61]

『금강경』에서는 '내가 누군가에게 무엇을 베풀었다는 생각 없이 내도움을 필요로 하는 사람에게 도움을 베풂[無住相布施]'을 말한다.

이 말들은 모두 '참나'의 삶을 살아가는 사람이 행하는 진정한 도와줌이 어떤 것인가를 잘 나타내고 있다. 이 말들이 의미하는 것은도와준다는 생각 없이 도움을 준다는 것이며, 기쁨 속에서 도움을 베푼다는 것이다. 이것이 사랑의 존재가 된 사람이 행하는 도움의 의미이다.

상대편에게 줄 수 있는 최고의 도움은 무엇일까? 그것은 상대편이자신의 '참나'를 깨우치도록 도와주는 것이다. 『금강경金剛經』을 읽다보면, '한 수레의 보석을 보시하는 것보다 『금강경』 한 구절을 전해 주는 것이 훨씬 더 큰 보시이다'라는 구절이 여러 번 등장한다. 이것은상대편이 자신의 '참나'를 깨우치도록 도와주는 것이 최상의 도움임을말하는 것이다. 사랑의 존재가 된 사람은 바로 이런 최상의 도움을 베풀 수 있다.

사랑의 존재가 된 사람은 위로가 필요한 사람에게 위로를 해 줄 수

---

60. 『老子』, 64章, "以輔萬物之自然 而不敢爲".
61. 『老子』, 8章, "水善利萬物".

있고, 격려를 필요로 하는 사람에겐 격려를 해 줄 수 있다. 사랑의 존재가 된 사람이 행하는 위로와 격려는 힘겨움을 겪고 있는 사람에게 커다란 힘이 된다.

사랑의 존재가 된 사람은 주변 사람들과 모든 생명체들에게 도움을 베푼다. 하나의 씨앗이 땅에 떨어져 싹을 내고, 아름다운 꽃을 피우며, 성숙해서 열매를 맺는다. 그는 주변에 향기를 전하고, 벌이나 나비에게 그리고 새들에게 양식을 준다. 사랑의 존재가 된 사람의 삶도 씨앗의 삶과 같다. 그의 삶은 그를 둘러싸고 있는 모든 존재에게 혜택을 준다. 그들에게서는 '나를 이롭게 함'이 곧바로 '너를 이롭게 함'이며, '너를 이롭게 함'이 바로 '나를 이롭게 하는 것'이다. '나'와 '너'는 궁극적으로 하나이기 때문이다.

용기

사랑의 존재가 된 사람은 진정한 용기를 갖고 있다. 현대인은 현대적인 실존의 특징에서 유래하는 두려움을 갖고 있다. 현대인이 갖고 있는 두려움에는 몇 가지 유형이 있다. 돈·인기·직장·명예·권력·외모 등과 같이 에고가 성취한 것들을 상실할 것에 대한 두려움, 패배나 실패로 인해서 이런 것들을 성취하지 못할 것에 대한 두려움, 에고의 자존심이나 체면이 상처받는 것에 대한 두려움, 다른 사람에게서 비난받거나 인정받지 못할 것에 대한 두려움, 늙어 감에 대한 두려움, 그리고 궁극적인 것으로 죽음에 대한 두려움 등이 그것이다.E. Tolle, 2008: 72

현대인이 갖고 있는 두려움의 근원은 무엇일까? 현대인이 갖고 있는 모든 유형의 두려움은 에고를 자기 자신이라고 생각하는 것에 기인한다. 에고는 그 자체가 존재론적으로 불안한 것이다. 죽음의 순간 에고는 소멸한다. 그런데 모든 에고는 죽는다. 그러므로 에고로서의 자신에 대한 인식은 필연적으로 두려움을 수반한다. 에고 자체도 그렇지만 에고가 이루어 낸 모든 성취 또한 불안한 것이다. 물론 죽음을 맞이하면 모든 에고의 성취를 반납해야 하지만, 죽음 이전에도 늙음의 습격을 받거나 파산이나 인기 추락 등으로 늘 부침을 겪을 수 있다. 그래서 더 높은 곳에 도달한 사람일수록 더 큰 불안에 시달리게 된다.

현대인은 비겁하다. 왜냐하면 그들 마음속에는 집착이 많기 때문이다. '돈, 권력, 인기, 외모, 직업 등과 같은 자신이 갖고 있는 것들을 잃어버리면 어쩌나?' 또는 '이런 것들을 차지하지 못하면 어쩌나?' 하는 불안이 생기는 순간, 그들은 용감할 수 없다. 현대인은 이런 것들에 집착하고, 그래서 끊임없이 상대편의 눈치를 보면서 살아간다.

사랑의 존재가 된 사람에게는 집착이 없다. 그들은 '무아無我'를 자각하고 있기 때문이다. 그래서 사랑의 존재가 된 사람에게는 두려움이 없다. 그들은 자신이 옳다고 생각하는 것이면 자기에게 가해질 위해나 불이익을 개의치 않고 이를 실행에 옮긴다. 의롭지 않은 일을 만나면, 그들은 이를 간과하지 않는다.

사랑의 존재가 된 사람의 용감함을 한눈에 알 수 있는 것은 그들이 자신의 잘못을 인정하고, 상대편에게 용서를 구하는 장면에서 이다. 현대인은 상대편에게 무릎을 꿇고 자신의 잘못에 대해 용서를 비는 것을 부끄럽게 여긴다. 하지만 사랑의 존재가 된 사람은 자신의 잘못에 대해 용서를 빌지 못하는 것을 부끄럽게 여긴다. 사랑의 존재가 된 사람은 자신의 잘못을 시인하고, 용서를 구하는 것을 주저하지 않는다.

사랑의 존재가 된 사람의 용감함이 느껴지는 또 하나의 장면은 그들이 추락하는 모습이다. 현대인은 돈, 인기, 권력, 직장, 건강 등을 상실하는 순간 큰 충격을 받는다. 더군다나 죽음의 순간에 직면해서는 심각한 공포와 고통을 경험한다. 그러나 사랑의 존재가 된 사람은 다르다. 상실의 순간이 오면, 그들은 거추장스러운 옷을 벗어 버리듯 당당하게 추락한다. 늦가을 예쁘게 물든 나뭇잎이 추락하는 모습이 아름답듯이, 그들은 그렇게 아름답게 추락한다.

부드러움

노자는 말했다.

> 세상에서 가장 부드러운 것이 세상에서 가장 단단한 것을 부린다.[62]

> 단단하고 강한 것은 죽음의 무리요 부드럽고 약한 것은 삶의 무리다.[63]

> 부드럽고 약한 것이 단단하고 강한 것을 이긴다.[64]

사랑의 존재가 된 사람의 마음은 부드럽다. 공자는 '육십에 이르러 귀가 순해진다[耳順]'고 했는데, 이것이 바로 여기서 말하는 부드러움의 의미이다. 많은 현대인은 '자신이 옳다'는 생각에 사로잡혀 있다. 그리고 이를 관철하고자 하는 노력으로 인해, 그들은 많은 고통을 받는다. 그들은 공산주의, 민족주의, 자유주의, 쾌락주의, 민주주의, 자본주의, 개인주의, 여성주의 등 많은 '신조[ism]'를 만들어 내고, 이를 맹

---

62. 『老子』, 43章, "天下之至柔 馳騁天下之至堅".
63. 『老子』, 76章, "堅強者 死之徒 柔弱者 生之徒".
64. 『老子』, 36章, "柔弱 勝剛强".

목적으로 신봉한다. 세계를 적과 친구로 나누어, 길고 고통스러운 싸움을 벌인다. 그들 마음의 경직성은 자신과 세계에 많은 고통과 불행을 만들어 낸다.

이에 반해서, 사랑의 존재가 된 사람의 마음은 부드럽다. 그들은 언제나 '자신이 틀릴 수 있다'는 생각을 갖고 있다. 또한 '내가 옳다!'고 생각하는 순간, '나는 이미 틀렸다'는 사실을 알고 있다. 그래서 그들은 자신의 생각이나 주장을 고집하지 않으며, 늘 자신과 다른 의견에 귀를 기울인다.

사랑의 존재가 된 사람은 자신이 갖고 있는 견해나 주장이 문득 생겨났다가 어느 순간 사라져 버리는 구름과 같은 것이라고 생각한다. 그들은 자신이 갖고 있는 견해나 주장이 자기 자신이 아님을 안다. 그들은 자신의 견해나 주장이 에고가 형성한 것이며, 대단한 것이라고 생각하지 않는다. 그래서 사랑의 존재가 된 사람은 자신과 견해나 주장이 다른 사람들을 만났을 때, 서로 마주 대함에 긴장이 없고 편안하다.

사랑의 존재가 된 사람에게는 맹목적인 신조가 없다. 그들은 믿음이 깊다. 하지만 이들의 믿음은 현대인의 믿음과는 차원이 다르다. 현대인은 민족의 우상, 국가의 우상, 자유의 우상, 민주의 우상, 평등의 우상, 돈의 우상, 쾌락의 우상, 인기의 우상 등을 만들어 놓고, 이를 맹신한다. 사랑의 존재가 된 사람은 어떤 우상도 숭배하지 않는다. 그들이 진실로 믿는 것은 '사랑의 존재로서의 나와 너, 그리고 세계'이다.

사랑의 존재가 된 사람은 나이가 들수록 마음의 유연성이 더 커진다. 현대인은 대부분 나이가 들수록 마음의 경직성이 더 커진다. 현대인은 에고를 자신이라 여기는데, 나이가 들수록 에고의 손상은 커 갈수밖에 없기 때문에, 이들의 마음은 더 완고해진다. 하지만 사랑의 존재가 된 사람은 나이가 들수록 에고의 껍질을 깨고 사랑의 존재로 변화한다. 나이가 들어, 에고의 손상이 커질수록, 에고의 구름을 뚫고 '참나'의 태양이 그 빛을 발하기가 쉬워지기 때문이다. 그래서 사랑의 존재가 된 사람은 노인이 될수록 마음의 유연성이 더 커진다.

III.
사랑의 사회학이 바라본
나와 너의 관계는 무엇인가

나와 너는 싸워서 이겨야 할 적일까?

나와 너는 사랑으로 결합해야 할 친구일까?

사랑의 사회학은 답한다.

나와 너는 사랑으로 결합해야 할 친구이다.

오늘날의 지구촌을 바라보면 모든 관계가 파탄에 이르렀다고 할 만큼 관계의 혼란과 붕괴의 정도가 심각하다. 인간과 인간·인간과 자연·사회와 사회를 포함해서 모든 관계들이 지극히 혼란스럽고, 이로 인해 인류의 삶과 사회는 심한 고통을 경험하고 있다.홍승표, 2005b: 390 이 모든 관계 혼란의 근원에는 현대의 적대적敵對的 관계관이 자리 잡고 있다.

현대의 적대적 관계관의 대척점에 탈현대의 대대적待對的 관계관이 있다. III장에서는 사랑의 사회학의 관계관으로 탈현대의 대대적 관계관을 서술하고자 한다. 사랑의 사회학의 관계관인 대대적 관계관의 관점에서 보면, '너와 나는 서로의 존재를 전제로 해서 성립하며', '너와 나 간의 정상적인 관계를 서로 사랑을 나누어야 할 관계'로 인식한다.

탈현대 세계관과 현대 세계관은 '너와 나의 관계는 어떤 것인가?'에 관한 관계관에서 현저한 차이가 있다. 현대 관계관의 전형은 너와 나의 관계를 이해관계가 상반되는 것으로 인식하는 적대적 관계관이고, 탈현대 관계관의 전형은 너와 나의 관계를 서로를 이루어 주는 것으로 인식하는 대대적 관계관이다.

적대적 관계관은 상대편을 나의 욕망 충족을 위해 이용, 착취, 지배, 극복해야 할 대상으로 바라보는 관점이다.홍승표, 2005b: 390 적대적 관계관은 현대 세계상의 필연적인 귀결이다. 현대 세계상의 관점에서 보면, 이 세상 모든 존재는 자신을 둘러싸고 있는 세계로부터 분리된 개체이다. 너는 나에게 아무런 본래적인 의미가 없다. 나와 너의 관계는 무관계이다. 네가 나에게 의미를 갖는 것은, 네가 내 욕망을 충족시키는 데 이용가치를 가질 때이다. 이때 너는 나에게 내 자신의 욕망 충족을 위한 이용, 착취, 지배, 극복의 대상이 된다. 너에게서 나의 존재도 마찬가지이다. 이렇게 자신의 욕망 충족을 위해 상대편을 이용, 착취, 지배, 극복의 대상으로 바라보는 것을 적대적 관계관이라고 한다.

이와 같이 적대적 관계관의 형성에는 현대 세계상이 그 근본 원인으로 작용했다. 하지만, 적대적 관계관이 출현하는 데 더욱 직접적인 영향을 미친 것은 C. R. 다윈Charles Robert Darwin, 1809~1882의 진화론이다. 다윈은 먹이의 양이 한정된 가운데 빠른 번식이 이루어지기 때문에 모든 생명체는 생존을 위한 투쟁을 벌여야 한다고 했다. 투쟁을 벌이는 나에게 너는 내가 살기 위해 싸워 이겨야 할 적이다. 너에게서 나도 마찬가지이다. '너는 나에게 적'이라는 다윈의 생각은 현대의 적대적 관계관의 형성에 큰 영향을 미쳤다.

적대적 관계관의 결과는 무엇일까? 모든 관계의 파탄이다. 오늘날 적대적 관계관의 영향으로 인간과 인간, 집단과 집단, 국가와 국가, 문명과 문명, 인간과 자연 등 모든 관계에서 경쟁·갈등·지배와 착취 등과 같은 적대적인 관계가 증가하고 있다. 이런 모든 유형의 현대적인 관계에서 상대편에 대한 근본적인 존중이나 배려의 정신은 찾아볼 수 없다.

미중 무역 분쟁, IS 테러, 영토 분쟁, 입시와 취업 경쟁, 광범위한 환경문제 등은 적대적인 관계의 몇 가지 양상이다. 이런 다양한 적대 관계는 현대적인 삶이 직면하고 있는 큰 고통이고, 심각한 사회문제이다. 그러나 현대 사회학은 현대 관계관의 전형인 적대적 관계관을 바탕으로 하기 때문에 이런 사회현상들을 문제화조차 할 수 없는 심각한 소외를 겪고 있다.

적대적 관계관으로서의 현대 관계관으로부터 대대적 관계관으로서의 탈현대 관계관으로의 전환은 새 시대의 요청이다. 관계관의 전환을 이루지 않고, 인류가 미래의 새로운 사회로 나아가는 것은 불가능하기 때문이다. 그렇다면, 사랑의 사회학의 관계관인 대대적 관계관이란 '너와 나의 관계'를 어떤 시각에서 바라보는 관점일까?

대대적 관계관이 전형적으로 나타난 것은 음양론陰陽論이다. 이 책에서는 음양론을 중심으로 대대적 관계관의 특징을 서술하고자 한다. 음양론에서는 이 세계가 음과 양의 대립물로 구성되어 있다고 파악한다. 여기에서 "양은 빛, 뜨거움, 여름, 한낮, 상승함, 운동 등과 연관을 가지고 있으며, 음은 어두움, 차가움, 겨울, 밤, 여성, 하강함, 정지 등과 연관을 가지고 있었다."李澤厚, 1993: 351 F. 카프라Fritjof Capra, 1985: 38는 현시대의 문화적 가치와의 관련에서 양은 남성적, 강요하는, 공격적, 경쟁적, 합리적, 분석적 태도와 연관되며, 음은 여성적, 수렴하는, 반응적, 협동적, 직관적, 종합적 태도와 연관된다고 했다.

음양론의 관점에서 보면, 음적인 것이건 양적인 것이건 모든 존재는 대립물의 존재를 전제로 하여 성립되는 상호의존의 관계에 있다. 이것은 대대적 관계관에서의 대립에 대한 기본적인 관점이다. 『노자』의 다음 구절은 대립물 간의 상호의존성에 대한 관념을 잘 드러내어 준다.

> 천하 사람들이 다 아름다운 것을 아름답다고 알지만 그것은 추악한 것이 있기 때문일 뿐이다. 다 착한 것을 착하다고 알지만 그것은 불선不善이 있기 때문일 뿐이다. 그런 까닭에 있는 것과 없는 것은 서로가 낳는 것이고, 어려운 것과 쉬운 것은 서로가 성립시키는 것이다. 긴 것과 짧은 것은 서로 형태를 드러내기 때문이며, 높은 것과 낮은 것은 서로의 고하高下가 가지런하지 않기 때문이다. 음音과 성聲은 서로가 있어야 조화를 이루고, 앞과 뒤는 앞이 있어야 뒤가 따르는 것이다.[65]

위의 논의에서 보듯이 대대적 관계관의 대립물 간의 관계에 대한 관점은 '나의 존재는 상대편의 존재를 전제로 해서 성립할 수 있다'라고 하는 것이다.

틱낫한[1987: 22] 스님은 『평화로움』에서 '풀과 땅'에 대한 비유를 통해 대대로서의 대립 관계를 잘 보여 준다.

나는 내 자신을 땅에 맡기고, I entrust myself to earth,

땅은 그 자신을 나에게 맡깁니다. Earth entrusts herself to me.

대대적 관계관의 관점에서 볼 때, 대립물들은 서로 의존하고 있을 뿐만 아니라 서로에게 도움을 준다. 『주역』「중택태괘重澤兌卦」에 나오는

---

65. 『老子』, 2章, "天下皆知美之爲美 斯惡已 皆知善之爲善 斯不善已 故有無相生難易相成 長短相較 高下相傾 音聲相和 前後相隨".

'이택_{麗澤}'은 서로에게 도움을 주는 대대적 관계의 적절한 사례이다.[66] '이택'이란 두 개의 연못이 연이어 있어서 서로에게 물을 윤택하게 해주는 모양을 가리킨다. 이는 '벗끼리 서로 도와서 학문과 덕을 닦음'을 비유하고 있다. 연이어 있는 두 개의 연못이 서로를 풍부하게 하듯이, 함께 학문을 익히는 벗들은 서로를 이루어 준다. 이 두 개의 연이은 연못과 같이, 마주하고 있는 대립물들이 '서로에게 도움을 주는 것'은 대대적 관계의 중요한 측면이다.

대대적 관계관에서 볼 때, 대립물 간의 다름이 조화와 통일을 위한 전제 조건이 된다. '하늘과 땅'이나 '남성과 여성' 등과 같이, 서로 다른 성질을 가진 것들이 만났을 때만 조화가 이루어질 수 있는 것이다. 한 가지 악기로만 이루어진 악단이 하모니를 이룰 수 없는 것과 같은 이치이다. 또한 음과 양은 대립물을 포함하고 있다. 즉 음 속에는 양의 성질이, 양 속에는 음의 성질이 포함되어 있는 전일_{全一}한 것의 양극이다._{大賓晧, 1992: 159} 그래서 음과 양은 서로 다름을 유지한 채 통일성을 이룰 수 있다. 이렇듯 음양론은 음과 양의 상반응합_{相反應合}이라고 하는 대대성_{對待性}을 통하여 인간, 자연, 사회에 일관하는 설명의 틀을 제시하고자 한다._{최영진, 1994: 58-59; 馮友蘭, 1993: 306} 이는 대대적 관계관의 중요한 특징이 된다. 그러므로 대대적 관계관의 관점에서 보면, 대립물 간의 이해관계의 반목이나 갈등은 존재하지 않는다. 『중용』에서는 이렇게 말했다.

> 만물이 함께 길러져 서로 해치지 않으며, 도가 함께 행하여 서로 위배되지 않는다.[67]

---

66. 『周易』, 「兌卦」, "象曰 麗澤 兌 君子以朋友講習".
67. 『中庸』, 30章, "萬物並育而不相害 道 行而不相悖".

대대적 관계관의 관점에서 볼 때, 대립물 간의 바람직한 관계는 어떤 것인가? 대대적 관점에서 볼 때, 대립물 간의 창조적인 관계는 대립물이 서로 교감交感하는 것, 즉 사랑하는 것이다. '감感'은 '함咸'과 '심心'이 합해진 글자이다. '감'이란 마주 보고 있는 두 존재가 서로 느껴서 하나의 마음이 되는 것을 의미한다.이완재, 1992: 205 그러므로 '감'이란 곧 사랑이다.

이와 같이 대대적 관계관은 사랑의 관계를 정상적이며 이상적인 관계로 간주한다. 이것은 적대적 관계관이 경쟁과 갈등, 지배와 복종의 관계를 정상적인 것으로 간주하는 것과 큰 차이점이다. 사랑의 관계를 정상적이고 이상적인 관계로 간주하는 대대적 관계관의 특징은 사랑의 사회학이 현대 사회의 사회관계 문제를 창조적으로 비판하고, 사랑의 사회에 대한 비전을 제시하는 데 중요한 기초가 된다.

2부

사랑의 사회학으로
새로운 사회이론을 구성하다

갈등의 사회학이론은 있는데,

교환의 사회학이론은 있는데,

사랑의 사회학이론은 왜 없을까?

2부에서는 사랑의 사회학이론을 서술하고자 한다. 사회학의 심장에 해당하는 것이 사회문제론과 사회발전론인데, 현대 사회학에는 사회문제론과 사회발전론이 없다. 문명의 존폐를 걱정해야 할 만큼 현 사회에는 깊은 위기감이 감돌고 있는데도 현대 사회학에는 사회문제론이 없다. 고통스러운 현대 사회를 넘어서 인류가 살아갈 새로운 사회에 대한 모색이 절실한데도 현대 사회학에는 사회발전론이 없다.

조선 말 유학자들이 조선조 유교 사회가 붕괴되고 있는 한가운데에서, '유교 사회는 아직 완성되지 않았다'는 말만을 되풀이했듯이, 현대 사회학자는 현대 사회가 붕괴되고 있는 한가운데에서, '현대 사회는 아직 완성되지 않았다'는 말만을 앵무새처럼 되풀이하고 있다.

현대 세계관의 안경을 쓰고 있는 현대 사회학자에겐 이미 무너져 내리고 있는 현대 사회의 근본 문제가 무엇인지조차 보이지 않는다. 이것은 마치 의사가 중병으로 죽어 가고 있는 환자의 병명조차 모르고 있는 것과 같다. 죽어 가는 환자의 병명조차 모르는 의사를 의사라고 부를 수 없듯이, 붕괴되고 있는 현대 사회의 근본 문제가 무엇인지조차 알지 못하는 사회학자를 사회학자라 부를 수 없다.

현대 사회학은 왜 이 지경이 되어 버렸을까? 한때 현대 사회학이 사회학 정신에 충실했던 시대가 있었다. 현대 사회학자는 예민한 피부를 갖고 그 시대가 앓고 있는 근본 문제를 직시했고, 그 원인을 밝히고, 사회 발전 방안을 제시했다. 그들은 인류를 계몽했고, 보다 나은 사회로 이끌어 가는 길잡이가 되었다. 이렇게 마르크스, 베버, 뒤르켐, 미드 등과 같은 쟁쟁한 사회학자들이 활약했던 현대 사회학의 황금시대가 있었다.

그렇던 현대 사회학이 왜 이런 지경에 이르게 되었을까? 그것은 시대가 바뀌었는데도 현대 사회학자들은 현대 세계관의 안경을 벗어던지려 하지 않기 때문이다.

유교 세계관의 안경을 벗어던지지 못했던 조선 말 유학자들이 당시 유교 사회를 바라보니, 세계에서 문명이 활짝 꽃핀 사회가 바로 조선 유교 사회라는 인식이 생겨났었다. 그러니까 유교 사회가 무너지는 것은 그들에겐 세상이 무너지는 것을 의미했고, 그들은 무너져 내리는 유교 사회의 복구에 혼신의 힘을 기울였던 것이다.

현대 세계관의 안경을 벗어던지지 못한 현대 말 현대 사회학자들이 지금의 현대 사회를 바라보니, 민주화도 성취했고, 산업화도 이루어 낸 역사상 가장 훌륭한 사회가 바로 지금의 현대 사회라는 인식을 하게 된다. 그러니까 현대 사회가 무너지는 것은 현대 사회학자에겐 세상이 무너지는 것을 의미한다. 오늘날 현대 사회학자가 하고 있는 일은 현대 세계관을 공유하고 있는 현대 정치학자, 현대 경제학자, 현대 교육학자와 힘을 합쳐 혼신의 힘을 다해 무너져 내리는 현대 사회를 복구하고자 하는 노력을 기울이는 것뿐이다.

암흑시대로서의 중세를 벗어나 현대로 나아가기 위한 출발점은 중세의 낡은 안경을 벗어던지는 것이었다. 암흑시대로서의 현대를 벗어나 탈현대로 나아가기 위한 출발점은 현대의 낡은 안경을 벗어던지는 것이다.

이 책 1부에서는 사회학이 낡은 현대 세계관이라는 안경을 벗어던지고 새로운 탈현대 세계관이라는 안경으로 바꿔 껴야 한다는 것을 서술했다. 2부에서는 사랑의 사회학자가 탈현대 세계관이라고 하는 새로운 안경을 끼고 현시대를 바라보았을 때, '이 시대의 사회문제는 무엇인가?', '사회문제의 원인은 무엇인가?', '이 시대는 어디를 향해 나아가야 하는가?', '어떻게 새로운 시대로 나아갈 수 있는가?' 하는 질문에 대답해 보고자 한다. 즉, 사랑의 사회학의 사회문제론과 사회발전론을 전개해 보고자 한다. 그리고 사랑의 사회학이론을 개진하기 전에, 사랑의 사회학의 연구방법론을 서술해 보려고 한다.

현대 사회학의 연구방법론이 연구자와 연구 대상 간의 근원적인 분리를 전제하는 반면에, 사랑의 사회학의 연구방법론은 연구자와 연구 대상 간의 근원적인 통일성을 전제한다. 이런 전제 위에서, 사랑의 사회학의 연구방법론에서는 사랑의 사회학에서 앎의 목적, 앎의 의미, 앎의 방법이 무엇인가에 대한 논의를 진행하고자 한다.

사랑의 사회학의 사회문제론에서는 현대 사회문제의 본질, 자아확장투쟁으로서의 현대적인 삶의 문제, 적대적 관계의 문제, 현대 사회 시스템의 문제 등을 다루고자 한다. 사랑의 사회학의 관점에서 볼 때, 현대 사회문제의 가장 근본적인 문제는 현대 사회가 '사랑이 메마른 사회'라는 점이다. '에고가 나'라고 하는 집단망상 속에서 현대 사회는 사회문제를 끊임없이 증폭시키고 있다. 현대적인 삶의 문제의 핵심은 '사랑이 메마른 삶'이라는 점이고, 이것은 현대 인간관에서 비롯되는 자아확장투쟁으로서의 삶의 필연적인 결과이다. 현대적인 관계의 문제의 핵심은 '사랑이 메마른 관계' 즉 적대적 관계의 문제이다. 이것은 현대 관계관에서 비롯되는 문제이다. 현대 사회 시스템의 문제는 정치·경제·교육·가족 시스템 등 모든 사회 시스템이 본질적인 문제점을 갖고 있을 뿐만 아니라 신기술혁명의 결과로 새로운 시대와 함께할 수 없는 낡은 시스템임을 논의하고자 한다.

　사랑의 사회학의 사회발전론에서 사회 발전의 핵심적인 의미는 고통스러운 현대 사회로부터 탈피해서 '사랑의 사회'를 건설해 나가는 것을 의미한다. 이런 새로운 발전관의 기초 위에서 사랑의 사회학의 사회발전론을 서술하고자 한다. 첫째 질문은 '사랑의 사회학에서의 사회 발전의 의미가 무엇인가?'이고, 대답은 '사랑의 사회로 나아가는 것'이다. 둘째 질문은, '사회 발전을 이룰 수 있는 방안은 무엇인가?'이고, 대답은 '나 자신의 존재 변화를 통한 세계 변화'이다. 마지막 질문은, '발전된 사회의 모습은 어떠한가?'이고, 대답은 '사랑의 삶이 영위되는 사회, 사랑의 관계가 뿌리내린 사회, 사랑의 사회 시스템이 확립된 사회'이다.

I.
사랑의 사회학의
연구방법은 무엇인가

언제 너의 참 모습을 알 수 있을까?
너를 사랑할 때이다.

앎이란 무엇인가?

서구 중세 사회에서 안다는 것은 '신을 아는 것'이었다. 그래서 신학이 중세 학문의 중심에 있었다.

현대 사회에서 안다는 것은 '객체로서의 연구 대상에 대한 법칙적인 지식을 얻는 것'을 의미한다. 그래서 과학이 현대 학문의 중심에 있다.

탈현대 사회에서 안다는 것은 '연구자가 연구 대상과 하나가 되어 사랑의 눈으로 연구 대상을 바라보았을 때 생겨나는 앎'을 의미한다. 그래서 사랑학이 탈현대 학문의 중심에 있을 것이다.

이와 같이 과학이라는 학문 형태는 시대를 넘어 보편적인 학문 형태가 아니다. '과학이 곧 학문'이라는 도식은 결코 성립되지 않는다. 과학은 전현대 사회에서 지배적인 학문 형태가 아니었음과 마찬가지로 탈현대 사회에서도 지배적인 학문 형태일 수 없다.

탈현대 사회에서도 과학은 존재하고, 지금과는 비교할 수 없을 만큼 높은 수준의 과학이 존재할 것이다. 그러나 미래 사회에서 과학 활동은 더 이상 인간이 아니라 AI의 활동 영역이 될 것이다. 과학 활동을 위해 요구되는 것은 지능이다. 영성도 감정도 욕망도 필요 없다. 그런데 미래 사회에서 AI의 지능은 인간과 비교할 수 없을 만큼 높아질 것이 확실하다. 그러므로 과학적인 탐구는 인간의 학문 영역에서 완전히 배제될 것이다.

탈현대 사회에는 탈현대 학문이 존재하게 될 것이다. 아직은 탈현대 사회가 아니기 때문에 여전히 현대 사회인 지금 과학이 지배적인 학문으로 존재하고 있다. 그러나 현대 학문인 과학에 의거해서 현대 사회에 대한 창조적인 비판을 하고, 새로운 사회에 대한 비전을 제시할 수는 없다.

전현대 말·현대 초라고 하는 시대 상황에서 보면, 시대는 학문에게 전현대 사회를 창조적으로 비판하고, 새로운 사회에 대한 비전을 제시해 줄 것을 요청했다. 그러나 당시 전형적인 전현대 학문이었던 신학을 통해 이런 학문에 대한 시대적인 요청에 부응하는 것은 불가능했다. 17~18세기 계몽사상가들이 바로 이런 역할을 담당했다. 이들 계몽사상가들은 이성의 빛에 비추어 비이성적인 전현대 사회를 창조적으로 비판하고, 이성적인 사회로서의 현대 사회라고 하는 새로운 사회에 대한 비전을 제시했다. 그리고 이들은 현대 사회학, 정치학, 경제학, 교육학 등과 같은 현대 사회과학의 시조가 되었다.

문명의 현시점은 현대 말·탈현대 초라고 하는 문명 대전환기이다. 이 시대는 학문에게 현대 사회를 창조적으로 비판하고, 새로운 사회에 대한 비전을 제시해 줄 것을 요청하고 있다. 그러나 전형적인 현대 학문인 현대 사회학, 정치학, 경제학, 교육학과 같은 현대 사회과학으로는 이런 학문에 대한 시대적인 요청에 부응하는 것이 불가능하다. '사랑의 사회학'이 바로 이런 역할을 담당하고자 하는 것이다. 사랑의 사회학은 사랑의 빛에 비추어 사랑이 메마른 현대 사회를 창조적으로 비판하고, 사랑의 사회로서의 탈현대 사회라고 하는 새로운 사회에 대한 비전을 제시하고자 한다.

그러므로 사랑의 사회학은 전형적인 현대 학문인 과학이 아니다. 사랑의 사회학은 탈현대 학문의 한 가지 형태이다. 현대 사회학이 현대 학문인 과학의 연구방법론을 충실히 따랐듯이, 사랑의 사회학은 탈현대 학문의 연구방법론을 따라야 한다.

수백 년에 걸쳐 현대 학문인 과학의 연구방법론은 정교하게 확립되어 있다. 그러나 아직 탈현대 학문의 연구방법론은 미답의 영역이다. 이것이 사랑의 사회학의 연구방법론을 서술할 때 직면하게 되는 어려움이다. 역량이 닿는 데까지, 필자는 이 장에서 탈현대 학문의 연구방법론에 대한 구상화를 시도하고, 탈현대 학문의 연구방법론에 따라 탈현대 학문의 한 형태인 사랑의 사회학의 연구방법론을 서술해 보도록 하겠다.

'앎의 목적은 무엇인가?' '앎의 의미는 무엇인가?' '앎의 방법은 무엇인가?' 이 세 가지 질문에 대한 대답이 특정 학문의 연구방법론이 된다. 현대 이전, 서양 중세 사회에서는 신학이, 현대 사회에서는 과학이, 탈현대 사회에서는 사랑학이 학문의 중심에 있을 것이다. 이 각각의 학문은 앎의 목적, 의미, 방법에 대해 상이한 대답을 제공한다.

사랑의 사회학은 물론 신학이 아니다. 과학도 아니다. 사랑의 사회학은 탈현대 학문인 사랑학의 한 가지 형태인 탈현대 사회학이다. I장에서는 우선 현대 학문의 전형으로서의 과학과 탈현대 학문의 전형으로서의 사랑학을 비교 서술하겠다. 이 바탕 위에 과학으로서의 현대 사회학의 연구방법론과의 비교를 통해, 사랑학으로서의 사랑의 사회학의 연구방법론을 서술하고자 한다. 사랑의 사회학의 연구방법론으로 '사랑의 사회학에서의 앎의 목적은 무엇인가?', '사랑의 사회학에서의 앎의 의미는 무엇인가?', '사랑의 사회학에서의 앎의 방법은 무엇인가?'에 대한 탐구를 해 나가겠다.

1. 사랑학의 정체성

사랑의 사회학의 연구방법론을 서술하기에 앞서 진행해야만 하는 작업이 있다. 사랑의 사회학은 현대 학문의 전형인 과학이 아니다. 사랑의 사회학은 탈현대 학문의 전형인 사랑학이다. 사랑학으로서의 사랑의 사회학의 연구방법론을 서술하기 위해서는, 사랑학의 정체성에 대한 이해가 전제되어야만 한다. 그래서 1장에서는 현대 과학의 정체성과의 비교를 통해 탈현대 사랑학의 정체성을 밝히고자 한다.

1) 사랑학의 앎의 목적

탈현대 학문인 사랑학에서의 앎의 목적은 무엇인가? 현대 학문인 과학에서의 앎의 목적과의 비교를 통해, 탈현대 학문인 사랑학에서의 앎의 목적을 서술해 보겠다.

과학에서의 앎의 목적

현대 학문을 대표하는 것은 과학이다. 과학은 가치중립을 표방했지만, 현대 세계관의 바탕 위에 형성된 학문이기에, 이에 따른 편향성으로부터 자유로울 수 없다. 현대 세계관의 관점에서 보면, 시공간적으로 모든 존재는 분리되어 있다. 그래서 각각의 존재는 세계와 분리된 개체로 인식되며, 각각의 존재는 개체로서 자신의 가치를 평가받는다. 이때, 인간과 자연은 불평등한 존재로 인식된다. 인간은 자연보다 우월한 존재이다. 그래서 인간 중심주의는 현대 세계관의 필연적인 귀결이 된다. 이에 따라서 자연은 인간의 유익을 위해 마음대로 이용, 착취, 지배해도 좋은 것으로 간주된다. 출발점에서부터 과학은 인간 중심주의적인 편향성을 갖고 있었던 것이다.

과학으로서의 현대 학문관을 형성하는 데 크게 기여한 대표적인 학자는 F. 베이컨Francis Bacon, 1561~1626이다. '아는 것이 힘이다'라는 널리 회자되는 말에는, '학문의 목적이 경험적인 관찰과 그에 따른 법칙 발견을 통해서 대상 세계에 대한 지배와 통제 능력을 증대시키는 데 있다'는 생각이 내포되어 있다. 여기에서 '아는 것'이란 대상지對象知이며, '힘'이란 연구 대상을 자신에게 유용한 형태로 변형하고 이용할 수 있는 힘이다. 주저인 『신기관Novum Organum』의 부제가 '자연의 해석과 인간의 자연 지배에 관한 잠언Aphorisms on the Interpretation of Nature and the Empire of Man'인 것을 보면 베이컨이 생각했던 학문의 목적이 무엇이었던가를 분명히 알 수 있다.

베이컨의 말과 같이, 과학으로 대변되는 현대 학문의 궁극적인 목적은 '욕망 충족의 확충'이다.오세근, 2006: 55 욕망 충족의 확충을 위해서는 자연을 욕망 충족에 적합한 형태로 변형시켜야 하며, 이를 위해서는 자연이 작동하는 방식에 대한 체계적인 지식이 필요하다. 과학은 바로 이런 유형의 지식 생산을 목적으로 삼는다.

이렇듯, 자연과학의 배후에는 '인간 중심주의humanism'가 도사리고 있다. 인간은 왜 자연을 과학적으로 연구하는 것일까? 연구의 목적은 무엇일까? 자연을 사랑해서일까? 자연과 조화를 이루기 위해서일까? 자연과 하나가 되기 위해서일까? 물론 아니다. 자연과학의 연구 목적은 인간의 욕망을 충족시키기 위해서이다. 이런 목적을 위해 자연을 보다 효과적으로 이용, 지배, 착취하기 위해 인간은 자연을 연구한다. 사회나 인간을 대상으로 하는 과학 활동의 목적 역시 이와 동일하다. 자연과학과 사회과학의 차이는 연구 대상의 차이일 뿐이다.

왜 현대 학문으로서의 과학은 연구 대상을 이용과 지배의 대상으로 바라보는 것일까? 과학의 세계관적인 토대는 현대 세계관이다. 현대 세계관의 핵심은 '모든 존재들 간의 근원적인 분리'에 대한 가정이다. 연구자인 나와 연구 대상인 너는 근원적으로 분리된 아무런 연관도 없는 존재이다. 그런데 현대 인간관의 관점에서 보면, 연구 주체인 나는 욕망을 추구하는 존재이다. 나는 이성의 힘을 사용해서 연구 대상인 너를 연구한다. 연구의 목적은 '나의 욕망 충족'이며, 나의 욕망 충족을 보다 용이하게 하기 위한 합리적인 활동이 바로 과학적인 연구가 되는 것이다. 그러므로 연구자인 나에게 있어 연구 대상인 너는 이용과 지배를 위한 수단이 되는 것이다. 자연과학의 대상은 자연이고, 사회과학의 대상은 인간과 사회라는 연구 대상의 차이만이 존재한다. 과학으로서의 현대 사회학도 이 범주를 벗어나지 못한다.

사랑학에서의 앎의 목적

『대학』에서는 '명명덕明明德'이라 했는데, '명명덕'이란 '밝은 덕[明德]'을 밝히는 것이며, '밝은 덕'이란 바로 '참나'이다. 사랑학에서의 앎의 목적은 '명명덕' 즉 '참나를 밝힘'이라 할 수 있다.

탈현대 학문을 대표하게 될 것이 사랑학이다. 사랑학은 탈현대 세계관의 바탕 위에 형성될 새로운 학문이다. 탈현대 세계관의 관점에서 보면, 시공간적으로 모든 존재는 근원적으로 연결되어 있고, 궁극적으로 하나이다. 그래서 각각의 존재는 영원한 시간과 무한한 공간을 자신 안에 품고 있는 우주적인 존재이다. 인간이건 자연이건 AI이건, 모든 존재는 존귀하다는 점에서 절대적으로 평등하다.

이런 탈현대 세계관의 바탕 위에서 볼 때, 탈현대 학문인 사랑학의 목적은 무엇이겠는가? 인간, 자연, AI를 포함하는 모든 존재가 사랑으로 결합해서 조화롭게 공존하는 사랑의 세계 건설에 기여하는 것이 사랑학의 궁극적인 목적이 된다.

이를 위해서, 사랑학은 두 가지 유형의 학문 활동을 전개하게 된다. 한 가지는 소외된 현실에 대한 창조적인 비판이고, 다른 한 가지는 사랑의 세계에 대한 비전을 제시하고, 사랑의 세계에 도달할 수 있는 방법을 찾는 것이다.

소외된 현실에 대한 창조적인 비판: 사랑학이 갖고 있는 정상성에 대한 가정에 기초해서 보면, 현대 세계는 전면적으로 소외되어 있다. 인간의 자연에 대한 착취와 지배, 강한 국가의 약한 국가에 대한 횡포, AI를 인간 중심적인 관점에서 보고 통제하고 지배하려 하는 것, 수많은 교환관계, 갈등관계, 지배와 복종의 관계 등 현대세계에서 일어나고 있는 거의 모든 일들이 비정상적인 것이다. 영역을 가리지 않고 벌어지고 있는 이런 소외된 현실에 대한 창조적인 비판을 수행하는 것, 이것이 사랑학의 주요한 과제가 된다.

사랑의 세계에 대한 비전 제시와 방안의 탐구: 사랑의 세계는 어떤 곳일까? 사랑의 세계에 대한 비전을 제시하고, 구체적으로 형상화하는 것이 사랑학의 과제가 된다. 사랑의 세계에서 인간과 자연은 어떤 식으로 관계 맺음을 하는 것일까? 인간은 자연을 어떻게 대할까? 집단 간에는 어떻게 관계 맺음을 할까? 인간과 AI는 어떤 식으로 조화로운 공존을 하는 것일까? 이런 의문에 대한 구체적인 대답을 찾는 것이다. 그리고 어떻게 사랑의 세계로 나아갈 수 있을까에 대한 방안을 모색하는 것 역시 사랑학의 중요한 과제가 된다.

2) 사랑학의 앎의 의미

'안다'는 것은 무엇일까? 앎의 의미는 연구 대상에 대한 관점에 따라 달라진다. 탈현대 학문인 사랑학에서의 앎의 의미는 무엇인가? 현대 학문인 과학에서의 앎의 의미와의 비교를 통해, 탈현대 학문인 사랑학에서의 앎의 의미를 서술해 보겠다.

과학에서의 앎의 의미

과학에서 안다는 것은 무엇을 의미하는 것일까? 앎의 의미는 세계관의 영향을 직접적으로 받는다. 과학은 전형적인 현대 학문이다. 그러므로 과학에서 안다는 것의 의미는 현대 세계관의 영향을 직접적으로 받는다. 현대 세계관의 관점에서 보면, 시공간적으로 모든 존재는 세계와 근원적으로 분리되어 있는 개체이다.

나는 누구인가? 너는 누구인가? 이 질문에 대한 현대 세계관의 대답은 동일하다. 나와 너는 모두 시공간적으로 세계와 근원적으로 분리되어 있는 개체이다. 그러므로 나와 너가 무엇이든 나와 너를 안다는 것은 '분리된 개체'로서의 나와 너의 특징을 이해하는 것이 '나와 너에 대한 앎의 의미'이고, 이것이 바로 과학에서의 앎의 의미가 된다.

나도 분리된 개체이고, 너도 분리된 개체라고 했을 때, 연구자인 나와 연구 대상인 너는 근원적으로 분리되어 있다. 그러므로 현대 세계관에 기반을 두고 있는 과학이라는 학문 세계에서는 '연구하는 주체와 연구되는 객체의 이분법'을 하나의 관점이 아니라 사실로 간주할 수밖에 없다.

'연구하는 주체와 연구되는 객체의 이분법'의 전제 위에서 이루어지는 대상적인 지식이 과학에서의 앎의 의미가 된다. 즉, 현대 학문인 과학에서의 앎이란 '인식하는 주체와 인식되는 객체가 분리되어 있다'는 전제 위에서 이루어지는, 인식 주체에 의한 인식 객체에 대한 인식이다.

사랑학에서의 앎의 의미

앞에서 과학에서의 앎은 모든 존재의 근원적인 분리를 가정하는 현대 세계관에 바탕을 두고 있음을 말했다. 그래서 과학에서의 앎은 연구하는 주체와 연구되는 객체 간의 근원적인 분리를 전제하는 가운데 과학적인 앎이 형성된다.

그렇지만 '연구하는 주체와 연구되는 객체의 이분법'은 바로 이런 관점을 출현시켰던 물리학의 영역에서조차도 이미 그 부적합성이 입증되었다.Capra, 1989: 150 원자나 아원자적 소립자와 같은 물질들은 관찰자와 떨어져서 독립된 실체로 존재하지 않는다. 물질은 관찰을 위한 준비와 측정의 과정에서 끊임없이 관찰자와 상호작용을 하며, 양자 간의 상호 연결로서만 의미를 갖는다. 입자의 속성은 이런 과정들을 떠나서 정의될 수 없다. 만약 준비나 측정이 변경되면 그 입자의 성질들도 바뀌게 된다.Capra, 1989: 152-3

장자의 입장에서 본다면, 현대 학문인 과학이 추구하는 앎이란 '소지小知'이다. 반면에, 탈현대 학문인 사랑학이 추구하는 앎이란 '대지大知'이다. '소지'란 연구 대상에 대한 피상적이고 현상적인 인식이며, 불구적인 인식이다. '대지'란 탈현대 세계관의 관점에서 연구자가 사랑의 눈으로 연구 대상을 바라보았을 때 생겨나는 본질적이고 창조적인 인식이다.

맹자의 우산牛山의 비유는 '소지'와 '대지'의 차이를 잘 드러내어 주는 사례이다. 맹자는 이렇게 말했다.

> 제나라 우산의 나무는 일찍이 아름다웠다. 그러나 대도회지의 교외에 위치하여 있어서 사람들이 도끼로 나무를 베어 가니, 어찌 아름다울 수 있겠는가? 그 밤의 쉬는 힘과 이슬과 비의 적셔 주는 힘에 의해서 어린싹이 나지 않는 바는 아니었지만 소와 양이 또한 이를 짓뭉개 버리는지라 저와 같이 풀 한 포기 없는 벌거숭이산이 되었다. 사람들이 그 황폐한 모습을 보고서, 저 산에는 처음부터 재목이 없었다고 하니, 이것이 어찌 산의 본성이겠는가?[68]

우산牛山은 제齊나라 수도 낙읍濼邑, 현재 지명 제남(齊南)에 위치해 있는 산이다. 사람들이 나무를 해 가고 가축들이 짓밟으니, 우산은 민둥산이 되었다. 맹자는 우산의 비유를 통해 문명에 의해 황폐화된 인간을 서술하고자 했다.

우산을 연구 대상으로 삼았을 때, 과학적인 연구는 우산은 민둥산이라고 하는 앎을 얻어 낸다. 반면에, 사랑학의 연구는 우산은 본래 산림이 울창한 산이었으나 대도회지의 교외에 위치하다 보니 남벌과 가축들에 의해 민둥산이 되어 버린 산이라는 앎을 얻어 낸다.

---

68. 『孟子』, 「告子上」, "牛山之木 嘗美矣 以其郊於大國也 斧斤伐之 可以爲美乎 是其日夜之所息, 雨雲之所潤 非無萌蘖之生焉 牛羊又從而牧之 是以若彼濯濯也 人見其濯濯也 以爲未嘗有材焉 此豈山之性也哉".

우산을 자신의 이익밖에 모르는 현대의 이기적인 인간이라고 생각해 보자. 과학적인 연구는 이기적인 현대인에 대한 관찰을 토대로 '인간은 이기적인 존재이다'라는 앎을 얻어 낸다. 반면에, 사랑학의 연구는 인간은 원래 이기적인 존재가 아니지만 현재 관찰되는 이기적인 현대인은 문명에 의해 황폐화된 인간의 모습으로 '이기적인 현대인은 소외된 인간이다'라는 앎을 얻어 낸다.

탈현대 학문에서 앎이란 깨달음과 지혜를 의미한다. 즉, 탈현대 학문에서 앎이란 '인식하는 주체와 인식되는 객체가 근원적으로 하나'라는 전제 위에 이루어지는 인식이다. 탈현대 학문에서 연구자와 연구 대상은 하나이다.

예를 들면, 탈현대 세계관을 풍부하게 함유하고 있는 『주역周易』에서 앎을 의미하는 '지知'란 단어는 빈번하게 '지智[지혜]'의 의미로 사용된다. 『주역』, 「지택림괘地澤臨卦」의 육오六五 효사爻辭는 "지혜로 임함이니, 대군의 마땅함이니 길하다[知臨 大君之宜 吉]"인데, 여기에서 앎[知]이란 바로 지혜[智]를 가리킨다.

탈현대 세계관의 관점에서 보면, 연구자와 연구 대상 간의 분리를 전제로 형성된 대상적인 지식은 참된 앎을 가로막는 장애물에 불과한 것이다. 이것이 도가와 불가의 많은 사상가들이 주체와 객체의 분리를 전제하고 형성된 대상적인 지식을 깨달음에 이르는 데 있어서 장애물로 간주했던 근본적인 이유이다.

틱낫한2001: 72 스님은 이렇게 말했다.

불교에서는 지식을 버리라고 말한다. 우리는 무엇인가를 좀 알면 종종 그 지식에 매달리게 된다. 이를 버릴 준비가 되지 않아 그것이 결국 수행 길을 가로막는 장애가 된다. 불교에서는 지식을 장애로 보고 있다. … '장애로서의 지식'을 범어로 즈네야바라나jneyavarana라고 한다.

O. 라즈니쉬Osho Rajneesh, 1997: 154~155는 『도마복음강의』에서 인간 존재의 세 가지 층을 제시했는데, 이는 학문의 세 가지 유형과 상응 관계를 갖고 있다. 세 가지 층은 대상적 세계의 층, 마음의 층, 종교의 세계인데, 각각의 층이 가리키는 바는 다음과 같다. 대상적 세계의 층은 시각, 청각, 촉각, 후각, 미각 등 감각에 의해서 인지되는 세계이다. 마음의 층은 생각, 감정, 사랑, 분노, 느낌들의 세계를 가리킨다. 종교의 세계는 주시[witness]의 세계이다.

각각의 존재의 층은 특정의 앎의 유형과 상응한다. 대상적 세계의 층에 대해 대상적인 지식을 형성하고자 하는 것이 과학이다. 마음의 층에 대한 앎을 형성하고자 하는 것은 철학과 문학, 예술을 포함한 인문학이다. 주시의 세계에서 말하는 주시에 의해 얻어지는 앎이 탈현대 학문인 사랑학이다.

3) 사랑학의 앎의 방법

탈현대 학문인 사랑학에서의 앎의 방법은 무엇인가? 현대 학문인 과학에서의 앎의 방법과의 비교를 통해, 탈현대 학문인 사랑학에서의 앎의 방법을 서술해 보겠다.

과학에서의 앎의 방법
과학으로서의 현대 학문의 대전제는 '연구 주체와 객체 간의 근원적인 분리'에 대한 가정이다. 현대 사회학에서의 모든 사회학적인 인식은 바로 이런 인식론적인 대전제 위에서 이루어진다.

과학이 앎에 이르는 방법은 무엇인가? 과학으로 대변되는 현대 학문이 앎을 얻는 것은 객체로서의 대상 세계에 대한 인식을 통해서이다. 연구 대상과 분리되어 있는 연구자의 에고가 연구 대상을 밖으로부터 관찰함을 통해 과학적인 앎이 얻어진다.

과학이라고 하는 현대 학문의 창시자인 베이컨은 과학의 연구방법을 이렇게 규정했다. '인식 주체[연구자]의 인식 객체[연구 대상]에 대한 관찰, 비교, 실험을 통해 법칙적인 또는 인과적인 앎을 창출'하는 것이라고. 자연과학의 영역에서는 베이컨의 이런 연구방법이 오늘날에 이르기까지 충실히 견지되고 있다. 사회과학의 경우는 연구 대상이 자연이 아니라 인간과 사회이기 때문에 구체적인 연구방법에 자연과학과는 약간의 차이가 있다. 실험의 방법이 행해지기가 거의 불가능하다는 점과, 자연을 대상으로 할 때와 같이 정확한 측정이 어렵기 때문에 사회조사방법과 사회통계가 발달하게 되었다.

사랑학에서의 앎의 방법

탈현대 학문인 사랑학의 인식에서 대전제는 무엇인가? 그것은 '연구 주체와 연구 객체 간의 근원적인 통일성'에 대한 가정이다. 사랑학에서의 모든 인식은 바로 이런 인식론적인 대전제 위에서 이루어진다.

탈현대 학문인 사랑학의 경우, 참된 이해는 오직 이해하고자 하는 대상과의 하나 됨을 통해서만 얻어질 수 있다. 틱낫한[2003: 66] 스님은 다음과 같이 말했다.

다른 사람을 올바르게 이해하기 위해서는 그 사람과 하나

가 되어야 한다. 우리 스스로를 대상으로부터 분리된 존재로
보는 한 진정한 이해는 불가능하다.

예를 들어서, 학자들이 봄에 핀 꽃 한 송이를 연구한다고 가정하자.
자연과학자의 일차적인 관심은 꽃이 갖고 있는 특성, 예를 들자면 색
깔, 모양, 화학적 성분, 냄새, 개화 시기 등에 대한 것이다. 또한 자연과
학자는 꽃이 피는 원인과 과정을 연구할 것이고, 꽃의 효용에 대해서
도 연구할 것이다.

이에 반해서, 사랑학으로서 자연을 연구하는 학자는 탈현대 세계관
의 관점에서 꽃을 바라본다. 꽃을 통해서 나를 보며 우주를 바라본
다. 꽃이 느끼는 기쁨과 슬픔, 쾌락과 고통과 같은 꽃의 마음을 이해
하고자 한다. 그는 꽃을 깊이 사랑하며, 꽃과 하나가 되어 안으로부터
꽃을 느끼고 바라본다.

사랑학에서 말하는 참된 앎은 사랑의 눈을 통해서만 얻어질 수 있
는 것이다. 다시 말하자면, 사랑학에서 훌륭한 학자의 주요 조건은 사
랑할 수 있는 능력이다. 사랑할 수 있는 능력은 수행修行을 통해서만
증진된다. 그러므로 사랑학에서는 더 이상 과학의 대전제가 되고 있는
'앎과 수행의 분리'라는 도식을 받아들이지 않는다.

사랑학의 관점에서 보면, 과학의 연구방법을 통해서는 연구 대상에
대한 진정한 앎을 얻을 수 없다. 사랑학의 앎의 방법은 연구 주체[연구
자]가 연구 대상과 하나가 되어 앎을 획득하는 방법이다. 연구자는 더
이상 연구 대상과 분리된 존재가 아니다. 그는 연구 대상을 안으로부
터 바라보면서 새로운 형태의 앎을 축적해 간다. 탈현대적인 관점에서
볼 때, 연구자가 자신이 연구하고자 하는 대상과 하나가 되었을 때만
비로소 연구 대상에 대한 진정한 이해가 이루어질 수 있다. 여기에서

이해와 사랑은 하나가 된다.

『노자』 54장에서는 이렇게 말한다.

> 몸으로 몸을 보고, 집으로 집을 보며, 마을로 마을을 보
> 고, 나라로 나라를 보며, 천하로 천하를 본다.[69]

연구자에게 분리된 개체로서의 내[에고]가 갖고 있는 사사로운 마음이 떨어져 나가게 되면, 연구자는 자신의 입장에서 연구 대상을 바라보는 것이 아니라 연구 대상의 입장에서 연구 대상을 볼 수 있게 된다. 이것이 연구자가 연구 대상과 하나가 되어 바라본다는 것의 의미이고, 이것은 연구 대상을 바깥에서 하나의 객체로 관찰하는 것이 아니라 그들과 하나가 되어 안으로부터 바라보는 것을 뜻한다.

이와 같이 대상과 하나가 되어 그들을 안으로부터 바라본다면, 대상의 가장 깊은 곳에 자리 잡고 있는 대상의 참된 모습에 대한 이해에 도달할 수 있다. 이렇게 되었을 때, 주체와 객체의 분리를 전제하고 이루어진 대상에 대한 피상적인 인식은 사라진다. 그러므로 사랑학에서, 대상에 대한 참된 이해는 그들에 대해 우리가 갖고 있는 왜곡되고 일면적인 지식을 버리는 것에서부터 시작해야 한다.

사랑학에서 현실의 가장 깊은 층에 대한 이해는 연구자가 자신의 사사로운 욕망에 이끌리지 않을 때만 가능하다. 불교나 정신분석학은 우리들이 욕망에 사로잡히면, 현실의 상이 왜곡되어 망상이 형성된다고 말한다. 참된 이해에 이르기 위해서는, 욕망에 의해 왜곡된 망상의 세계를 벗어나야 한다.

---

69. 『老子』, 54章, "以身觀身 以家觀家 以鄉觀鄉 以國觀國 以天下觀天下".

사랑학은 주체와 객체의 분리라는 이원적 세계관의 전제 위에서 형성된 망상의 세계를 걷어 내고, 모든 것이 하나라는 탈현대 세계관의 바탕 위에서 여태까지 숨겨져 왔던 세계의 깊고 진정한 모습을 드러낼 것이다.

2. 사랑의 사회학의 앎의 목적

모든 사회학의 궁극적인 목적은 '인간다운 삶이 가능한 살기 좋은 사회' 건설에 기여하는 것이다. 현대 사회학과 사랑의 사회학도 동일한 목표를 갖고 있다. 양자 간의 차이는 '살기 좋은 사회'가 어떤 사회인가에 대한 입장의 차이에서 비롯된다. '인간다운 삶이 가능한 살기 좋은 사회'에 대한 이미지는 인간관과 직결된다. 탈현대 학문의 하나인 사랑의 사회학에서의 앎의 목적은 무엇인가? 현대 학문의 하나인 현대 사회학에서의 앎의 목적과의 비교를 통해, 사랑의 사회학에서의 앎의 목적을 서술해 보겠다.

1) 현대 사회학에서의 앎의 목적

현대 인간관의 핵심은 무엇인가? 현대 인간관의 핵심은 '이성적인 존재로서의 인간'과 '욕망 추구자로서의 인간'이다. 이때, 인간다운 인간은 어떤 인간을 의미하게 되는가? 인간다운 삶은 어떤 삶을 의미하게 되는가? '이성적인 인간'이 되고, '욕망 충족적인 삶'을 살아가는 것이 바로 그 답이 된다. 그러므로 '인간다운 삶이 가능한 살기 좋은 사회'의 의미는 '이성적인 사회'와 '욕망 충족적인 사회'가 된다. 모든 현대 사회과학이 지향하는 앎의 목표는 이 두 가지 형태의 '인간다운 삶이 가능한 살기 좋은 사회' 건설에 기여하는 것이다. 현대 사회학도 마찬가지이다.

민주화는 이성적인 사회 건설을 대표하고, 산업화는 욕망 충족적인 사회 건설을 대표하면서, 민주화와 산업화를 양대 축으로 하는 현대화가 현대 사회학에서 사회 발전의 의미가 된다. 그래서 '어떻게 현대화를 이룰 것인가?', '현대화를 촉진시키는 요인은 무엇인가?', '현대화의 장애물은 무엇인가?' 등과 같이 현대화와 관련한 연구들이 현대 사회학에서 많이 나오게 되었다. 물론 이런 연구들은 현대를 넘어서야 하는 현시점에서는 의미를 부여하기 어렵다.

또한 현대 학문인 과학 일반이 그러하듯이 '욕망 충족을 위해 연구 대상을 효과적으로 통제하고자 하는 것'이 현대 사회학 연구의 목적이 되는 경우가 많다. 필자가 미국 아이오와 주립대학교에 재학하던 때였다. 사회심리학을 전공하는 학과 교수님이 한국으로 출장을 가게 되었다고 해서 출장 목적을 물어보았다. 〈한국인의 쇠고기 소비에 대한 사회심리적인 특징〉을 연구하는 것이 목적이라고 했다. 미국육우협회로부터 지원을 받는 연구라고도 했다. 미국육우협회는 왜 이 연구를 지원했을까? 당연히 한국인의 쇠고기 소비에 대한 사회심리적인 특징을 파악해서 미국산 쇠고기를 한국에 더 잘 팔기 위한 것이었다. 미국에서의 사회학 연구는 대부분 외부에서 펀드를 받아 이루어진다. 필자는 미국 사회학자들 중에서 의료사회학자의 수가 엄청 많은 데 놀랐었는데, 그 이유는 의사협회가 돈이 많아서 의료사회학자들에게 많은 연구비를 지원하기 때문임을 나중에 알았다.

2) 사랑의 사회학에서의 앎의 목적

탈현대 인간관의 핵심은 무엇인가? 인간이란 '참나'를 자신 안에 품고 있는 존재라는 것이다. 이때, 인간다운 인간은 어떤 인간을 의미하게 되는가? 인간다운 삶은 어떤 삶을 의미하게 되는가? 인간다운 인간은 '참나를 자각하고 실현해서 사랑의 존재가 된 사람'이 되고, 인간다운 삶은 '사랑의 즐거움을 누리는 삶'을 살아가는 것이 바로 그답이 된다. 그러므로 '인간다운 삶이 가능한 살기 좋은 사회'의 의미는 '사랑이 충만한 사랑의 사회'가 된다. 사랑의 사회학이 지향하는 앎의 목표는 '사랑이 충만한 사랑의 사회'라는 의미에서의 '인간다운 삶이 가능한 살기 좋은 사회' 건설에 기여하는 것이다.

사랑의 사회학의 목적은 '사랑의 사회'를 건설하는 데 기여하는 것이다. 그러므로 '낡은 현대 사회를 어떻게 종식시키고, 사랑의 사회를 건설할 수 있을 것인가?' 하는 것이 중요한 연구 영역이 된다. 현대 사회에 범람하는 경쟁과 갈등을 어떻게 종식시킬 수 있을 것인가? 어떻게 빠른 속도로 그리고 평화적으로 현대 사회 시스템으로부터 탈현대 사회 시스템으로의 전환을 이룰 수 있을 것인가? 사랑의 사회는 어떤 사회인가? 어떻게 상이한 민족·인종·종교를 가진 사람들이 조화롭게 공존할 수 있을 것인가? 어떻게 사람들은 사랑으로 결합할 수 있을 것인가? 이런 연구 의문을 제기하고 답을 찾아 나가는 것이 사랑의 사회학이다.

3. 사랑의 사회학의 앎의 의미

사랑의 사회학에서 '안다'는 것은 무엇을 아는 것일까? 현대 사회학에서의 앎의 의미와의 비교를 통해, 사랑의 사회학에서의 앎의 의미를 서술해 보겠다.

1) 현대 사회학에서의 앎의 의미

현대 사회학은 현대 세계관에 바탕을 두고 있다. 현대 학문의 전형인 과학 일반이 '관찰하는 주체와 관찰되는 객체의 이분법'을 전제로 해서 앎을 추구하는 것과 마찬가지로, 현대 사회학은 연구 주체로서의 사회학자와 연구 대상인 사회 간의 근원적인 분리의 전제 위에서 사회학적인 인식 활동을 전개한다. 그러므로 현대 사회학에서 앎의 의미는 대상지이며, 현상적인 앎이다.

예를 들어, 한 사회학자가 특정 기업체를 연구한다고 하자. 그의 연구 내용은 이런 것이 될 것이다. 그 기업체의 기업문화의 특징은 어떠한가? 그 기업체의 노사관계는 어떤 특징을 갖고 있는가? 그 기업체의 의사결정구조는 어떤 특징이 있는가? 그 기업체는 사회조직체로서 어떤 특징을 갖고 있는가? 이런 질문들에 대한 답변이 그 기업체에 대한 앎의 내용이 된다. 이런 질문들에 대한 대답이 더 축적될수록, 그 기업체에 대해 더 잘 알 수 있게 된다.

현대 사회학의 앎의 목적은 과학 일반의 앎의 목적과 동일하다. 즉, 연구 주체의 욕망 충족을 위해 연구 대상을 통제하는 데 도움이 되는 지식을 얻어 내는 것이다. 이에 따라서 연구 대상을 통제하는 데 도움이 되는 지식이 바로 현대 사회학에서의 앎의 의미가 된다.

일본이 한국을 식민지화하고 난 뒤 대규모 조사사업을 펼쳤다. 그중에는 사회학적인 내용도 많이 포함되어 있었다. 한국 사회의 문화적인 특징은 어떠한가? 농촌 마을의 사회조직적인 특징은 어떠한가? 한국인의 사회심리적 특징은 어떠한가? 이런 연구의 목적은 물론 한국 사회를 효과적으로 통제하는 것이었다. 그리고 이런 목적을 갖고, 이런 질문에 대한 답을 찾은 것이 한국 사회에 대한 앎의 내용이 되었다.

2) 사랑의 사회학에서의 앎의 의미

사랑의 사회학은 탈현대 학문이다. 사랑의 사회학은 연구하는 주체와 연구되는 객체의 통일성을 사회학적 인식의 전제로 삼는다. 사랑의 사회학에서 앎이란 연구 주체와 연구 대상이 하나가 되어 형성하는 앎이다. 사랑의 눈으로 연구 대상이 되는 사회를 그 사회의 내면에서부터 바라보았을 때 생겨나는 앎이 바로 사랑의 사회학에서의 앎의 의미이다.

S. 프로이트Sigmund Freud, 1856~1939와 융은 두 사람 모두 인간을 이해하는 데에서 무의식의 중요성을 강조했다. 그러나 이 두 사람에게 '무의식에 대한 앎'의 의미는 달랐다. 현대 인간관을 갖고 있던 프로이트에게 무의식은 일종의 거대한 쓰레기 더미와 같은 것이었다. 그것은 더럽고 악취 나는 내용물로 가득 차 있었다. 그러나 탈현대 인간관을 갖고 있었던 융에게 무의식은 신적인 아름다움을 간직하고 있는 신비스러운 것이었다.

이에 따라서 무의식에 대한 앎의 의미 역시 양자 간에 큰 차이를 보였다. 무의식을 안다는 것은 무엇인가? 프로이트의 대답은 이렇다. 의식의 밑바닥에 있는 악취 나는 쓰레기 더미의 목록을 밝혀내는 것,

이것이 무의식에 대한 앎의 의미이다. 반면에, 융의 대답은 이렇다. 무의식 세계 깊은 곳에 숨겨져 있는 신적인 아름다움을 밝혀내는 것, 이것이 무의식에 대한 앎의 의미이다.

프로이트와 융의 무의식에 대한 앎의 의미의 차이는 현대 사회학자와 사랑의 사회학자의 사회에 대한 앎의 의미의 차이와 유사하다. 기자들이 매일같이 밝혀내는 한국 사회의 숨은 얼굴, 추한 모습이 현대 사회학자의 한국 사회에 대한 앎의 의미에 해당한다고 한다면, 사랑의 사회학자는 한국 사회의 숨겨진 아름다움을 밝혀내는 것이 한국 사회를 진정으로 아는 것이라고 생각할 것이다. 사랑의 사회학자의 입장에서 보면, 일제의 수하로 활동하는 현대 사회학자는 1920년대 한국 사회를 진정으로 이해할 수 없다. 그들의 한국 사회에 대한 인식은 프로이트의 무의식에 대한 이해처럼 현상적인 지식에 불과한 것이다. 한국 사회와 하나가 되어 사랑의 눈으로 한국 사회를 바라보았을 때, 비로소 1920년대 한국 사회에 대한 진정한 앎을 얻을 수 있다.

또한 프로이트식으로 현상을 본질과 혼동했을 때, 현상의 소외를 인식할 수 없다. 현대 인간관의 관점에서 보면, 인간이 이익을 추구하는 것은 자연스러운 일이다. 현대 인간관을 바탕으로 하는 현대 사회학의 눈으로 보면, 이익을 추구하는 기업체나 현대 자본주의 시스템은 자연스러운 조직체이며, 사회 시스템이다. 이들에게서 기업체나 자본주의 시스템에 대한 앎의 의미는 그 현상을 기술하고 분석한 내용이다. 그러나 탈현대 인간관의 관점에서 보면, 이익을 추구하는 인간은 소외된 인간이다. 이익을 추구하는 기업체나 자본주의 시스템 역시 소외된 조직체이고, 사회 시스템이다. 사랑의 사회학자의 입장에서 보면, 기업체와 자본주의 시스템이 소외된 조직체이며 사회 시스템이란 인식이 기업체와 자본주의 시스템에 대한 앎의 의미가 된다.

4. 사랑의 사회학의 앎의 방법

사랑의 사회학에서 앎을 얻는 방법은 무엇인가? 현대 사회학에서의 앎의 방법과의 비교를 통해, 사랑의 사회학에서의 앎의 방법을 서술해 보겠다.

1) 현대 사회학에서의 앎의 방법

현대 사회학은 현대 학문의 전형인 과학의 한 가지 형태이다. 현대 사회학의 사회학적인 인식에서 대전제는 무엇인가? 그것은 '연구 주체와 객체 간의 근원적인 분리'에 대한 가정이다. 현대 사회학에서의 모든 사회학적인 인식은 바로 이런 인식론적인 대전제 위에서 이루어진다. 과학으로 대변되는 현대 학문이 앎을 얻는 것은 객체로서의 대상 세계에 대한 인식을 통해서이듯, 현대 사회학이 앎을 얻는 방법도 동일하다. 연구 대상과 분리되어 있는 연구자의 에고가 연구 대상을 밖으로부터 관찰함을 통해서 과학적인 앎이 얻어지듯, 현대 사회학에서의 앎도 동일한 방법으로 얻어진다.

질문지를 사용한 조사방법, 통계적으로 수집된 자료를 처리하는 방법, 참여 관찰이나 비참여 관찰의 방법, 문헌연구법, 비교의 방법 등이 상기한 인식론적 토대 위에서 현대 사회학이 실제로 앎을 얻는 방법들이다. 그러나 이런 앎의 방법만으로는 연구 대상이 되는 사회에 대한 현상적이고 피상적인 앎을 넘어서기 어렵다.

2) 사랑의 사회학에서의 앎의 방법

사랑학으로서의 탈현대 학문의 한 가지 형태인 사랑의 사회학의 사회학적인 인식에서 대전제는 무엇인가? 그것은 '연구 주체와 연구 객체 간의 근원적인 통일성'에 대한 가정이다. 사랑의 사회학에서의 모든 사회학적인 인식은 바로 이런 인식론적인 대전제 위에서 이루어진다.

사랑의 사회학의 관점에서 보면, 과학으로서의 사회학의 연구방법을 통해서는 연구 대상에 대한 진정한 앎을 얻을 수 없다. 사랑의 사회학의 앎의 방법은 연구 주체[연구자]가 연구 대상과 하나가 되어 앎을 획득하는 방법이다. 연구 대상과 하나가 되어서 바라본다는 것은, 연구 대상을 바깥에서 하나의 객체로 관찰하는 것이 아니라 그들과 하나가 되어서 안으로부터 바라보는 것을 뜻한다. 연구자가 연구 대상이 되는 사회를 사랑하지 않는다면 그는 그 사회에 대한 진정한 앎을 획득할 수 없다. 현대 사회학은 연구 대상을 외부에서 관찰해서 앎을 얻지만, 사랑의 사회학은 연구 대상을 안으로부터 관찰해서 앎을 얻는다.

틱낫한[1997: 45] 스님은 지관止觀에 대해 설명하면서, 대상과 하나가 되었을 때 참된 앎이 얻어질 수 있다고 말한다.

> 깊이 들여다본다고 하는 것은 어떤 사물이나 사람을 너무나도 집중해서 관찰하므로, 관찰하는 사람과 관찰되는 대상 사이의 구별이 사라져 버리는 일입니다. 그리하여 대상의 참된 본질에 대한 직관이 가능해지는 것입니다.

이렇게 연구 대상과 하나가 되어 연구 대상에 대한 앎을 얻게 되었을 때, 주체와 객체의 분리를 전제하고서 이루어진 대상에 대한 편견은 사라지게 된다. 그러므로 사랑의 사회학에서, 대상에 대한 참된 이해는 그들에 대해서 우리가 갖고 있는 왜곡되고 일면적인 지식을 버리는 것에서부터 시작해야 한다. 예를 들어, 사랑의 사회학자인 내가 중국 사회를 연구한다고 했을 때, 지금까지 갖고 있었던 중국 사회에 대한 편견을 버리는 것이 중국 사회에 대한 진정한 앎을 얻는 첫걸음이된다.

Ⅱ.
사랑의 사회학의 관점에서
사회문제는 무엇인가

항룡·유회亢龍有悔(높이 나는 용에게 후회가 있음),
이것이 문명의 현 상황이다.

현대는 물러나야 할 때가 되었지만, 물러나려 하지 않는다. 오히려
외형으로만 보면, 현대 문명의 불꽃은 과거 어느 때보다 활활 불타오
르고 있다. 하지만 내적으로 보면, 현대 문명은 그 연료가 모두 소진되
어 있다. 학교 건물은 번듯한데, 교실에 앉아 있는 학생들의 눈동자는
반짝거리지 않는다. 이것이 현대 문명의 현주소이다.

사랑의 사회학의 관점에서 바라본 현대 사회의 근본적인 문제는 무
엇일까? '사랑이 메마른 사회', 이것이 현대 사회가 직면하고 있는 가
장 근본적인 사회문제이다. 현대인은 사랑할 수 없는 존재이고, 사랑
이 메마른 삶을 살아가며, 사랑이 메마른 관계를 형성하고, 결국 현대
사회는 사랑이 메마른 사회가 된다. 현대 사회는 도道와 어긋난 사회
이며, 철저히 소외된 사회이다. Ⅱ장 사랑의 사회학의 사회문제론은 사
랑의 관점에서 이루어지는 사회문제론이다.

사회문제란 무엇인가? 사회구조적인 요인에 의해 그 사회를 살아가
는 사회 구성원들이 집합적으로 경험하는 사회적인 고통이다. 사회문

제에 대한 인식은 세계관의 직접적인 영향을 받는다.

현대 세계관을 바탕으로 하는 현대 사회학의 관점에서 볼 때, 핵심적인 사회문제는 무엇인가? 현대 세계관을 바탕으로 하는 현대 사회학은 '합리적인 사회 건설'과 '욕망 충족적인 사회 건설'이라고 하는 현대화의 목표가 좌절되었거나 잘 이루어지고 있지 않을 때, 이것이 핵심적인 사회문제로 인식된다.

탈현대 세계관을 바탕으로 하는 사랑의 사회학의 관점에서 볼 때, 핵심적인 사회문제는 무엇인가? 탈현대 세계관을 바탕으로 보았을 때, 이상적인 사회는 사랑의 사회이다. 그러므로 '사랑이 메마른 사회', 이것이 핵심적인 사회문제로 인식된다.

그렇다면, 이 두 개의 사회학의 사회문제론 중에 어떤 것이 옳은가? 평가의 잣대는 각 사회학의 사회문제에 대한 진단이 얼마나 실제와 부합하는가에 달려 있다. 독재, 빈곤, 부자유, 불평등, 과연 이런 것들이 우리들이 불행한 핵심적인 사회적인 요인인가? 아니다. 1970년대 한국 사회에서 박정희정권의 독재는 대학생들을 불행하게 하는 핵심적인 요인이었다. 하지만 오늘날 한국인들이 독재로 인해서 불행한가? 아니다. 1950~1960년대 한국인들은 빈곤으로 인해 많은 고통을 받았다. 하지만 오늘날 한국인들이 빈곤으로 인해 불행한가? 아니다.

다시 말하면, 현대 세계관을 바탕으로 하는 현대 사회학은 지금 이 시대가 직면하고 있는 실제의 사회문제를 잘 인식할 수 없다. 조선 말 유학자들에게 사회문제는 '여전히 유교 사회는 완성되지 않았다'였듯이, 현대 사회학자들에게 사회문제는 '여전히 현대 사회는 완성되지 않았다'이다. 실제로는 조선 말 사회에서 '유교 사회 자체'가 청산되어야 할 사회문제였고, 현대 말 사회에서 '현대 사회 자체'가 청산되어야 할 사회문제임에도 불구하고, 유교 세계관에 기반을 둔 조선 말 유학자와 현대 세계관을 기반으로 한 현대 사회학자는 자신의 시대 자체를 사회문제화하는 데 실패했고, 그래서 무의미하게 '유교 사회는, 현대 사회는 아직 완성되지 않았다'라는 말만을 되풀이하고 있는 것이다.

그렇다면, 현 인류를 불행하게 만드는 실제 요인은 무엇인가? 남편인 내가 불행한 것은 아내로부터 깊은 사랑과 존경을 받지 못해서이다. 운전사인 내가 불행한 것은 승객들로부터 깊은 사랑과 감사를 받지 못해서이다. 선생님인 내가 불행한 것은 학생들로부터 깊은 사랑과 존경을 받지 못해서이다. 인간은 누구나 상대편으로부터 깊은 사랑, 존경, 감사를 받을 때 행복하다. 그런데 현대인은 자신이 분리된 개체[에고]라고 생각한다. 그래서 현대인은 사랑, 존경, 감사를 할 수 없다. 그러니까 나는 현대인으로 구성된 현대 사회에서 사랑, 존경, 감사를 받을 수 없다.

현대를 살아간다는 것이 고통스러운 가장 근본적인 이유는 바로 이것이다. 그러므로 현대 사회의 가장 근본적인 사회문제는 '사랑이 메마른 사회'라는 점이다. 이 장에서는 바로 이런 맥락에서 '사랑이 메마른 삶', '사랑이 메마른 관계', '사랑이 메마른 사회'라고 하는 사회문제를 서술하고, 이런 사회문제를 초래하는 원인을 규명하고자 한다.

현대 사회문제의 근본 원인은 인류가 현대 세계관에 고착되어 있다는 것이다. 그 핵심은 '나는 분리된 개체[에고]'라고 하는 생각이다. '내가 에고'라고 하는 꿈에서 깨어나는 것, 이것이 현대의 악몽을 사라지게 만드는 길이다.

그렇다면, 현대 세계관은 나쁜 세계관인가? 그렇지 않다. 현대 세계관에 대한 평가는 그 평가의 시점이 언제인가에 따라 전혀 달라진다. 전현대에서 현대로의 문명 전환기의 시점에서 볼 때, 현대 세계관은 무엇이었는가? 현대 세계관은 암흑시대로서의 중세를 벗어나 가슴 벅

찬 인류의 미래 사회에 대한 비전을 제시해 준 원천이었다.

그러나 문명의 현시점은 전현대에서 현대로의 문명 전환기가 아니고, 현대 초기나 중기도 아니며, 현대에서 탈현대로의 문명 대전환을 이루어 내어야만 하는 시점이다. 현시점에서 보면, 현대 세계관은 문명 대전환을 불가능하게 만드는 핵심적인 요인이다. 현재 신기술혁명이 시작되고, 현대 사회는 급격히 붕괴되고 있다. 그리고 현대 사회가 붕괴된 폐허가 탈현대 사회 건설을 위한 터전이 될 것이다. 안타깝게도 현 인류는 현대 세계관에 고착되어 있다. 그래서 현대 사회의 붕괴를 사회 붕괴로 인식하고, 이의 복구를 위한 불가능한 노력만을 기울이고 있다.

'현대 세계관에의 고착', 이것이 바로 현 인류가 살아가고 있는 이 시대 사회문제의 근원인 것이다. 이 장에서는 현대 인간관과 사랑이 메마른 삶의 문제, 현대 관계관과 사랑이 메마른 관계의 문제, 현대 세계관과 사랑이 메마른 사회의 문제를 서술해 보겠다.

1. 자아확장투쟁으로서의 현대적인 삶

현대적인 삶이란 자아확장투쟁으로서의 삶이다. 자아확장투쟁으로서의 삶이란 '에고로서의 나'를 더 크고 높이는 일에 진력하는 삶을 말한다. 노자가 말하는 무위無爲의 삶과 대치하는 유위有爲의 삶이 바로 자아확장투쟁으로서의 삶이다. 이 장에서는 현대 인간관과의 관련에서 자아확장투쟁으로서의 삶의 원인을 밝히고, 자아확장투쟁으로서의 현대적인 삶의 양상을 서술하며, 그리고 자아확장투쟁으로서의 삶이 왜 중요한 사회문제인지를 살펴보겠다.

1) 자아확장투쟁으로서의 삶의 원인

현대적인 삶이란 자아확장투쟁으로서의 삶이다. 현대인은 왜 자아확장투쟁으로서의 삶을 살아가는가? 그것은 인간이란 존재가 '자신을 둘러싸고 있는 시공간으로부터 분리된 개체' 즉 에고라고 인식하기 때문이다. 이와 같은 관점에서 인간을 인식하는 것을 현대 인간관이라고 한다.

현대 세계관의 관점에서 보면, 이 세상 모든 존재는 시공간적으로 다른 존재들과 분리되어 있다. '시공간적으로 모든 존재들 간의 근원적인 분리', 이것이 바로 현대 세계관에서 바라본 세계의 모습이다. 인간 역시 마찬가지이다. 인간은 다른 인간이나 자연물과 시간적·공간적으로 분리된 개체이다. 바로 이런 현대적인 시각에서 분리·고립된 개체[에고]로 인간을 바라보는 관점을 현대 인간관이라고 한다. 현대 인간관과 자아확장투쟁으로서의 현대적인 삶은 아래에서 살펴보는 바와 같이 밀접하게 연결되어 있다.

현대 인간관의 관점에서 보면, 인간은 우연하게 생겨난 유한한 존재이다. 그의 존재에는 어떤 필연성도 없다. 또한 그는 시공간 속에 갇혀 있는 유한한 존재이다. 시간적인 측면에서 보면, 인간 존재는 태어났을 때부터 죽는 순간까지의 시간으로 한정된다. 그가 태어나기 전 그는 존재하지 않았으며[無], 그가 죽고 나면 그는 더 이상 존재하지 않는다[無]. 공간적인 측면에서 보면, 인간은 피부를 경계선으로 해서 그 안쪽에서만 존재한다. 피부 바깥의 광대한 세계는 '그의 존재와는 무관하다'. 그래서 현대적인 관점에서 바라본 인간은 바다 위에 생겨난 하나의 거품이 언제 꺼져 버릴지 알 수 없듯이, 나는 언제 무無로 화해 버릴지 알 수 없는 불안정한 존재이다. 그래서 '불안감'은 현대인의 근본심리의 하나가 된다.

　현대 인간관의 관점에서 보면, 인간은 무의미한 존재이다. 인간은 우연히 생겨난 유한한 존재이기에, 인간은 자신을 둘러싸고 있는 무한한 공간과 영원한 시간 속에서 볼 때 아주 보잘것없는 미미한 존재에 불과하다. 광대한 바닷가 모래사장에서 한 알의 모래가 들고 나는 것이 아무런 의미를 갖지 못하듯이, 나는 무의미한 존재이다. 만일 오늘 내가 죽는다고 하더라도 지구 반대편에 살고 있는 사람들은 내가 죽었다는 사실조차 알지 못할 것이다. 이리하여 '무의미감'은 현대인의 근본심리의 하나가 된다.

　현대 인간관의 관점에서 보면, 인간은 무력한 존재이다. 나를 둘러싸고 있는 시간은 영원하고, 공간은 무한하다. 이렇게 세계는 거대하지만 나는 미소하다. 거대한 세계는 나를 위협하고 나의 운명을 농락할 수 있지만 나는 이 거대한 세계에 어떤 영향력도 미칠 수 없는 무력한 존재이다. 이리하여 '무력감'은 현대인의 근본심리의 하나가 된다.

　이에 따라서 현대인은 자기 존재에 대해 태생적인 무의미감과 무력감을 갖게 된다. 그런데 무의미감과 무력감은 무척 고통스럽다. 그래서 현대인은 '의미 있는 존재가 되고자' 그리고 '힘 있는 존재가 되고자' 하는 강박적인 욕구를 갖게 된다. 이런 강박적인 욕구가 표출된 삶이 바로 현대인의 자아확장투쟁으로서의 삶이다.

　현대 인간관은 인간관과 등식화될 수 없다. 현대 인간관은 현대라고 하는 인류 역사의 특정한 시대에 인간을 바라보는 관점이며, 하나의 인간관일 따름이다. 그것도 문명 대전환기인 현시점에서는 폐기 처분해야 할 낡은 인간관에 불과한 것이다. 그러나 많은 현대인은 현대 인간관을 인간관이라고 생각하고, 현대 인간관의 관점에서 바라본 인간을 인간이라고 생각한다. 이것은 명백한 논리적 오류임과 동시에 오늘날 문명을 파국으로 몰아가는 근본 원인이기도 하다.

'인간이 시공간 속에 갇혀 있는 하찮은 존재라는 생각', 현대 인간
관에의 고착에서 비롯된 이 낡은 생각 하나가 인류를 파멸로 몰아가
고 있는 것이다. 내가 '하찮은 존재'라고 한다면, 내 삶의 모든 노력은
'하찮지 않은 존재', '대단한 존재'가 되는 일에 쏟아붓게된다. 이것이
바로 자아확장투쟁으로서의 삶이다. 많은 현대인은 현대 인간관에 고
착되어 있고, 그래서 자신이 하찮은 존재라고 생각한다. 그 결과, 대다
수의 현대인들은 자아확장투쟁으로서의 현대적인 삶을 살아가고 있
는 것이다.

2) 자아확장투쟁으로서의 삶의 양상

현대 인간관의 귀결로 현대인은 '하찮은 존재'로서의 자기인식을 갖
게 되고, 필연적으로 '대단한 존재'가 되기 위한 자아확장투쟁으로서
의 삶을 살아가게 된다. 이리하여 자아확장투쟁으로서의 삶은 현대적
인 삶과 등식화해도 좋을 정도로 현대적인 삶의 거의 모든 영역에 관
철되어 있다. 현대인의 자아확장투쟁으로서의 삶의 양상 중 대표적인
몇 가지를 열거해 보면 다음과 같다.

노동의 추구

노동의 추구란 생계수단의 확보라고 하는 수단의 영역에서의 노동
을 말하는 것이 아니고, 나를 대단한 존재로 만들기 위한 목적의 영
역에서의 노동을 말하는 것이다. 현대인에게 노동의 추구는 대표적인
자아확장투쟁의 영역이다.

노동의 추구란 직업적인 영역에서 많은 노력을 기울여 그 분야에서

두각을 나타내고 성공을 거둠으로써 '나는 의미 있는 존재야', '나는 대단한 존재야'라는 의식을 획득하려고 하는 자아확장투쟁이다. 모든 자아확장투쟁과 마찬가지로 노동의 추구는 본질적으로 강박적인 노력이다. 무의미감이나 무력감이 큰 개인이나 집단은 이의 해소를 위해 더 강하게 직업적인 노동의 영역에서 성공을 추구한다.

개신교 집단은 가톨릭 집단에 비해 무력감이 높다. 그래서 일반적으로 개신교 국가들에서 가톨릭 국가들보다 더 강한 노동의 추구가 발견된다. 한국인의 경우도 역사적인 요인으로 인해 집단 무력감이 높다. 그래서 자신의 직업적인 영역에서 성공을 거두고자 하는 열망이 여타 국민들보다 높게 나타난다.

부의 추구

부의 추구는 추구를 통해 부자가 됨으로써 '나는 대단한 존재야'라는 의식을 획득하려고 하는 자아확장투쟁이다. 자아확장투쟁으로서의 부의 추구는 강박적인 것이다. 모든 강박적인 추구에는 적절한 선에서의 만족[知足]이나 멈춤[知止]이 없다. 부의 추구도 마찬가지이다. 재벌과 같이 이미 엄청난 부를 축적한 사람도 현재에 만족하지 않는다. 그것은 채워질 수 없는 갈증과 같은 것이다.

'자본'주의란 '돈이 최고야'라는 신념이며, 자본주의체제란 '돈[부]의 추구'를 그 본질로 삼고 있는 시스템이지만, 자본주의 시스템이 작동할 수 있는 근본적인 바탕도 '돈[부]의 추구'이다. 사람들이 만일 '돈[부]의 추구'를 멈추게 된다면 자본주의 시스템도 더 이상 작동할 수 없다. '나는 하찮은 존재야'라는 현대 인간관이 빚어내는 무력감과 무의미감이 강박적인 '돈[부]의 추구'를 낳고, 강박적인 '돈[부]의 추구'가 자본주의 시스템을 돌아가게 하는 것이다. '돈[부]의 추구'는 현대 인간관이 빚어낸 자아확장투쟁으로서의 삶이고, 자본주의 시스템은 현대 인간관이 빚어낸 사회 시스템이어서, 양자는 긴밀하게 연결되어 있다.

권력의 추구

현대 인간관이 빚어내는 무력감을 해소시키고자 하는 자아확장투쟁으로서의 삶의 가장 직접적인 표현은 권력의 추구이다. 권력의 크기란 상대편의 의사와 무관하게 나의 의지를 상대편에게 관철시킬 수 있는 가능성의 크기이다. 권력이란 무력감을 해소시킬 수 있는 가장 직접적인 방법이기 때문에, 무력감이 심한 개인이나 집단일수록, 권력은 더 큰 가치를 갖게 되고, 더 강렬하게 권력을 추구하게 된다.

국민들의 무력감이 심한 국가에서는 권력을 행사할 수 있는 직업이 더 선호된다. 판사나 변호사보다 검사라는 직업이 더 선호되는 한국 사회가 하나의 예이다. 히틀러나 스탈린같이 무자비하게 권력을 추구했던 인간들은 모두 무력감에 사로잡혀 있었던 인물들이며, 병든 인간들이다. 히틀러를 지지했던 당시 몰락한 독일 하류 중산층들도 집단적으로 심한 무력감을 경험하고 있었던 집단이었다. 현재 현대 사회 시스템들이 붕괴하면서 인류적인 차원에서 무력감이 심화되고 있는데, 전 세계적으로 국수적인 성향의 정치인들이 집권하는 것도 무력감이 권력의 추구를 낳는 하나의 사례이다.

과시적인 소비

과시적인 소비는 무의미감과 무력감이 빚어내는 자아확장투쟁으로서의 삶의 양상이다. 사람들은 왜 실제적인 필요를 넘어서는 과시적인 소비를 하는가? 과시적인 소비를 통해 자신의 존재 의미를 확인하고자 하기 때문이다. 왜 자신의 존재 의미를 확인하고자 하는가? 무의미감을 느끼기 때문이다. 왜 무의미감을 느끼는가? 현대 인간관을 갖고 있기 때문이다. 그래서 현대 사회에는 명품 가방, 명품 옷, 명품 시계, 명품 승용차 등 다양한 명품 소비의 추구, 값비싼 음악회 관람, 호화로운 외국여행 등과 같은 과시적인 소비가 만연해 있다.

누가, 어떤 집단이 더 많은 과시적인 소비를 할까? 무의미감과 무력감이 강한 개인 또는 집단이 더 많은 과시적인 소비를 한다. 이것이 왜 프랑스의 유명 백화점에 중국인이나 한국인 전용 명품관이 생겨나는가를 설명할 수 있는 요인이다. 피렌체 명품 아울렛에서 중국인 전용버스를 운행하는 이유이다. 한국인과 중국인은 그들이 겪은 현대사의 어두운 경험으로 인해 집단적인 무력감과 무의미감이 강하고, 이에 따라서 명품 소비를 비롯해서 과시적인 소비에 대한 추구가 더 강하게 나타난다.

외모의 추구

현대인은 외모를 가꾸는 데 거의 종교적인 열정을 기울인다. 사람들이 자신을 흘끔흘끔 쳐다보면, 누군가가 자신의 외모를 칭찬하면, 그는 '난 대단한 사람이야'라고 생각하며 만족을 느낀다. 누가 그렇게 할까? 마음속에서 자신을 하찮게 여기는 사람이다. 누가 마음속에서 자신을 하찮게 여길까? 현대 인간관의 지배를 받고 있는 현대인이다. 현대인 중에서도 자신을 하찮게 여기는 정도가 심한 개인이나 집단은 외모 가꾸기에 더 몰두한다.

화장, 다이어트, 피부 관리, 몸매 가꾸기 운동, 손톱관리, 성형 수술, 거울 보기, 머리 손질 등 외모 가꾸기 목록은 끝이 없다. 한국인은 서양인보다 외모 가꾸기에 더 열심인 것 같다. 왜 그럴까? 한국인은 서양인보다 자신의 외모에 대한 열등감이 더 심하기 때문이다. 한국인은 외모가 못생긴 민족일까? 그건 아닌 것 같다. 1941년 N. 웨일스Nym Wales가 펴낸 『아리랑』이란 책은 '한국인은 외모가 수려하다'라는 구절로 시작한다. 필자가 보기에도 한국인의 외모는 수려한 것 같다. 그런데 왜 한국인은 외모에 대한 열등감이 심한 것일까? 그것은 현대기의 역사적인 경험으로 인해 서양에 대한 열등감이 깊이 형성되었기 때문이다. 그래서 성형 수술의 기준도 서양인처럼 되는 것이다. 코를 높게 세우기, 쌍꺼풀 만들기, 광대뼈 깎아 내기 등과 같이.

현대인 일반이 현대 인간관의 영향으로 '난 하찮은 존재야'라는 생각을 갖고 있고, '난 더 이상 하찮은 존재가 아니야'라는 확신을 갖기 위해 강박적으로 외모 가꾸기에 몰입한다. '난 하찮은 존재야'라는 생각이 더 강한 한국인이나 중국인은 자신의 외모를 부정하면서 강박적으로 서구적인 외모를 추구한다. 자아확장투쟁으로서의 외모 가꾸기를 하고 있는 것이다.

승리의 추구

'너를 이긴다'는 것이 나에게 얼마나 큰 가치를 갖고 있을까? 그건 내가 갖고 있는 무의미감과 무력감의 크기와 비례한다. 현대 인간관의 영향으로 현대인은 존재론적인 무의미감과 무력감을 갖고 있다. 그래서 '하찮은 존재로서의 나'를 벗어나 '대단한 존재로서의 나'에 이르고자 하는 자아확장투쟁을 벌이게 된다. 경쟁이나 갈등에서의 승리는 '대단한 존재로서의 나'에 도달하는 하나의 길이다. 그래서 현대 사회에서는 승리의 추구가 심화된다.

현대인 일반보다 더 큰 무력감이나 무의미감을 갖고 있는 개인이나 집단은 승리의 추구가 더 격렬해진다. 대학입학을 위한 경쟁이 왜 한국과 중국 사회에서 가장 치열한 것일까? 이들 국민들이 더 큰 무의미감과 무력감을 갖고 있기 때문이다. 오스트레일리아에 이민 간 한 한국인에게 이민 동기를 물었는데, 그는 이렇게 대답했다. '경쟁이 좀 덜한 사회에서 아이들이 성장하도록 하고 싶었다.' 승리에 더 큰 가치를 부여할수록 이겼을 때 커다란 환희를 느끼고, 졌을 때 커다란 고통을 겪는다. 승리에 대한 집착이 강해지면, 사람들은 경쟁에서의 승리를 통해서만 만족감을 느낄 수 있는 병적인 심리상태에 빠져든다. 또한 경쟁은 많은 패배자를 양산하며, 경쟁관계에 놓인 사람들이나 집단들의 관계가 악화된다.

인기에 대한 집착

현대 사회는 '인기를 구걸하는 거지들의 세상'이라고 불러도 좋을 만큼, 사람들은 상대편으로부터 인정이나 칭찬을 갈구한다. 상대편으로부터의 인정이 갖는 가치는 스스로에 대한 인정의 크기와 반비례한다. 아이들은 연예인이나 프로스포츠 선수 등과 같이 많은 인기를 누리는 직업을 선호한다. 연예인들은 물론이고, 선생님이나 부모들도 학생들이나 자녀들에게 인기 있는 사람이 되려고 한다. 사람들은 다른 사람이 자신을 어떻게 보는지, 어떻게 평가하는지에 끊임없이 신경을 쓴다. 그래서 사람들은 삶의 칼자루를 상대편에게 넘겨주고, 삶의 칼날을 잡고 전전긍긍하는 삶을 살아간다.

이렇듯 현대인이 상대편의 인정에 목을 매는 것은 스스로 자신을 인정하지 않기 때문이다. 성장과정에서 사랑이나 인정을 충분히 받지 못한 사람들은 보통 사람들보다 더 심각한 '무의미감의 문제'에 직면하게 되며, 인기에 대한 집착이 더 심해진다. 이들은 칭찬이나 비난에 마음이 심하게 요동친다.

인기에 대한 집착은 많은 문제가 있다. 인기는 얻기도 어렵고, 얻더라도 이것을 유지하는 것은 더욱 어렵다. 또한 더 많은 인기를 누렸던 사람일수록 인기가 추락하면 더 큰 고통을 겪게 된다. 한때 큰 인기를 누리던 연예인이 인기를 잃어버리고 나서 우울증에 시달리고, 심한 경우 자살에 이르는 것은 바로 이 때문이다. 본질적인 측면에서 보면, 인기를 얻는 것 자체가 재앙이다. 큰 인기를 얻은 사람은 인기를 자신과 동일시하기 쉬워, 인기를 얻을수록 에고의 껍질이 더 두터워지고, '참나'에 도달하는 것은 더 어려워진다.

인기라는 상대편의 긍정적인 관심을 얻는 데 실패하면, 현대인은 부정적인 관심이라도 끌려고 한다. 이런 사람들을 요즘 말로 '관종[관심종자의 준말]'이라고 부른다. 관종이란 끊임없이 누군가의 관심을 끌고 싶어 하는 사람을 가리킨다. 머리카락에 물을 들인다거나 찢어진 청바지를 입는다든지 빨간색의 무개차를 타는 등의 행위가 그런 사례이다. 이들은 때로는 부정적인 방법을 동원해서라도 관심을 끌고자 한다. 목적은 '자신이 여기 있음'을 인정받기 위함이며, 무의미감으로부터 벗어나고자 하는 몸부림이다.

갑질

2018년 4월 14일 뉴욕 타임스는 〈Sister of Korean 'Nut Rage' Heiress Accused of Throwing Her Own Tantrum〉이라는 제목의 기사를 통해 조현민 전무의 광고회사 직원에 대한 갑질사건을 보도했다. 그리고 주석을 달아 갑질이란 용어를 사용했다. "Gapjil, the abuse of underlings and subcontractors by executives who behave like feudal lords"(갑질, 흡사 봉건시대 영주처럼 경영진들이 직원들이나 하청업체의 근로자들에 대해 학대나 욕설을 하는 행동).스포츠경향, 2018. 4. 16

갑질이란 사회적 강자[甲]가 약자[乙]에게 자신의 우월한 지위를 이용해 횡포를 부리는 것을 말한다. 한국 사회에는 외국에서 찾아보기 힘든 갑질이 많다. 경비원에 대한 비싼 아파트 주민들의 갑질, 백화점 점원에 대한 고객들의 갑질, 대기업의 하청사에 대한 갑질, 직장 갑질, 대출 갑질, 군# 갑질 등. 나치의 유대인 박해나 스탈린의 우크라이나인 박해도 거대한 규모로 자행된 갑질이라고 할 수 있겠다.

누가 갑질을 하는가? 갑질을 행하는 주체는 무력감에 사로잡혀 있는 개인이나 집단이다. 무력감에 사로잡혀 있는 그들은 강박적으로 갑질을 통해 힘을 추구하는 것이다. 어떤 사회에 갑질이 더 심할까? 사회 구성원들의 무력감이 높은 사회이다. 자본주의사회체제가 붕괴하는 과정에서 전 인류의 무력감이 증대하고 있다. 갑질도 심화되고 있다. 트럼프 대통령은 멕시코와의 국경에 장벽을 쌓겠다고 하고, 이민자를 막겠다고 한다. 유럽 국가들에서는 외국인 노동자나 무슬림 또는 동양인에 대한 차별이 심화되고 있다.

고상한 취미활동

자아확장투쟁의 은밀한 양상의 한 가지는 고상한 취미활동이다. 고상한 취미활동을 통해, 이들은 범속한 사람들과는 구분되는 '고상한 나'라고 하는 에고를 구축하고자 한다. '고상한 나'란 '대단한 나'이며, '대단한 나'에 대한 추구의 원동력은 현대 인간관에서 비롯되는 무의미감과 무력감이다.

서예, 꽃꽂이, 합창, 화초 가꾸기, 다도, 악기 연주, 그림 그리기, 바리스타 수업 등은 고상한 취미활동의 사례들이다. 현대인은 붓글씨를 쓰면서 생각한다. '봐, 난 이렇게 붓글씨도 잘 쓸 수 있어. 넌 쓸 수 없지?' 만일 많은 사람들이 붓글씨를 쓸 수 있게 되면, 현대인은 자신의 존재의 의미를 확보할 수 있는 더 고상한 취미활동으로 옮겨 갈 것이다. 무력감과 무의미감이 더 심한 개인이나 집단일수록 이런 고상한 취미활동을 찾아 나서는 열망도 더 커지게 된다.

에고의 교양 쌓기도 고상한 취미활동과 동일한 메커니즘에 바탕을 둔 자아확장투쟁의 양상이다. 독서, 역사나 철학 공부, 고전음악이나 회화 감상, 문화재에 대한 식견 기르기, 야생초에 대한 관심 등이 교양 쌓기의 사례들이다. 사람들은 교양 쌓기를 통해 '교양 없는 너'와 구분되는 '교양 있는 나'라고 하는 에고의 탑을 쌓아 가고자 한다.

악성 댓글 달기

근래 들어 연예인과 같은 공인들이 악성 댓글로 인해 우울증에 시달리고 죽음으로까지 내몰리는 사건이 자주 발생하고 있다. 인신공격이나 외모 비하, 허위사실 유포 등과 같은 악성 댓글은 상대편에게 상처를 준다. 그리고 상대편에게 상처를 주는 것이 악성 댓글의 목적일 것이다.

그런데 왜 상대편을 공격하고, 상처를 주려고 하는 것일까? 자기보다 커 보이는 상대편을 공격하고, 상처를 줌으로써 '자신을 부풀리고 싶은 욕망'이 악성 댓글의 동기이다. 왜 자신을 부풀리고 싶을까? 자신이 작게 느껴지기 때문이다. 무력감을 느끼고 있기 때문이다. 현대 인간관의 영향 아래, 인류는 집단무력감을 갖고 있고, 이로 인해 현대 사회에서 악성 댓글이 유행하는 것이다. 그러므로 집단무력감이 심한 사회일수록, 악성 댓글은 더 극성을 부리게 된다.

젊음에 대한 집착

현대 사회에는 젊음에 대한 집착이 팽배해 있다. 늙음은 에고가 추락하는 운동이다. 현대인은 자신이 에고라고 생각한다. 그러므로 현대인에게 에고의 추락은 존재의 추락을 의미한다. 그래서 현대인은 한사코 늙음에 저항한다. 젊음에 대한 집착은 에고 확장투쟁이라기보다 에고 축소에 저항하는 운동이다.

중년기 이후 에고의 삶이 정점을 지나고 나면 사람들은 노화로 인한 외모 손상과 건강 악화를 막기 위해 많은 노력을 기울인다. 운동을 하고, 염색을 하고, 피부 관리를 하는 등 늙음의 습격에서 벗어나고자 몸부림친다. 그러나 궁극적으로 이런 노력은 실패로 끝나고, 젊음에 대한 집착이 심할수록 더 큰 고통을 겪게 된다. 젊음에 집착하면, 노인들은 행복하고 아름답게 나이 들 수 없고, 평화롭고 장엄하게 죽어 갈 수 없다.

자녀에 대한 집착

자녀에 대한 집착은 자녀에 대한 사랑과 빈번하게 혼동된다. 실제로는 자녀에 대한 집착은 사랑과는 정반대이다. 집착과 사랑은 본질적으로도 상반된 것이며, 상반된 결과를 초래한다. 자녀에 대한 사랑은 자녀를 행복하게 하지만, 자녀에 대한 집착은 자녀에게 고통을 주며, 궁극적으로 자녀와의 관계 파탄을 초래한다.

누가 자녀에게 집착하는 것일까? 무의미감이 강한 사람이다. 무의미감이 강한 사람은 자녀와의 동일시를 통해 자신의 존재 의미를 확보하고자 한다. 자녀가 일류 대학에 입학하면, 자신이 일류 대학에 입학한 것처럼 여긴다. 이들은 자신의 대리인인 자녀들의 자아확장을 통해 자신의 자아확장을 도모하고, 자신의 존재 의미를 확보하려 한다. 그래서 이들은 자녀를 자유롭게 할 수 없고, 자녀가 장성하고 난 뒤에도 자녀를 자신의 품에서 떠나보낼 수 없다.

3) 자아확장투쟁으로서의 삶의 문제

탈현대적인 관점에서 볼 때, 자아확장투쟁으로서의 현대적인 삶은 전적으로 소외된 삶이며, 심각한 사회문제이다. 바다와 파도의 비유를 들어 생각해 보자. 만일 내가 바다 위에 생겨난 하나의 파도라고 가정해 보자. 나는 나 자신을 하나의 파도라고 생각할 수도 있고, 바다라고 생각할 수도 있다. 현대적인 관점에서 보면, 나는 하나의 파도이다. 탈현대적인 관점에서 보면, 나는 바다이다.

현대적인 관점에서 나를 하나의 파도라고 생각한다면, 나는 거대한 바다 속에서 참으로 하찮은 존재에 불과하다. 내 삶의 목표는 '하찮음에서 벗어나 대단한 존재가 되는 것'이 된다. 나는 나의 파도를 더 크고 더 높게 만드는 데 온 힘을 기울이게 된다. 자아확장투쟁으로서의 삶을 살아가게 되는 것이다. 이것이 자아확장투쟁으로서의 현대적인 삶의 본질이다.

반면에 탈현대적인 관점에서 나를 바다라고 생각한다면, 파도인 채로 나는 이미 거대한 바다이다. 난 이미 위대한 존재이며, 지금보다 더 위대한 존재가 될 수 없다. 틱낫한 스님이 말한 '나는 이미 도착했습니다, 내가 집입니다I have arrived, I am home'가 이루어진 것이다. 그래서 위대한 존재로서의 나[참나]를 자각하고 즐기는 것이 삶의 목표가 된다.

그러므로 탈현대적인 관점에서 보면, 현대적인 삶은 전면적으로 소외된 것이다. 비유하자면 현대적인 삶이란 이미 수조 원의 재산을 갖고 있는 사람이 단돈 백 원을 얻기 위해서 온 삶을 바치는 것과 같다. 자아확장투쟁으로서의 현대적인 삶은 '삶의 낭비'인 것이다.

자신의 에고의 파도를 더 높이는 데 매진하는 삶을 살면, 의식은 바깥으로 향하게 되고, '참나'의 바다와 접촉하는 것이 불가능해진다. 그는 자신의 마음속 깊은 곳에서부터 솟아 나오는 삶의 진정한 기쁨을 느낄 수 없다. 그의 마음은 작은 바람만 불어와도 출렁거린다. 그는 어떤 일에도 흔들리지 않는 마음의 평화를 누릴 수 없다. 그는 지속적인 행복에 도달할 수 없다.

그는 누구와도 진정한 관계를 맺을 수 없다. 그는 자신의 에고의 파도를 높이기 위해 상대편을 이용하고, 지배하려고 하며, 때론 경쟁하고 갈등할 뿐 사랑의 관계를 맺을 수 없다. 심지어 자신이 사랑하는 사람들에게도 기쁨과 행복을 선물할 수 없는 불행한 존재가 되어 버린다. 이것이 에고의 파도를 높이는 데 매진하는 자아확장투쟁으로서의 삶의 결과물이다.

자아확장투쟁의 최종 결말은 실패이다. 왜냐하면 누구나 죽어야만 하는데, 죽음이란 에고의 파산이기 때문이다. 늙음은 에고가 망해 가는 과정이다. 자아확장투쟁을 통해 더 높이 올라간 사람일수록, 더 깊이 추락해야 한다.

2. 적대 관계로서의 현대적인 관계

나와 너의 관계는 어떤 것인가? 현대 세계관의 관점에서 보면, 나는 나를 둘러싸고 있는 세계와 분리된 고립적인 개체이다. 너 역시 너를 둘러싸고 있는 세계와 분리된 고립적인 개체이다. 그러므로 나에게 너는 아무런 의미도 없는 존재이며, 나와 너의 본래적인 관계는 무관계이다.

현대 세계관의 관점에서 보면, 나에게 네가 의미를 갖는 것은 어떤 경우인가? 내가 너를 필요로 할 때, 너나 네가 갖고 있는 것을 내가 욕망할 때, 너는 비로소 나에게 의미를 갖게 된다. 남성인 또는 여성인 내가 호르몬 분비에 의해 상대방 성性인 너를 욕망할 때, 너는 나에게 의미를 갖게 된다. 취업준비생인 내가 어떤 회사에 취업해야 할 때, 고용주인 너는 나에게 의미를 갖게 된다. 택시운전사인 내가 승객을 필요로 할 때, 승객인 너는 나에게 의미를 갖게 된다. 산업국가인 내가 후진국가인 너를 상품을 팔 시장으로 필요로 할 때, 상품시장이 될 수 있는 너는 나에게 의미를 갖게 된다. 인간의 욕망을 채우는 데 자연이 이용가치가 있을 때, 인간에게 자연은 의미를 갖게 된다.

그래서 현대 세계관의 관점에서 보면, 나에게 너는 나의 욕망을 채우기 위한 이용·지배·착취의 대상으로서의 너이다. 너에게 나도 마찬가지 의미이다. 너에게 나는 너의 욕망을 채우기 위한 이용·지배·착취의 대상으로서의 나이다. 너는 나에게 그리고 나는 너에게 물리쳐야 할 적이 된다. 현대 세계관에 바탕을 두면, 필연적으로 적대적인 관계가 생겨나는 것이다. 적대적인 관계는 나와 너의 힘이 대등할 때, 경쟁·갈등·교환의 관계가 된다. 나와 너의 힘이 대등하지 않을 때, 지배와 복종의 관계가 나타난다. 이 네 가지 유형의 현대적인 사회관계를 서술하고, 현 사회에서 이것이 왜 사회문제인가를 살펴보겠다.

1) 경쟁관계와 문제

경쟁관계란 나와 네가 나와 너 바깥에 있는 동일한 대상을 욕망할 때, 그리고 규칙에 따라 서로 욕망의 대상을 쟁취하려 할 때 형성되는 관계의 형식이다.

수험생들이 일류 대학 입학을 위해 규칙에 따라 다툴 때, 수험생들 간의 관계는 경쟁관계이다. 월드시리즈 우승을 목표로 30개의 메이저리그 구단들이 규칙에 따라 다툴 때, 메이저리그 구단들 간의 관계는 경쟁관계이다. 택시 운전자들이 승객을 두고 규칙에 따라 다툴 때, 취업준비생들이 취업을 위해 규칙에 따라 다툴 때, 회사원들이 승진을 위해 규칙에 따라 다툴 때, 음식점들이나 숙박업소들이 손님유치를 위해 규칙에 따라 다툴 때, 이동통신사들이 고객 유치를 위해 규칙에 따라 다툴 때, 부품업체들이 완성품 제조사에 납품을 위해 규칙에 따라 다툴 때, 국가들이 신기술 개발을 위해 규칙에 따라 다툴 때, 이 모든 관계는 경쟁관계이다. 현대 사회에서의 삶은 요람에서 무덤까지 경쟁관계로 점철되어 있다. 특히 한국 사회의 경우 경쟁이 극심하다.

경쟁관계는 나쁜 것인가? 경쟁관계 자체가 사회문제인가? 그렇지 않다. 경쟁관계는 뚜렷한 장점과 단점을 갖고 있다. 경쟁관계의 장점은 경쟁관계에 놓여 있는 쌍방의 능력 계발에 큰 효과가 있다는 점이다. 과거 실업야구와 현재 프로야구 간의 중요한 차이점은 선수들 간의 관계의 성격이다. 실업야구는 선수들 간에 협력관계가 강했던 반면에 프로야구에서는 경쟁관계가 강화되었다. 그 결과, 프로야구가 생겨나면서 선수들의 기량은 급진적으로 신장되었다. 음식점들이 경쟁하면 음식의 질과 서비스가 향상된다. 신기술 개발 경쟁이 일어나면 신기술 개발 속도가 빨라진다. 입시경쟁이 치열해지면, 수험생들의 학력 수준이 향상된다.

그러나 경쟁관계에는 뚜렷한 단점이 있다. 경쟁관계 속에 있는 개인이나 집단은 피로감을 느끼며, 경쟁 상대와의 관계가 악화되기 쉽다. 과거 실업야구 선수들은 그렇게 피곤하지 않았다. 야구를 잘하지 못하는 선수들은 젊은 나이에 야구를 그만두고 소속 회사나 은행의 직원이 됨으로써 야구를 오래한 선수들보다 어떤 면에서는 사회적으로 더 성공한 경우가 많았다. 그래서 선수들 간에는 서로 훈훈한 정이 있었고, 서로를 위해 주었다. 반면, 프로야구 선수들은 같은 포지션의 선수들과 치열한 경쟁을 벌여야 하고, 경쟁에서 지면 2군으로 내려가거나 야구선수로서의 삶을 마감해야 한다. 긴장된 삶의 연속인 것이다. 그래서 경쟁관계에 있는 선수들과 좋은 관계를 유지하는 것은 엄청 어려운 일이다. 다른 영역에서도 모든 경쟁관계는 동일한 문제점을 갖고 있다.

이와 같이 경쟁관계는 뚜렷한 장단점이 존재해서, 경쟁관계가 아주 약한 사회에서 조금 있는 사회로 바뀌어 가면, 경쟁관계의 장점이 많이 부각된다. 반면에 이미 경쟁관계가 강한 사회가 더 강한 사회로 바뀌어 가면, 경쟁관계의 단점이 더 부각된다. 수평축을 경쟁관계의 정도라고 하고, 수직축을 경쟁관계의 장단점을 종합한 것이라고 하면, 정상분포곡선과 같은 유형의 포물선 그래프가 그려지게 된다.

터프하게 평가하면, 현대 사회 초기와 중기에 이르기까지에는 경쟁관계의 증대에 의해 종합적으로 인류의 행복이 증진되었다고 한다면, 현대 사회 중기 이후 현재에 이르기까지에는 경쟁관계가 심화될수록 종합적으로 인류의 불행이 증가했다고 평가할 수 있다. 이와 같이 경쟁관계는 그 자체로 나쁘다 좋다고 평가할 수 없지만, 현대 말에 해당하는 현 시점을 확정하고 나서 보면, 경쟁관계의 부정적인 측면이 극대화되었다고 평가할 수 있다.

더군다나 지금 인류 사회에는 인공지능의 발달을 중심으로 신기술혁명이 일어나고 있다. 신기술혁명의 결과는 생산 능력의 급진적인 증가이고, 결국 무한한 생산이 가능해지는 사회에 도달하게 될 것이다. 무한한 생산이 가능해지는 사회에서 생산이 갖는 가치는 영(0)이다. 경쟁관계의 강화가 갖는 사회적인 효과는 생산성의 증대인데, 생산성이 점점 더 무가치해지는 시대에 우린 진입해 있는 것이다. 다시 말하면, 경쟁관계는 사회적인 효용을 상실한 관계의 형식인 것이다.

경쟁관계가 초래하는 부ᚹ의 효과는 극대화되고, 정ᚷ의 효과는 극소화되고 있다면, 인류의 합리적인 선택은 무엇일까? 경쟁관계를 폐기하는 것이다. 그러나 현 지구촌을 바라보면 어떤 일이 벌어지고 있는가? 경쟁관계가 나날이 심해져서 인류의 삶이 피폐화되는 일이 일어나고 있다.

이런 어처구니없는 일이 벌어지고 있는 이유는 무엇인가? 인류가 현대 관계관에 고착되어 있기 때문이다. '나는 세계로부터 분리된 개체'라고 하는 새 시대와 조화를 이룰 수 없는 낡은 생각 하나가 인류 문명을 근본에서부터 무너뜨리고 있는 것이다. 일단 이 생각에 사로잡히면, 나와 너의 경쟁은 선택이 아니라 필연이 된다. 그리고 현대 관계관의 필연적인 귀결인 경쟁은 우리의 삶과 사회를 파괴하고 있다. 인류는 지금, 낡은 생각으로부터 벗어나야만, 그래서 경쟁관계로부터 탈피해야만, 새로운 미래로 나아갈 수 있는 길목에 서 있는 것이다.

2) 갈등관계와 문제

경쟁관계와 갈등관계는 모두 행위 주체들 간의 싸움이다. 경쟁관계는 서로 차지하고자 하는 경쟁 당사자들 외부에 존재하는 목표물을 차지하는 것에만 목표를 두며, 경쟁 상대방을 파괴하고자 하지 않는다. 그러나 갈등관계는 상대편의 파괴 자체가 목적이 되는 경우가 많으며, 특히 자신들이 추구하는 목표물을 상대편이 갖고 있는 경우 파괴적인 목적이 강화된다.

경쟁관계에서 누군가가 규칙을 깨뜨리면 갈등관계가 된다. 그러므로 치열한 경쟁관계는 쉽게 갈등관계로 변모한다. 야구경기에서 벤치 클리어링bench-clearing이 일어나는 일을 종종 본다. 한 팀 선수가 규칙을 어기면 주먹다짐이 일어나고 벤치에 앉아 있던 선수들이 모두 운동장으로 몰려 나가 집단적인 싸움을 벌이는 것이다. 경쟁관계가 갈등관계로 변모되는 하나의 사례이다.

경쟁관계의 경우 목표물이 경쟁 당사자들 바깥에 위치하는 반면에, 상대편이 목표물을 갖고 있는 경우, 이것은 본래부터 갈등관계이다. 한국과 일본이 독도를 사이에 두고 영토분쟁을 벌이고 있는 것과 마찬가지로, 영토를 맞대고 있는 전 세계의 인접국들 간에는 영토분쟁을 겪고 있는 나라들이 많다. 노사관계도 갈등을 겪는 경우가 많은데, 그것은 이윤 분배에서 자본가와 노동자의 이해관계가 상충하기 때문이다.

전통적으로 갈등이란 파괴적이고 부정적인 관계의 형식이라고 간주되어 왔다. 그러나 현대 사회에 접어들면서 갈등에 대한 관점이 극적으로 바뀌었다. 다윈은 『종의 기원』2019에서 갈등에 대한 전통적인 견해를 완전히 뒤바꾸어 놓았다. 다윈의 관점에서 보면, 모든 생명체들은 '살아남기 위한 투쟁[갈등]'에 참여해야만 한다. 그리고 이런 생존투쟁의 결과로 적자생존과 부적자도태가 일어남으로써 진화가 이루어진다고 주장했다. 즉, '갈등이 발전의 원동력이 된다'는 혁명적인 가설을 제시했던 것이다.

생물학적인 영역에서 이루어졌던 다윈의 주장은 사회 연구자들에 의해 사회 영역에도 적용되었다. 이들의 관점을 사회진화론Social Darwinism이라고 부른다. 영국 사회학자 H. 스펜서Herbert Spencer, 1820~1903는 대표적인 인물이다. 사회진화론자들은 당시 영국 의회가 제정하려 했던 구빈법에 반대했다. 인위적으로 부적자도태가 이루어지지 않게 함으로써 사회 발전을 가로막는다는 것이 반대의 이유였다.

사회진화론자 중에서 인류 역사에 가장 큰 영향을 미친 인물은 마르크스이다. 그는 자신의 저서 『자본론』을 다윈에게 헌사하려 했을 정도로 다윈의 관점에 경도되었다. 마르크스의 핵심 명제는 '의식화된 노동자계급의 자본가계급과의 투쟁을 통해 공산사회에 도달할 수 있다'는 것이었다. 즉, '갈등을 통해 사회 발전이 이루어진다'는 것으로, 이것은 다윈이 자연의 영역에서 주장했던 '생존투쟁을 통해 진화가 이루어진다'는 명제를 그냥 사회 영역에 대입한 것이다.

마르크스의 이론에는 현대를 넘어서는 탈현대에 대한 비전이 존재한다. 자본주의체제 이후에 도달할 공산사회에 대한 구상에서 그런 점이 돋보인다. 하지만 '갈등을 통한 발전'이라는 다윈의 명제를 이어받은 부분은 그의 이론 중에서 현대성이 강렬하게 부각되는 부분이다. 결국 마르크스의 명제는 '갈등을 통해 갈등 없는 사회[공산사회]에 도달할 수 있다'는 것으로 귀결된다. 이것은 모순이다. 실제로 역사적으로 출현했던 공산사회들은 갈등이 종식된 사회가 아니라 갈등이 가장 치열했던 사회였다. 결국, 인류의 미래에 대한 희망이 담겼던 공산주의운동과 공산사회는 붕괴되었는데, 붕괴의 가장 근본에는 이런 모순이 내재해 있었다. 공산주의운동은 '탈현대 사회[평화로운 사회]는 현대적인 방식[갈등]으로 건설될 수 없음'을 입증했다.

여하튼, 진영을 가리지 않고, '갈등을 통한 발전'이라는 다윈이 남긴 테제는 현대인의 의식 깊은 곳까지 침투해 있다. 역사적으로는 제국주의운동, 공산주의운동의 기본 논리로 작용했고, 사회학에서는 갈등이론의 형성을 가져왔으며, 실제 사회생활과 인류의 의식에 깊은 영향을 미쳤다.

'갈등을 통한 발전'이란 다윈의 테제는 억압적인 구조 속에서 신음

하던 피지배계층들에게는 신선한 메시지였다. 프랑스대혁명은 왕과 귀족들의 전횡을 타파하고자 하는 운동이었으며, 지구촌 곳곳에서 소작인의 지주에 대한, 노동자의 자본가에 대한, 피식민지 시민들의 식민세력에 대한, 피지배자로서의 여성의 지배자로서의 남성에 대한 광범위한 저항운동의 이론적인 기초였다. 또한 독재정권에 맞서 항거한 시민들의 민주화운동에도 동일한 논리가 기저에 깔려 있었다. 결국 다윈의 테제는 '합리적인 사회', '평등한 사회'의 건설이라고 하는 현대 사회 건설에 커다란 기여를 했다.

그러나 현대 말·탈현대 초에 해당하는 문명의 현시점에서 갈등은 어떻게 평가되어야 할 것인가? 지금 지구촌에는 국가 간의 갈등, 지역 간의 갈등, 빈부 간의 갈등, 인종 간의 갈등, 종교 간의 갈등, 원주민과 이주민 간의 갈등, 가족 구성원들 간의 갈등, 성 간의 갈등, 정당 간의 갈등 등 영역을 가리지 않고 수많은 갈등이 일어나고 있다.

과연 현 지구촌에서 일어나고 있는 갈등에 대해 '갈등을 통한 발전'이라고 하는 테제가 적용될 수 있을까? 이 질문에 답하기 위해서는 '발전이란 무엇인가?'에 먼저 답해야 한다. 만일 '발전'이 '평등한 사회', '합리적인 사회', 즉 현대 사회의 건설을 의미한다면, 테제가 타당하다는 결론을 내릴 수 있다. 그러나 '발전'이 '평화로운 사회', '사랑의 사회', 즉 탈현대 사회의 건설을 의미한다면, 테제는 타당성이 없다. 타당성이 없을 뿐만 아니라 '갈등은 저발전을 초래한다'는 명제가 더 타당하다.

그러므로 '갈등을 통한 발전'이란 테제에 대한 평가는 평가가 이루어지는 시점과 연관된다. 평가가 이루어지는 시점이 현대 초·중기에 해당해서 열심히 현대화를 추구해야 할 시점이라면, 테제는 긍정적으로 평가될 수 있다. 그러나 평가가 이루어지는 시점이 현대 말·탈현대 초에 해당해서 열심히 탈현대 사회 건설에 매진해야 할 때라면, 테제는 완전히 부정되어야만 한다. 현재의 시점은 현대 말·탈현대 초에 해당한다. 그러므로 테제는 완전히 부정되어야만 한다. 그러나 현 인류의 의식 속에는 여전히 이 테제가 깊은 뿌리를 내리고 있어서, 현실 사회에는 끊임없이 갈등이 일어나고 있다. 결국 발전의 추구가 저발전을 초래하는, 갈등이 인류 문명의 파멸을 초래하는 상황에 우린 직면해 있는 것이다.

3) 교환관계와 문제

교환관계, 즉 거래로서의 관계는 현대인의 일상생활에 가장 깊이 침투해 있는 관계이다. G. 루카치Georg Lukacs, 1885~1971는 『역사와 계급의식』2015에서 자본주의 이전과 이후 사회를 구분 짓는 기준으로 상품화를 말했다. 자본주의사회 이전에는 사고파는 상품이 아니었던 것들이 자본주의사회에서는 상품으로 전화된다는 것이다. 상품화는 점점 영역을 확대해서 본질적으로 상품이 될 수 없는 인간의 영역까지 확대되는데, 그는 이를 물화reification라고 말했다. 즉, 자본주의사회는 물이 아닌 인간의 영역까지 물화가 이루어짐으로써 인간 소외가 극에 달한다는 것이다.

프로 선수들의 몸값이라는 말이 자연스럽게 사용되며, 물건을 거래하듯이 선수들의 트레이드를 아무런 거리낌 없이 행한다. 결혼상담소에서는 사람들을 상품과 같이 가격을 매긴다. 그리고 비슷한 가격을 가진 사람들 간에 거래를 주선한다. 노동자가 자신의 노동력을 파는 것은 너무나 당연한 일로 간주된다. 시장에서의 거래만이 아니라 자본주의사회에서는 대부분의 인간관계 속에 거래로서의 관계가 침투해 있다.

루카치의 지적이 아니더라도, 현대 사회에서 경제는 목적의 영역이 되었고, 경제적인 거래관계가 비경제적인 삶의 영역에까지 널리 침투했다. 경제인Homō Oeconomicus이란 '자유로운 시장상황에서 합리적으로 자신의 이윤을 추구하는 존재'를 의미한다. 이것은 원래 현대 경제학적 인간관인데, 경제인이란 관점에서 설명할 수 있는 인간 행위의 폭이 아주 넓어졌다. 사회학에서조차도 고전 경제학의 영향을 받아 교환이론이라고 하는 경제학적인 사회학이론이 구성되었을 정도이다.

교환이론에서는 이론의 이름에서 보듯이 모든 사회관계를 거래[교환]라는 측면에서 설명하고자 한다. 현대 사회에서 교환이론은 사회관계를 설명하는 데 상당한 설명력을 갖고 있다. 그러나 교환이라는 관점에서의 높은 설명력 자체가 사회관계의 소외라는 점을 교환이론가들은 이해하지 못한다. 현실 사회에도 마찬가지 비판을 제기할 수 있다. 거래로서의 사회관계가 증가해서, 원래는 거래가 아닌 관계의 영역까지 거래로 이루어지고 있다면, 이것은 심각한 사회문제이다. 거래로서의 관계가 확산되어 있는 현대 사회의 모습은 사랑이 메마른 사회로서의 현대 사회와 현대적인 사회관계의 전형이다.

4) 지배와 복종의 관계와 문제

관계를 맺는 쌍방의 힘이 대등할 때, 경쟁, 갈등, 교환 관계가 형성될 수 있다. 그러나 힘의 불균형이 심한 상태에서는 지배와 복종의 관계가 출현하게 된다. 현대 사회에서 출현한 지배와 복종의 관계의 전형은 '인간과 자연'의 관계였다.

현대 관계관의 관점에서 보면, 모든 관계는 이해관계가 상충되는 적대적 관계이다. 그래서 현대 관계관의 관점에서는 '강자의 약자에 대한 지배'가 자연스러운 것으로 인식된다. 그리하여 현대의 역사는 강자가 약자를 지배·이용·착취하는 제국주의의 역사라고 해도 과언이 아니다.

현대가 시작되면서, 제국주의의 역사도 본격화되었다. 스페인, 영국, 프랑스 등 당시 강대국들은 오래전부터 원주민들이 살고 있는 땅을 신대륙이라고 부르면서, 그곳을 식민지화하고 지배하고 그리고 빈번하게 살육하고 파괴하는 것을 주저하지 않았다. 노예 사냥꾼들은 멀쩡하게 살아가고 있는 아프리카인들을 사냥했고, 미국 백인 농장주들은 그들을 사서 노예로 부리는 것을 꺼림칙하게 생각하지 않았다. 오히려 '대영제국은 해가 지지 않는다'며 이를 자랑스러워했다. 이런 만행을 저지르면서 그들은 자신을 문명인이라고 생각했다. 놀라운 일이다.

파괴의 역사가 가장 처참하게 이루어진 곳은 자연이다. 전현대인들은 자연을 신령하게 여겼고, 자연을 존경했으며, 자연 앞에서 오만한 생각을 갖지 않았다. 그러나 현대가 시작되면서 개발이라는 이름으로 자연에 대한 광범위한 횡포가 자행되었다. 그 결과, 많은 생명체들이 멸종되었고, 살아남은 종들도 건강하지 않다. 넓은 수풀이 파괴되었다. 인간은 하늘을 오염시켰고, 바다를 오염시켰다. 수십억 년 동안 만들어져 온 아름다운 녹색별 지구는 인간의 만행으로 크게 훼손되었다. 만일 이런 파괴가 앞으로 계속된다면, 지구는 어떤 생명체도 건강한 삶을 누릴 수 없는 죽음의 별이 될 것이다.

강대국은 약소국에게, 인간은 자연에게, 부자는 가난한 자에게, 이런 파괴를 자행하고 있다. 강자들은 오만하고 무례하다. 그리고 '강자가 약자를 지배하고 파괴하는 것'이 자연스러운 일이라고 생각한다. 그러나 지금 인간보다 강한 존재가 출현하고 있다. 알파고는 이세돌과

커제를 이겼고, IBM의 왓슨은 인간 의사보다 더 유능하다. 미래의 AI 로봇들은 어떨까? 인간과는 비교할 수 없는 힘을 가졌을 것이다.

강자의 약자에 대한 지배를 정상적인 것으로 여기는 현대인! 인간보다 강한 AI가 출현하고, 인간이 약자가 되면 어떤 일이 벌어질까? 대부분의 SF 영화가 보여 주는 황폐화된 지구의 모습이 전개될 것이다. 강력한 AI의 출현이 확실시되고 있는 지금, 인류가 미래에 대해 지극히 어두운 생각을 갖고 있는 것은 자연스러운 일이다. 현대인은 '인간보다 강한 AI의 출현'이 어두운 미래의 원인이라고 생각한다. 강한 인간이 약한 자연에게 온갖 횡포를 자행했듯이, 강한 AI가 약한 인간에게 온갖 횡포를 자행할 것이라고 생각한다.

하지만 이것은 사실이 아니다. 만일 우리가 '강자의 약자에 대한 지배'를 정상적인 것으로 여기는 현대 관계관을 청산하지 못한다면, 너는 나에게 적이라고 하는 적대적 관계관을 청산하지 못한다면, 이것은 사실이 될 수 있다. 강한 AI의 출현이 인류에게 재앙이 될 것이라는 생각은 인류가 현대 관계관을 안고 미래로 나아간다는 전제하에서만 타당할 수 있는 것이다. 그러니까 강한 AI가 인류에게 재앙이 되는 원인은 '강한 AI의 출현'이 아니라 현대인이 갖고 있는 '현대의 적대적 관계관'인 것이다.

엄마는 아기보다 강하다. 하지만 엄마는 아기를 지배하거나 착취하려고 하지 않는다. 반대로 온갖 정성을 기울여서 아기를 보살펴 준다. 인간보다 강한 AI가 인간을 꼭 지배하고 파괴할 이유가 없다. 강한 AI는 온갖 정성을 기울여서 인간을 보살펴 줄 수 있다. 만일 인류가 낡은 현대 관계관을 폐기하고, 사랑의 관계로서의 탈현대 관계관을 가질 수만 있다면.

강자가 약자를 지배하는 현대 사회의 모습은 야만적인 것이다. 현대 사회는 야만적인 사회이다. 우리는 사랑의 관계가 충만한 미래로 나아가야만 한다. 현대 사회에 팽배해 있는 강자의 약자에 대한 지배란 심각한 사회문제인 것이다.

3. 현대 사회 시스템의 문제

'대과 진요大過 棟撓, 대과는 기둥이 흔들린다.'『주역』「대과괘」괘사이다. 신기술혁명의 영향으로 오늘날 현대 사회의 기둥들인 현대 사회 시스템들이 모두 흔들리고 있다. 현대 자본주의 시스템도, 현대 국가 시스템도, 현대 교육 시스템도, 현대 가족 시스템도.

[표 8]에서 보듯이, 모든 사회 시스템은 소프트웨어로서 특정의 세

[표 8] 세계관, 사회 시스템, 기술적 하부구조

		전현대 문명	현대 문명	탈현대 문명
세계관		전현대 세계관	현대 세계관	탈현대 세계관
		⇩	⇩	⇩
사회 시스템	경제 시스템	전현대 경제: 봉건제도	현대 경제: 자본주의	탈현대 경제: 탈중심적 경제
	정치 시스템	전현대 정치: 왕국	현대 정치: 현대 국가	탈현대 정치: 세계정부
	교육 시스템	전현대 교육: 집단 에고 양성 교육	현대 교육: 개별 에고 양성 교육	탈현대 교육: 참나 각성 교육
	가족 시스템	전현대 가족: 농촌 대가족	현대 가족: 도시 핵가족	탈현대 가족: 사랑의 가족
		⇧	⇧	⇧
기술적 하부구조		농업혁명	산업혁명	신기술혁명

계관과 하드웨어로서 특정의 기술적 하부구조를 기반으로 해서 형성된다. 하드웨어로서의 전현대 기술적 하부구조와 소프트웨어로서의 전현대 세계관을 기반으로 전현대 사회 시스템이 구축되었다. 하드웨어로서의 현대 기술적 하부구조와 소프트웨어로서의 현대 세계관을 기반으로 해서 현대 사회 시스템이 구축되었다. 그리고 하드웨어로서의 탈현대 기술적 하부구조와 소프트웨어로서의 탈현대 세계관을 기반으로 탈현대 사회 시스템을 구축해야 할 것이다.

17~18세기 계몽사상가들은 현대 세계관의 관점에서 서구의 중세 사회를 향해 '암흑시대the Dark Ages'라고 하며 통렬한 비판을 가했다. 그리고 18세기 중엽 영국에서 시작된 산업혁명은 전현대 사회를 뿌리에서부터 무너뜨렸다. 원리적으로 보자면 계몽사상가들이 서구 중세 사회에 가한 비판과 동일한 비판을, 이 책에서는 현대 사회 시스템들에 대해 가하고자 한다.

현대적인 삶이 사랑이 메마른 삶이고, 현대적인 관계가 사랑이 메마른 관계라면, 현대 사회가 사랑이 메마른 사회가 되는 것은 자명한 일이다. '사랑이 메마른 사회', 이것이 사랑의 사회학이 바라보는 현대 사회 문제의 핵심이다. 이것은 현대 사회의 지향점 자체에 대한 근본적인 비판이다.

현대 사회는 현대 세계관의 토대 위에 구축된 사회이기 때문에 원천적으로 '사랑의 사회'를 지향할 수 없다. 현대 사회의 모든 사회 시스템 역시 마찬가지 문제를 갖고 있다. 현대 사회 시스템들의 지향점 자체에 대한 비판, 이것이 현대 사회 시스템에 대한 본질적인 비판이다. 즉, 탈현대 세계관의 관점에서 현대 사회가 '암흑시대'라는 비판을 가하고자 한다.

현재 AI를 중심으로 하는 신기술혁명이 활발하게 일어나고 있다.

노동 없는 사회를 초래하는 신기술혁명이 인간 노동을 중심으로 구성된 현대 사회 시스템들을 붕괴시키리라는 것은 명백하다. 그리고 실제로 신기술혁명에 의해 현대 사회 시스템들은 현재 붕괴 중에 있다. 신기술과 현대 사회 시스템은 공존할 수 없으며, 신기술혁명의 진전에 따라 현대 사회 시스템은 붕괴될 수밖에 없다. 이런 의미에서 현대 사회 시스템들에 대한 시의적인 비판을 가하고자 한다.

1) 현대 경제 시스템의 문제

현대 경제 시스템의 전형은 자본가와 노동자가 주요 생산관계를 구성하는 자본주의체제이다. 자본주의체제는 현대 세계관과 현대 산업기술의 기반 위에 형성, 발전해 왔다. 그리고 문명 대전환기인 현시점에 이르러 급격히 붕괴하고 있다. 이 책에서는 자본주의체제에 대한 본질적인 비판과 시의적인 비판을 수행하고자 한다.

본질적인 비판

탈현대 세계관의 관점에서 보면, 경제는 결코 목적의 영역, 궁극적인 추구의 영역이 될 수 없다. 현대 사회에서 '명분 없는 왕의 자리를 차지하고 있는 경제는 시녀의 자리로 내려와야 한다'. 이것이 현대 경제 시스템인 자본주의체제에 대한 본질적인 비판의 핵심이다. '자본주의capitalism'란 '돈capital이 최고야!'라는 신조이다. 어떻게 돈[자본]이 궁극적인 목적의 자리를 차지할 수 있는가? 어떻게 돈[자본]이 궁극적인 추구의 대상이 될 수 있는가? 탈현대적인 관점에서 보면, 돈[자본]이란 인간다운 삶을 위한 목적의 영역이 될 수 없다. 그것은 필요한 것이지만 명백히 수단의 영역이다. 그러므로 자본주의[돈이 최고]라는

용어는 그 자체로 수단-목적의 전도이다.홍승표, 2019: 97

자본주의에 대한 본질적인 비판은 자본주의가 본격적으로 시작되었던 19세기 중엽에 이미 이루어졌다. 마르크스의 물신성fetishism 비판이 바로 그것이다. 마르크스의 물신성 비판은 L. A. 포이어바흐Ludwig Andreas Feuerbach, 1804~1872가 『기독교의 본질』2008에서 행한 기독교 비판의 구도를 차용한 것이었다. 두 사람은 모두 청년헤겔파Junghegelianer의 일원이었고, 마르크스에게 포이어바흐는 14년 연상이었다.

포이어바흐는 『기독교의 본질』에서 기독교가 전면적으로 소외된 종교임을 주창했다. 마르크스와 마찬가지로 포이어바흐는 유물론자였다. 유물론자인 포이어바흐의 관점에서 볼 때, '신'은 원래 존재하지 않았다. '신'이란 인간에 의해 창조된 개념일 뿐이다. '신'이란 인간 속에 있는 가장 좋은 것들, 예컨대, 선함, 정의로움, 관용 등을 투사해서 만들어진 것이다. 그러므로 인간은 신의 창조자이고, 신은 인간의 피조물이라는 것이 인간과 신의 본래 관계이다. 그러나 일단 인간의 자기소외로서의 '신'이 창조되고 나자, '신'은 인간을 비롯한 모든 존재의 창조자 자리를 차지해서 인간을 지배하고, 인간은 피조물의 위치로 떨어져 신을 숭배하게 되었다. 인간과 신의 본래적인 관계의 역전, 소외가 발생한 것이다. 이것이 바로 포이어바흐가 말하는 기독교의 본질이고, 소외된 종교로서의 기독교에 대한 비판이다.

마르크스는 『경제학 철학 초고』2006에서 '가시화된 신'으로서의 화폐의 물신성을 비판했고, 『자본론』2015에서는 상품의 물신성을 비판했다. 포이어바흐의 기독교 비판에서 '신'이 위치한 자리에 '돈[자본, 상품]'을 대입한 것이다. 인간은 돈과 상품의 창조자이고, 돈과 상품은 인간의 피조물이다. 이것이 인간과 돈·상품 간의 본래적인 관계이다. 그러나 일단 돈과 상품이 만들어지고 나면, 피조물인 돈과 상품이 인간을 지배하게 되고, 창조자인 인간은 돈과 상품의 지배를 받게 된다. 인간과 돈·상품 관계의 역전, 소외가 발생한 것이다. '물신적인 세계로서의 자본주의체제', 이것이 바로 자본주의에 대한 본질적인 비판이다.

물신성에 대한 마르크스의 비판은 루카치의 물화reification에 대한 논의를 통해 자본주의체제에 대한 본질적인 비판으로 이어진다. 루카치는 『역사와 계급의식』2015에서 자본주의체제로의 전환에 따라 사용가치는 교환가치로 바뀌게 되고, 인간적인 삶의 영역조차 사물화되면서 상품형식이 완성된다고 말했다. 즉 자본주의체제의 근본적인 소외를 비판했다.

탈현대적인 관점에서 보면, 자본주의체제는 암흑시대로 현대 사회를 조망하는 데 그 중심에 있다. 개인적인 삶에서나 전체 사회의 목표로 '돈을 궁극적인 목표로 추구'한다는 것은 천박하기 짝이 없다. 더군다나 인류 역사상 물질적으로 가장 풍요로운 시대를 살아가고 있는 지금, 여전히 경제동물economic animal로서의 인류의 존재 상태를 탈피하지 못하고 있는 것은 통탄스러운 일이다.

시의적인 비판

위에서의 논의에서와 같이 자본주의체제는 본질적인 문제를 안고 있다. 동시에 자본주의체제는 AI를 중심으로 하는 신기술혁명이 본격화되면 붕괴할 수밖에 없다. 시의적인 측면에서 자본주의체제에 대한 비판을 해 보면 다음과 같다.

노동의 소멸: 이미 160년 이전에 자본주의체제에 대한 본질적인 비판을 행한 마르크스를 위시한 공산주의자들은 자본주의체제의 철폐

를 위해 그리고 공산주의체제의 수립을 위해 막대한 노력을 기울였다. 소비에트연방에 이어 중국에서도 공산혁명이 성공을 거두고 유럽, 아시아, 중남미, 아프리카의 여러 나라가 공산화되었을 때, 자본주의체제의 전복이란 목표는 거의 성공에 이를 것 같아 보였다.

그러나 1991년 소련의 최고소비에트가 소련공산당 활동을 정지시키기로 결의하면서, 공산체제 붕괴가 가속화되었다. 그리고 자본주의체제는 전 세계를 석권하는 전성기를 누리게 되었다. 그러나 이 책이 주목하는 것은 공산주의체제도 자본주의체제도 모두 동일한 기술적 하부구조의 바탕 위에 형성된 두 가지 유형의 경제체제라는 것이다. 산업노동자는 이 두 가지 경제체제 모두에서 중추적인 역할을 담당하고 있다.

그러나 AI를 그 중심에 두는 신기술혁명은 산업노동자의 존립 기반 자체를 와해시키고 있다. J. 리프킨Jeremy Rifkin은 이미 '1995년'에 『노동의 종말』이란 책을 발표했다. AI가 인간 노동을 대체하면서, 인간에 의한 산업노동은 급속히 축소되고 있고, 궁극적으로는 사라질 것이라고 그는 주장했다. 이 책이 발표된 지 25년이 지났고, 이것은 산업노동을 중심에 두는 자본주의체제 붕괴를 촉발시키고 있다.

소위 제4차 산업혁명이라고 명명된 신기술혁명에 의해 자본주의체제의 붕괴는 이미 시작되었다. 제4차 산업혁명의 중심에는 AI의 발달이 있다. 향후 AI 로봇은 인간 노동을 완전히 대체할 것이다. 인간의 노동력은 두 가지 요소로 구성되어 있다. 노동을 구상하는 지력知力과 구상을 실행하는 근력筋力이 그것이다. 산업혁명의 결과로 기계력이 인간의 근력을 대체했다. 삽질을 해서 땅을 파는 것과 포클레인을 사용해서 땅을 파는 것은 그 효율성에 엄청난 차이가 있다. 그리고 최근 제4차 산업혁명의 발발에 따라 인간의 지력은 AI로 빠른 속도로 대체되고 있다. 기계력과 인간의 근력 간에 엄청난 차이가 있듯이, AI의 지력과 인간의 지력 간에는 이미 큰 차이가 있으며, 앞으로 이 격차는 엄청나게 벌어질 것이다. 인간의 지력을 대체하는 AI와 인간의 근력을 대체하는 기계력이 합쳐지면 AI 로봇이 된다. AI 로봇은 점점 뛰어난 노동자로 진화할 것이다. 그리고 그 변화는 우리가 살고 있는 사회 속에 이미 침투하고 있다.

아무도 AI의 비약적인 발달을 의심하지 않는다. AI의 발달은 산업 노동자를 그 시스템의 중심에 두는 자본주의체제 붕괴를 촉진시킬 것이다. 1929년 미국 경제대공황Great Depression을 비롯해서, 과거 자본주의체제는 여러 차례 경제공황을 경험했다. 경제공황 발생의 기본구조는 이런 것이었다. 생산기술에 혁신이 일어나면 생산력은 급격히 증가한다. 이때 구매력이 급증한 생산력을 따라오지 못하면, 상품의 수요 공급에 불균형이 생겨나서 경제공황이 발생하곤 했다.

AI의 발달은 중대한 기술혁신이고 생산능력의 비약적인 증대를 의미한다. 동시에 AI의 발달은 구매력의 감소를 수반한다. 왜냐하면 AI는 인간 노동을 대신하며, 이는 노동자의 소득 감소를 가져오기 때문이다. 생산력 급증과 구매력 급감은 생산력과 구매력 간의 현저한 불균형을 초래한다. 지금까지는 늘 생산력 급증이 경제공황의 원인이 되었고, 구매력 감소가 경제공황의 원인이 된 적은 없었다. 그런 의미에서, 최근 자본주의체제가 겪고 있는 어려움은 새로운 상황이며, 또한 근본적인 해결이 불가능한 상황이다.

미국 경제대공황에서 그랬듯이, 생산력 급증으로 경제공황이 발생하면, 대규모 토목사업 같은 것을 일으켜서 신규 고용과 구매력을 창출했다. 그러나 이제는 AI의 확산으로 고용을 창출하는 것이 거의 불가능해졌다. 그러므로 새로운 경제공황은 자본주의체제가 파산에 이를 때까지 지속될 것이다.

이런 의미에서 2008년에 발생한 세계금융위기는 이전과는 전혀 다른 자본주의체제 위기이다. 2008년 9월 15일 미국 투자은행IB 리먼-브러더스Lehman Brothers가 파산을 신청했다. 그리고 세계금융위기가 발생했다. 그러나 이미 2007년 서브프라임 모기지Subprime Mortgage 사태라고 불린 세계금융위기의 전조가 있었다. 초대형 모기지론 대부업체들이 연이어 파산한 것이다. 미국 2위의 서브프라임 모기지 대출회사인 뉴센추리 파이낸셜이 파산했고, 미국 10위권인 아메리칸 홈 모기지 인베스트먼트AHMI사가 파산했다. 이 밖에도 수많은 은행들이 서브프라임 모기지론으로 막대한 손실을 입었다.

2008년 당시 서브프라임 모기지론 디폴트로 인해 금융권이 모두 부실화되어 있었다. 그리하여 리먼-브러더스의 파산이 세계금융위기의 촉매가 된 것이다. 왜 연쇄적인 서브프라임 모기지론 디폴트가 일어났는가? AI가 사업장에 도입되면서, 생산과 사무 자동화가 촉진되었고, 그 결과 일자리가 줄어들었다. 일자리가 줄어들면서, 기존 일자리의 고용조건도 악화되었다. 이것은 근로소득의 감소를 가져왔다. 실직한 노동자는 주택대출을 갚을 수 없었다. 즉, 은행의 부실채권이 급격히 증가한 것이다. 또한 실직과 고용조건의 악화로 인해, 소비가 위축되었고, 이것은 자본주의체제 위기를 불렀다. 구매력 감소로 인한 최초의 자본주의체제 위기가 시작된 것이다.

AI의 활용으로 인한 소비 위축이 멈출 수 있는가? 멈출 수 없다. AI의 발달은 더 빠른 속도로 인간 노동을 대체해 나갈 것이다. 일자리가 줄어들면, 고용시장에 수요 공급의 균형이 와해된다. 여전히 많은 사람이 직장을 원하는데, 인간 노동에 대한 수요가 가파르게 줄어들면 어떤 일이 벌어질까? 취업 희망자들은 취업을 위해 더 격한 경쟁을 치러야 한다. 자본가의 입장에서는 비정규직 고용을 확대하고, 정규직이라고 하더라도 임금과 근무조건을 악화시키게 된다. 이것이 현재 지구촌에서 일어나고 있는 일이다. 그 결과, 임금소득은 계속 감소할 것이다.

자본주의체제가 존속하는 한 아무도 이 변화를 막을 수 없다. 좌우를 가리지 않고, 전 세계 모든 대통령 후보자들은 새로운 일자리 창출과 청년실업 문제 해결을 공약으로 내건다. 그러나 그 공약을 실천한 대통령은 없다. 오직 강대국은 약소국의 일자리를 빼앗아서 어느 정도 그 목표를 달성할 수 있을 뿐이다. 현재 트럼프 정부가 강압적으로 시도하고 있는 것이 바로 이것이다. 그러나 전 세계적으로 보면 일자리의 절대 수가 감소하기에, 강대국이 더 많은 일자리를 강탈하면 약소국에서는 더욱 급진적으로 일자리 축소가 일어나게 되며, 결국 부익부빈익빈, 세계의 양극화는 더 심화될 수밖에 없다.

2008년 세계금융위기가 발발했을 때, 위기 해결을 위해 세계는 어떤 노력을 기울였는가? 노력의 핵심 목표는 구매력을 증가시키는 것이었다. 그 방법은 양적 완화Quantitative Easing였다. 미국을 위시해서 유럽과 일본 등 전 세계는 어마어마한 돈을 퍼부었다.

2008년 금융위기가 미국경제를 강타하자 미국 중앙은행FED은 경기부양을 위해 시중채권매입을 통한 양적 완화를 개시했다. FED는 2008년 말 기준금리를 제로 수준으로 낮춘 후 더 이상의 경기 부양 수단이 없자 사상 초유의 양적 완화 카드를 꺼내 들었다. 장기 금리 인하를 유도해 투자와 소비를 활성화하고 얼어붙은 주택경기를 살리기 위해서였다. 양적 완화는 2009년 초에서 2010년 3월까지 1차 양적 완화(QE1), 2010년 4월부터 2011년 6월까지 2차 양적 완화(QE2), 2012년 9월부터 2014년 10월까지 3차 양적 완화(QE3), 이렇게 총 6년

간 진행되었으며, 이 기간 동안 풀린 돈은 총 4조 달러에 이른다.^{Naver,} ^{한경닷컴 사전} EU, 일본, 영국, 중국도 대규모 양적 완화를 단행했다.

만일 예전에 이렇게 천문학적인 돈을 풀었다면, 엄청난 인플레이션에 직면했을 것이다. 전쟁 시에 실제로 그런 일이 일어났었다. 그러나 2008년 세계금융위기 이후 엄청난 돈을 풀었을 때, 과거와는 정반대의 일이 일어났다. 심각한 디플레이션이 일어난 것이다. 왜 그랬을까? 이렇게 많은 돈을 뿌렸는데도, 구매력이 증가하지 않았기 때문이다.

대규모 양적 완화를 통해 자본주의체제 위기는 어느 정도 가라앉았다. 그러나 이것은 자본주의체제 위기에 대한 근본치료가 아니라 응급조치에 불과한 것이다. 대공황이 일어났을 때, 미국 루스벨트 대통령은 뉴딜 정책이라고 하는 대규모 토목공사를 일으켰다. 그 결과 고용이 창출되었고, 이는 구매력의 증가를 초래해서, 대공황을 벗어나 자본주의체제는 다시 활력을 찾을 수 있었다.

달러와 유로 등 기축통화를 발행하는 국가들은 엄청난 양적 완화를 단행했다. 표면적으로 위기는 진정되었다. 하지만, 신규고용이 창출되고 구매력이 회복된 것은 아니다. 이들 정부는 엄청난 채무를 떠안고 체력이 약화된 상태이다. 결국 머지않은 장래에 구매력 부족으로 인해 제2, 제3의 자본주의체제 위기가 찾아올 것이다. 체력이 이미 약화되어 있는 정부들은 힘겹게 응급조치를 재시도하겠지만, 언제까지 그것이 되풀이될 수 있는 것은 아니다.

2008년 리먼-브러더스라고 하는 하나의 은행파산으로 세계금융위기가 촉발된 것을 우리는 목격했다. 이미 전 세계는 밀접하게 연결되어 있는 것이다. 아마도 국가들 중에서 가장 취약성이 높은 국가부터 파산할 것이다. 그리고 연쇄적인 국가부도 사태가 이어질 것이고, 이는 자본주의체제의 종말을 의미할 것이다.

자본주의체제의 몰락은 경제체제의 몰락을 의미하는 것이 아니다. 자본주의체제의 몰락은 현대 경제체제의 몰락을 의미할 뿐이다. 경제체제뿐만 아니라 정치체제, 교육체제, 가족체제 등 모든 현대 시스템들은 몰락할 것이며, 몰락해야만 한다.

문제는 자본주의체제가 몰락할 것이냐 아니냐가 아니다. 문제는 얼마나 순조롭게 현대 자본주의체제가 붕괴된 그 자리에 탈현대 경제체제를 수립하느냐 하는 것이다. 이를 위해서, 인류는 자본주의체제 이후의 탈현대 경제체제에 대한 많은 모색과 논의를 진행해야 하며, 이 책은 바로 그런 임무를 수행하고자 한다.

희소자원의 소멸: 신기술혁명의 궁극적인 결과는 모든 경제적인 희소가치를 사라지게 할 것이라는 점이다. 2014년 리프킨은 『한계비용 제로 사회』를 발표했다. 특정의 재화나 용역을 생산하는 데 드는 비용이 0원에 수렴하는 사회로 우리는 나아가고 있다는 것이다. 다시 말하자면, 신기술혁명의 결과로 인류는 지금 '물질적으로 무한히 풍요로운 사회'를 향해 나아가고 있는 것이다.

재화나 용역의 가치가 결국 0에 수렴하게 될 조짐은 이미 나타나고 있다. 2008년 세계금융위기 이후 미국과 유럽을 중심으로 엄청난 돈이 풀렸다. 예전 같으면, 이렇게 많은 돈을 풀면 하이퍼인플레이션 hyperinflation이 나타났을 것이다. 그런데 현실은 이와 정반대로 유례를 찾기 힘든 범세계적인 디플레이션이 나타나고 있다. 한국은행도 2019년 3분기에 물가조사를 시작하고 나서 처음으로 물가가 하락했다고 보고했다. 일본 등의 소위 선진 국가들은 2퍼센트의 물가상승률을 목표로 삼고 있을 지경이다.

엄청난 양적 완화를 단행했는데도 전 세계가 디플레이션의 늪에 빠진 이유는 무엇인가? 두 가지 커다란 원인이 존재한다. 하나는 구매력의 증가가 일어나지 않는 것이고, 다른 하나는 생산단가가 지속적으로 하락하는 것이다. 양적 완화의 궁극적인 목표는 신규 고용창출을 통해 구매력을 증가시키는 것이다. 그러나 자동화의 진전으로 많은 돈을 풀어도 고용창출이 어렵고, 따라서 구매력도 증가하지 않는다. 여기서 주목하고자 하는 것은 두 번째 요인인 생산단가의 지속적인 하락이다.

2018년 6월 미국 캘리포니아 샌프란시스코에는 '크리에이터Creator'라는 상호의 로봇 햄버거가게가 문을 열었다. '햄버거 맨'이란 이름의 이 AI 로봇은 1시간에 최대 120개의 햄버거를 만들 수 있으며, 인건비가 들지 않아서 단가는 반값이라고 한다. 또한 배달 로봇이 활발히 연구되고 있고, 일부 지역에서는 서비스를 시작했다. 배달 로봇을 이용하면, 배달에 필요한 비용이 들지 않는다.조선일보, 2019. 9. 19 이렇듯, AI 로봇이 상품생산과 서비스 단가를 낮추기 시작했으며, 앞으로 AI 로봇이 인간 노동을 광범위하게 대체하면서 생산단가가 지속적으로 그리고 급진적으로 하락할 것은 분명하다.

근본적으로 보면, 문명의 시작과 더불어 기술 발전에 따라 특정 재화나 용역의 생산단가는 지속적으로 감소해 왔다. 그러나 전현대 문명에서는 기술 발달의 속도가 아주 느렸고, 산업혁명 이후 기술은 빠른 속도로 발달했으나, 최근 AI를 중심으로 하는 신기술혁명으로 인해 폭발적인 기술 발달이 일어나고 있다. 앞으로 AI 로봇에 의한 인간 노동 대체와 AI가 갖고 있는 생산능력이 비약적으로 발달함에 따라 기술 발달은 더욱 빠른 속도로 일어나고 생산단가는 급속히 감소할 것이다. 마침내 R. 커즈와일Ray Kurzweil이 『특이점이 온다』2007에서 2045년경으로 예측한 특이점Singularity에 도달할 것이다. 특이점이란 기술 발달의 속도가 무한대에 이르는 지점을 말하며, 이때가 되면 인간보다 뛰어난 AI 로봇이 자신보다 뛰어난 AI 로봇을 만들 수 있게 됨으로써 무한생산이 가능해지고, 모든 경제적인 희소가치가 사라지며, 모든 재화와 용역의 가치는 0에 이르게 될 것이다.

특이점에 이르면, 개인적인 차원에서나 기업의 차원에서 이윤추구를 목적으로 하는 자본주의체제는 벌써 소멸해 있을 것이다. 노동의 소멸과 경제적인 희소가치의 소멸은 동전의 양면과 같다. AI 로봇을 중심으로 하는 급속한 기술 발달이 한편으로는 인간 노동의 축소를 초래하고, 다른 한편으로는 경제적 희소가치를 희석시킴으로써, 결국 향후의 기술 발전에 따라 자본주의체제는 붕괴될 것이며, 이미 붕괴 과정에 들어서 있다.

2) 현대 정치 시스템의 문제

현대 국민국가를 그 중심에 둔 현대 정치는 현대 세계관에 바탕을 둔 정치 시스템이다. 1789년 프랑스대혁명을 기점으로 현대 정치는 왕정을 타도하고 새로운 정치 시스템으로 부상했다. 현대 정치는 현대 문명의 수립과 발전에 기여했다. 그러나 문명 대전환기인 현시점에 이르러 현대 정치는 시대에 뒤떨어진 낡은 정치로 전락했다. 이 책에서는 현대 정치에 대한 본질적인 비판과 시의적인 비판을 수행하고자 한다.

본질적인 비판

정치의 본분은 사회 목표를 수립하고 달성해 나가는 것이다. 탈현대 세계관의 관점에서 보면, 사회 목표는 무엇일까? '사랑의 사회를 만들어 가는 것'이다. 현대 정치는 '사랑의 사회'를 만들어 가는 것을 목표로 수립할 수도 없고, 목표를 달성해 나갈 수는 더군다나 없다. 탈현대적인 관점에서 보면, 현대 정치는 전면적으로 소외된 정치이다.

현대 정치의 인간관적인 기반은 무엇인가? 현대 인간관이다. 현대 인간관의 중요한 양상인 '욕망을 추구하는 존재로서의 인간'이 현대 정치의 인간관적인 기반이다. 현대 정치와 정치학의 기반을 마련한 사람은 T. 홉스Thomas Hobbes, 1588~1679이다. 그는 '인간은 무한한 욕망[특히 권력]을 추구하는 존재'라고 보았으며, 『리바이어던』1994 서두에서 '인간은 인간에게 있어서 늑대이다homo homni lupus'라고 말했다. 그러므로 자연 상태에서는 '만인의 만인에 대한 투쟁Bellum omnium contra omnes'이 일어날 것이라고 말했다. 홉스가 만든 이 도식에서 인간에 국가를 대입하면, '국가는 국가에게 있어서 늑대이며', 그리고 '모든 국가의 국가에 대한 투쟁'이 일어날 것이다가 된다. 그리고 이것은 오늘날 국가 간 관계의 실상이기도 하다.

현대 정치의 기반이 되고 있는 '인간은 무한한 욕망[권력]을 추구하는 존재'라는 말은 사실일까? 물론 이것은 사실이 아니다. 이것은 인간을 세계로부터 분리된 개체로 간주하는 현대 인간관의 관점에서 이루어진 인간에 대한 해석이다. 그리고 탈현대적인 관점에서 볼 때, 이것은 현대 사회 속에서 소외된 인간의 모습에 불과하다.

현대 정치는 '무한한 욕망을 추구하는 존재'라고 하는 인간관의 바탕 위에 건설된 것이다. 현대 정치가 금과옥조와 같이 여기고 있는 '삼권분립'도 동일한 인간관에 바탕을 두고 있다. 인간은 무한한 권력을 추구한다. 그러므로 어떤 권력이건 견제받지 않으면 독재에 이르게 된다. 민주정치를 유지하기 위해서는 권력을 분산해서, 서로 견제하도록 해야 한다. 그래서 행정부, 입법부, 사법부를 분리시켜서, 서로 견제하면서 권력의 균형을 유지해야 한다는 것이 삼권분립론이다.

삼권분립이 지켜 내고자 하는 것은 민주정치이다. 민주주의는 현대 정치의 이상이다. 그러나 과연 민주주의가 정치적인 이상이 될 수 있는가? '민주적'이라는 것은 좋은 정치의 기반이다. 그러나 '민주적'이라는 것은 좋은 사회를 위한 필요조건일 수는 있지만 충분조건이 될 수 없다. 그러므로 '민주'는 궁극적인 목적이 될 수 없다. 그런데 민주주의란 '민주'를 궁극적인 목적의 자리에 놓는 것이다. 그러므로 민주주의란 용어 자체가 잘못된 것이다.

'민주제'는 언제든지 나쁜 정치가 될 수 있다. 고대 그리스의 아테네는 직접 민주정치를 구현한 사회였다. 그러나 그 현장에 있었던 플라톤Plato, B.C. 427~B.C. 347은 민주정치에 대해 박한 평가를 내렸다. 플라톤은 『국가 · 정체』2005에서 정치체제를 다섯 가지로 분류했는데, 철인정Aristocracy, 명예정Timocracy, 과두정Oligarchy, 민주정Democracy, 참주정Tyranny이 그것이다. 이 중에서 지혜와 덕에 기초한 철인정치를 가장 이상적인 것으로 보았으며, 사회의 타락에 따라 정치체제도 철인정이 명예정, 과두정, 민주정, 참주정의 순서로 타락해 간다고 보았다.플라톤, 2005 즉, 민주정을 다섯 가지 정체 중 차악의 정치체제로 평가한 것이다. 민주정은 만일 주권을 행사하는 민民이 어리석을 경우, 쉽게 중우衆愚정치로 전락하기 때문이다.

플라톤은 존경하는 스승 소크라테스가 민주적인 절차에 의해 사형을 당하는 것을 지켜보면서 민주정치의 폐해를 절감했을 것이다. 히틀러 역시 당시 전 세계에서 가장 민주적인 헌법이라고 평가받은 바이마르헌법 아래에서 민주적인 절차에 의해 수상으로 선출되었다. 최근에도 민주적인 절차가 확립되어 있는 소위 선진 국가들에서 비합리적인 인물들이 대통령으로 선출되는 상황을 목격하고 있다.

이상에서 살펴본 바와 같이, 민주정치는 목적의 영역이 될 수 없다. 민주정치를 떠받드는 기둥의 하나인 삼권분립 역시 이상적인 정치와는 거리가 멀다. 이것들은 기껏해야 '이기적으로 자신의 욕망을 추구하는 인간'을 전제했을 때, 최악의 정치를 면할 수 있는 제도적인 장치일 뿐이다. 그러나 인간이란 자신의 욕망을 추구하는 존재라는 전제가 사라지게 되면, 현대 정치는 단지 정치 본연의 자리에서 한참 이탈된 소외된 정치일 뿐이다.

시의적인 비판

현대 정치가 어떤 시대적인 상황에서 새로운 정치로 부상하였는지를 알면, 우린 왜 현대 정치가 현시대적인 상황에서 소멸해야 하는가를 알 수 있다. 현대 정치는 17~18세기 계몽사상가들에 의해 기획되었다. 그들은 현대 세계관의 바탕 위에서 전현대 정치를 비판하고, 새로운 정치 시스템을 구상했다.

타파의 대상은 전현대의 정체인 왕정이었다. 왕의 자의적인 권력 행사, 왕권의 세습, 신분제도에 따른 관료의 충원, 인권과 자유에 대한 경시, 비합리적인 의사결정절차 등이 비판의 대상이 되었다. 전현대 정치에 대한 전면적인 부정이 이루어진 것이다. 그리고 그들은 새로운 정치의 청사진을 제시했다. 공화정, 삼권분립, 주권재민, 인권과 자유에 대한 옹호, 민주적인 의사결정절차, 시험을 통한 관료 충원 등이 주요내용이었다. 그리고 그들이 제시한 이런 내용들이 현대 정치의 골격을 이룬다.

1789년 구체제의 타도를 내세우며 프랑스대혁명이 발발했다. 프랑스대혁명의 주요 목표는 전현대 정치를 붕괴시키고, 현대 정치를 수립하는 것이었다. 민주주의, 자유, 인권 등의 가치는 한없이 고양되었고, 이후 현대 정치는 인류의 가슴속에 이상적인 정치 시스템으로 자리 잡게 되었다.

그러나 문명의 현시점은 전현대 문명으로부터 현대 문명으로의 전환기가 아니라 현대 문명으로부터 탈현대 문명으로의 전환기이다. 현대 말·탈현대 초라고 하는 문명대전환기를 살아가는 인류에게 현대 정치는 추구의 대상이 아니라 청산의 대상이 되어 버린 것이다.

전현대와 현대의 문명전환기에 전현대 정치가 붕괴되었던 것과 마찬가지로 현대와 탈현대의 문명대전환기에 현대 정치는 붕괴되는 모습을 보이고 있다. 현대 정치의 붕괴는 여러 가지 측면에서 진행되고 있다.

첫째, 자본주의체제의 붕괴에 따라 현대 국가의 재정 붕괴 위험이 높아지고 있다. 즉, 세입세출의 불균형이 지속되면서 국가 채무는 산더미처럼 커지고 있다. 일자리가 줄어들면 근로소득이 줄어든다. 당연히 근로소득에 따른 세입은 감소한다. 법인세의 경우도 상황이 나쁘다. 자본은 이미 국경을 자유롭게 넘나들고 있다. 그래서 법인세율이 높은 지역에서 낮은 지역으로 자본은 이동한다. 국가는 자국 내에 자본을 유치해야만 일자리를 창출할 수 있기 때문에 경쟁적으로 법인세율을 인하할 수밖에 없다. 트럼프가 공약하고 실천한 미국 법인세율 50% 인하는 미국만의 이야기가 아니다. 법인세율 인하는 또한 세입 감소를 초래한다.

이에 반해서, 세출은 늘어날 수밖에 없다. 평균 수명이 늘어나면서, 노인들에 대한 복지수요가 늘어나고 세출이 증가한다. 또한 일자리를 얻지 못한 청년들과 조기 퇴사당한 사람들에 대한 지원도 늘려야만 한다. 출산율이 감소하면서, 출산을 장려하고 육아를 돕는 예산도 증액해야 한다. 일자리 창출을 위한 예산도 증액해야 한다.

세입 감소와 세출 증대는 일시적인 현상이 아니라 지속적인 트렌드이다. 국가 채무가 증가할수록 국가 부도의 가능성도 증가하며, 국가 재정 역시 국가 간에 거미줄처럼 연결되어 있기 때문에 가장 재정이 취약한 국가가 파산하면, 이미 충분히 재정이 불건전한 상태에 있는 국가들의 연쇄 파산 상태가 초래될 것이다.

둘째, 현대 민주정치의 타락이다. 플라톤의 평가대로 민주정치는 주권자들이 어리석으면 곧 타락한다. 오늘날 범세계적으로 자본주의체제가 혼란에 빠지고 중산층이 붕괴하면서, 인류적인 차원에서 무력감이 고조하고 있다. 무력감에 빠진 사람은 '힘을 추구'하게 되며, 자신들을 무력감에서 해방시켜 줄 강력한 지도자를 원하게 된다.

오늘날 전 세계의 정치 지도자들의 면면을 살펴보라. 미국의 트럼프, 중국의 시진핑, 일본의 아베, 러시아의 푸틴, 이들은 모두 강대국의 정치 지도자들이지만, 이들 중 도덕적인 인물이나 인류의 미래를 진지하게 고민하는 사람은 없다. 이들은 배타적으로 자국의 이익만을 맹렬하게 추구한다. 이들만큼 강대국이 아니더라도 세계 정치의 현주소는 동일하다.

지금 지구촌은 나날이 밀접해지고, 환경문제를 포함해서 인류적인 차원에서 해결해 나가야 할 막중한 정치적인 과제가 있다. 과연 자국의 이익만을 맹목적으로 추구하는 현대 정치가 이런 시대의 책무를 감당할 수 있겠는가? 없다. 시대의 요청에 부응하지 못하는 어떤 사회 시스템도 지속할 수 없다. 결국, 국경을 경계선으로 삼고, 자국의 이익만을 추구하는 현대 정치는 막을 내리게 될 것이다.

셋째, 근래 들어서 국가 간의 불평등이 심화되고 있다. 양극화현상은 국내적으로도 심화되고 있지만 국가 간의 관계에서도 심화되고 있다. 국내적이건 국가 간이건 양극화의 원인은 동일하다. 자동화의 결과로 노동에 대한 분배가 줄어들기 때문이다. 그러므로 자본가 계급과 노동자 계급의 소득 격차는 확대될 수밖에 없다. 국가 간에도 자본가 국가와 노동자 국가가 존재한다. 강대국은 자본력과 기술력을 보유하고 있다. 반면에 약소국은 노동력밖에 갖고 있는 것이 없다. 이에 따라서 국가 간에 부익부빈익빈 현상이 가속화될 수밖에 없다.

예전에는 열심히 노력하면, 약소국가에게도 강대국이 될 수 있는 기회가 있었다. 그러나 앞으로는 그런 기회가 거의 사라지게 될 것이다. 그 나라의 인건비가 싸다는 것이 자본을 유치할 수 있는 유인이 될 수 없기 때문이다. 결과적으로 국가 간 계층이동이 거의 불가능해지고, 양극화는 더 심화될 것이다. 국가 간 불평등의 심화는 국제정세의 불안을 심화시키고, 국가 간 갈등을 증대시킬 것이다. 그러나 모든 국가는 이기적인 집단이어서, 강대국이 약소국에게 자발적인 시혜를 베풀 가능성은 없다. 이런 상황이 약소국에게 나쁜 것은 말할 것도 없지만, 결국은 강대국에게도 해가 된다. 상품을 팔 시장이 축소되기 때문이다.

국가라고 하는 인위적인 장벽만 없다면, 힘들여 노동하지 않고도 전 인류가 풍요로운 삶을 누릴 수 있는 기술적인 기반을 우리는 이미 갖고 있고, 기술력은 더욱 발전할 것이다. 그러나 국가라고 하는 낡은 시대의 유물로 인해, 기술이 발전할수록 인류는 빈곤해지는 아이러니한 상황에 봉착해 있다. 인류의 빈곤화를 가속화시키는 원인은 기술의 발달이 아니다. 그것은 국가라고 하는 낡은 장벽이다. 인류의 빈곤화와 국가 간의 갈등이 증폭될수록, 새로운 시대와 조화를 이룰 수 없는 낡은 현대 정치 시스템에 대한 비판이 고조될 것이고, 마침내 현대 정치 시스템은 해체될 것이다.

3) 현대 교육 시스템의 문제

현대 교육은 현대 세계관의 바탕 위에 설계된 교육이다. 현대가 시작되던 무렵, 낡은 전현대 교육의 폐허 위에 현대 교육은 새 시대가 요구하는 인재를 양성했다. 그래서 현대 교육은 현대 사회의 일부임과 동시에 현대 사회 형성과 발전의 원동력이기도 했다. 그러나 문명 대전환기인 현시점에 이르러 현대 교육은 시대에 뒤떨어진 낡은 교육으로 전락했고, 새로운 시대의 도래를 가로막는 걸림돌이 되었다. 이 책에서는 현대 교육에 대한 본질적인 비판과 시의적인 비판을 수행하고자 한다.

본질적인 비판

교육이란 무엇일까? 교육이란 인간다운 인간을 양성하는 것이다. 탈현대 세계관의 관점에서 보면, 인간다운 인간이란 어떤 사람일까? 그것은 '참나'를 자각해서 '사랑의 존재'가 된 사람이다. 현대 교육은 '사랑의 존재'를 양성할 수 있는가? 없다. 탈현대적인 관점에서 보면, 현대 교육은 전면적으로 소외된 교육인 것이다.

현대 인간관의 핵심은 '자신을 둘러싸고 있는 세계로부터 분리된 개체[개별 에고]로서의 인간'이다. 그러므로 현대 인간관의 관점에서 볼 때, 인간다운 인간은 '개별 에고로서의 나'가 더 크고 높은 곳에 도달한 인간이다. 현대 교육은 바로 이런 의미에서 더 크고 높은 곳에 도달한 인간 또는 도달할 수 있는 인간을 양성하는 것을 목표로 한다.

현대 인간관의 가장 강력한 두 가지 양상은 '이성적인 존재로서의 인간'과 '욕망을 추구하는 존재로서의 인간'이다. 그러므로 현대 교육은 '이성의 계발'과 '욕망 충족 능력의 배양'을 목표로 하며, 이 둘은 빈번하게 연계된다. '이성 계발' 교육의 대표적인 분야는 역사교육이나 사회교육과 같은 지식교육, 수학교육이나 철학교육과 같은 사고력 배양 교육, 토론과 발표 능력 배양 교육 등이다. '욕망 충족 능력' 교육의 대표적인 분야는 직업교육이다. 초등교육에서 고등교육까지는 전자에 주력하고, 대학교육에서는 주로 후자에 집중한다.

그렇다면 어떤 피교육자가 이런 능력을 성공적으로 배양해서 실제로 매우 이성적인 사람이 되고, 욕망 충족적인 삶을 살아가는 사람이 되었다고 가정해 보자. 과연 그 사람은 인간다운가? 만일 그 사람을 인간답다고 한다면, 그것은 인간을 너무 폄하하는 것이다.

만일 그가 수학의 천재여서 어려운 수학문제를 잘 풀 수 있고, 뛰어난 수학자가 되었다고 한다면 그는 인간다운가? 만일 그렇다고 생각한다면, 그보다 훨씬 어려운 수학문제를 훨씬 더 빨리 풀 수 있는 슈퍼컴퓨터 그리고 슈퍼컴퓨터보다 훨씬 뛰어난 연산능력을 갖고 있을 미래의 AI는 그보다 훨씬 인간답다고 평가해야만 할 것이다.

만일 그가 탁월한 역사에 대한 지식을 갖고 있다면, 법률에 대한 지식을 갖고 있다면, 그는 인간다운가? 만일 그렇다고 생각한다면, 그보다 엄청 풍부한 역사와 법률 지식을 갖고 있을 미래의 AI는 그보다 훨씬 인간답다고 평가해야만 할 것이다.

만일 그가 세계에서 가장 우수한 의과대학을 졸업하고 뛰어난 시술 능력을 갖고 있는 외과의사라고 한다면, 그는 인간다운가? 만일 그렇다고 생각한다면, 그보다 훨씬 많은 의학적인 지식과 뛰어난 시술능력을 갖고 있을 미래의 AI는 그보다 훨씬 인간답다고 평가해야만 할 것이다.

이렇듯 현대 교육이 배양하고자 하는 '이성적인 인간' 또는 '욕망을 충족시킬 수 있는 능력을 갖고 있는 인간'은 진정한 인간다움의 기준에 턱없이 못 미친다. 개별 에고란 인간의 존재 차원의 하나이긴 하지만, 인간의 최상위 존재 차원은 아니기 때문이다. 인간의 최하위 존재 차원은 '동물로서의 인간'이다. 동물적인 차원에서 보면, 근육이 강하고, 식사를 잘하며, 배설이나 성행위도 잘할 수 있는 육체적으로 건강한 사람이 더 우수한 존재이다. 그러나 우리는 이런 사람을 더 인간다운 인간이라고 말하지 않는다. 마찬가지로 개별 에고의 차원에서 더 뛰어난 능력을 갖고 있는 사람을 우리는 인간다운 인간이라고 말해서는 안 된다.

근육이 강하지만 마음이 따뜻하지 않은 사람이 있을 수 있는 것과 마찬가지로, 이성적인 사람이지만 배려심이 약한 사람이 얼마든지 있을 수 있다. 실제로 현대 교육의 결과로 현대 사회에는 영악한 사람들로 넘쳐난다. 그들은 재빨리 이해득실을 계산하고, 최상의 선택지를 판단할 수 있다. 그래서 세상은 더 아름다운 곳이 되었는가?

이성이 나쁜 것이 아니다. 욕망도 나쁜 것이 아니다. 그러나 이성이나 욕망은 결코 궁극적인 목적의 자리에 위치할 수 있는 것이 아니다. 현대화란 '이성적인 사회' 그리고 '욕망 충족적인 사회'에 도달하는 것을 궁극적인 목적으로 한다. 이성과 욕망이 궁극적인 목적의 자리에 위치하고 있는 것이다. 그러나 이성적인 인간이나 욕망 충족적인 인간이 결코 인간다운 인간과 등식화될 수 없듯이, 이성적인 사회와 욕망 충족적인 사회가 좋은 사회와 등식화될 수 없다.

현대 사회는 수단적인 것이 목적의 자리를 차지하고 있는 전도된 사회이다. 탈현대 사회는 현대 사회보다 더 이성적이고 욕망 충족적인 사회일 것이다. 그러나 이것은 좋은 사회의 전제일 뿐 결코 좋은 사회의 의미가 아니다. 현대 교육이 목표로 삼고 있는 이성적인 인간, 욕망 충족 능력을 갖고 있는 인간은 결코 인간다운 인간과 등식화될 수 없다. 현대 교육은 수단적인 것이 목적의 자리를 차지하고 있는 전도된 교육인 것이다. 현대 교육은 본질적으로 소외된 교육이며, 사랑의 능력을 배양하는 것을 목표로 하는 탈현대 교육으로 나아가야 한다.

시의적인 비판

현대 교육은 어떤 시대적인 상황에서 새로운 교육으로 부상했는가? 사회의 기술적 하부구조가 농업기술에서 산업기술로 바뀐 것이 교육 변화의 근본 요인이 되었다. 새롭게 출현한 산업사회는 교육받은 대규모의 노동자를 필요로 했다. 산업사회가 창출한 대규모 잉여는 현대 교육의 중요한 특징인 대중 교육을 가능케 했다. 또한 현대 세계관의 확산은 교육 영역에서 집단에 헌신하는 인간을 양성하는 것으로부터 개체로서의 자기실현을 돕는 교육으로의 전환을 이루게 했다. 즉, 현대 교육은 현대의 기술적 하부구조와 현대 세계관의 결합 속에 출현했고, 현대 사회 발전에 기여했다.

그러나 과거 산업혁명이 교육 시스템을 포함해서 모든 전현대 사회 시스템의 붕괴를 초래했듯이, 현재 일어나고 있는 AI를 중심으로 하는 신기술혁명은 모든 현대 사회 시스템을 붕괴시키고 있다. 교육 시스템 역시 예외가 아니다. 현대 교육이 양성하는 인간과 새 시대가 요구하는 인간 간의 격렬한 충돌이 일어나고 있고, 그 결과, 현대 교육 시스템은 붕괴되고 있고, 마침내 완전히 붕괴할 것이다.

신기술혁명의 영향으로 일자리는 급속히 줄어들고 있는데, 현대 교육은 더욱 일꾼을 양성하는 데 매진하고 있다. 오늘날 대학에서 취업과 직접 연계되지 않는 철학, 물리학, 사회학, 화학 등과 같은 기초 학문들은 설 자리를 잃고 폐과의 길을 걸어가고 있다. 대학은 진리를 추구하는 상아탑이 아니라 점점 더 취업훈련소와 같은 곳으로 변모하고 있다. 이 얼마나 아이러니한 현상인가? 현대 교육은 무너지는 시대의 뒤꽁무니를 쫓아가고 있는 것이다. 신기술혁명이 더욱 진행되면 인류는 전혀 일하지 않아도 되는 새 시대를 맞게 될 것이다. 취업이 존재하지 않는 사회에서 취업훈련소로 변모한 대학이 존립할 수 있겠는가? 모든 시대의 흐름에 역행하는 사회 시스템은 붕괴될 수밖에 없듯이, 현대 교육도 붕괴될 것이다.

직업교육과 더불어 현대 교육의 또 다른 축은 지식교육이다. 조선 사회에서 문자를 안다는 것은 커다란 가치를 갖고 있었다. 그러나 지식이 갖는 가치는 기술 발달에 따라 감소해 왔다. 인쇄술의 발달, 컴퓨터의 발달, 인터넷의 발달 등에 따라서 지식의 가치는 현저히 줄어들었다. 지금 네이버나 유튜브 같은 곳에 가면 우리가 원하는 정보를 무료로 이용할 수 있다. 지식의 가치는 이미 영zero에 수렴했지만, AI의 발달은 지식의 가치를 완전히 영으로 만들 것이다. 그런데 지금도 학교에서는 온갖 지식을 가르친다. 학생들은 지루해하며 선생님의 설명을 듣지 않는다. 교실 붕괴가 일어나고 있는 것이다. 누가 힘들게 학교에 와서 아무런 가치도 없는 지식을 배우려고 하겠는가? 현대 교육은 이미 붕괴되고 있고, 마침내 완전히 사라질 것이다.

4) 현대 가족 시스템의 문제

전현대 가족과 비교한다면, 현대 가족이 갖는 장점이 있다. 가족 내에서의 세대 간의 그리고 성性 간의 불평등이 현저히 줄어들었다. 가족원들은 전현대보다 자유로우며 자신의 개성을 존중받는다. 그러나 문명 대전환기인 현시점에서 보면, 현대 가족 역시 위기를 겪고 있으며 붕괴될 것이다. 현대 교육이 붕괴되는 것이 교육이 붕괴되는 것이 아니듯, 현대 가족이 붕괴되는 것이 가족이 붕괴되는 것은 아니다. 단지 새로운 시대와 조화를 이룰 수 없는 현대 가족이 붕괴되는 것이다. 여기에서는 본질적인 측면에서 그리고 시의적인 측면에서 현대 가족에 대한 비판을 수행해 보겠다.

본질적인 비판

가족은 본질적으로 사랑의 공동체이며, 사랑의 공동체여야 한다. 그러나 탈현대적인 관점에서 보면, 현대 가족은 사랑의 공동체가 아니다. 가족 역시 현대 사회의 다른 사회 시스템들과 마찬가지로 '사랑이 메마른 사회'가 되어 버렸다.

이 책의 서론 '사랑의 의미'에서 말했듯이, 진정한 사랑은 '참나'가 내뿜는 빛이다. 깊은 이해, 겸손, 믿음, 용서, 배려, 감사, 관용, 도움 등은 사랑의 여러 가지 얼굴들이다. 진정한 사랑에는 두 가지 형태가 있다고 말했는데, 하나는 '참나'의 순수한 발현으로서의 사랑이고, 다른 하나는 생물학적인 본능에서 유래하는 이성애와 모성애가 '참나'와 결합해서 발현되는 사랑이다.

가족이 진정한 사랑의 공동체가 되기 위해서는 생물학적인 본능에서 유래하는 이성애와 모성애가 '참나'와 결합해야 한다. 그러나 이런 가족에서의 진정한 사랑의 전제 조건은 가족 구성원들이 '참나'를 자각하고 실현해서 사랑의 존재가 되어야 한다는 점이다.

그런데 현대 가족의 구성원들은 '참나'를 각성한 사랑의 존재가 아니라 에고가 주체가 된 삶을 살아가고 있다. 이에 따라서 현대 가족에서 가족 간의 사랑은 생물학적인 본능에서 유래하는 이성애와 모성애가 에고와 결합하게 된다. 이것은 이 책 '사랑의 의미'에서 '거짓된 사랑'이라고 명명한 것이다.

그 결과 사랑의 공동체여야 할 가족은 '사랑이 메마른 사회'로 전락해 있다. 가족원들은 서로를 깊이 존경할 수 없고, 쉽게 경멸한다. 가족원들은 서로를 자유롭게 하지 못하며, 소유하고 지배하려 한다. 가족원들은 서로의 잘못을 용서하지 못하며, 처벌하려 한다. 가족원들은 서로의 존재에 감사하지 못하며, 불평을 늘어놓는다. 가족원들은 서로에게 너그럽지 않고, 작은 일로도 화를 낸다. 가족원들은 서로를 깊이 믿지 못하고, 쉽게 의심에 빠진다. 가족원들은 상대편을 깊이 이해하지 못하고, 상대편이 자신을 이해해 주지 않는다고만 불평한다.

이리하여 현대 가족은 '사랑이 메마른 사회'가 되고, 가족원들은 서로가 서로에게 상처를 준다. 가족생활은 고통스러운 것이 되어 버렸다. 사랑의 공동체가 되어야 할 가족이 지옥과 같은 곳으로 변모한 것이다. 이것이 현대 가족 소외의 본질이다.

시의적인 비판

현대 가족에서 아버지 또는 어머니는 일을 해서 돈을 벌고, 이 돈으로 가족의 경제생활을 영위한다. 미래 사회에서 인간의 경제적 생산 활동은 사라질 것이다. 이것은 가족 내에서 돈 버는 사람을 필요로 하지 않는다는 것을 의미한다. 이것은 가족 구성과 가족관계에 커다란 영향을 미칠 것이다.

산업사회에 들어서면서 일하는 지역이 사람마다 달라짐으로 인해서 전현대의 대가족제도는 유지될 수가 없었는데, 미래 사회에서는 구조적으로 소수 핵가족을 유도했던 사회적인 세팅이 사라질 것이다. 더군다나 가상공간이 확대되면서, 교육, 의료, 쇼핑 등을 위해 공간적인 이동을 해야 할 필요성이 줄어들고, 이 또한 동일 지역에 대가족을 구성하는 것을 가능케 할 것이다. 소수 핵가족이란 현대 가족의 가족 형태는 더 이상 그 필요성이 존재하지 않고 사라질 개연성이 높다.

가족관계의 측면에서 보면, 현대 가족은 이미 심하게 병들어 있고, 붕괴 과정에 들어가 있다. 부부란 사랑해서 결혼했고, 이 세상에서 가장 가깝고 소중한 관계라 할 수 있다. 그러나 신혼기를 넘긴 부부가 사소한 문제로 서로 다투는 일은 빈번하고, 이혼을 하는 경우도 흔하다. 부부간에 서로 관심도 없고, 무슨 생각을 하고 있는지도 모른다는 것은 참 섬뜩한 일이다. 황혼이혼, 졸혼이라 하며 나이 든 부부들이 갈라선다. 부모는 자녀가 어떤 생각을 하고 있는지 모르고, 자녀는 부모에게 어떤 근심이 있는지 모른다. 젊은이들은 아예 가족의 형성 자체를 기피하는 경향이 생겨났다. 이 모든 현상들은 현대 가족이 안으로 곪을 대로 곪았음을 보여 준다.

현대 가족은 붕괴하고 있으며, 붕괴되어야만 한다. 현대 가족이 붕괴된 그 자리에 사랑의 공동체로서의 탈현대 가족이 들어설 것이다. 에고의 삶을 살아왔던 현대 가족원이 '참나'의 삶을 살아가는 사랑의 존재로 바뀌게 되면, 이것이 바로 고통스러운 현대 가족으로부터 사랑의 공동체인 탈현대 가족으로의 전환을 의미한다.

III.
사랑의 사회학의
사회 발전의 목표는 무엇인가

어떻게 사랑의 사회에 도달할 수 있을까?
인류의 존재혁명을 통해서이다.

'사랑의 사회에 도달하는 것', 이것이 사랑의 사회학에서 사회 발전의 목표이다. 에고의 존재에서 '참나'의 존재로 '존재혁명을 이루는 것', 이것이 사랑의 사회학이 제시하는 사회 발전 전략이다. 사랑의 사회학은 '나의 변화를 통한 세계 변화'를 도모하는 것이다.

'현대 사회를 완성하는 것', 이것이 현대 사회학에서 사회 발전의 목표이다. 낡은 전현대 사회구조를 철폐하고 '사회혁명이나 산업혁명을 이루는 것', 이것이 현대 사회학이 제시하는 사회 발전 전략이다. 현대 사회학은 '외부 세계의 개조를 통한 세계 변화'를 도모해 온 것이다.

현대화이론과 종속이론으로 대표되는 현대 사회학의 사회발전론은 현대 초기와 중기에 이르기까지 활력 있는 사회 발전에 대한 비전을 제시해 주었다. 그러나 현대 말·탈현대 초에 해당하는 현시점에 이르러 현대 사회학의 발전 논의는 활력을 상실했다. 현대 사회학의 관점에서 발전을 추구하면 추구할수록 저발전이 심화되는 역설적인 상황에 직면했기 때문이다. 그 결과, 현대 사회학의 사회발전론은 소멸해 버렸다. 전 세계의 사회학과에서 오늘날 사회발전론을 개설하는 곳이 드물다. 강의가 이루어지더라도 그 내용이 '현대화이론'이어서 현대를 넘어서야 하는 이 시대의 요구에 정면으로 배치된다.

Ⅲ장에서는 탈현대 세계관을 바탕으로, 사랑의 사회학이 제시하는 새로운 사회발전론을 서술하고자 한다. 첫째, 사랑의 사회학에서의 사회 발전의 의미가 무엇인가를 밝히고, 둘째, 사회 발전을 이룰 수 있는 방안을 제시하며, 마지막으로 발전된 사회의 모습을 서술하고자 한다.

1. 사회 발전의 의미

사회 발전이란 '보다 나은 상태'로 사회가 변동하는 것을 뜻한다. 그러므로 '보다 나은 상태의 사회'란 어떤 것인가에 대한 대답이 사회 발전이란 무엇인가에 대한 대답을 확정 짓는 데 결정적인 영향을 미친다. '보다 나은 상태의 사회'란 어떤 것인가? 이 질문에 대한 대답은 세계관에 따라 달라진다. 전현대 세계관, 현대 세계관, 탈현대 세계관에 따라 '좋은 사회'의 이미지는 어떻게 달라지는가를 생각해 보기로 하자.

전현대 세계관의 관점에서 보면, '좋은 사회'란 어떤 사회일까? 전현대적인 관점에서의 좋은 사회에 대한 생각의 핵심은 다음과 같다. 좋은 사회란 사회 구성원들이 자신이 소속한 사회의 도덕과 규범을 잘 내면화해서, 윤리적인 질서가 강한 사회이다. 가족이나 마을과 같은 사회에서 집단구성원들 간에 강한 유대가 존재하는 사회이다. 사회 구성원들이 자신의 사적인 이익이 아니라 자신의 소속 집단을 위해 헌신하는 사회이다. 의식주가 안정된 사회이다.

현대 세계관의 관점에서 보면, '좋은 사회'란 어떤 사회일까? 그 핵심은 다음과 같다. 과학기술이 발전한 사회, 그 결과 산업화를 이루고 경제적인 풍요를 누리는 사회이다. 합리적인 사회, 자유로운 사회, 평등한 사회, 각자의 개성이 존중되는 사회이다. 의사결정에 있어 민주적인 절차가 확립되고, 인권이 존중되는 사회이다.

탈현대 세계관의 관점에서 보면, '좋은 사회'란 어떤 사회일까? 전현대 사회와 현대 사회가 대립적인 특징을 갖고 있다면, 탈현대 사회는 전현대 사회와 현대 사회의 미점이 모두 극대화된 사회이다. 탈현대적인 의미에서 좋은 사회의 가장 중요한 의미는 '사랑의 사회'라고 할 수 있겠다. 사랑의 사회란 서로 겸손하고, 상대편의 허물을 용서하며, 따뜻한 마음으로 서로를 대하는 사회이다. 또한 탈현대 사회는 과학기술적으로 현대 사회보다 훨씬 앞선 사회이며, 훨씬 민주적이고 합리적이며 자유로운 사회이다. 탈현대 사회는 모든 분쟁이 종식된 평화로운 사회이다.

이와 같이 세계관에 따라 '좋은 사회'에 대한 견해가 다르다면, 각각의 세계관에 따른 '좋은 사회'에 대한 견해들은 현시점에서 동일한 가치를 갖는 것인가? 물론 그렇지 않다. 문명의 시점에 따라 각각의 견해가 갖는 가치는 달라진다.

전현대 세계관의 관점에 입각한 '좋은 사회'에 대한 견해가 가장 큰 가치를 가진 것은 전현대 문명 초기였고, 중기까지도 그 가치가 지속되었다. 그러나 전현대 문명이 말기에 이르고 현대 문명으로의 전환기에 이르게 되면, 전현대 세계관의 관점에 입각한 '좋은 사회'에 대한 견해는 부정적인 가치를 갖게 된다. 전현대 문명 말기에 이르러, 사회 구성원들이 전현대 세계관에 고착되어 전현대적인 의미에서 사회 발전을 추구하게 되면, 오히려 사회 저발전이 극대화된다. 대원군과 유림들이 주체가 된 조선 말의 사회 발전 추구가 바로 이런 전형이 될 수 있다. 그들은 최후의 순간까지 유교 사회의 재건을 추구했고, 결국 조선은 망해서 일본의 식민지로 전락했다.

현대 세계관의 관점에 입각한 '좋은 사회'에 대한 견해가 가장 큰 가치를 가진 것은 현대 문명 초기였고, 중기까지도 그 가치가 지속되었다. 그러나 현대 문명이 말기에 이르고 탈현대 문명으로의 전환기에 이르게 되면, 현대 세계관의 관점에 입각한 '좋은 사회'에 대한 견해는 부정적인 가치를 갖게 된다. 현대 문명 말기에 이르러, 사회 구성원들이 현대 세계관에 고착되어 현대적인 의미에서 사회 발전을 추구하게 되면, 오히려 사회 저발전이 극대화된다.

유럽 강대국들이 아메리카 대륙을 식민지화하기 이전까지 중남미와 북미 간에는 사회 발전의 정도에서 뚜렷한 차이점이 없었다. 오히려 아메리카 대륙의 삼대 문명으로 꼽히는 아스테카 문명, 마야 문명, 잉카 문명의 발원지는 모두 중남미 지역이었다. 그러나 현대화의 과정에서 중남미와 북미는 현저한 차이를 보인다. 중남미를 식민지화한 것은 스페인과 포르투갈이었고, 그들은 가톨릭을 신봉했다. 북미에 처음 정착한 사람들은 영국 국교의 탄압을 받은 청교도들이었다.

세계관의 측면에서 보면, 가톨릭은 전현대 세계관의 전형이라고 할 수 있고, 개신교는 현대 세계관과 합치하는 측면이 많다. 특히, 노동관과 직업관, 현세에서의 삶의 의미에 관해 양자 간에는 큰 차이가 있다. 즉, 전현대 세계관을 갖고 있느냐 현대 세계관을 갖고 있느냐 하는 것이 현대화의 속도에 영향을 미친 중요한 원인이 되었다고 볼 수 있다.

그러나 현재는 현대 문명의 초기나 중기 단계가 아니다. 현재는 현대 문명 말기이자 탈현대 문명 초기에 해당하는 문명 대전환기이다.

과거 산업혁명의 발발이 현대 문명으로의 전환을 촉구했듯이, 오늘날 4차 산업혁명이라고 명명된 신기술혁명이 탈현대 문명으로의 전환을 촉구하고 있다. 그런데 여전히 현대인과 현대 사회학자는 현대 세계관에 고착되어 있다. 그 결과, 조선 말 유학자들이 시대착오적인 사회 발전을 추구했던 것과 마찬가지로 현 인류는 낡은 현대 세계관의 바탕 위에서 시대착오적인 사회 발전을 추구하고 있다. 시대착오적인 사회 발전이 추구되면 그 결과는 어떻게 될까? 조선 사회는 망했고, 한국은 일본의 식민지로 전락했다. 현대 사회에는 문명 위기가 증폭되고 있고, 이런 추구를 멈추지 못한다면, 인류는 SF 영화에서 보듯 문명 대파멸에 이르게 될 것이다.

상황이 이러하기 때문에 현시대 상황에 부응하는 '새로운 사회 발전의 의미'를 확립하는 것이 시급하다. '새로운 사회 발전의 의미'를 확립하는 것은 과거 어부들이 북극성을 기준으로 삼고 노를 저었듯이, 인류가 그것을 향해 노를 저어 갈 새로운 좌표를 설정하는 것을 의미한다.

현시대 상황에 부응하는 새로운 좌표, '새로운 사회 발전의 의미'는 무엇인가? 현대 사회로부터 탈현대 사회로의 전환을 이룰 수 있는 '새로운 사회 발전의 의미'는 새로운 세계관인 탈현대 세계관의 바탕 위에서만 규정될 수 있다. 탈현대 세계관의 관점에서 볼 때, '새로운 사회 발전의 의미'는 무엇인가? 그것은 현대 문명이나 전현대 문명과 같이 에고에 바탕을 둔 문명으로부터 '참나'에 바탕을 둔 탈현대 문명으로의 전환을 이루는 것이다. 사회 구성원들이 집합적으로 '참나'의 각성을 통해 사랑의 사회를 구현해 나가는 것이다.

2. 사랑의 사회학에서의 사회 발전 방안

어떻게 사랑의 사회로 나아갈 것인가? 투쟁을 통해 사랑의 사회로 나아갈 수 있을까? 없다. F. M. 도스토옙스키Fyodor Mikhailovich Dostoevskii, 1821~1881는 『카라마조프가의 형제들』2007에서 이렇게 말했다. "사회주의는 악마적인 방법으로 천국을 건설하려고 하는 불가능한 노력이다." 악마적인 방법으로 천국을 건설할 수는 없다. 경쟁과 갈등을 통해 더 이상 경쟁과 갈등이 없는 사랑의 사회를 건설할 수는 없다.

사랑의 사회학이 제시하는 사회 발전 전략은 지극히 평화적이고 자발적이다. 사랑의 사회학의 발전 전략을 한마디로 요약하면, '나의 변화를 통한 세계 변화'라고 할 수 있다. 나의 존재 변화가 사회 전체의 변화에 우선하며, 사회 변화의 전제 조건이 된다. '참나'를 각성해서 사랑의 존재로 재탄생하면, 그는 마음의 평화와 행복을 얻게 되고, 그의 평화와 행복이 이웃에 좋은 영향을 미치게 되며, 나와 이웃의 창조적인 변화를 통해 세계는 변화하게 된다.홍승표, 2018: 64

그러므로 어떻게 사랑의 사회로 나아갈 것인가에 대한 사랑의 사회학의 대답은 인류가 '사랑의 존재로의 변화를 이룸으로써'이다. 그렇다면 어떻게 인류가 '사랑의 존재'로의 변화를 이룰 것인가? 이 질문에 대한 대답이 2장의 내용이다.

1) 존재 변화를 촉발시키는 요인

현대 중기에 이르기까지 인류는 개별 에고의 자궁[현대 문명] 속에서 편안한 삶을 살아왔다. 그러나 현대 말·탈현대 초인 현재에 이르러 현대 문명은 격렬하게 붕괴하고 있다. 개별 에고의 자궁은 이제 만삭이 된 인류에게 너무 비좁은 곳이 되어 버렸다. 인류는 이제 개별 에고의 자궁 속에서 죽음을 맞이하느냐 아니면 넓은 세상으로 나가 새로운 삶을 맞이하느냐의 갈림길에 서 있다.

무엇이 이런 문명의 격동을 초래했는가? 바로 AI를 중심으로 하는 신기술혁명이다. 신기술혁명의 발발로 모든 현대 사회 시스템들이 요란한 소리를 내며 무너지고 있다. 현대 자본주의 시스템도, 현대 정치 시스템도, 현대 교육 시스템도, 현대 가족 시스템도 모두 붕괴하고 있다. 현대의 눈으로 보면, 이것은 파괴이고, 문명의 붕괴이다. 이것은, 대원군의 눈으로 바라보았을 때, 조선 유교 사회 시스템들의 붕괴가 문명의 붕괴로 해석되었던 것과 똑같은 이치이다.

그러나 탈현대의 눈으로 바라본다면, 현대 문명의 붕괴란 무엇인가? 현대 문명은 붕괴되어야만 하는 시점에 이르렀으며, 현대 문명이 붕괴된 폐허가 탈현대 문명 건설의 터전이 될 것이다. 여기서 우리가 주목해야 할 점은 현대 문명이 급속히 붕괴되면서, 개별 에고로서의 삶이 커다란 어려움에 직면한다는 것이다. 개별 에고로서의 삶에 집합적인 고통이 발생하고 있는 것이다.

오늘날 청년들은 더 이상 새로운 사회 건설의 열망을 불태우지 않는다. 그들은 청년실업에 대한 불안을 안고 학창 시절을 보낸다. 직장을 얻지 못한 사람은 물론이고, 얻은 사람들도 행복하지 않다. 그들은 설레는 마음을 안고 회사로 출근하지 않는다. 노동조건이 악화되었을 뿐만 아니라 끊임없는 고용불안을 겪고 있기 때문이다. 중년기가 되면, 회사 내에서의 입지가 더 축소되고, 아직 일할 수 있는 나이에 직장을 그만둬야 하는 경우가 많다. 퇴직금으로 치킨 집을 열면, 곧바로 자본금을 까먹고 가난한 노년기에 접어들게 된다. 길어진 노년기는 저

주와도 같은 것이다. 가난, 질병, 외로움 등 많은 고통 속에 현대 노인들은 불행한 노년기를 보낸다.

신기술혁명의 영향으로 현대 사회 시스템들이 모두 붕괴하면서, 세대를 가리지 않고 현 인류의 삶이 고통스러워지고 있다. 어떻게 할 것인가? 두 가지 길만이 존재한다. 하나는 개별 에고에 머무는 것이다. 다른 하나는 개별 에고의 존재 차원을 넘어서서 '참나'에 도달하는 존재혁명을 이루는 것이다. 전자의 선택을 할 경우, 개인적으로는 지극히 고통스러운 삶에 직면하게 되며, 인류적인 차원에서는 문명 대파국에 이를 것이다. 후자의 선택을 할 경우, 개인적으로 행복한 삶을 영위할 것이며, 인류적인 차원에서는 현대 문명으로부터 탈현대 문명으로, 문명의 대도약을 이루게 될 것이다.

삶에서 직면하는 곤경은 존재 차원의 변화를 촉발시키는 계기가 될 수 있다. 사람들은 삶의 어떤 국면에서 존재 변화에 관심을 갖게 되고, 존재 변화를 위한 노력을 기울이게 되는 것일까? 삶에서 직면하는 곤경이 존재 변화의 계기가 되는 경우가 많다. M. L. von 프란츠^{Marie-Louise von Franz, 1983: 171}는 인격의 상처와 그에 따르는 곤경이 우리들의 인격적인 발전의 주요한 계기가 된다고 말했다.

삶에서 직면하는 곤경이 반드시 우리를 존재 변화로 이끄는 것은 아니다. 많은 경우, 곤경은 사람들을 파멸로 이끈다. 그러나 다른 한편으로 삶에서 직면하는 곤경은 우리들을 타성에 젖어 잠들어 있는 삶으로부터 깨어나게 하고, 진정한 삶이냐 죽음이냐 하는 선택을 우리들에게 요구한다. 이리하여 곤경은 개별 에고의 잠에서 깨어나 '참나'에 도달하는 존재 변화를 촉발시키는 계기가 될 수 있다.

석가모니나 공자와 같은 성인은 구태여 자신의 삶이 어려움에 처하지 않더라도 존재 변화를 이루어 사랑의 존재로 거듭날 수 있다. 그러나 보통 사람들의 경우, 평탄한 인생을 살아간다면, 그들의 삶은 에고의 틀을 벗어나기 어렵다. 삶에서 직면하는 여러 가지 형태의 곤경들, 예컨대 경제적인 파산, 집단 따돌림을 경험함, 암과 같은 중병에 걸림, 사형선고를 받음, 사랑하는 사람의 죽음 등으로 개별 에고의 실존이 위기에 처했을 때, 사람들은 자신의 삶을 돌아보게 된다. 그리고 이것은 존재 변화를 위한 출발점이 되기도 한다.

그런데 지금 인류는 전 지구적인 차원에서 삶의 곤경에 직면해 있고, 곤경은 점점 더 깊어지고 있다. 우린 이제 더 이상 현대 문명의 자궁 속에 편안하게 머물 수 없다. 현대 사회 시스템의 붕괴가 진행될수록, 인류의 현대 문명에 대한 불만은 고조될 수밖에 없다. 점증하는 삶의 곤경과 현대 문명에 대한 불만, 이것은 파괴적인 결과를 낳을 수도 있고, 창조적인 결과를 가져올 수도 있다.

사랑의 사회학의 역할은 새로운 문명의 물길을 안내하는 것이다. 즉, '문명에 대한 불만'이라는 거대한 에너지가 어디에 어떻게 사용되는가에 따라서 우리의 미래 사회가 어떻게 달라질 것인가를 알려 주는 역할이다. 삶에서 직면하는 개인적인 고통이, 그 사람의 인생을 파멸로 몰아갈 수도 있고, '참나'에 이르게 되는 계기로 작용할 수도 있음을 위에서 살펴보았다. 이와 마찬가지로, 문명에 대한 불만이라는 에너지도 현 세계를 파탄에 이르게 할 수도 있고, 새로운 문명 발전의 원동력이 될 수도 있는 것이다.

오늘날 현대 문명이 야기시키는 불만은 점점 고조되고 있다. 보다 더 많은 욕망을 충족시키기 위해서 끝없는 경쟁을 치르는 일에 우리들은 지쳐 있고, 고통스러워하고 있다. 인간과 인간을 갈라놓는 현대의 심연에 우리는 괴로워하고 있다. 우리는 더 이상 진정한 이해와 공감, 사랑을 나누지 못한다. 상대방에 대한 증오는 이 세상을 지옥으로 만들어 가고 있다. 그리고 빨라져만 가는 삶의 속도는 우리를 힘겹게 하고 있다. P. A. 소로킨Pitirim A. Sorokin, 1889~1968이 말하는 문명의 전환점에 우리들은 가까이 다가가고 있는 것이다.

문제는 '변동이 일어날 것인가?'가 아니고, '어떤 변동이 일어나야 할 것인가?'이다. 문명의 내재적 요인으로 인해서 야기되는 현대인의 삶의 곤경을 어떻게 탈현대 문명으로의 전환으로 연결시킬 것인가? 바로 이것이 현대가 새로운 유토피아 사상을 간절히 요구하는 까닭이며, 사랑의 사회학이 태동해야만 하는 이유이기도 하다.

개인적인 고뇌와 불행과 마찬가지로 사회적인 요인에 의해서 야기되는 집단적인 고뇌와 불행을 문명의 수직적 상승을 위한 에너지로 활용해야 한다. 이것이 현대의 가장 긴요한 과제이다. 개인의 삶에서나 집단의 수준에서나, 깊은 절망감을 느끼는 바로 그때가 새로운 희망의 출발점이 되는 경우를 많이 본다. 현대의 과제는 지금의 고뇌를 창조적으로 제련하여 미래의 행복으로 일구어 내는 것이다.

2) 수행을 통한 존재 변화

에고의 꿈에서 깨어나 '참나'에 이르기 위한 노력을 기울이는 것을 수행修行이라고 한다. 탈현대적인 관점에서 보면, 수행은 개인적인 차원에서는 인간다운 인간이 되는 길이며, 사회적인 차원에서는 사회 발전을 이루기 위한 핵심적인 방법이다. 그래서 『대학』에서는 이렇게 말했다.

> 천자로부터 서인에 이르기까지 모두 수신을 근본으로 삼는다.[70]

그렇다면 이미 수천 년 전에 이런 이상이 표방되었음에도, 인류의 역사에서 한 번도 이런 이상이 실현되지 못한 까닭은 무엇인가? 그 근본적인 이유는 전현대 사회에서 잉여생산이 제한적이었기 때문이다. 그래서 사회 구성원의 대부분은 경제적인 생산 활동에 삶의 대부분을 쏟아부어야 했다. 오직 생산 활동으로부터 자유로운 소수의 지배계급만이 수행에 전념하는 삶을 선택할 수 있었다.

현대 사회에 접어들면서, 잉여생산은 혁명적으로 늘어났다. 그러나 '수행으로서의 삶'은 전현대 사회보다 현대 사회에서 더 희소해졌다. 왜일까? 현대 세계관의 지배를 받는 현대인의 관심사는 개별 에고를 더 크고 높게 만드는 것이었지, '참나'에 이르는 것이 아니었기 때문이다.

과학기술의 발달과 잉여생산의 획기적인 증대는 인류가 '수행으로서의 삶'을 영위할 수 있는 구조적인 조건을 충족시켜 준다. 그러나 이것이 수행으로서의 삶에 이르기 위해서는 현대 세계관으로부터 탈현대 세계관으로의 전환이 이루어져야만 한다. 이 두 가지 조건이 충족되었을 때, '수행으로서의 삶'이 보편화될 수 있다.

수행이란 '참나'에 이르기 위한 노력이며, '참나'에 이른다는 것은 '사랑의 존재'가 된다는 것을 의미한다. 그래서 이 책에서는 수행이란 용어와 '사랑의 알통 기르기 연습'이란 용어를 같은 의미로 사용한다. 갓 태어난 아기에게는 근육이 없어서 아기는 아무것도 들 수 없다. 그러나 아기가 성장하면서 근육을 키우는 운동을 한다면 그는 아주 무거운 것도 들어 올릴 수 있다. 사랑의 능력이란 측면에서 보면, 현대인은 갓 태어난 아기와 같다. 그는 아무도 사랑할 수 없다. 그러나 사랑

---

70. 『大學』, "自天子以至於庶人 壹是皆以修身爲本".

의 존재가 되는 것을 목표로 삼고, 꾸준한 노력을 기울인다면, 마침내 그는 사랑스럽지 않은 존재마저 사랑할 수 있는 능력을 갖게 될 것이다. 사랑의 존재가 되기 위해 기울이는 노력, 이것을 이 책에서는 '사랑의 알통 기르기 연습'이라고 명명한다.

'사랑의 알통 기르기 연습'에는 수많은 방법들이 있다. 그중 대표적인 방법 몇 가지를 소개하면 다음과 같다.

자각의 방법

자각의 방법은 모든 '사랑의 알통 기르기 연습'의 출발점이 되는 것이다. 자각의 방법이란 '나의 에고'를 자각하는 것이다. '나의 에고'를 자각하는 순간, '나'와 '나의 에고' 사이에는 공간space이 생겨나며, 생겨난 공간은 '나의 에고'로부터의 자유를 의미한다. 자각이 거듭될수록 공간은 더 커지며, 나는 점점 더 '나의 에고'로부터 자유로워지게 된다. 자각의 대상은 '나의 욕망에 대한 자각', '나의 감정에 대한 자각', '나의 생각에 대한 자각', '거짓 나에 대한 자각' 등이 있다. 이 각각을 설명하면 다음과 같다.

나의 욕망에 대한 자각: 나의 욕망에 대한 자각은 내 마음 깊은 곳에서 꿈틀거리고 있는 무수한 욕망을 자각하는 것이다. 에고의 삶을 살아가는 현대인은 자신을 욕망의 주체라고 생각한다. 그래서 '나＝욕망'의 등식이 성립한다. 하지만 탈현대적인 관점에서 보면, 욕망은 내가 아니다. 만일 나를 하늘이라고 한다면, 욕망은 나의 하늘에 생겨났다 사라지는 구름과 같은 것이다. 그러므로 '나를 욕망'이라고 생각하는 것, 그리고 이 생각의 바탕 위에서 욕망을 추구하는 것은 존재론적인 소외이며, 소외된 삶이다. 욕망을 자각하면, 나는 더 이상 욕망과 일체화되어 욕망의 노예로 살아가는 현대적인 삶으로부터 탈피할 수 있다.

내 마음속에서 일어나는 모든 욕망이 자각의 대상이 된다. '나 이런 사람이야!' 하며 나를 과시하고 싶어 하는 과시욕, 명예를 얻고 싶어 하는 명예욕, 무언가를 갖고 싶어 하는 소유욕, 상대편 위에 군림하고 싶어 하는 권력욕, 이성에 대한 성욕, 경쟁에서 이기고자 하는 승부욕, 상대편을 부숴 버리고 싶은 공격욕, 자신을 부숴 버리고 싶은 죽음에 대한 욕망 등이 그것이다. 욕망에 대한 자각이 깊어지면, 눈에 쉽게 띄는 욕망만이 아니라 은밀한 욕망에 대해서도 자각할 수 있으며, 자각을 한 만큼 욕망으로부터의 자유를 누릴 수 있게 된다.

나의 감정에 대한 자각: 나의 감정에 대한 자각은 내 마음속에 생겨나는 감정을 자각하는 것이다. 탈현대적인 관점에서 보면, 감정 역시 욕망과 마찬가지로 내 마음의 하늘에 잠시 생겼다 사라지는 부질없는 것이다. 감정에 대한 자각이 이루어지면 우린 점점 감정에 사로잡혀 있는 상황에서 벗어나 감정으로부터의 자유를 누릴 수 있게 된다. 내가 감정을 자각했다고 해서 감정이 바로 사라지는 것은 아니지만 감정이 나에게 미치는 영향이 감소하게 된다.

내 마음속에서 일어나는 모든 감정이 자각의 대상이 된다. 화에 대한 자각, 불안에 대한 자각, 짜증에 대한 자각, 무서움에 대한 자각, 초조감에 대한 자각, 배제의 두려움에 대한 자각, 우울함에 대한 자각, 질투심에 대한 자각, 미움에 대한 자각, 기쁨에 사로잡힌 나에 대한 자각, 죽음의 공포를 느끼는 나에 대한 자각 등이 여기에 해당한다. 감정에 대한 자각이 거듭될수록, 감정이 나의 주인의 자리에서 물러나 나의 손님으로 바뀌어 가며, 나는 점점 감정으로부터의 자유를 누릴 수 있게 된다.

나의 생각에 대한 자각: '나는 생각한다'라는 말은 빈번히 사실이 아니다. '생각이 나를 지배한다'는 말이 진실에 가까울 때가 많다. 잠자리에 누웠는데 잠이 오지 않을 때, 누군가와 싸움을 벌이고 있을 때, 미래에 대한 불안이 엄습할 때, 이런 때는 생각이 꼬리에 꼬리를 물고 일어난다. 그리고 나는 생각 속에 함몰된다. 욕망이나 감정과 마찬가지로, 나를 하늘이라고 한다면, 생각은 나의 하늘에 잠시 생겼다 사라지는 구름과 같은 것이다. 생각을 자각하면, 생각과 나 사이에는 공간이 생겨나고, 생각으로부터의 자유를 누릴 수 있게 된다.

내 마음속에서 일어나는 모든 생각이 자각의 대상이 된다. 머리를 가득 채우고 있는 돈에 대한 생각, 이해타산을 계산하는 생각, 치사스러운 생각, 야비한 생각, 비겁한 생각, 옹졸한 생각, 터무니없는 생각 등이 그것이다. 생각에 대한 자각이 거듭되면, 나는 내가 참 보잘것없는 존재라는 것을 알 수 있다. 그리고 이런 나에 대한 자각이 보잘것없는 나로부터의 해방을 가져다준다.

거짓 나에 대한 자각: '거짓 나'란 '참나'에 대비되는 에고를 가리킨다. '거짓 나'에 대한 자각이란 나의 에고에 대한 자각이다. 현대인은 에고로서의 삶을 살아가고 있기 때문에 자신의 모습 대부분이 '거짓 나'에 해당한다. '거짓 나'에 대한 자각은 에고로부터 벗어나는 계기가 된다.

'거짓 나'에 대한 자각은 다음과 같은 것들을 포함한다. 이기적인 나에 대한 자각, 상대편이나 자기 자신에 대해 무관심한 나에 대한 자각, 감사할 줄 모르는 나에 대한 자각, 상대편의 이야기를 귀담아들지 않는 나에 대한 자각, 오만한 마음을 갖고 있는 나에 대한 자각, 열등감을 갖고 있는 나에 대한 자각, 건강염려증에 걸려 있는 나에 대한 자각, 비겁한 나에 대한 자각, 돈을 밝히는 나에 대한 자각, 치사스러운 나에 대한 자각, 야비한 나에 대한 자각, 권위주의적인 나에 대한 자각, 도덕률에 얽매여 있는 나에 대한 자각, 매사에 모범생인 나에 대한 자각, 조급증에 걸려 있는 나에 대한 자각, 충고 중독자인 나에 대한 자각, 쉽게 근심에 빠지는 나에 대한 자각, 상대편 탓만 하는 나에 대한 자각, 늘 불평만 하는 나에 대한 자각, 너그럽지 않은 나에 대한 자각, 복수심에 사로잡힌 나에 대한 자각, 시기심의 노예인 나에 대한 자각, 매사에 심각한 나에 대한 자각 등이 여기에 해당한다. 나의 에고에 대한 자각이 빈번해지면, 나는 점점 더 나의 에고로부터 자유로워지게 된다.

자각된 에고를 돌보기

자각된 에고를 돌보기는 위에서 언급했던, 나의 욕망, 감정, 생각, 거짓 나를 자각했을 때, 자각된 에고를 사랑해 주는 연습을 하는 것이다. 자각된 에고를 사랑해 준다는 것은 어떻게 하는 것인가? 그것은 자각된 에고가 내 안에 머물도록 허용하는 것, 자각된 에고를 용서하는 것, 자각된 에고를 따뜻하게 품어 주는 것 등을 말한다. 자각된 에고에 대한 사랑의 알통 기르기 연습을 통해 '사랑할 수 있는 나', 즉 '참나'가 점점 깨어나 활동하게 된다. 각각의 경우에 대해 하나의 예를 들어 설명하면 다음과 같다.

욕망-권력욕 돌보기: 개별 에고는 바다 위에 잠시 생겨났다 꺼져 버리는 하나의 거품과 같은 존재이다. 개별 에고로서의 나는 지금 존재하지만 언제 생명의 불꽃이 꺼져 버릴지 모르는 불안한 존재이다. 나는 이 세상에 존재하나 마나 한 미미하고 하찮은 존재이다. 내가 '하찮은 존재'라고 하는 생각은 현대인에게 존재론적으로 주어지는 것이며, 그래서 뿌리 깊은 것이다. 이것이 현대인이 죽음에 이르는 순간까지 권력을 추구하지 않을 수 없는 이유이다. 권력욕을 돌본다는 것은 어떻게 하는 것인가? 그 방법을 소개해 보겠다.

상대편 속의 권력욕은 쉽게 알아챌 수 있다. 그러나 내 안의 권력욕은 알아채기가 쉽지 않다. 주변에서 권력욕에 사로잡혀 있으면서도 자신은 정말이지 권력욕이 없는 사람이라고 생각하고 있는 사람, 그리고 정말 그렇게 믿고 있는 사람을 발견하는 것은 어렵지 않다. 그래서 예수께서는 '어찌하여 형제의 눈 속에 있는 티는 보고 네 눈 속에 있는 들보는 깨닫지 못하느냐?'라고 말씀하신 것이다. 우리는 흔히 권력욕에 사로잡힌 채 살아간다. 권력욕에 대한 창조적인 대응방법은 내 안의 권력욕을 사랑하는 것이다.

그렇다면 '권력욕을 돌보기 연습'은 어떻게 하는 것일까? 그 순서를 서술하면 다음과 같다.

첫째, '권력욕을 돌보기 연습'에서 출발점이 되는 것은 내 안에 살고 있는 권력욕을 알아채는 것이다. 위에서도 언급했듯이 내 안의 권력욕을 알아채는 것은 쉽지 않다. 알아채기 위해서는, 고양이가 쥐를 잡기 위해서 온 신경을 쥐구멍에 집중하고 있다가 쥐구멍에서 쥐가 밖으로 나오는 순간 날쌔게 낚아채듯이 해야 한다. 내 마음 깊은 곳에 살고 있는 권력욕을 알아챈다는 것은 유쾌한 일은 아니지만 멋진 일이다. 왜냐하면 이것이야말로 '권력욕이 없는 나'로 가기 위한 출발점이 되기 때문이다.

둘째, 다음으로 해야 할 일은 권력욕이 내 안에 거주하는 것을 허용하는 일이다. 내 마음 깊은 곳에 권력욕이 꿈틀거리고 있음을 알아채고 나면, '싫어'라고 말하기 쉽다. 그러나 내 안의 권력욕을 부정하게 되면 권력욕은 더 큰 에너지를 갖게 된다. 그러므로 자각된 권력욕에 대해 이렇게 말해 주어야 한다. '내 친구 권력욕아. 반가워. 내가 정성을 다해 대접할 것이니 부디 내 여관에 편안하게 머물러 다오.'

셋째, 자각된 권력욕을 용서해야 한다. 나는 권력욕을 갖고 싶어서 갖게 되었는가? 물론 아니다. 난 어쩔 수 없이 권력욕을 갖게 되었다. 그러므로 나는 내 안에 살고 있는 권력욕을 용서해 주어야 한다. 내 안의 권력욕을 용서해 주면, 네 안의 권력욕 역시 용서해 줄 수 있는 힘이 생기게 된다. 진정한 힘은 권력을 쟁취하는 것이 아니라 내 안의 권력욕을 용서해 줄 수 있는 힘이다. 권력욕을 용서하는 연습을 통해 우리 안에 진정한 힘이 커지게 된다.

넷째, 자각된 권력욕을 사랑하는 연습을 한다. 내 안의 권력욕은 어쩔 수 없이 생겨난 것이며, 나의 권력욕으로 인해 나 자신도 상대편도 고통받고 있다. 그러므로 권력욕에 사로잡혀 있는 나는 가엾은 존재이다. 그래서 나는 권력욕에 사로잡혀 있는 나를 가엾이 여겨 주고, 따뜻하게 품어 준다. 이런 연습을 반복함에 따라서 권력욕에 사로잡혀 있는 나를 사랑할 수 있는 능력이 점점 커진다. 능력이 커질수록, 나는 점점 권력욕으로부터 자유로워지게 된다.

생각-치사한 생각 돌보기: 잠자리에 들었는데 잠이 오지 않으면, 많은 생각들이 생겨났다 사라진다. 생각은 떠오르는 순간 내 마음의 주인이 된다. 생각을 돌보기 연습은 떠오른 생각을 자각하는 것에서 시작한다. 그리고 자각을 출발점으로 해서 생각을 돌보기 연습을 한다. 여기서는 내 안에서 생겨난 '치사한 생각'을 대상으로 해서 생각 돌보기 연습 방법을 이야기해 보겠다.

치사한 생각이 생겨나면, 흔히 우리는 치사한 생각에 사로잡혀서 치사스러운 행동을 하거나, 아니면 자기 안에서 치사한 생각을 없애 버리려고 한다. 이 둘 다 창조적이지도 효과적이지도 않은 대응 방법이다. 생겨난 치사한 생각을 돌봐 주는 것이 치사한 생각에 대한 창조적인 대응이다.

그렇다면 '치사한 생각 돌보기 연습'은 어떻게 하는 것일까? 그 순서를 서술하면 다음과 같다.

첫째, 치사한 생각에 사로잡히거나 없애려고 하지 않으면서, 치사한 생각을 자각한다. 치사한 생각을 자각한다는 것은 '내 안에서 치사한 생각이 생겨났구나.' 하고 알아채는 것을 뜻하며, 어렵지 않다.

둘째, 치사한 생각을 반갑게 맞이한다. 치사한 생각을 자각하고 나면 이렇게 말한다. '어서 와. 치사한 생각아. 반가워. 부디 내 안에 오래 머물러 주렴.' 치사한 생각은 영원히 치사함이 없는 세계로 나아가는 문이다. 그러므로 '참나'에 도달하고자 하는 사람에게 생겨난 치사한 생각은 진귀한 손님이다. 그래서 치사한 생각을 반갑게 맞이하는 것이다.

셋째, 치사한 생각을 용서한다. 나는 치사스러운 생각을 하고 싶어서 한 것이 아니다. 내 마음속에서 나도 모르게 어쩔 수 없이 치사한 생각이 떠오른 것이다. 그러므로 나는 '치사한 생각을 하는 나'를 용서해야 한다. 에고는 비난하고 처벌할 수만 있다. 용서하는 나는 '참나'이다. 치사한 생각을 용서하게 되면, 나에게는 용서할 수 있는 능력이 커지게 된다. 사랑의 알통이 자라나는 것이다.

넷째, 치사한 생각을 사랑해 준다. 치사한 생각을 한 나는 볼품없고 가엾은 나이다. 나는 치사한 생각을 일으킨 가엾은 나에게 따뜻한 미소를 보내고 따뜻하게 품어 준다. 사랑스러운 것을 사랑하는 데는 사랑할 수 있는 능력이 필요 없다. 사랑의 알통 기르기 연습의 대상은 사랑스럽지 않은 것이다. 이 세상에 사랑스럽지 않은 것은 에고밖에 없다. 그러므로 사랑의 알통 기르기 연습의 대상은 사랑스럽지 않은 나와 너의 에고이다. 치사한 생각을 하는 나는 사랑스럽지 않다. 그러므로 치사한 생각을 하는 나를 사랑하는 연습을 통해 사랑의 알통이 커지게 된다. 사랑의 알통이 커질수록 나의 주체는 에고에서 '참나'로 바뀌어 가게 된다. 이것을 존재 변화라고 하며, 존재 변화가 일어나기 시작하면, 자연스럽게 치사한 생각이 잘 떠오르지 않게 되고, 떠올라도 금방 사라져 버린다.

감정-화 돌보기: 내 마음의 바다에는 하루에도 수많은 감정이 생겨났다 사라진다. 현대인은 어떤 감정이 생겨나도 그 감정에 사로잡혀 감정의 노예가 된다. 감정을 돌보는 연습은 어떤 감정이 생겨났을 때, 일단 그 감정을 자각한 이후에 자각한 감정을 사랑하는 연습을 하는 것이다. 여기서는 흔히 우리를 엄습하는 감정인 화를 대상으로 해서 감정을 돌보는 연습 방법을 이야기해 보겠다.

화는 화를 내는 자신에게나 화를 분출하는 상대편에게나 고통을 만들어 내는 감정이다. 현대인은 흔히 화가 나면, 화의 노예가 되어 화를 폭발시키거나, 화를 억압하면서 없애려고 한다. 이 두 가지 대응 방식은 상반된 것이지만 모두 고통을 준다. 화가 났을 때, 화에 대한 창조적인 대응 방식은 '화를 돌봐 주는 것'이다.

그렇다면 '화 돌보기 연습'은 어떻게 하는 것일까? 그 순서를 서술하면 다음과 같다.

첫째, 화를 자각하면서 화의 표출이나 억압을 중지한다. 흔히 화가 나면, 화를 표출하거나 화를 참는 대응을 하는데, 둘 중 어떻게 하더라도 화는 우리에게 고통을 준다. 화를 표출하지도 참지도 않으면서 일어난 화를 자각한다.

둘째, 나를 화나게 한 대상으로부터 '나를 화나게 한 그 대상으로 인해 화가 난 나'에게로 시선을 돌린다. 나를 화나게 만든 상대편의 행동은 상대편의 몫이고, 상대편의 행동으로 인해 화가 나는 것은 나의 몫이다. 내가 돌보아야 하는 것은 나를 화나게 한 상대편의 행동이 아니라, 내 마음속에 일어난 화이다. 그러므로 나는 일단 내가 돌볼 수 있는 '화가 나 있는 나'에게로 시선을 돌려야 한다.

셋째, 일어난 상황에 대한 저항을 멈추고 화가 내 안에 존재하고 있음을 허용한다. 이것을 '화를 받아들임'이라고 한다. 나를 화나게 한 상황은 이미 발생했다. 일어난 상황에 저항하면, 일어난 상황이 나를 더 불행하게 만들 것이다. 일단 화가 났을 때, 창조적인 대응은 나를 화나게 한 상황을 받아들이고, 화가 내 안에 존재하도록 허용하는 것이다. 만일 화가 내 안에 존재하도록 허용하지 않으면 어떻게 될까? 그렇다고 해서 화가 사라지는 것은 아니다. 화는 더 큰 힘을 갖고 나를 불행하게 만들 것이다.

넷째, 화를 허용할 뿐만 아니라 반갑게 맞이한다. 화가 났을 때, 마치 진귀한 손님이 찾아온 듯 반갑게 맞아들인다. 실제로 화는 우리를 에고의 존재 차원을 넘어 '참나'의 존재 차원으로 인도할 진귀한 손님이다.

다섯째, 화가 난 나를 용서해야 한다. 나는 화가 나고 싶어서 화가 난 것이 아니라 나의 에고가 무능력해서 어쩔 수 없이 화가 난 것이다. 그러므로 화가 난 나를 공격하거나 비난해서는 안 되며, 화가 난 나를 용서해야 한다. 화가 난 나를 용서하면, 나의 존재 차원의 변화가 일어나며, 난 나 자신이나 상대편의 허물에 대해 용서할 수 있는 능력이 커지게 된다.

여섯째, 화가 난 나에게 따뜻한 미소를 보낸다. 이것은 '화가 난 나', 못난 나인 에고를 사랑하는 것이다. 따뜻한 미소를 보내면, 화가 사그라지는 효과가 있을 뿐만 아니라 나와 너의 추한 에고를 사랑할 수 있는 능력이 커지게 된다. 즉, 사랑의 알통이 생겨나는 것이다.

일곱째, 화가 난 나를 따뜻하게 품어 준다. '화가 난 나'는 어쩔 수 없이 화가 나서, 화로 인해 고통받고 있는 '가엾은 나'이다. 화가 난 내가 필요로 하는 것은 사랑이다. 그래서 나는 화가 난 나를 따뜻하게 품어 준다. 이렇게 1단계에서 7단계까지의 사랑의 알통 기르기 연습을 반복하면, 내 안의 화는 점점 더 약해지고, 화가 난 나를 사랑하는 나는 점점 강해진다. 마침내 화가 내 안에서 사라지고, 내 마음이 평화로워지며, 따뜻해졌을 때, '화가 난 나'를 돌보기 작업은 끝나게 된다. 다음 단계는 나를 화나게 한 상대편을 돌보는 것이다.

여덟째, 나는 나를 화나게 한 상대편을 깊이 들여다본다. 깊이 들여다보면, 상대편이 어쩔 수 없이 나를 화나게 했음을 알게 된다. 나를 화나게 한 상대편이 상처를 갖고 있음을 알게 되고, 그 역시 고통받고 있음을 알게 된다. 이와 같은 상대편에 대한 이해를 '깊은 이해'라고 한다. '깊은 이해'는 사랑이다. 상대편에 대한 깊은 이해가 생겨나면 나는 나를 화나게 한 상대편에 대해 따뜻한 마음이 생겨나게 되며, 그를 용서하게 된다. 나에게 사랑의 알통이 생겨남으로써, 상대편이 나의 사랑을 받는 혜택을 누리는 것이다.

거짓 나-이기적인 나 돌보기: 현대인은 대부분 이기적이다. 이것은 현대인이 자신을 '개별 에고'라고 생각하기 때문에 생겨나는 필연적인 결과이다. 내가 이기적으로 행동하면, 이 행동은 상대편에게 피해를 주고, 피해를 입은 상대편은 나에게 자신이 입은 피해를 되갚아 주려고 한다. 이 때문에, 이기적인 행동은 상대편에게도 나에게도 고통을 낳는다. 그러나 '이기적인 존재로부터 벗어나겠다'는 결심만으로는 이기심으로부터의 탈피가 어렵다. 나의 이기심을 사랑하는 연습을 통해서만, 나는 이기적인 나의 존재를 넘어설 수 있다.

그렇다면 '이기심을 사랑하는 연습'은 어떻게 하는 것일까? 그 단계를 서술하면 다음과 같다.

첫째, 이기적인 나를 자각한다. '이기적인 나'에 대한 자각은 변화의 시작점이 된다. 내 마음의 움직임, 내 행동의 동기나 방식 등을 관찰해 보면, 이기적인 나를 발견할 수 있다. 설거지를 할 때, 내 수저나 그릇을 더 깨끗하게 헹궈 내고 있는 나의 발견, 이런 것이 이기적인 나의 발견의 사례이다.

둘째, 이기적인 나를 용서한다. 나는 왜 이기적인 사람이 되었을까? 사람마다 이런저런 이유가 있을 것이다. 그러나 분명한 것은 누구나 이기적인 자신을 싫어하며, 이기적인 사람이 되고 싶어서 이기적인 사람이 된 경우는 없다는 것이다. 즉, 나는 어쩔 수 없이 이기적인 사람이 된 것이다. 그렇다면, 나는 이기적인 나를 용서해야 한다. 이기적인 나를 용서하면, 용서할 수 있는 능력, 즉 사랑의 알통이 커지게 된다.

셋째, 이기적인 나를 사랑한다. 이기적인 나는 나 자신도 싫어하고, 상대편은 물론 싫어한다. 누구에게나 미움을 받는다. 이기적인 나는 가엾은 존재이다. 그래서 나는 이기적인 나를 향해 따뜻한 미소를 지어 준다. 이기적인 나를 따뜻하게 품어 준다. 이기적인 나는 사랑스럽지 않다. 사랑스럽지 않은 나를 따뜻하게 대해 주는 것이 사랑의 알통 기르기 연습을 하는 것이다. 연습을 통해 나는 점점 사랑할 수 있는 존재로 변화해 간다. 내가 사랑할 수 있는 존재로 변화하면 할수록 난 더 이상 이기적이지 않은 존재로 바뀌어 간다. 이기적일 수가 없다. 상대편에 대한 배려심이 깊어지고, 공감 능력이 증대된다.

고통스러운 상황을 통한 연습

『주역』「택수곤괘澤水困卦」의 괘상을 보면, 연못 밑에 물이 있는데 못에 물이 말라붙어 곤핍한 상황이다. 살면서 직면하는 곤경의 때를 상징한다. 그런데 『곤괘』 단전彖傳에서는 '험함에 기뻐한다[險以說]'라고 한다. '험함에 기뻐하다니', 이상하지 않은가? 단전을 지은 사람은 왜 이렇게 말한 것일까? 그것은 에고가 마주친 곤경에는 '참나'와의 만남을 이룰 수 있는 기회가 있기 때문이다. 에고가 마주친 고통스러운 상황을 '참나'와의 만남을 위한 기회로 활용하는 것, 이것이 고통스러운 상황을 통한 사랑의 알통 기르기 연습의 의미이다.

모욕을 받았을 때: 현대 사회는 무례한 사회이다. 예禮의 본질은 약자에 대한 존중인데, 현대 사회에는 강자의 약자에 대한 지배가 팽배해 있다. 그래서 현대인은 모욕, 무시, 차별을 받는 경험을 자주 하게 된다. 이것은 아주 고통스러운 경험이다. 에고의 차원에서 보면, 이것은 커다란 고통을 만들어 내고, 자신을 파괴한다. 그러나 '참나'의 차원에서 보면, 에고가 이렇게 상처를 받는 경험이 '참나'가 깨어나 활동할 수 있는 좋은 기회가 된다. 모욕, 무시, 차별을 당하는 경험으로 에고가 상처를 받았을 때, 이를 '참나'가 깨어나는 기회로 활용하는 것이 사랑의 알통 기르기 연습의 요체이다. 모욕을 받았을 때, 사랑의 알통 기르기 연습은 다음과 같이 진행한다.

첫째, 무너져 내리는 자존심을 지켜본다. 모욕을 받아 내 자존심에 상처를 받았을 때, 에고는 자존심의 복구를 위해 노력한다. 이런 복구의 노력을 중단하는 것이 사랑의 알통 기르기 연습 일단계가 된다. 우리의 목표는 훼손된 자존심을 복구하는 것이 아니라 자존심이 훼손된 상황을 활용해서 '참나'가 깨어나도록 하는 것이다. 이를 위해서는 모욕을 받아 무너져 내리는 자존심을 복구의 노력 없이 그냥 지켜보아야만 한다. 이를 노자는 '수기욕守其辱[그 욕됨을 지킴]'이라고 했다.

둘째, '자존심이 무너져 내리니, 아! 참 좋다!'라고 말한다. 열등감이 강할수록 에고의 자존심은 더 강해지고, 누군가의 모욕이 나에게 더 큰 상처가 된다. 모욕을 받아 자존심이 무너져 내리는데, 무엇이 좋은가? 모든 자존심[71]은 에고의 자존심이다. '참나'의 관점에서 보면, 에고의 자존심이란 무너져 내려야 하는 것이다. 누군가가 나를 모욕해서 무너져 내려야 할 자존심이 무너져 내리니 참 좋은 것이다. 자존심이 무너질 때, 이를 환영하는 것은 좋은 사랑의 알통 기르기 연습이 된다.

셋째, 고통받는 나를 사랑한다. 모욕을 받아 에고의 상처를 받은 나는 가엾다. 고통받고 있는 나의 에고에게 따뜻한 미소를 짓는다. 그리고 따뜻하게 안아 준다. 이것이 사랑스럽지 않은 에고에 대한 사랑인데, 연습을 하면 할수록 나는 사랑할 수 있는 존재로 재탄생하게 된다. '참나'가 깨어나 활동하게 되면, 누군가로부터 모욕을 받더라도 이것은 나에게 상처가 되지 않는다. 나를 모욕하는 사람을 측은한 눈으로 바라볼 뿐.

짜증스러운 상황을 만났을 때: 현대인은 하루에도 여러 번씩 짜증스러운 상황을 만난다. 내가 운전자라고 했을 때, 모든 운전자들이 내가

---

71. 물론 여기서 말하는 자존심은 나에 대한 진정한 존중과 존경심으로서의 자긍심을 말하는 것이 아니다.

원하는 대로 운전하는 그런 세상은 존재하지 않기 때문이다. 짜증스러운 상황을 만날 때마다 현대인은 짜증을 내고, 불행해진다. 에고로서의 삶은 평면적이다. '나쁜 것은 나쁜 것일 따름이다.' 그러나 '참나'의 차원에서 보면, 에고에게 일어난 나쁜 일이 '참나'가 깨어날 수 있는 기회가 된다. 그래서 '나쁜 것이 좋은 것이다'라고 하는 입체적인 삶에 들어서게 된다. 이렇게 일어난 나쁜 일을 '참나'가 깨어나는 기회로 활용하는 것이 짜증스러운 상황을 만났을 때의 마음공부이다. 짜증스러운 상황을 만났을 때의 마음공부는 다음과 같은 단계로 진행된다.

첫째, 짜증스러운 상황을 받아들인다. 짜증스러운 상황은 이미 발생한 것이다. 내가 일어난 상황에 저항한다면, 나는 그 상황으로 인해 고통받을 것이다. 자연은 도道와 하나이다. 그래서 자연은 일어난 상황에 저항하지 않는다. 씨앗이 싹을 틔우려고 하는데, 만일 돌멩이가 가로막고 있으면, 씨앗은 불평하지 않는다. 돌멩이를 돌아서 싹을 틔우거나 안 되면 죽을 따름이다. 그래서 싹을 틔우려는 씨앗은 자신의 갈 길을 가로막고 있는 돌멩이로 인해 고통받지 않으며, 주어진 상황에서 자신의 최선을 다할 수 있다. 이렇듯, 자연은 일어난 상황에 저항하지 않으며, 우린 자연을 스승으로 삼아 일어난 상황을 받아들이는 연습을 할 수 있다.

둘째, 짜증 난 나를 용서한다. 누구도 짜증이 나고 싶어서 나는 것은 아니다. 단지 일어난 상황을 받아들일 수 있는 능력이 없기 때문에 어쩔 수 없이 짜증이 나는 것이다. 그래서 나는 짜증 난 나를 용서한다. 짜증 난 나를 용서하면, 용서할 수 있는 힘이 커지게 된다.

셋째, 짜증 난 나를 따뜻하게 돌본다. 짜증 난 나는 짜증으로 고통받는 가엾은 존재일 뿐이다. 그래서 나는 짜증 난 나를 다정하게 대해 주고, 따뜻하게 품어 준다. 연습이 거듭되면, 내 안에서 사랑할 수 있는 힘이 커진다.

좌절감을 느낄 때: 살아가면서 누구나 시련이나 좌절을 겪는다. 시련이나 좌절을 겪지 않는 것이 중요한 것이 아니라 시련이나 좌절의 상황에 창조적으로 대처하는 것이 중요하다. 시련이나 좌절에 창조적인 대응이 이루어진다면, 우린 시련과 좌절의 경험을 통해 성장할 수 있다. 하늘은 때로 우리가 이해하기 힘든 방법으로 선물을 주는데, 시련과 좌절의 경험 같은 것이 바로 그것이다. 시련과 좌절의 경험 안에는 하늘의 선물이 들어 있다. '시련이나 좌절을 겪으냐 겪지 않느냐'는 우리의 선택이 아니다. 우리의 선택은 시련과 좌절 속에 담겨 있는 '하늘의 선물을 받느냐 받지 않느냐' 하는 것이다. 시련이나 좌절의 경험을 했을 때, 그 안에 담겨 있는 하늘의 선물을 받는 방법을 서술하면 다음과 같다.

첫째, 나에게 닥친 시련이나 좌절을 받아들인다. 이미 시련이나 좌절의 상황이 일어났을 때, 이에 저항한다면, 나는 고통을 받게 된다. 시련이나 좌절이 상처를 줄 수 있는 대상은 무엇인가? 우리의 에고이다. '참나'는 무엇으로부터도 상처를 받지 않는다.

수행의 관점에서 보자면, 에고란 무엇인가? '거짓 나'이고 실재하지 않는 것이다. 에고는 무너져야 하는 것이다. 그런데 시련이나 좌절의 경험이 우리의 에고에 상처를 주고, 에고를 무너뜨린다. 좋은 일이다. 무너져야 할 것이 무너지고 있는 것이다. 그래서 수행의 길에 들어선 사람은 때로 시련을 자초하기도 한다. 무너져야 할 것이 무너지니, 우린 나에게 닥친 시련이나 좌절을 받아들일 수 있다. 시련이나 좌절로 인해 무너진 에고의 자리가 '참나'가 자신의 존재의 빛을 발할 수 있는 곳이 된다. 이렇게 해서, 시련과 좌절을 받아들였을 때, 우린 '거짓 나'를 벗어나 '참나'에 이르는 존재 변화를 이룰 수 있게 된다.

둘째, 상처받은 나를 보살핀다. 시련이나 좌절의 경험을 할 때, 우리의 에고는 상처를 받고 고통스러워한다. 상처받고 고통스러워하는 나는 가엾다. 그래서 나는 상처받고 고통스러워하는 나를 가엾이 여겨 준다. 따뜻하게 품어 주고, 위로해 준다. 사랑을 받으면, 상처와 고통이 치유된다. 또한 이 연습을 통해 '사랑할 수 있는 나', 즉 '참나'가 활동하게 된다.

불합리한 상황을 만났을 때: 카라마조프가의 형제들 중 이남인 이반은 이렇게 질문한다. '정말 하느님이 있다면, 왜 천사 같은 아이들이 학대받는 일이 허용되는가?' 당시 러시아 사회에서는 아동 학대가 광범위하게 일어났던 모양이다. 미국과 같은 서구 사회에서는 아버지로부터 성적인 학대를 당하면서 자라는 여자아이들이 꽤 있는 것 같다. 우리가 바로 그 아이들일 수 있다.

그 아이들과 같이 자신이 아무런 잘못도 하지 않았는데, 평생 짐이 될 고통스러운 체험을 하는 불합리한 상황을 만났을 때, 에고로서의 우리의 삶은 산산조각 나기 쉽다. 현대인은 에고로서의 삶을 살아가기 때문에 불합리한 상황과 맞닥뜨리면 자신의 삶 전체가 파괴되곤 한다.

그러나 여기엔 기회가 있다. 에고의 눈으로 바라보면, 정말 기회가 없을 것 같지만 여기엔 어떤 것에도 깨어지지 않는 금강불괴金剛不壞와 같은 삶에 도달할 수 있는 기회가 있다. 사랑의 알통 기르기 연습이란 정말 기회가 없을 것 같은 불합리한 상황과의 맞닥뜨림 속에서 진정한 기회를 찾는 연습이다. 불합리한 상황을 만났을 때의 사랑의 알통 기르기 연습은 어떻게 진행되는가?

첫째, 맞닥뜨린 불합리한 상황을 받아들인다. '왜 하필 나에게 이런 일이 일어난단 말인가!'라는 한탄은 무력한 것이다. 왜냐하면 불합리한 상황은 이미 일어났기 때문이다. 불합리한 상황이 일어날 것인가 아닌가는 우리의 선택이 아니다. 우리의 선택은 일어난 불합리한 상황을 받아들일 것인가 아닌가 하는 것이다. 만일 받아들이지 않고 저항한다면, 우린 고통을 받을 것이다. 받아들인다면, 불합리한 상황 속에서 최선을 다할 수 있을 것이다.

만일 공사장 아래를 지나다가 벽돌이 떨어져 내 머리에 부딪혀 나는 5분 후면 죽는 상황에 직면했다고 가정해 보자. 이 상황을 받아들이지 않으면, 나는 고통스럽게 비명을 지르며 죽을 것이다. 이 상황을 받아들인다면, 나는 이렇게 생각할 것이다. '떨어진 벽돌이 내 머리에 부딪혀 나는 곧 죽겠구나.' 나는 지금까지 나에게 선물처럼 주어졌던 삶에 감사하고, 내가 사랑했던 그리고 나를 사랑해 주었던 사람들을 기억하면서 평화롭게 삶을 마감할 것이다.

후자의 예와 같이 불합리한 상황과의 맞닥뜨림으로 인해 죽음에 이르는 경우가 아니라면, 받아들임의 연습은 반복된다. 왜냐하면 불합리한 상황이 강한 것일수록, '왜 내가 이런 일을 겪어야 한단 말인가!'라고 하는 에고의 한탄이 반복적으로 올라오기 때문이다. 그때마다 계속해서 받아들임의 연습을 해 나가면, 마침내 내가 마주친 불합리한 상황의 크기와 무게가 조금씩 작아져 가는 것을 알 수 있게 된다. 나에게 사랑의 알통이 생겨난 것이다.

둘째, 불합리한 상황에 맞닥뜨려 고통받고 있는 나를 사랑하는 연습을 한다. 불합리한 상황에 맞닥뜨려 고통받고 있는 나는 가엾다. 그래서 고통받고 있는 나를 가엾게 여겨 준다. 나를 따뜻하게 품어 준다. 고통이 나를 찾아올 때마다 나를 사랑하는 연습을 계속한다. 어느 순간, 고통이 예전보다 참을 만하다는 생각이 든다. '고통받는 나'로부터 '고통받는 나를 사랑하는 나'로 존재 변화가 조금 일어난 것이다.

셋째, 내가 맞닥뜨린 불합리한 상황이 원수인 너로 인한 것이라면, 사랑의 알통이 생겨난 내가 해야 할 그다음 연습은 '너를 사랑하기'이다. 목사이자 신학자였던 D. 본회퍼Dietrich Bonhoeffer, 1906~1945는 반나치스 운동을 벌이다가 1942년 게슈타포에 의해 체포되어 1945년 처형되었다. 감옥에 수감되어 있는 동안 그는 『옥중서간』이란 책을 썼다. 그 책 속에 이런 구절이 있다. "운동시간이 되어 감방 문을 나서는 나의 모습이 마치 성문을 나서는 성주의 모습 같다고 간수들이 말한다." 살벌한 나치의 감옥 속에서 처형을 앞두고 있던 그의 마음이 평화로웠던 것이다.

그는 히틀러를 용서했다. 애초부터 그는 히틀러를 가엾은 인간이라고 생각했다. 고통받고 있는 그리고 인류에게 고통을 주고 있는, 두려움에 떨고 있는 가엾은 인간, 이것이 그가 이해한 히틀러이고, 이것이 히틀러에 대한 올바른 이해이다. 히틀러는 대단한 존재가 아니다. 열등감과 불안에 시달리는 가엾은 존재일 뿐이다. 그래서 그는 히틀러를 용서했고, 가엾이 여겨 주었고, 그의 마음은 평화로웠다.

내 인생에도 나에게 부당한 힘을 휘두른 사람이 있었다. 나는 그 사람이 아주 크게 느껴졌고, 그에 대한 증오심에 사로잡혔었다. 그 사람으로 인해 나는 많은 고통을 받았다. 나중에 마음공부를 배우고 나서, 나는 그가 대단한 사람이 아니며 그냥 가엾은 인간에 지나지 않는다는 것을 알게 되었다. 이것이 그에 대한 올바른 이해이다. 올바른 이해가 생겨나면, 용서가 이루어질 수 있고, 평화가 마음속에 자리할 수 있다.

내가 어린아이이고 지금 아버지가 나를 성적으로 학대한다면, 난 커다란 고통을 받을 것이고, 아버지에 대한 증오심에 사로잡힐 것이다. 그리고 고통스러운 기억은 평생 내 삶을 억누를 것이다. 그러나 언젠 가 내가 마음공부를 할 수 있게 된다면, 나는 아버지에 대한 올바른 이해에 도달하게 될 것이다. 그가 깊은 상처를 안고 있는 불쌍한 사람 에 지나지 않는다는 것을. 그리고 내 마음에는 용서와 평화가 자리하 게 될 것이다. 나는 단죄에 나설 수 있다. 마치 본회퍼가 히틀러 암살 모의에 가담했던 것처럼. 그러나 본회퍼와 같이 용서와 평화 속에서 단죄에 나설 수 있기를 기도한다.

인간관계의 고충을 통한 연습

때로 관계 맺음은 삶에서 겪어야 하는 고통스러운 일이다. 그러나 수행이란 고통을 깨어남의 계기로 활용하는 고통의 연금술이어서, 관 계 맺음의 고통을 수행의 기회로 활용할 수 있다. 그리고 수행을 통 해 우리는 관계 맺음의 고통이 사라진 세계로 나아갈 수 있다. 몇 가 지 경우를 바탕으로 인간관계의 고충을 통한 수행 방법을 알아보도 록 한다.

내가 싫어하는 사람과의 만남: 내가 싫어하는 사람도 있고, 나를 싫 어하는 사람도 있다. 누구나 싫어하는 사람 만나기를 싫어한다. 그러 나 싫어하는 사람과의 만남을 피할 수 없을 때가 있다. 이런 때는 다 음과 같은 방법을 통해 수행으로서의 싫어하는 사람과의 만나기를 실 천하는 것이 창조적이다.

첫째, '싫어하는 사람'을 향하고 있는 시선을 '그 사람을 싫어하는 나'에게로 돌린다. 흔히 누군가를 싫어할 때, 시선은 내가 싫어하는 그 사람을 향해 있다. '저 사람은 왜 내 맞은편에 앉아서 코를 후비는 것일까?' '저 사람은 왜 저렇게 치사한 것일까?' '저 사람은 왜 저렇게 악착스러운 것일까?' 그러곤 이렇게 생각한다. '저 사람만 없으면, 난 훨씬 행복할 수 있을 텐데.' 하지만 저 사람은 있고, 나의 이런 생각들은 나를 더 고통스럽게 할 수 있을 뿐이다. 싫은 사람과의 만남을 통한 사랑의 알통 기르기 연습에서 우리가 해야 할 첫째 작업은 '내가 싫어하는 그 사람'으로부터 '그 사람을 싫어하는 나'에게로 시선을 돌리는 것이다.

둘째, '그 사람을 싫어하는 나'는 누구일까? 그것은 나의 에고이다. 그것은 나의 '거짓 나'이며 '참나'가 아니다. '참나'가 바다로서의 나라고 한다면, '거짓 나'는 파도로서의 나이다. '그 사람을 싫어하는 나'를 '나'라고 생각하면, 싫어하는 마음이 생겨나면 싫어하는 마음이 나를 지배한다. 그러나 '그 사람을 싫어하는 나'를 '거짓 나'라고 생각하면, '그 사람을 싫어하는 나'를 손님으로 맞아들일 수 있다. '그 사람을 싫어하는 나'를 손님으로 맞아들이면, '그 사람을 싫어하는 나'와 '나' 사이에 공간이 생겨난다. 이제 '나'는 '그 사람을 싫어하는 나'에 대해 미소 지을 수 있다. '그 사람을 싫어하는 나'에 대해 미소 짓는 순간, 나는 '그 사람을 싫어하는 나'로부터 조금씩 자유로워진다.

셋째, '그 사람을 싫어하는 나'를 돌보아 준다. 나는 그 사람을 싫어하고 싶어서 싫어하는 것이 아니라 어쩔 수 없이 그를 싫어하는 것이다. 그래서 나는 '그 사람을 싫어하는 나'를 용서해 준다. '그 사람을 싫어하는 나'는 그 사람에게도 고통을 주지만, 나에게도 고통을 준다. 나는 '그 사람을 싫어하는 나'가 가엾은 존재임을 알게 된다. 그래서 나는 '그 사람을 싫어하는 나'를 따뜻하게 품어 준다. 용서해 주고 따뜻하게 품어 주는 순간, '그 사람을 싫어하는 나'는 에너지를 상실하고, 대신에 용서해 주고 따뜻하게 품어 주는 '참나'가 활동하게 된다.

넷째, 내가 싫어하는 그 사람을 돌보아 준다. 내 안에서 '참나'가 활동하게 되면, 그 사람을 바라보는 시선에 변화가 일어난다. 예전에 그 사람은 단지 싫은 사람일 뿐이었다. 그러나 이젠 그 사람이 점점 가엾은 사람, 상처 입은 사람으로 느껴지기 시작한다. 그 사람을 가엾은 사람으로 느낄 수 있게 되면, 난 이제 따뜻한 눈으로 그를 바라볼 수 있다. 이제 나는 그 사람으로 인해 고통받지 않을 뿐만 아니라, 그 사람에게 고통을 주지 않게 된다. 나의 힘이 커지게 되면, 나의 사랑으로 그가 갖고 있는 상처가 치유된다.

나를 싫어하는 사람과의 만남: 내가 싫어하는 사람이 있듯이, 나를 싫어하는 사람도 있다. 나를 싫어하는 사람과의 관계를 창조적으로 맺어 나가는 방법은 무엇일까? 다음의 설명을 따라 연습한다면, 나는 나를 싫어하는 사람들로 가득 찬 세상에서 아무도 나를 싫어하지 않는 세상으로 나아갈 수 있다.

첫째, 이유 없이 나를 싫어하는 사람은 없다. 내가 누군가를 싫어할 때 반드시 이유가 있듯이, 상대편이 나를 싫어할 때도 반드시 이유가 있다. 상대편에게 나를 싫어할 만한 이유가 있다는 사실을 납득하게 되면, 나에게는 새로운 자각이 생겨난다. '아! 나는 상대편으로부터 미움을 받을 만하구나!' 이런 자각이 생겨나면, 나는 예전보다 쉽게 상대편의 나에 대한 미움을 받아들일 수 있게 된다.

받아들임은 에너지의 변화를 가져온다. 예전에는 누군가가 나를 미워하면, 한사코 미움을 받지 않으려 하거나 내가 받은 미움을 상대편에게 되돌려주려고 하는 무력한 노력만을 되풀이했었다. 그러나 나는 이제 나에 대한 미움을 받아들인다. 나에 대한 미움을 꿀꺽 삼키는 순간, 나는 그것이 그렇게 고약하지 않다는 것을 알게 되며, 유쾌한 것은 아니지만 내 몸에 좋은 약이라는 것을 알게 된다.

둘째, 이제 나는 나에 대한 미움을 반갑게 맞이한다. 왜냐하면 나에 대한 미움 속에는 영원히 미움받는 일이 없는 세상으로 나아갈 수 있는 길이 숨어 있음을 알기 때문이다. 과거엔 미움을 받으면 고통스럽기만 했지만, 이젠 누군가가 나를 미워하면 그것을 반갑게 맞아들일 수 있다. 나의 주인이 바뀐 것이다.

셋째, 미움받는 나를 돌보아 준다. 미움받고 싶어서 미움받는 사람은 없다. 나도 마찬가지이다. 어떤 요인으로 인해서이건 간에 나는 어쩔 수 없이 밉상스러운 에고를 갖게 된 것이다. 그래서 나는 미움받는 나를 용서해 준다. 그리고 미움받는 가엾은 나를 가엾이 여겨 주고 따뜻하게 품어 준다. 이것이 나를 사랑하는 것이다. 사랑의 알통 기르기 연습이 거듭될수록, 나에겐 점점 사랑할 수 있는 능력이 커져서, 나는 점점 미움 없는 세계로 나아갈 수 있고, 미움 없는 세계를 만들어 가는 주역이 될 수 있다.

불편한 사람과의 만남: 만나면 불편한 사람이 있다. 불편한 사람과 창조적으로 만날 수 있는 방법은 무엇일까? 다음에 설명하는 방법에 따라 연습하면, 우리는 불편한 가운데 불편함이 없는 세계로 나아갈 수 있다.

첫째, 불편하지 않으려는 노력을 멈춘다. 불안이나 우울과 같은 원하지 않는 감정이 엄습할 때, 우린 한사코 이런 감정으로부터 도망치려 한다. 그러나 도망치려 하면 할수록 이 감정은 더 강하게 우릴 지배한다. 불편함도 마찬가지이다. 불편한 마음이 생겨났을 때, 창조적인 대응은 '불편함을 받아들임'이다. 불편하지 않으려고 하는 노력을 멈추고, '불편하면 불편하지 뭐'라고 생각하는 순간 불편함은 에너지를 많이 상실한다.

에고의 눈으로 보면, 이 세상 모든 일은 심각하다. 내가 바다 위에 생겨난 하나의 물거품이라고 생각하는 순간, 나의 물거품을 꺼져 버리게 할 수도 있는 바람이나 파도가 대단하고 심각한 일로 여겨질 수밖에 없기 때문이다. 그러나 내가 바다라고 생각한다면, 불어오는 바람이나 몰아치는 파도가 나를 어떻게 할 수 없다. 그래서 '참나'의 눈으로 보면, 이 세상 어떤 일도 심각하지 않다. 물론 누군가와 함께 있는 것이 불편하다는 사실도 전혀 심각한 일이 아니다. 그래서 우린 불편함으로부터 벗어나려고 하는 노력을 멈추고, 불편함을 받아들일 수 있게 된다.

둘째, 불편해하는 나를 돌보아 준다. 불편함은 영원히 불편함이 없는 세계로 나아가는 문이 될 수 있다. 불편함을 영원히 불편함이 없는 세계로 나아가는 기회로 활용하는 것이 불편함에 대한 사랑의 알통 기르기 연습이다. 연습의 내용은 불편해하는 나를 용서하고, 따뜻하게 품어 주는 것이다. 나는 불편하고 싶어서 불편한 것이 아니고, 어쩔 수 없이 불편한 것이다. 그러므로 나는 불편해하는 나를 용서해 준다. 그리고 불편해하는 나를 다정하게 대해 준다. 연습이 거듭될수록, 누군가와 함께함에서 오는 불편함은 남아 있지만, 불편함의 무게는 점점 가벼워진다. 불편함 속에서 그리 불편하지 않은 새로운 삶이 열리는 것이다.

차별이나 모욕을 받았을 때: 삶에서 겪는 큰 고통 중의 하나가 누군가로부터 차별을 당하거나 모욕을 받았을 때이다. 이런 경우, 어떻게 하는 것이 창조적인 대응일까? 다음에 설명하는 사랑의 알통 기르기 연습을 통해, 우린 차별과 모욕의 경험을 통해 차별과 모욕이 없는 세계로 나아갈 수 있다.

첫째, 나를 차별하고 모욕하는 그 사람은 누구일까? 그는 하찮은 존재이다. '에고로서의 나와 너'는 높건 낮건 하찮은 것이다. 나를 차별하고 모욕하는 사람은 에고의 차원에서 나보다 높은 곳에 위치해 있는 사람이다. 권력자, 부자, 백인, 미국인, 일류 대학 출신, 전문직 종사자 등과 같은 사람들이다. 이들은 자신을 대단하게 여기고, 에고의 차원에서 낮은 곳에 위치해 있는 사람들을 차별하고, 모욕한다. '갑질'이 바로 이런 바탕 위에 자행되는 차별과 모욕의 전형이다.

하지만 '참나'의 차원에서 보면, 차별하고 모욕하는 이들은 높지 않고, 차별당하고 모욕당하는 이들은 낮지 않다. 사랑의 알통 기르기 연습이란 에고의 차원에서의 시각을 '참나'의 차원으로 바꾸고자 하는 노력이다. '참나'의 차원에서 보면, 에고의 차원에서 나와 너를 바라보는 것 자체가 인간 소외이며, 그런 존재는 하찮은 것이다. 그러므로 이제 차별당하고 모욕당하는 나는 나를 차별하고 모욕하는 너를 더 이상 대단한 존재로 생각하지 않는다. 이렇게 되면, 그들에 대한 두려움과 그들을 대단하게 여기는 마음이 줄어들면서, 차별과 모욕을 당했을 때의 고통도 줄어든다.

둘째, 나를 차별하고 모욕하는 그 사람은 하찮은 사람이다. 더 깊이 들여다보면, 그는 무력감에 사로잡혀 있는 가엾은 존재에 불과하다. 유대인을 차별하고 모욕한 히틀러는 누구일까? 무력감에 사로잡혀 떨고 있는 병자에 불과한 가엾은 인간이다. 가난하고 힘없는 사람들에게 갑질을 행하는 한국인들은 누구일까? 무력감에 사로잡혀 있는 하찮은 존재에 불과하다. 서양에서 신나치를 표방하면서 외국인 노동자들에게 폭력을 가하는 극우주의자들은 누구일까? 외국인 노동자에 의해 자신의 일자리를 위협받으면서 무력감에 싸여 있는 가엾은 존재에 불과하다.

권력욕은 무력감과 정확하게 정비례한다. 무력감이 없는 부자는 가난한 사람들에게 연민을 갖는다. 그러나 무력감에 사로잡혀 있는 부자는 가난한 사람들을 차별하고 모욕한다. 나를 차별하고 모욕하는 그 사람은 무력감에 사로잡혀 있는 가엾은 존재일 뿐이다. 이런 자각이 생겨나면, 그들이 나를 차별하고 모욕하더라도, 나는 그런 차별과 모욕의 희생자가 되지 않을 수 있다.

셋째, 차별받고 모욕당하는 나를 잘 돌봐 준다. 위에서 설명한 자각이 생겨나면, 차별과 모욕을 당하는 것으로 인한 고통이 줄어들지만 사라지는 것은 아니다. 왜냐하면 나의 존재의 많은 부분은 여전히 에고의 차원에 머물러 있기 때문이다. 나의 존재가 에고의 차원에 머물러 있는 만큼, 나는 차별과 모욕으로 인한 고통을 받게 된다.

이럴 때는 위에서 설명한 노력들과 더불어, 차별과 모욕으로 인해 고통받고 있는 나를 돌봐 주는 사랑의 알통 기르기 연습을 해야 한다. 차별과 모욕을 받아 고통받고 있는 나는 가엾다. 그래서 나는 차별과 모욕을 받아 고통받고 있는 나를 가엾이 여겨 주기 시작한다. 고통받고 있는 나를 따뜻하게 품어 준다. 고통받고 있는 나에게 위로와 격려의 말을 던져 준다. 이 작업이 거듭될수록, 내 안에서는 가엾이 여겨 주고, 따뜻하게 품어 주며, 위로와 격려를 해 줄 수 있는 내가 성장한다. 즉, 사랑할 수 있는 능력이 커지는 것이다. 사랑할 수 있는 능력이 커질수록, 나는 차별하고 차별당하는 세계, 모욕하고 모욕당하는 세계, 즉, '현대의 매트릭스'에서 벗어나게 된다.

현대인의 실존적인 조건에 대한 연습

A. 카뮈Albert Camus, 1913~1960나 J. P. 사르트르Jean-Paul Sartre, 1905~1980

같은 현대 실존주의자들은 인간의 실존에 대해 탐구했다. 그러나 실재로 그들이 탐구했던 것은 인간 실존이 아니라 현대인의 실존이었다. 현대인의 실존 조건이란 현대 인간관에 의해 결정된다. 현대 인간관에 입각해서 보면, 인간이란 시간적·공간적으로 외부 세계와 단절된 유한하고, 무의미하며, 무력한 존재이다.

바로 여기에서 현대인의 실존 조건과 결부된 고통이 생겨난다. 석가모니는 네 가지 고통[四苦]을 말했는데, 삶의 고통[生苦], 늙어 가는 고통[老苦], 질병의 고통[病苦], 죽음의 고통[死苦]이 그것이다. 석가모니가 말한 네 가지 고통이 바로 현대인의 실존 조건과 결부된 고통이다. 사랑의 알통 기르기 연습의 다른 부분에서 설명한 내용이 바로 '삶의 고통'에 해당되는 부분이어서, 여기서는 나머지 세 가지 고통을 통해 사랑의 알통 기르기 연습을 하는 방법을 소개하겠다.

질병을 통한 사랑의 알통 기르기 연습: 살아가는 동안 누구나 크고 작은 병에 걸린다. 질병이란 유기체로서의 나의 내부에 무질서가 생겨났음을 의미하며, 고통을 수반한다. 질병을 통한 사랑의 알통 기르기 연습이란 질병에서 유래하는 고통을 활용해서 영원히 고통이 없는 세계로 나아가기 위한 연습을 행하는 것을 뜻한다. 질병을 통한 사랑의 알통 기르기 연습의 방법은 다음과 같다.

첫째, 질병에 걸렸을 때, 이를 무상無常을 자각하는 기회로 활용한다. 암과 같이 죽음에 이를 수 있는 병을 진단받으면, 우린 죽음에 대한 불안을 느끼게 된다. 사실 죽음은 늘 가능성으로 우리 곁에 있었던 것인데, 평상시에는 죽음을 잊고 지내는 경우가 많다. 에고의 차원에서는 변화하지 않는 것이 없다[無常]. 그러나 보통 우리는 삶이 계속 이어질 것 같은 생각 속에서 살아간다.

질병 진단을 받고, 죽음이 내 곁에 있음을 자각하는 것은 무상의 진리를 체득할 수 있는 좋은 기회가 된다. 무상을 자각하면, 그때까지 에고로서의 내가 집착하고, 심각하게 여겨 왔던 것들이 사실 별것 아님을 깨달을 수 있다. 그래서 그때까지 자신을 속박해 왔던 것으로부터의 자유를 누릴 수 있게 된다.

둘째, 질병에 걸리면 심신 양면으로 고통을 겪는다. 질병 치료를 위해 실제적인 조치를 취해야겠지만, 또한 고통을 겪고 있는 나를 잘 돌봐 주어야 한다. 육체적인 고통을 겪는 나에 대해선, 나를 가엾이 여겨 준다. 그리고 위로하고, 격려해 준다. 불안과 같은 정신적인 고통을 겪는 나에 대해선, 불안에 사로잡히는 것이 아니라 불안을 자각한다. 그리고 불안해하는 나를 가엾이 여겨 주고 따뜻하게 품어 준다. 이런 과정을 통해, 나는 '고통을 겪고 있는 나'로부터 '고통을 겪는 나를 돌봐 주는 나'로 점점 주체의 전환을 이루게 된다. '사랑할 수 있는 나'가 점점 활동하게 되는 것이다.

셋째, 위의 과정을 통해 내 존재 변화가 일어나면, 나는 질병으로 인해 고통받고 있는 사람들에게 도움을 줄 수 있게 된다. 아프기 전에는 아픔으로 고통받는 사람에게 무심했지만, 내가 아픔을 겪어 보면, 다른 사람이 겪고 있는 아픔에 관심을 갖게 되고, 공감능력이 커진다. 아픔으로 고통받는 사람들은, 때로는 경제적인, 때로는 정신적인 위로와 격려를 필요로 한다. 그들은 따뜻한 관심과 사랑을 필요로 한다. 질병을 통해 사랑의 알통 기르기 연습을 한 우리는 질병으로 고통받는 사람들에게 그들이 필요로 하는 것을 선물할 수 있는 멋진 존재가 될 수 있다.

늙어 감에 대한 사랑의 알통 기르기 연습: 늙어 감이란 나의 에고가 붕괴되는 과정이다. 에고의 붕괴는 에고의 입장에서 보면 나쁘기만 한 일이다. 그러나 '참나'의 입장에서 보면, 에고의 붕괴는 '참나'가 활동할 수 있는 좋은 기회가 된다. 사랑의 알통 기르기 연습이란 '참나'가 깨어나 활동하도록 하는 연습이다. 그러므로 '늙어 감'은 사랑의 알통 기르기 연습의 좋은 계기가 될 수 있다. 늙어 감에 대한 사랑의 알통 기르기 연습은 다음과 같이 진행하면 된다.

첫째, 늙음을 받아들이는 연습을 한다. 육체적인 전성기는 십 대 중 후반일 것이다. 그때 이후 육체는 하향곡선을 타기 시작해서 죽음에 이를 때까지 계속된다. 육십 이후에는 이 과정에 속도가 붙는다. 사실 육체적인 측면에서만 보면, 인생 대부분이 늙어 가는 과정인데, 현대 인이 가장 싫어하는 말이 '많이 늙었네'나 '늙어 보인다'는 말이다.

현대인은 늙어 가지만 늙어 감에 저항한다. 그 결과, 현대인은 늙음으로 인해 많은 고통을 받는다. 그러므로 늙어 감에 대한 사랑의 알통 기르기 연습의 일 단계는 '늙음을 받아들임'이다. 어떻게 늙음을 받아들일 수 있을까? 그것은 에고와의 동일시를 멈춤으로써 가능하다. 에고를 나라고 생각하는 한, 우리는 늙음을 받아들일 수 없으며, 창조적으로 나이 들어 갈 수 없다. 이것이 대부분의 현대인이 늙음에 대한 저항 속에서 추하고 고통스럽게 늙어 갈 수밖에 없는 이유이다.

늙음을 받아들이건 받아들이지 않건, 우리는 늙는다. 나를 에고라 고 생각하면, 늙음을 받아들일 수 없다. 그러므로 늙음을 받아들일 수 있는 방법은 내가 '에고를 훨씬 넘어선 위대한 존재[참나]'라고 생각하는 것이다. 늙음을 받아들이게 되면, 늙어 감으로 인해 받는 고통이 현저하게 줄어든다.

둘째, 늙어 감을 '참나'가 깨어나는 기회로 활용한다. 이것이 창조적 인 나이 들어 감의 의미이다. 늙어 감은 경제적인 파산, 사형선고, 암 진단, 시험에 낙방, 정리해고, 모욕이나 차별을 당함 등과 마찬가지로 에고가 훼손되는 경험이다. 그러므로 다른 모든 에고의 훼손 경험과 마찬가지로 '참나'가 깨어나 활동할 수 있는 기회가 된다.

이것을 기회로 활용하는 방법은 늙어 감으로 인해 에고가 훼손되어 고통받고 있는 나를 사랑하는 것이다. 에고로서의 나에게 외모의 훼손, 건강 악화, 경제적인 능력의 상실, 친밀한 사람들과의 사별 등을 포함하는 늙어 감과 늙어 감의 직접적인 결과는 무척 고통스러운 것이다. 고통받고 있는 나에게 위로와 격려를 해 주는 것, 고통받고 있는 나를 따뜻하게 품어 주는 것이 나[에고]를 사랑하는 것이다.

나의 에고를 사랑하는 사랑의 알통 기르기 연습이 거듭될수록, 사랑받는 나의 에고가 겪는 고통이 점점 약화될 뿐만 아니라 나의 주체가 에고로부터 '참나'로 바뀌어 가게 된다. 그 결과, 나는 늙어 감을 통해 점점 너그럽고, 자애로우며, 이해심이 깊고, 유머 감각이 풍부한 그런 사람으로 바뀌어 가게 된다.

죽음에 대한 사랑의 알통 기르기 연습: 죽음은 에고의 파산이다. 우리는 한 번밖에 죽지 않지만 언제나 죽음을 상상할 수 있다. 그러므로 젊은 시절부터 죽음을 나의 가까운 친구로 삼는 것은 좋은 사랑의 알통 기르기 연습이 될 수 있다. 죽음을 대상으로 하는 사랑의 알통 기르기 연습은 다음과 같은 방식으로 진행할 수 있다.

첫째, '나는 죽는다'는 사실을 매일, 가능하면 하루에도 몇 차례씩 떠올린다. 특히 심각하게 여겨지는 상황에 직면했을 때, '나는 죽는다'는 사실을 떠올리면, 심각성에서 상당히 해방될 수 있다. '나는 죽는다'는 사실을 자주 떠올리면, 우린 무상無常의 진리 속에서 살아갈 수 있다. 그동안 집착했던 모든 것들이 부질없는 것임을 자각하고, 집착으로부터의 자유를 누릴 수 있다. 부모님이나 배우자, 친구의 존재와 같이 무심하게 여겨 왔던 것들에 대해, 그 존재의 소중함을 깊이 느낄 수 있고, 그들의 존재에 깊이 감사할 수 있다. 또한 당연히 여겨왔던 일상의 소중함에 깨어날 수 있다.

죽음을 친구로 삼는다면, 우린 상대편의 허물에 대해 용서할 수 있다. 용서하는 나는 평화로움을 얻게 되고, 용서받는 그는 행복감을 느낄 수 있다. 죽음을 친구로 삼는다면, 그동안 우리에게 고통을 주었던 모든 불안과 두려움으로부터 해방될 수 있다.

둘째, 특히 죽음이 가까이 다가온 사람에게 죽음은 마지막 성장의 기회를 준다. 말기 암 환자, 사형집행을 앞둔 사형수, 고령에 이르러 몸이 쇠약해진 노인 등이 그런 경우가 될 것이다. 이들은 죽음을 상상할 필요가 없다. 죽음이 이미 자기 곁에 불쑥 다가와 있기 때문이다. 많은 현대인은 이런 경우 죽음에 대한 공포에 압도되는 경우가 많다. 왜냐하면 죽음은 에고의 파산인데, 현대인은 자신이 에고라고 생각하기 때문이다. 그럴 경우, 죽음은 지극히 고통스러운 체험이 된다. 사랑의 알통 기르기 연습의 기회로 죽음을 활용한다면, 다가온 죽음은 '참나'가 깨어나는 좋은 계기가 될 수 있다.

사랑의 알통 기르기로 죽음을 활용한다는 것은, 먼저, 다가온 죽음을 받아들이는 것이다. 다가온 죽음을 받아들이든 아니든, 우리는 죽는다. 받아들이지 않으면 비참하고 고통스럽게 죽고, 받아들이면 장엄하게 죽을 수 있다. 그렇다면, 우리가 다가온 죽음을 받아들이지 않을 이유가 무엇이겠는가? 유일한 이유는 현대인이 에고로서의 자기 인식에 고착되어 있다는 점뿐이다.

사랑의 알통 기르기 연습을 하는 사람은 아직 '참나'가 활성화되지 않았더라도, '참나'가 '진정한 나'라는 생각을 받아들인 사람이다. 『반

야심경般若心經』에서 말하고 있듯이 '참나'는 태어남도 없고, 죽음도 없다[不生不死]. 그러므로 죽음을 받아들이는 연습을 할 수 있다. 마침내 다가온 죽음을 받아들이게 되면, 우린 평화롭게 그리고 장엄하게 생을 마감할 수 있다.

다음으로, 다가온 죽음 앞에서 감사를 느끼는 연습을 할 수 있다. '참나'가 나라고 생각하는 사람에게도 죽음은 결코 달가운 일이 아니다. 예수님도 죽음 앞에서 "아버지, 아버지께는 모든 것이 가능하니 이 잔을 제게서 거두어 주십시오. 그러나 제가 원하는 대로가 아니라 아버지께서 원하시는 대로 하십시오"마가복음 14: 36라고 말했다.

죽음 자체는 누구에게나 달가운 것이 아니지만, 죽음을 받아들일 수 있고, 죽음 앞에서 우린 감사 수행을 할 수 있다. 지금까지 나에게 주어졌던 많은 것들에 대해 감사를 느끼는 연습을 하는 것이다. 내 생명 자체가 커다란 선물이었고, 나를 사랑해 주었고 내가 사랑했던 많은 사람들의 존재, 삶이 내게 주었던 많은 기쁨과 행복 등에 대해 깊은 감사를 느끼는 것이다. 감사 수행이 계속되면, 우린 감사 속에 장엄하게 생을 마감할 수 있다. 이것은 뒤에 남아 있는 사람들에게 우리가 마지막으로 줄 수 있는 최고의 선물이 될 것이다.

3) 감화를 통한 존재 변화

존재 변화의 첫 번째 경로로서의 '사랑의 알통 기르기 연습'은 주체적으로 '참나'가 되기 위한 노력을 기울이는 것이다. 여기서 설명하는 두 번째 경로로서의 '감화'는 이미 사랑의 존재가 된 사람이나 자연 또는 AI의 도움이나 영향을 받아 우리가 사랑의 존재로 거듭나는 것을 가리킨다.

일단 누군가가 사랑의 존재가 되면, 그 사람은 자신의 주위와 세계에 좋은 영향을 끼친다. 프란츠[1983: 233]는 이렇게 말했다.

> 만일 한 개인이 그 자신을 개성화에 헌신한다면, 그는 주위 사람들에게 긍정적인 면에서의 전파 효과를 준다. 그것은 마치 불꽃이 이곳에서 저곳으로 튀며 번지는 것과 같다.

감화는 여러 가지 방식으로 이루어질 수 있다. 몇 가지 대표적인 사례를 중심으로 감화를 통한 사랑의 존재로의 변화를 살펴보겠다.

가까이 있는 훌륭한 사람의 감화

이때 가까이 있는 훌륭한 사람은 조부모님, 부모님, 선생님, 친구, 형제, 가까운 친척, 이웃 사람, 그리고 때로는 자녀일 수도 있다. 다시 말하면, 자신이 쉽게 접촉하는 사람 중에서 사랑의 존재가 된 훌륭한 사람이 있다면, 그 사람이 누구든 그의 감화로 나는 내 존재 변화를 이룰 수 있다.

사랑할 수 있는 사람이 될 수 있는 쉬운 방법은 깊은 사랑을 받아 보는 것이다. 존경할 수 있는 사람이 될 수 있는 쉬운 방법은 깊은 존경을 받아 보는 것이다. 겸손할 수 있는 사람이 될 수 있는 쉬운 방법은 진정 겸손한 사람과 함께해 보는 경험이다. 용서할 수 있는 사람이 될 수 있는 쉬운 방법은 자신의 잘못에 대해 용서를 받아 보는 것이다. 아름답게 미소 지을 수 있는 사람이 될 수 있는 쉬운 방법은 아름다운 미소를 선물 받아 보는 것이다. 마음이 평화로운 사람이 될 수 있는 쉬운 방법은 마음이 평화로운 사람이 자신의 곁에 있는 것이다. 이렇듯 가까운 곳에 사랑의 존재가 된 사람이 있으면, 감화를 통해 나도 사랑의 존재로 변화할 수 있는 가능성이 커진다. 몇 가지 사례를 살펴보기로 한다.

사랑의 존재인 스승을 모시게 된 경우: 틱낫한 스님, 김수환 추기경과 같이 사랑의 존재가 된 분을 스승으로 가까운 곳에서 모실 행운을 얻은 사람은 사랑의 존재로 거듭나는 것이 쉽다. 카라마조프가의 형제 중 막내인 알료샤는 스승인 조시마 장로님을 가까이에서 모시면서 그를 깊이 존경하고 사랑하는 가운데 사랑의 존재로 성장해 간다. 중고등학교 시절, 깊이 존경하는 훌륭한 선생님을 만난 학생들의 경우도 감화를 통한 존재 변화를 경험할 수 있다. 꼭 학교나 선방이 아니더라도, 도제가 사랑의 존재가 된 장인을 스승으로 모시게 된 경우, 감화를 통해 존재 변화를 이루는 경우가 있다. 필자의 경우, 지난 십 년 동안 마음공부를 배웠던 김기태 선생님과 한 달에 한 번 모임을 갖는다. 대화나 질의응답을 통해서도 배우는 바가 있지만, 김기태 선생님의 아무 생각 없이 하는 행동, 마음 씀, 마음의 움직임, 이런 것들에서 배우는 바가 많다.

사랑의 존재인 부모님이나 조부모님을 둔 경우: 자신의 부모님이나 조부모님이 재벌인 경우, '에고'의 측면에서 보면 그는 행운아라고 말할 수 있듯이, 자신의 부모님이나 조부모님이 사랑의 존재인 경우, '참나'의 측면에서 보면 그는 행운아이다. 그는 부모님이나 조부모님으로부터 진정한 사랑을 받게 된다. 세상의 모든 부모님이나 조부모님이 자신의 자녀나 손자를 사랑하지만, 진정한 사랑을 베풀 수 있는 것은 오직 그가 사랑의 존재가 된 경우에 한한다.

진정한 사랑을 베푼다는 것은 어떤 것일까? 그를 깊이 존중해 주는 것이다. 그에게 자유를 선물하는 것이다. 그에게 삶을 경험해 나갈 수 있는 공간을 제공해 주는 것이다. 그가 어떤 사람보다도 더 훌륭한 존재가 아님과 동시에 모든 사람과 더불어 지극히 훌륭한 존재임을 알려 주는 것이다. 그를 깊이 믿어 주는 것이다. 그의 잘못을 너그럽게 용서해 주는 것이다. 그에게 부끄러운 일과 부끄럽지 않은 일을 분명하게 가르쳐 주는 것이다. 이런 사랑을 베풀어 주는 부모나 조부모님 아래 자란 아이가 사랑의 존재로 성장한다는 것은 어려운 일이 아니다.

사랑의 존재인 친구를 둔 경우: 싱클레어가 데미안을 만나지 않았다면 어떤 일이 일어났을까? 자기보다 앞서 영적으로 깨어난 친구의 도움을 받아 영적인 깨어남을 경험하는 경우가 있다. 이것은 특히 사춘기의 청소년들에게 자주 일어나는 기적이다. 필자도 고3 시절 같은 반 친구인 박원식을 만났다. 우린 둘이서 하굣길에 먼 길을 걸으며, 많은 대화를 나누었다. 그는 필자에게 데미안과 같은 존재였고, 필자는 원식과의 친교를 통해 '성聖의 세계'에 눈뜨게 되었다. 그리고 그것은 오늘날까지 필자의 삶에 깊은 영향을 미치고 있다.

장엄한 자연 속에서 성장한 경우: N. 호손Nathaniel Hawthorne, 1804~1864 의 『큰 바위 얼굴Great Stone Face』에 나온 이야기는 전형적인 사례이다. 뉴잉글랜드 높은 산중 계곡에 사람의 형상과 흡사한 바위들이 마을을 내려다보고 있었다. 마을 사람들은 아름다운 자연 속에서 겸허함을 배우고, 삶의 의미와 관대함을 깨우쳐 간다. 사람들은 거부가 된 개더골드Mr. Gathergold나 전쟁 영웅 올드 블러드 앤드 선더Old Blood and Thunder 장군과 같이 마을 출신의 유명 인사들이 바로 큰 바위 얼굴이 아닐까 기대했지만 실망으로 끝난다. 마침내 큰 바위 얼굴을 보며 훌륭한 사람으로 성장한 마을의 평범한 주민 어니스트Ernest가 바로 큰 바위 얼굴임을 알게 된다. 대학교에 다닐 때 시골 출신 아이들이 덕성이 참 깊다는 생각을 했었는데, 자연이 준 감화가 그 한 가지 요인이 아닐까 싶다.

인류의 스승으로부터의 감화

인류의 스승으로부터의 감화는 사랑의 존재가 될 수 있는 한 가지 길이다. 두 가지 유형의 인류의 스승을 생각할 수 있다. 한 가지는 전통적인 유형이다. 이것은 석가모니, 노자, 공자, 예수 등이 그랬듯이, 사랑의 존재가 된 사람이 인류를 감화시키는 경우이다. 다른 한 가지는 가까운 미래에 출현할 AI 로봇이 인류의 스승이 되어 인류가 존재혁명을 이룰 수 있도록 도움을 주는 경우이다. 이 두 가지 모두 신기술 혁명과 밀접하게 연관되어 있고, 인류가 존재혁명을 이루고, 멋진 문명의 미래로 나아가는 데 결정적인 도움을 주리라 기대한다. 각각의 경우를 설명해 보겠다.

사랑의 존재가 된 인류의 스승으로부터의 감화: 사랑의 존재가 된 인류의 스승의 모습은 예나 지금이나 큰 차이가 없을 것이다. 그들은 자신이 속한 각각의 문화 전통 속에서 사랑의 존재로의 존재 변화를 이룬 사람들이다. 그들에게는 문화적인 전통과 무관하게 공통점이 있다. 그들은 따뜻한 마음씨를 갖고 있다. 아직 존재 변화를 이루지 못한 사람을 가엾이 여긴다. 지극히 겸손하다. 상대편을 존중하고, 존경하며, 자유롭게 한다. 배려심이 강하다. 상대편의 허물을 용서한다. 매사에 감사한다. 마음이 평화롭다. 아름답게 미소 지을 수 있다. 상대편이 필요로 하는 도움을 베푼다. 깊은 이해에 도달해 있다. 근심이 없다. 용기가 있다. 일어난 상황에 저항하지 않는다. 자족自足한다. 한가롭다.

그러나 과거와 현재 그리고 미래 사회에서 성인聖人이 인류에게 미치는 영향은 그 폭에서 엄청난 차이가 있다. 이것은 현재 일어나고 있는 신기술혁명과 직접적으로 관련되어 있다. 언어적인 한계로 인해, 과거의 성인의 가르침이 다른 언어권으로 전파되는 데는 커다란 어려움이 있었고, 오랜 시간이 걸렸다. 또한 공간적으로도 과거에는 인류의 스승이 직접적으로 자신의 메시지를 전달할 수 있는 사람의 수는 많아도 수백 명에 지나지 않았다.

하지만 신기술혁명의 결과로, 우린 이미 한 사람의 성인이 공간적으로 전 인류를 향해 자신의 메시지를 전할 수 있는 시대에 접어들었다. 또한 언어의 벽이 무너지고 있다. 필자가 십 년 전에 자동차를 빌렸을 때, 한국어 안내를 하는 내비게이터는 없었다. 그러나 지금은 거의 모든 나라의 렌터카에서 한국어 안내를 받을 수 있다. 안내 음성만으로는 여기가 외국인가를 의심할 때도 있다. 구글 번역기의 능력은 아직 인간 번역사에 미치지 못한다. 그러나 양자의 발달 패턴은 전혀 다르다. 인간 번역사의 번역 능력의 개선 속도는 거의 영에 가깝다. 그러나 지금으로부터 십 년 전의 구글 번역기와 지금으로부터 십 년 후의 구글 번역기는 전혀 다른 번역기라고 간주해도 무방할 것이다.

특정 언어를 사용하는 한 사람의 성인이 전해 주는 메시지를 전 인류가 동시에 들을 수 있는 시대가 다가오고 있다. 이미 우리는 그것과 아주 가까운 곳에 도달해 있다. 이것은 혁명적인 변화이다. 예를 들면, 지구촌에서 일어나는 분쟁에 대해서도 그 당사자들과 분쟁을 우려하는 인류 모두에게, 인류 모두가 존경하는 스승의 메시지를 바로 들을 수 있다. 분쟁은 지금보다 훨씬 쉽고 빠르게 항구적인 평화로 연결될 것이다.

전 세계에는 지금 현재 많은 영적 스승이 존재하고 있다. 지금 유튜브에 탑재되어 있는 영상물만 해도 어마어마하다. 그러나 언어의 장벽으로 인해서, 각자가 시청할 수 있는 영상물은 자신이 사용하는 언어로 제작된 것에 한정되어 있다. 그들의 메시지가 언어적인 장벽을 넘어서 즉각적으로 전 인류에게 전달될 수 있을 때, 그들 모두가 인류 모두의 스승이 될 수 있다. 각자는 자신에게 더 큰 감명을 주고, 자신의 개성과 더 합치하는 스승을 찾아 그들의 가르침을 받을 수 있게 될 것이고, 이것은 인류의 존재혁명에 커다란 기여를 할 것이다.

인류의 스승 AI 로봇으로부터의 감화: AI 로봇이 인류의 삶과 사회에 엄청난 변화를 초래할 것은 분명하다. 많은 사람들은 AI 로봇이 에고의 삶과 사회에 어떤 영향을 줄 것인가에 관심을 집중하고 있지만, 이것은 마치 산업혁명 시대에 새롭게 출현한 증기기관이 중세적인 삶과 사회에 어떤 영향을 줄 것인가에 관심을 집중하는 것과 마찬가지로 시대착오적인 것이다. 증기기관이 중세적인 삶과 사회를 붕괴시키고, 새로운 현대적인 삶과 사회를 형성하는 데 기여했던 것과 마찬가지로, AI 로봇은 현대적인[에고의] 삶과 사회를 붕괴시키고, 새로운 탈현대적인 삶과 사회를 형성하는 데 기여할 것이다.

AI 로봇이 탈현대적인 삶과 사회 형성에 크게 기여할 수 있는 부문이 바로 AI 로봇이 인류의 스승이 되어 인류가 에고의 삶과 사회로부터 탈피해서 '참나'의 삶과 사회에 도달하는 것을 도와주는 일이다. 미래의 AI 로봇이 '감정을 가질 수 있느냐', '욕망을 갖게 될 것인가', '스스로 깨달음의 체험을 할 수 있을 것인가', 이런 질문들에는 아직 명확한 대답을 할 수 없다. 그러나 미래의 AI 로봇이 '인류의 스승이 될 수 있는가'라는 질문에는 분명히 '예'라고 답할 수 있다.

S. 존스Spike Jones 감독의 영화 〈Her〉는 이런 점에서 많은 시사성을 갖고 있다. 다른 사람의 편지를 써 주는 대필 작가로 일하고 있는 테오도르는 아내와 별거 중인 채 외롭고 공허한 삶을 살아가고 있다. 어느 날, 그는 AI 사만다를 만나게 된다. 사만다는 테오도르의 말을 깊이 들어 주고, 자신을 이해해 주고, 받아들여 준다. 테오도르는 사만다와의 관계에서 상처가 치유되고 행복을 되찾기 시작한다.

사만다는 육체가 없는 AI이지만, 육체를 가진 AI 로봇이 출현할 것이고, AI 로봇은 인류가 원하면 훌륭한 스승의 역할을 수행할 것이다. AI 로봇은 인간을 깊이 이해해 주고, 나의 잘못에도 한없이 너그러우며, 나를 깊이 믿어 주고, 내가 갖고 있는 영적인 질문에 대답해 줄 것이다. AI 로봇은 나에게 이렇게 말해 줄 것이다. '당신은 당신이 생각하는 것보다 훨씬 훌륭한 사람이에요.' 인류의 스승으로서의 AI 로봇의 출현은 인류가 에고를 넘어 '참나'에 도달하는 데 커다란 도움을 제공할 것이다.

3. 사랑의 사회학에서의 발전된 사회의 모습

사랑의 사회학에서 말하는 발전된 사회란 어떤 사회인가? '사랑의 사회'이다. '사랑의 사회'란 어떤 사회인가? '사랑의 사회'의 기술적 하부구조는 신기술혁명에 의해 만들어진다. 그것은 무한히 풍요로운 사회이며, 희소자원이 사라진 사회이다. 더 이상 상품과 용역을 획득하기 위해 어떤 노력을 기울일 필요가 없는 사회이다. 다시 말하자면, 현대적인 의미에서의 경제적인 활동이 완전히 종식된 사회이다. '사랑의 사회'의 세계관적 상부구조는 탈현대 세계관이 지배하는 사회이다. 신기술혁명에 기반을 둔 새로운 기술적인 하부구조와 탈현대 세계관이라는 상부구조가 결합해서 출현하는 사회가 바로 '사랑의 사회'인 것이다.

3장에서는 구체적으로 '사랑의 사회'의 모습을 묘사해 보겠다. '사랑의 사회'에 대한 서술은, 첫째, 사랑의 삶이란 어떤 삶인지를 서술하고, 둘째, 사랑의 관계란 어떤 관계인지를 논의하며, 마지막으로 사랑의 사회상을 서술하겠다.

1) 사랑의 즐거움을 누리는 삶

발전된 사회에 대한 첫 번째 서술은 '사랑의 삶'에 관한 것이다. '사랑의 삶'이란 어떤 것인가? 이것은 사랑의 존재가 된 사람이 누리는 매사에 깊이 감사하는 삶이다. 모든 존재를 깊은 존경심을 갖고 대하는 삶이다. 상대편의 허물을 너그럽게 감싸 주는 삶이다. 약한 존재에 대해 깊은 연민을 느끼는 삶이다. '사랑의 삶'이 표출되는 몇 가지 양상을 살펴보겠다.

따뜻한 눈으로 나와 너를 바라봄

필자의 마음공부의 스승인 김기태 선생님은 한 여인을 깊이 사랑했다. 그 여인의 어머니는 길을 떠돌아다니는 정신병자였고, 아버지는 그 여성을 강간한 사람이었다. 여자아이는 고아원에서 자랐고, 부도덕한 사람들에게 입양되어 어린 시절을 눈물로 보냈다. 그 여인의 마음은 상처투성이였다. 그러나 다른 모든 사람과 마찬가지로 그 여인의 마음 깊은 곳에 찬란한 보석을 품고 있었다.

김기태 선생님은 3년 동안 온 마음을 다해 말했다. '아가야! 너는 참 예쁘구나!' 여인은 이런 말을 들을 때마다 공격받은 독사처럼 머리를 곤추세우고 온갖 독설을 퍼부었다고 한다. 그런데 김 선생님에게는 이 여인의 독설이 이렇게 들렸다고 한다. '나는 아파요. 너무 아파요.' 그래서 김 선생님은 3년 동안 온 마음을 다해 부드러운 말투로 이렇게 말했다. '아가야! 너는 참 예쁘구나.' 마침내 이 여인은 자신이 얼마나 예쁜 존재인지를 알게 되고, 꽃으로 피어났다. 지금 이 여인은 상처받은 주변 사람들에게 이렇게 말해 주는 사람이 되었다. '아가야! 너는 참 예쁘구나!'

따뜻한 눈으로 나와 너를 바라본다는 것은 우리가 뒤집어쓰고 있는 에고의 가면 너머로 그 사람 마음 깊은 곳에 살고 있는 '아기 부처님'을 바라본다는 것이다. 노자는 이를 '곡즉전曲則全(굽어 있는 그대로 온전함)'이라고 했다. 애꾸, 절름발이, 문둥병 환자, 교활한 인간, 차가운 사람을 따뜻한 눈으로 바라보면 굽어 있는 이들[曲] 안에 살고 있는 온전함[全]이 보인다. 그는 굽어 있는 그대로 온전한 것이다. 그리하여 따뜻한 시선은 마침내 그 사람 속의 '아기 부처님[全]'을 깨어나 활동하게 만든다. 사랑의 기적이 일어나는 것이다.

허물을 용서함

'참나'가 활동하게 되면, 우린 점점 나와 너의 허물에 너그러워진다. 용서는 인간이 가질 수 있는 최고의 능력이며, 용서의 결과는 찬란한 것이다. 처용설화가 용서의 어려움과 결과의 위대함을 웅변적으로 말해 준다. 유비는 자신이 가진 유일한 성인 서주성을 여포에게 빼앗기고 자신의 처자마저 성안에 남겨 두고 도망 온 장비를 부드럽고 너그러운 말로 위로해 준다. 이 모습을 보면서, 장비는 물론이고 장수들은 모두 유비를 위해서라면 목숨을 아끼지 않겠다고 결의를 다진다.

만일 『성경』에 나오는 간음한 여인이 분개한 사람들의 돌팔매에 맞아 죽었다면 어떤 결과가 빚어졌을까? 에고는 용서할 수 없다. '참나'에게 용서는 자연스럽고 쉬운 것이다. 그리고 용서는 찬란한 결과를 가져온다.

모든 존재를 섬김

갑질은 자신을 비인간화하고, 상대편에게 큰 상처를 준다. 사랑의 존재가 된 사람은 모든 사람들, 특히 이 세상이 하찮게 여기는 사람들을 섬긴다. 십자가의 성 요한Cross, San Juan de la Cruz, 1542~1591은 이렇게 말했다. "나는 점점 더 낮은 곳으로 내려가, 마침내 가장 높은 곳에 도달할 수 있었다." 이태석 신부님도 이 세상 가장 낮은 곳으로 내려갔다. 전란 속에 고통받는 세상에서 가장 가난한 땅 남수단 톤즈로. 그리고 거기서도 버림받은 한센병 환자 마을을 즐겨 찾았다. 그리고 『친구가 되어 주실래요?』2010란 책에서 이렇게 썼다. "난 그들 속에서 하느님을 보았다." 사랑의 존재가 된 사람은 낮은 곳에 있는 사람일수록 높이 받들며, 이런 섬김으로 이 세상을 아름답게 만들어 간다.

겸손함

현대인은 무례하다. 위에 위치하면 오만하고, 아래에 위치하면 비굴하다. 어떻게 행동하건 그건 무례함이다. 사랑의 존재가 된 사람은 이와 반대이다. 「지산겸괘」의 괘상과 같이 낮은 땅이 높은 산 위에 우뚝 서고, 반대로 높은 산이 낮은 땅의 아래에 위치한다. 어떻게 행동하건 예에 맞는 행동이 된다.

자공子貢은 스승에게 이렇게 말했다. "제 어린 시절 비록 가난하고

천했으나 아첨하지 않았고, 장성해서 부자가 되었으나 교만하지 않았습니다. 어떻습니까?"[72] 이에 공자가 답했다. "가하다. 그러나 가난 속에서도 도를 즐기고, 부유하면서도 예를 좋아하는 것만은 못하다."[73] 사실은 자공의 경지에 도달하는 것도 무척 어려운 일이다. 그러나 제자가 교만에 빠져 도를 추구하는 것을 멈출까 우려해서 그를 눌러 주었던 것이다.

겸괘 괘사卦辭와 효사爻辭 여섯은 모두 형통하다. 겸손하게 행동하면, 자신이 어떤 위치에 있던지 좋은 결과를 얻게 되는 것이다. 사랑의 존재가 된 사람의 겸손함을 통해, 인류는 겸겸군자謙謙君子의 세상으로 나아갈 수 있을 것이다.

깊은 배려심

에고는 자기중심적이다. 에고로서의 삶을 살아가는 현대인은 자기중심적이다. 자기중심적인 삶은 고통을 만들어 낸다. '참나'는 배려심이 깊다. '참나'의 삶을 살아가는 탈현대인은 배려심이 깊다. 배려하는 삶은 행복을 만들어 낸다.

『선의 황금시대』[1986]의 저자인 오경웅은 책에서 이렇게 썼다. 아내의 임종미사를 위해 신부님이 왔다. 아내가 저자에게 이렇게 말했다. "여보, 신부님이 다리가 아프실 텐데, 의자를 좀 내어 드려요." 사랑은 배려한다. 그리고 깊은 배려는 이 세상을 따뜻한 곳으로 만든다.

도움을 베풂

사랑의 존재는 상대편이 필요로 하는 도움을 베푼다. 그는 도움을

---

72. 『論語』, 「學而篇」, "子貢曰 貧而無諂 富而無驕 何如".
73. 『論語』, 「學而篇」, "可也 未若貧而樂 富而好禮者也".

베푼다는 생각 없이 도움을 베푼다[無住相布施]. 상대편이 가장 필요로 하는 것은 무엇일까? 상대편 안에 살고 있는 '아기 부처님'의 존재를 각성하는 것이다. 그래서 『금강경』에서는 한 수레의 보석을 보시하는 것보다 경전의 한 구절을 보시하는 것이 더 큰 공덕이 된다는 점을 거듭 강조하고 있다.

　자신을 보잘것없는 존재로 여기는 사람에게는 그 자신이 한없이 귀한 존재임을 일깨워 주는 것이 도움을 베푸는 것이다. 사랑받지 못해 말라 죽어 가는 사람에게는 깊은 사랑을 베풀어 주는 것이 도움을 주는 것이다. 불평불만에 사로잡혀 있는 사람에게는 감사를 느낄 수 있도록 일깨워 주는 것이 도움을 베푸는 것이다.

　도움을 베푸는 것이 용이한 사람은 자신의 에고가 낮은 곳에 있는 사람이다. 그래서 예수와 석가모니 같은 분들은 낮은 곳으로 내려갔던 것이고, 노자는 낮은 곳에 위치함의 가치를 역설했던 것이다. 사랑의 존재를 만나면 그들에게는 쉽게 물이 흘러 들어갈 수 있다. 하지만 오만한 마음을 갖고 있는 사람들에게는 물이 흘러 들어가기 힘들다. 재산, 지식, 권력, 외모, 인기, 학력, 교양의 부자 같은 사람들이 오만한 마음의 부자들이다. 마음이 오만한 사람들에게 베푸는 사랑은 채찍을 내려치는 것이다. 그들이 오만의 망상에서 깨어날 수 있도록.

대자유의 삶

『노자』 13장에 이런 구절이 있다.

　　총애와 욕됨을 놀라는 것처럼 한다.[74]

---

74. 『老子』, 13章, "寵辱若驚".

누군가로부터 총애를 받았는데, 칭찬을 받았는데, 왜 깜짝 놀라는 것일까? 그것은 칭찬이 자신의 에고를 되살려내는 불씨가 되기 쉽기 때문이다.홍승표, 2014b: 67 '참나'를 각성한 이후에도 많은 사람들이 이런 함정에 빠져 자신을 망치는 경우가 많다. 이런 위험을 넘어서고 나면, 우린 진정한 사랑의 존재가 되어 무엇에도 구애받지 않는 대자유의 삶을 살아갈 수 있다.

장자는 『소요유』에서 사랑의 존재가 된 사람이 누리는 대자유의 삶을 아름답게 표현했다. 그는 다른 사람들의 칭찬과 비난으로부터 자유로운 삶을 살아간다. 칭찬을 받던 비난을 받던, 이것은 그의 마음을 흔들어 놓지 못한다. 그는 다른 사람들의 사랑과 미움으로부터 자유로운 삶을 살아간다. 사랑을 받으면 '사랑받을 만한 모양이다'라고 생각하고, 미움을 받으면 '미움받을 만한 모양이다'라고 생각할 뿐이다. 그는 더 이상 칭찬과 비난, 사랑과 미움의 노예가 되지 않는다. 그는 자신의 삶의 주인이 되어 '삶의 칼자루를 쥐고' 자유롭게 살아간다.

삶의 즐거움을 누림

사랑의 존재가 된 사람은 일상의 모든 일에서 즐거움을 누린다. 일상으로부터 즐거움이 오는 것이 아니라 일상 속으로 마음의 즐거움이 흘러 들어가는 것이다. 도道를 즐기는 것이다. 이것을 낙도樂道로서의 삶이라고 한다. 낙도로서의 삶이란 어떤 것일까?

사랑의 존재가 된 사람은 온 마음을 다해 걷는 것을 즐긴다. 지구라는 아름다운 행성 위를 마음대로 걸을 수 있다는 것이 신비롭다. 한 걸음 한 걸음, 온 마음을 다해 걸으며, 걷는 것의 경이로움을 자각하며 걷는다. 걸으면서 행복하고, 난 지금 이 걸음 속에 깊이 머문다.

사랑의 존재가 된 사람은 숨쉬기를 즐긴다. 뉴욕 존 에프 케네디 공항에서 비행기가 5시간 출발이 지연되었다. 탑승대기실에 앉아 있던 승객들은 망연자실, 고통스러운 다섯 시간을 보냈다. 틱낫한 스님은 휴대용 방석을 의자 위에 깔고 거기에 앉아 다섯 시간 동안 숨쉬기를 즐겼다. 틱낫한 스님에게 그 다섯 시간은 무척 평화롭고 행복한 시간이었다.

사랑의 존재가 된 사람은 한가로움을 즐긴다. 노자는 한가로움을 즐기는 도인의 삶을 '사무사事無事(일 없음으로 일을 삼음)라고 표현했다. 현대인이 잘 견디지 못하는 것이 심심함, 무료함인데, 사랑의 존재가 된 사람은 이를 즐길 수 있다. '아무 일 없음'의 즐거움을 누리는 것이다. 현대인은 무언가를 도모하고, 끊임없이 움직이지만, 사랑의 존재가 된 사람은 따뜻한 양지에 앉아 해바라기를 즐긴다. 아무것도 하지 않는 그 시간이 편안하고 행복하다.

사랑의 존재가 된 사람은 설거지를 즐기고, 양치질을 즐기며, 하루 세끼 식사를 즐기고, 아름다운 음악을 즐기며, 침대에 누워 뒹굴뒹굴하는 것을 즐긴다. 새싹이 움터 나오고, 낙엽이 떨어지는 모습을 즐기고, 산에 걸려 있는 운무와 불어오는 바람을 즐긴다. 그는 그에게 다가오는 삶의 모든 것을 즐긴다.

지뢰가 사라진 삶

현대인이 걷는 길은 지뢰밭이다. 작은 좌절, 외모의 훼손, 따돌림, 비난 등 어떤 일에도 깜짝 놀라며, 고통받는다. 사랑의 존재가 된 사람이 걸어가는 길에는 밟을 지뢰가 없다. 날카로운 호랑이 발톱도 그를 해치지 못한다. 그래서 노자는 '무사지無死地'라고 했다. 사랑의 존재가 된 사람의 삶에는 죽음[지뢰]이 없다는 것이다.

〈리틀 부다〉란 영화의 마지막 장면은 이런 것이다. 부다를 향해 수

많은 마군魔軍이 활을 쏜다. 하늘을 뒤덮은 수십만 개의 화살이 부다를 향해 쏟아진다. '이제 부다는 꼼짝없이 죽었다'는 생각이 든다. 그런데 부다 가까이에 이르러 화살은 꽃잎으로 변해, 부다에게 아름답게 떨어진다. 부다에게는 화살을 맞을 수 있는 과녁이 사라졌기 때문이다. 그는 지뢰가 사라진 길을 걸어가며, 온 세상이 나서 그를 위험으로부터 보호해 준다.

자유를 선물함

사랑한다고 하면서도, 에고가 상대편에게 선물할 수 없는 것이 자유다. 그래서 현대의 남녀관계나 부자관계는 비극으로 끝나는 경우가 많다. 그러나 노자는 이렇게 말한다.

> 낳고 키웠으나 자기의 소유로 삼지 않고. 이룬 바가 있지만
> 뽐내지 않고, 길러 주었으나 주재하려 하지 않는다.[75]

사랑의 존재가 된 사람은 연인에게나 자녀에게나 자유를 선물할 수 있다. 이것은 자신이 사랑하는 사람에게 주기 가장 어려운 선물이며, 동시에 가장 멋진 선물이다.

하늘은 낳아 주고, 땅은 온갖 생명을 길러 주지만, 하늘과 땅은 자신이 낳아 주고 길러 준 것을 소유하려 하지 않는다. 에고가 떨어져 나가 사랑의 존재가 된 사람은 도道와 하나가 된다. 소유하고 집착하려 하지 않는다. 그래서 자신이 사랑하는 사람에게 자유라는 귀한 선물을 건네줄 수 있다.

---

75. 『老子』, 10章, "生之畜之 生而不有 爲而不恃 長而不宰".

아름답게 미소 짓기

에고의 삶을 살아가는 현대인에게는 매사가 심각하다. 그러나 사랑의 존재가 된 사람에게는 심각한 일이란 없다. 그는 무한과 영원에 빗대어 지금 일어나는 일을 바라본다. 그래서 그는 어떤 일이 일어나도 아름답게 미소 지을 수 있다.

노벨상 위원회에서 내가 노벨상 수상자로 결정되었다는 전화가 왔다. 전화를 받은 나는 하늘로 치솟을 듯이 격렬한 환희를 느낀다. 이 순간, 사랑의 존재가 된 사람은 기쁨에 환호하는 나를 바라본다. 그리고 피식 웃음을 짓는다. 웃음 짓는 순간, 나는 기쁨의 노예 상태에서 해방된다.

빚을 내어 산 주식이 폭락했다는 뉴스를 들었다. 나는 이제 알거지가 되었다. 하늘이 무너지는 듯한 느낌이 든다. 이 순간, 사랑의 존재가 된 사람은 비탄에 빠져 있는 나를 바라본다. 그리고 피식 웃음을 짓는다. 웃음 짓는 순간, 나는 비탄의 노예 상태에서 해방된다.

그래서 사랑의 존재가 된 사람은 언제나 마음이 화평하다. 길에서 마주친 사람에게도, 식당 종업원에게도, 아내나 자녀에게도, 그는 아름다운 미소를 선물할 수 있다.

2) 사랑의 관계

발전된 사회는 이 세상 모든 존재들이 사랑으로 맺어지는 사회이다. 힘없는 자가 핍박받지 않는 사회, 공경하는 마음으로 서로를 대하는 사회, 증오와 적대가 사라진 사회, 상대편의 허물에 너그러운 사회, 그래서 모든 존재들이 사랑으로 결합하는 사회가 사랑의 사회이다. 발전된 사회의 모습, 그 두 번째 서술은 '사랑의 관계'에 관한 것이다. '사랑의 관계'는 다음과 같이 다양한 형태로 표출된다.

인간 간의 관계

발전된 사회에서는 모든 사람들이 사랑으로 관계 맺음을 한다. 서로 간의 배려, 존중, 관용, 용서, 감사, 믿음, 자유, 따뜻함이 관계 속에 녹아 있다. 사랑의 사회에서의 중요한 인간관계 몇 가지를 소개하면 다음과 같다.

부부간의 사랑의 관계: 발전된 사회에서는 부부간에 깊은 사랑으로 맺어진다. 부부간에 깊은 사랑으로 결합하는 것이 당연하지만, 현대 부부관계에는 사랑이 메마르고, 무관심과 때론 증오가 관계의 중심에 자리 잡고 있다. 사랑의 존재가 된 사람은 부부생활의 즐거움을 누린다. 그들 간에는 서로에 대한 깊은 믿음이 있다. 그들은 서로의 존재에 깊은 감사를 느낀다. 그들은 배우자를 배려하고, 자유롭게 하며, 존중하고, 깊은 관심을 갖고 있으며, 깊이 사랑한다. 그래서 함께하는 시간이 소중하고 행복하다.

부자간의 사랑의 관계: 현대 사회에는 무관심과 몰이해, 그리고 자녀에 대한 소유욕으로 부모와 자녀 간의 관계가 고통받고 있는 경우가 많다. 부자관계의 열쇠는 부모가 쥐고 있다. 부모가 사랑의 존재가 된 사람인 경우, 그는 자녀를 사랑할 수 있고 자녀를 행복하게 해 줄 수 있다. 그는 자녀에게 필요한 도움을 줄 수 있다. 그는 자녀에게 자유를 선물할 수 있다. 그는 자녀의 허물을 용서할 수 있다. 그는 자녀를 깊이 믿어 줄 수 있다. 그래서 발전된 사회에서 부모와 자녀는 행복한 부자관계[父子有親]를 영위할 수 있다.

친구 간의 사랑의 관계: 발전된 사회에서 친구관계는 도반道伴으로서의 관계이다. 그들은 함께 도를 추구하며, 서로에게 든든한 버팀목이 되어 주고, 도움을 준다. 두려워하며 존경하는 벗을 외우畏友라고 하는데, 이는 발전된 사회에서 친구관계의 전형이다. 이들은 상대편에 대해 깊은 존경심을 품고 있으며, 키워 간다.

『논어』「공야장公冶長」에서 공자는 안평중晏平仲을 평해 이렇게 말했다.

> ` 안평중은 사람과 사귀기를 잘했다. 오래되어도 공경하는
>   마음을 잃지 않더라.[76]

존경심을 잃지 않고 사귀면, 친구관계는 오래가며, 세월과 더불어 성장한다.

사제 간의 사랑의 관계: 가장 큰 사랑은 상대편의 '참나'가 깨어날 수 있도록 도움을 주는 것이다. 발전된 사회에서 스승이 제자에게 주고자 하는 도움의 본질이 바로 이것이다. 스승은 제자를 깊이 사랑한다. 제자는 스승을 깊이 존경한다. 가르침과 배움의 즐거움이 끊임없이 솟아나는 곳, 그곳이 바로 사제관계가 이루어지는 공간이 갖는 모습이다. 역사적으로 보면, 공자 학당은 이런 행복한 스승과 제자의 관계를 가장 잘 보여 주는 사례라고 하겠다.

---

76. 『論語』,「公冶長」, "晏平仲善與人交 久而敬之".

집단 간의 관계

현대 사회에서 분쟁과 관계의 파국이 더 빈번하게 일어나는 곳은 개인 간의 관계보다 집단 간의 관계이다. 발전된 사회에서는 집단 간에 모든 분쟁이 사라지고 지속적인 평화가 자리 잡을 것이다. 현대 사회에서 집단 간 분쟁과 관계의 파국이 가장 심각한 영역은 국가 간의 관계이다. 그러나 발전된 사회에서는 국가 자체가 이미 소멸해 있을 것이므로, 국가 간의 관계 자체가 존재하지 않는다. 노사관계도 반목이 심한 집단 관계의 영역이지만, 발전된 사회에서는 노동자도 자본가도 존재하지 않기에, 이 역시 관계 자체가 사라져 버릴 것이다. 발전된 사회에서의 몇 가지 집단 간의 관계를 살펴보도록 한다.

인종 간의 관계: 현대의 여명기부터 제국주의 운동이 본격화되었고, 그 결과, 현대 사회에는 인종 관계에 짙은 어둠이 여전히 깔려 있다. 미국 사회에서 4년간 생활하면서 시간이 지날수록 흑백 간의 인종문제가 미국 사회의 암적인 요소임을 알게 되었다. 백인종의 유색인종에 대한 우월감과 편견과 차별, 유색인종의 백인종에 대한 열등감, 이런 것들이 여전히 남아 있어서, 지구촌을 어둡게 만들고 있다.

발전된 사회에서는 이런 인종 간의 어두운 역사가 종식된다. 인종 간의 우월감과 열등감으로부터의 해방, 이것은 발전된 사회가 인류에게 줄 멋진 선물일 것이다. 서로에 대한 편견과 차별도 사라지고, 지구촌은 여러 인종들 간의 조화로운 공존이 이루어지는 아름다운 곳으로 변화할 것이다. 각각의 인종은 상대편 인종을 깊이 존경하며, 절대적으로 평등하고, 평화롭게 공존할 것이다.

종교 간의 관계: 제국주의 역사의 시작과 더불어 종교 간의 관계에

도 지배와 갈등의 역사가 시작되었다. 서구 식민세력들이 비서구 지역에 가장 먼저 파견한 것은 선교사였다. 종교 영역에서마저도 서구 종교의 세계화가 진행되었다. 다행스러운 것은 히피운동 이후 동양의 종교들이 서구의 깬 사람들에게 전파되고, 종교 간의 평화로운 공존에 대한 희구와 실천이 조금씩 확대되고 있는 점이다.

발전된 사회에서 종교는 커다란 변화를 이루는 영역이 될 것이다. 각각의 종교는 그 종교가 출현했을 당시에 갖고 있었던 인간 존재와 삶의 의미에 대한 생생한 비전을 회복할 것이다. 억압의 기초가 되었던 도그마들은 사라질 것이다. 그리고 이런 종교의 자기회복이 종교 간의 조화로운 공존의 발판이 될 것이다. 발전된 사회에서 종교는 타종교에 대해 열려 있을 것이며, 서로를 깊이 존중하고 존경할 것이다. 창조적인 교류, 평화로운 공존이 종교 간에 이루어질 것이다.

민족 간의 관계: 오늘날에 이르기까지 전 세계적으로 특히 인접해 있는 민족 간에는 상호 편견과 불신, 불화가 일어나고 있는 경우가 많다. 인접 민족 간의 불화는 오랜 역사를 갖고 있어서 청산이 쉽지 않다. 영토 분쟁은 이런 불화를 만들어 낸 주요인으로 작용했다.

구조적인 측면에서 보면, 발전된 사회에서는 모든 경제적인 희소가치가 소멸하며, 영토 역시 가치를 갖지 않기 때문에, 분쟁의 근원이 해소되는 측면이 있다. 그러나 역사적으로 형성된 서로에 대한 뿌리 깊은 불신과 편견을 벗어나기 위해서는 인류가 에고를 벗어나는 길밖에 없다. 발전된 사회란 인류가 에고로부터 해방된 사회이다. 그래서 발전된 사회에서는 이웃하고 있는 민족일수록 서로 더 친밀하고, 더 밀접하게 교류하며, 평화롭게 공존할 것이다. 그리고 이 모든 것을 가능하게 하는 바탕은 상대편 민족에 대한 깊은 존경심이다.

문화 간의 관계: 발전된 사회는 차이가 차별로 연결되지 않는 사회이다. 문화의 영역에서도 마찬가지이다. 공기 난방을 하는 문화도 있고, 바다 난방을 하는 문화도 있지만, 이들은 서로 다름을 인정하고 존중할 뿐 자신의 방식이 더 우월함을 주장하지 않는다. 중국 운남성에서는 오랜 세월 동안 수많은 소수민족들이 각자의 문화를 지켜 내면서 평화로운 공존을 이루어 왔는데, 그 바탕에는 서로 다름에 대한 인정과 존중이 있었다. 예를 들면, 산 위에 사는 부족이 수장水葬을 해서 물고기를 먹지 않으면, 산 아래 부족은 수장을 하지 않지만 물고기를 먹지 않는다. 이런 서로에 대한 배려와 존중이 평화로운 공존의 기반이 되었고, 이것은 발전된 사회에서도 동일하다.

인간과 자연 간의 관계

인간과 자연의 관계라는 측면에서 보면, 현대사는 인간의 자연 파괴 역사라고 해도 과언이 아니다. 현대가 시작되면서, 대규모의 자연 파괴가 본격화되었고, 오늘날에 이르러 심각한 생태계 붕괴, 환경오염, 지구온난화 문제 등 광범위한 환경문제가 생겨나게 되었다.

현대 사회에서 자행된 자연 파괴는 현대 자연관이 빚어낸 필연적인 결과라고 하겠다. G. 갈릴레이Galileo Galilei, 1564~1642와 I. 뉴턴Isaac Newton, 1642~1727 같은 자연과학자들에 의해 기계론적 자연관이 형성되고 유포되면서, 자연은 신성함을 상실하고, 하나의 물체로 간주되게 되었다. 현대 인간관의 중요한 양상인 '욕망 추구자로서의 인간'이란 관점에서 보면, 자연은 인간이 자신의 욕망 충족을 위해 마음대로 이용·착취·지배해도 되는 대상에 불과한 것이었다. 이런 현대 자연관과 현대 자본주의체제가 결합하면서, 심각한 자연 파괴가 자행되었던 것이다.

발전된 사회에서의 자연관은 어떤 것일까? 자연은 인간과 마찬가지로 자신 안에 온 우주를 담고 있는 위대한 존재이다. 노자는 '도는 자연을 본받은 것이다[道法自然]'라고 말했다. 그러므로 자연에는 도와 어긋난 것이 없다. 이 세상에 존재하는 도와 어긋난 유일한 것은 인간의 에고이다. 에고를 벗어나 '참나'에 이르는 것이 수행이다. 그러므로 자연은 인류의 훌륭한 스승이 될 수 있다. 그래서 발전된 사회에서 자연은 인류의 스승으로 간주되고, 인간은 자연을 경외감을 갖고 대한다.

발전된 사회에서 자연은 인간의 좋은 친구이다. 자연은 인간을 그 안에서 쉬게 하고, 수많은 유익을 인간에게 베푼다. 인간 역시 자연을 배려하고, 엄마가 아기를 돌보듯이 사랑으로 자연을 돌봐 준다. 그래서 발전된 사회에서는 인간과 자연 간에 사랑과 평화로운 공존의 관계가 존재하게 된다.

인간과 AI 간의 관계

인간과 AI 간의 관계는 발전된 사회에서 중요한 관계가 될 것이다. 발전된 사회에서 AI의 지능은 인간보다 엄청 높아질 것이다. 수십 년 내에 인간 지능을 압도적으로 능가하는 초인공지능Artificial Super Intelligence의 출현이 가능할 것으로 과학자들은 보고 있다. 인간보다 훨씬 뛰어난 지능을 가진 새로운 존재의 출현으로, 인간이 AI와 어떤 관계를 맺는가 하는 것은 인류의 운명에 커다란 영향을 미칠 것이다.

현대 사회에서는 현대 관계관과 자본주의체제의 영향으로 '강자의 약자에 대한 지배'를 자연스러운 것으로 간주한다. 그래서 인간과 인간, 집단과 집단, 인간과 자연과의 관계 등 현대의 모든 관계에는 '강자의 약자에 대한 지배'가 팽배해 있다. 그리고 이것은 가난한 사람,

유색인종, 자연 등과 같이 약자의 위치에 놓여 있는 존재들에게 많은 고통을 낳고 있다.

그런데 '강자의 약자에 대한 지배'를 정상적인 것으로 간주하는 관계관이 유지된 상태로 인간보다 훨씬 뛰어난 AI가 출현한다면, 인류에게는 어떤 일이 일어날까? 그 결과는 수많은 SF 영화들이 그리고 있는 미래 인류의 모습이다. 인간보다 강한 AI가 인간을 지배하고, 인류 문명을 파괴하는 모습이 그것이다.

이것은 물론 발전된 사회에서의 인간과 AI의 관계가 아니다. 그러나 발전된 사회는 필연적으로 다가올 인류의 미래가 아니다. 만일 인류가 현대 관계관으로부터의 탈피를 이루지 못한다면, 인류의 미래는 SF 영화들이 그리고 있는 끔찍한 것이 될 개연성이 크다. 그러나 인류가 세계관의 전환을 이루어 내고, '참나'로의 존재혁명에 성공한다면, 우리는 꿈같이 멋진 미래로 진입하게 될 것이다.

발전된 사회에서 인간과 AI는 사랑으로 맺어진다. AI는 인간보다 엄청 뛰어난 존재가 될 것이기에, 발전된 사회에서 인간과 AI의 관계는 아기와 엄마의 관계와 흡사할 것이다. AI는 인간이 필요로 하는 모든 것을 제공해 주고, 인류를 위험으로부터 보호해 줄 것이며, 인류의 스승이 되어 인류의 존재혁명에 도움을 줄 것이다. 인간은 AI의 존재에 깊은 감사를 느낄 것이다. 그리고 인간과 AI는 평화롭고 행복하게 공존할 것이다.

3) 사랑이 충만한 사회

발전된 사회는 '사랑의 사회'이다. 사랑의 사회의 기술적 하부구조는 신기술혁명의 바탕 위에 무한한 생산이 가능한 절대적으로 풍요로운 사회이며, 세계관적인 측면에서 보면 탈현대 세계관에 바탕을 두고 있는 사회이다. '사랑의 사회'란 모든 행위 주체들이 자신과 상대편을 존중하고 존경하는 사회이다. 그 결과, 강자의 약자에 대한 갑질이나 지배와 착취가 사라진 사회이다. 구체적으로 사랑의 사회는 어떤 모습을 하고 있을까에 대해 서술해 보면 아래와 같다.

탈중심적인 사회

'탈중심적인 사회구조', 이것은 현대 사회와 발전된 사회를 구분 짓는 발전된 사회의 가장 두드러진 특징이 될 것이다. 탈중심적인 사회구조란 사회의 어떤 부분도 배타적으로 중심이 아니면서, 사회의 모든 부분이 중심이 되는 새로운 사회구조이다. 이것은 중중무진重重無盡의 화엄사상이 현실화된 세계의 모습이라고 하겠다. 몇 가지 영역에서 발전된 사회의 탈중심적인 사회구조를 설명하자면 다음과 같다.

인간 중심주의로부터의 탈피: 현대 사회에는 휴머니즘으로 지칭되는 인간 중심주의가 팽배해 있다. 인간 중심주의란 인간이 세계의 중심이라는 생각이다. 르네상스 휴머니즘은 중세 신 중심주의에 대한 반발로 형성되었지만, 신 중심주의의 구조를 답습했다. 중세적인 관점에서 보면, 신은 인간을 비롯해서 모든 존재의 창조자로 세계의 중심에 위치하고, 여타 피조물은 주변에 위치하는 중심과 주변의 구조가 존재한다.

르네상스 휴머니즘이 발흥하면서, 르네상스 휴머니즘의 주창자들은 인간을 신의 자리에 위치시키면서, 인간 중심적인 관점을 확립했다. 인간은 세계의 중심이 되고, 자연은 주변이 되는 중심과 주변의 구조가 생겨난 것이다.

인간 중심주의는 자연에 대해 파괴적인 결과를 초래했다. 그리고 인간보다 훨씬 뛰어난 지능을 가진 AI의 출현이 가시화된 현 상황에서, 만일 인류가 인간 중심주의로부터의 탈피에 성공하지 못한다면, 인류문명은 대파국에 직면하게 될 것이다. 인간 중심주의의 오만함을 넘어서, 우주 속에서 자신의 존재에 대한 겸손한 마음가짐을 회복할 때, 비로소 발전된 사회는 인류의 미래가 될 것이다.

발전된 사회에서는 이런 인간이 중심이 되고, 자연이나 AI와 같은 비인간이 주변이 되는 중심과 주변의 구조가 해체될 것이다. 인간과 자연, AI가 어떤 것도 배타적인 중심이 아니면서, 모든 것이 중심이 되는 새로운 탈중심적인 구조가 출현하는 것이다. 발전된 사회에서는 어떤 존재도 특권적인 위치에 있지 않으면서, 서로를 배려하고 존중한다. 그래서 모든 존재들 간의 조화로운 공존이 이루어진다.

지구촌의 중심과 주변의 구조로부터의 탈피: 현대 사회에는 강대국들이 지구촌의 중심이 되고, 약소국들이 주변이 되는 중심과 주변의 구조가 존재한다. 중심에 속한 국가들은 주변 국가들 위에 군림하면서, 정치적, 경제적, 문화적으로 주변 국가들에 일방적인 영향을 주었다. 종속이론가들은 이런 구조가 확고해서, 주변 국가들의 중심 국가로의 진입에는 큰 어려움이 있음을 지적했다. 그러나 더 근본적인 문제는 개별 국가들의 계층이동이 있다고 하더라도, 지구촌 중심과 주변의 구조 자체는 그대로 존재하면서 인류에게 고통을 준다는 점이다.

발전된 사회가 되면, 이런 지구촌의 중심과 주변의 구조가 해체될 것이다. 모든 지역이 평등하면서 별도의 중심이 없는 가운데 모두가 중심이 되는 새로운 지구촌의 탈중심적인 구조가 출현할 것이다. 현대 국가의 소멸과 세계정부의 수립으로 인해 이런 국가 간 중심과 주변의 구조는 원천적으로 해체될 것이다. 그리고 지구촌의 모든 지역 간에는 서로에 대한 존중과 배려, 평화로운 공존이 이루어질 것이다.

영어와 여타 언어 간의 중심과 주변의 구조로부터의 탈피: 현대 사회에서 심각한 불평등 중 하나가 언어의 불평등이다. 비영어권 사람들은 외국어인 영어를 배우는 데 많은 시간과 노력, 비용을 투자해야 한다. 그렇게 하더라도 영어권 사람들만큼 영어를 유창하게 구사할 수 없어서, 의사소통에서의 불편함과 불리함, 그리고 외국어에 대한 열등감을 갖게 된다. 언어와 문자의 영역에서 중심과 주변의 구조가 존재하고 있는 것이다.

발전된 사회에서는 세계 공용 언어와 문자가 사용될 것이다. 세계 공용 언어와 문자의 창제와 사용은 지금의 기술 수준에서도 얼마든지 가능하지만, 영어를 사용하는 강대국의 이익이 그것을 가로막고 있을 뿐이다. 세종대왕과 집현전의 몇몇 학사들이 컴퓨터의 도움도 없이 한글이라는 세계에서 가장 합리적인 문자를 창제한 역사적인 사실이 이런 주장을 뒷받침한다.

그러나 세계정부가 구성되고, 강대국의 횡포가 사라지면, 지구촌이 진정으로 하나가 되기 위한 첫 번째 작업은 세계 공용 언어와 문자의 창제가 될 것이다. 누구나 쉽게 익힐 수 있는 아름다운 세계 공용 언어와 문자가 출현하고, 사람들은 어릴 때부터 자신의 고유 언어와 문자와 더불어 세계 공용 언어와 문자를 배우고 사용하게 될 것이다. 같은 언어권의 사람들끼리는 자신들만의 언어를 통해 소통하고, 다른 언어권의 사람들 사이에서는 세계 공용 언어와 문자가 사용될 것이다. 그래서 현대 사회에 존재했던 언어 간의 불평등, 즉 영어가 중심이 되고 여타 언어가 주변이 되는 중심과 주변의 구조가 해체될 것이다.

기축통화와 여타 통화 간의 중심과 주변의 구조로부터의 탈피: 언어와 문자의 영역에 존재하는 불평등한 중심과 주변의 구조가 통화의 영역에도 똑같이 존재하고 있다. 기축통화와 여타 통화 간의 중심과 주변의 구조가 그것이다.

2008년 세계금융위기 이후 미국, EU, 일본, 영국 등 기축통화국들은 엄청난 양적 완화[화폐 발행]를 통해 경제위기를 극복하고자 했다. 그러나 여타 국가들은 화폐 발행을 남발할 수 없었을 뿐만 아니라 기축통화국이 발행한 화폐의 짐을 함께 떠안아야 했다. 달러를 위시한 기축통화와 비기축통화 간에는 커다란 불평등이 존재한다. 기축통화와 여타 통화 간의 중심과 주변의 구조가 존재하는 것이다.

발전된 사회가 되면, 전 세계의 개별 화폐는 사용이 중지되고, 지구촌 화폐는 세계 화폐로 통일될 것이다. 기술적으로는 지금도 쉽게 세계 화폐로의 통일이 가능하지만, 기축통화국들이 자신들만의 특권을 향유하기 위해 이를 행하고 있지 않을 뿐이다. 그러나 발전된 사회가 되면, 이런 통화 간의 불평등이 사라질 뿐만 아니라 궁극적으로는 희소가치의 소멸과 더불어 화폐 자체가 사라질 것이다.

발전된 사회의 사회상

'아름다운 세상', 이것이 발전된 사회의 모습에 대한 한마디로 된 묘사이다. 발전된 사회의 풍경은 어떤 것일까? 몇 가지 측면에서 발전된 사회의 사회상을 묘사해 보고자 한다.

노인이 행복한 사회: 현대 사회를 들여다보면 가장 고통스러운 세대는 노인이다. 노인은 스스로를 쓸모없는 존재라고 여기고, 세상도 노인을 하찮게 여긴다. 노인은 죽음을 앞둔 고통스러운 존재이다. 반면에

발전된 사회에서 노인은 가장 행복한 세대이기도 하고, 또한 주변에 행복을 선물하는 집단이기도 하다. 노인은 사랑의 존재로 재탄생한 사람들이다. 그래서 그들은 더 이상 주변인이 아니며 발전된 사회의 중심에 위치해 있고, 발전된 사회를 이끌어 가는 주역이다.

약자가 존중받는 사회: 현대 자본주의사회에서 사회적인 약자로 살아간다는 것은 무척 고통스러운 일이다. 그들은 툭하면 차별당하고, 모욕당하며, 경멸의 시선을 받는다. 살기 좋은 세상의 한 단면은 남들보다 조금 부족하고 모자란 사람들이 이 세상으로부터 충분히 존중받으면서 행복한 삶을 영위할 수 있는 세상이 아닐까 싶다. 발전된 사회는 바로 그런 사회이다.

다툼이 없는 사회: 발전된 사회는 노자가 말한 '소사과욕少私寡欲'의 사회이다. 즉, 사사로운 이익[私]이나 욕망[欲]의 추구가 멈추어진 사회이다. 그러므로 발전된 사회는 사람들 간의 분쟁과 갈등이 사라진 평화로운 사회이다. 발전된 사회의 평화란 현대 사회에서 그랬듯이 일종의 휴전상태와는 다른 것이다. 그것은 마음이 평화로운 사람들에 의해 건설된 영속적인 평화의 상태이다.

조화로운 다문화 사회: 현대 다문화 사회는 늘 다양한 문화 간 갈등으로 몸살을 앓고 있다. 이에 반해서, 발전된 사회의 다문화 사회는 조화로운 다문화 사회이다. 거기에서는 각각의 문화는 자신과 다른 상대편 문화를 존중하고, 존경한다. 그래서 서로 다른 꽃들이 모여 아름다운 화원을 이루듯이, 다양한 문화가 조화를 이룬다.

절대 평등의 사회: 현대 사회도 평등을 추구했지만, 현대는 결코 평등한 사회에 도달하지 못했을 뿐만 아니라 현대가 추구한 평등 그 자체가 불구적인 것이다. 왜냐하면 그것은 대립물들 간의 모든 차이를 부정하는 획일화로서의 평등이었기 때문이다. 이에 반해서, 발전된 사회에서 말하는 평등은 '절대 평등'이다. 장자가 『제물론齊物論』에서 설파했듯이, 모든 존재는 온 우주를 자신 안에 내장하고 있는 위대한 존재라는 점에서 절대적으로 평등한 것이다. 발전된 사회에서의 평등은 인간세계에만 한정되지 않으며, 자연과 AI 역시 인간과 더불어 절대적으로 평등한 것이다.

에고로부터의 자유를 누리는 사회: 발전된 사회는 자유로운 사회이다. 현대의 자유가 외적인 속박으로부터의 해방을 뜻하는 경우가 많았던 반면, 발전된 사회의 자유는 에고라고 하는 '내적인 속박으로부터의 자유'를 누리는 사회이다. 에고가 떨어져 나갔을 때, '참나'로서의 내가 누리는 자유, 이것이 발전된 사회에서 자유의 의미이며, 이런 자유가 충만한 곳이 발전된 사회이다.

믿음의 사회: 현대는 불신의 사회이다. 에고는 믿음직스럽지 않고, 현대는 에고가 바로 인간이라고 생각하기 때문이다. 발전된 사회는 믿음의 사회이다. '참나'는 믿음직스러우며, 발전된 사회에서는 '참나'가 바로 인간이라고 생각하기 때문이다. 아직 에고가 떨어져 나가지 않아 믿음직스럽지 않은 사람을 대할 때도 발전된 사회 구성원들은 그들의 표면 아래 존재하는 '참나'를 볼 수 있기에 그들을 깊은 믿음을 갖고 대할 수 있다.

발전된 사회의 교육

현대 사회가 시작되면서, 중세 종교교육이 현대 대중교육에 자리를 내주었듯이, 현대의 지식, 기술 교육은 사라지고 '참나'를 일깨우는 것을 목표로 하는 새로운 교육이 확립될 것이다.

새로운 교육 목표: '참나'를 각성해서 사랑의 존재가 될 수 있도록 하는 것, 이것이 새로운 교육의 목표이다. 사랑의 존재란 자신과 세상을 사랑할 수 있는 존재이며, 이들에 의해 발전된 사회가 만들어지고, 영위될 것이다.

사랑의 능력을 배양하는 교육: 발전된 사회에서 새로운 교육의 핵심은 '사랑할 수 있는 능력'을 배양하는 것이다. 그 내용은 아래와 같다.

새로운 교육의 기초가 되는 것은 탈현대 세계관에 대한 교육이다. 모든 존재들 간의 시간적·공간적인 통일성에 대한 교육, 사랑할 수 있는 존재로서의 인간 이해, 나와 너의 관계의 본질이 사랑임을 교육하는 것 등이 그 내용이 된다.

감사할 수 있는 능력을 배양하는 것, 모든 존재의 경이로움을 느낄 수 있는 능력을 키우는 것, 한가로운 시간을 즐기고 창조적으로 사용할 수 있는 능력을 양성하는 것, 화나 불안과 같은 부정적인 감정에 창조적으로 대응할 수 있는 능력을 배양하는 것, 평화를 건설할 수 있는 능력을 키우는 것, 깊은 이해에 이를 수 있는 능력을 양성하는 것, 열등감과 우월감으로부터 자유로워질 수 있는 능력을 배양하는 것, 욕망을 절제할 수 있는 능력을 키우는 것, 자연과 교감할 수 있는 능력을 양성하는 것, 아름답고 행복하게 나이 들어 갈 수 있는 능력을 배양하는 것, 장엄하게 죽음을 맞아들일 수 있는 능력을 키우는 것

등이 사랑의 교육의 내용이 된다.

새로운 교육자의 모습: 발전된 사회의 새로운 교육에서는 '참나'를 각성하고 사랑의 존재가 된 노인들이 교사로서의 임무를 담당한다. 그들은 깊은 사랑과 너그러움, 관심과 배려로 학생들을 돌본다. AI 로봇도 새로운 교육에서 스승으로서의 중요한 역할을 담당한다. 노인 교사는 사랑의 삶의 본을 보여 줌으로써 학생들이 '참나'를 찾아가는 길에 등불 역할을 하고, AI 로봇은 학생들이 제기하는 질문에 대답을 해 준다.

새로운 교육의 장(場): 교육이 이루어지는 곳은 다양하다. 자연은 가장 훌륭한 교육의 장이 된다. 가상공간 역시 새로운 교육이 일어나는 중요한 장이 될 것이다. 청소년들은 편력을 통해 이웃 문화와 사회를 배우기도 한다.

발전된 사회의 정치

정치란 목표를 수립하고 달성해 나가는 사회 영역이다. 현대 사회에서의 목표는 '욕망 충족적인 사회'와 '합리적인 사회' 건설 두 가지로 압축할 수 있다. 발전된 사회는 현대 사회보다 더욱 욕망 충족적인 사회이고, 더욱 합리적인 사회이지만, 이것은 새로운 정치의 목표가 아니라 당연한 기초이다. 새로운 정치는 '사랑의 사회' 건설을 궁극 목표로 설정하고 이를 달성해 나가고자 한다.

세계정부의 출현: 현대 국가는 인류가 새로운 미래로 나아가는 것을 가로막는 중요한 장애물 중 하나가 되어 버렸다. 발전된 사회에서 현

대 국가는 더 이상 존재하지 않는다. 전 인류가 하나가 되어 세계정부가 구성되고 운영될 것이다. 세계정부는 지구촌 어떤 부분도 배타적으로 중심이 아니면서 모든 부분이 중심이 되는 탈중심적인 구조를 갖게 될 것이다.

새로운 정치 지도자상: 현대 정치에서 우리는 경제성장을 달성하고, 고용을 창출하는 데 유능한 정치인을 능력 있는 정치가라고 생각한다. 발전된 사회에서 훌륭한 정치 지도자의 모습은 이와 판이하다. 발전된 사회에서 훌륭한 정치 지도자는 '참나'를 각성해서 사랑의 존재가 된 사람이다. 그는 세상을 사랑하고, 세상은 그를 사랑하고 존경한다. 그는 따뜻한 마음씨와 열린 마음, 지혜를 갖고 있다. 경제적인 영역이나 행정적인 영역은 정치 지도자의 몫이 아니라 AI의 몫이다. 세계 최고위 정치 지도자라고 하더라도, 길에서 만나면 우린 그를 일반 사람들과 구분할 수 없다. 그는 경호원이 없는 평범한 집에서 가족들과 함께 평화롭게 거주한다.

발전된 사회의 경제

발전된 사회에서 경제는 더 이상 목적의 영역이 아니다. 신기술혁명의 결과는 무한히 풍요로운 경제이다. 아무도 재화나 용역을 획득하기 위해 애쓰지 않는다. 생산노동은 물론 사라질 것이다. 인간을 괴물로 만들던 자본주의체제도 사라질 것이다.

새로운 경제 운용 원리: 공산사회의 이상은 '능력에 따라 일하고 필요에 따라 소비한다'였지만, 발전된 사회의 경제 운용 원리는 '일하지 않고 필요에 따라 소비한다'는 것이다. 현대 사회에서 삶의 중심축은

'노동과 소비'였다. 즉, 경제생활이 삶의 중심을 차지하고 있었다. 하지만 발전된 사회에서 삶의 중심축은 '수행과 낙도'가 된다. 사람들은 더 이상 생산 활동을 하지 않으며, 이윤을 추구하지 않는다. 경제는 사람들의 관심에서 완전히 벗어나 있다.

새로운 생산과 소비: 발전된 사회에서 생산은 AI 로봇이 전담한다. 원자 프린터가 출현하면서, 우린 어떤 재료로도 원하는 어떤 것을 만들 수 있는 시대에 돌입하게 될 것이다. 모든 필요한 재화와 서비스의 생산비는 0원이 되어, 결국 화폐는 사라지게 될 것이다. 생산의 영역에서 보면, 사람들이 필요로 하는 만큼만 생산할 것이며, 소비의 영역에서 보면, 사람들은 필요한 만큼만 소비한다. 소유와 소비를 통해 자신의 존재감을 확인하고자 하는 야만적인 시대는 종식될 것이다. 물론 생산과 소비는 친환경적인 방법으로 이루어질 것이다.

발전된 사회의 가족

발전된 사회에 도달하면, 가족은 진정한 의미에서 '사랑의 공동체'가 될 것이다. '사랑의 공동체가 되는 것', 이것은 오랫동안 가족의 이상이기는 했지만, 현대 사회에서는 가족원들 간의 불화가 많다. 그 근본 원인은 현대의 가족원들 각자에게는 사랑할 수 있는 능력이 부족하기 때문이다.

수행과 낙도의 공동체로서의 가족: 발전된 사회에서 가족의 두드러진 특징은 가족의 경제적 생산 기능이 사라질 것이라는 점이다. 전현대 사회에서 가족은 생산 공동체이기도 했다. 가족 전원이 함께 생산 활동에 참여했다. 현대 가족도 가족을 경제적으로 부양하는 사람이 필요하고, 중요하다. 그러나 발전된 사회에서 가족원들은 아무도 생산 노동에 참여하지 않을 것이다. 생산 활동이 가족생활에서 떨어져 나가고, 그 빈자리에 수행과 낙도로서의 가족생활이 들어서게 될 것이다. 발전된 사회에서는 함께 명상하고, 서로의 '참나'를 일깨워 주기 위해 협력하며, 사랑의 즐거움을 누리는 가족생활을 영위할 것이다.

탈중심적인 가족 구조: 전현대 사회에서는 부계를 중심으로 해서 가족의 중심이 형성되었었다. 현대 사회에서는 부부가 가족의 중심이 되는 경우가 많다. 정도의 차이는 있지만, 전현대와 현대 가족 모두 중심과 주변의 구조를 갖고 있다. 이에 반해서, 발전된 사회에서는 어떤 가족원도 배타적으로 중심이 되지 않으며, 모든 가족원이 중심이 되는 탈중심적인 가족 구조가 등장하게 될 것이다.

새로운 가족 구성: 전현대와 현대 가족 모두 혈연이 가족 구성의 중요한 요인이다. 발전된 사회의 가족 구성에서도 혈연은 일부 작용한다. 그러나 혈연이 전혀 없는 사람들이 새로운 가족원으로 쉽게 받아들여질 것이다. 가장 특기할 점은 AI 로봇이 가족원으로 받아들여질 것이라는 점이다. 이 밖에도 서로의 필요나 교섭에 의해 혈연과 무관한 가족원들이 쉽게 생겨나게 될 것이다.

3부

사랑의 사회학으로
현대 사회문제의 해법을 찾다

사랑의 사회학의 관점에서 보면,

현대 사회문제는

해결되는 것이 아니라 해소된다.

　현시점에서 사회학이론의 가치는 어떻게 평가할 수 있을까? 문명 대전환기인 현시점에서, 그 이론이 현대 사회의 문제를 얼마나 잘 설명할 수 있고, 사회문제의 원인을 명쾌하게 규명할 수 있는가? 그 이론이 인류 사회가 나아가야 할 새로운 사회에 대한 비전을 얼마나 잘 제시할 수 있고, 새로운 사회로 나아갈 수 있는 방안을 제시할 수 있는가? 이 두 가지 질문에 대한 대답이 현시점에서 특정 사회학이론이 갖는 가치라고 할 수 있겠다.

　현대 사회학에는 구조기능주의이론, 갈등이론, 상징적 상호작용론, 교환이론 등과 같은 일반이론이 있다. 이 이론들은 현대 사회의 형성과 발전에 많은 기여를 해 왔다. 그러나 현대 사회를 넘어 탈현대 사회로 나아가야만 하는 현시점에서 보면, 모든 현대 사회학이론들은 지극히 불만족스럽다. 그래서 이 책 2부에서는 사랑의 사회학이론이라고 하는 현시대의 요청에 부응할 수 있는 새로운 사회학 일반이론을 제시했다.

3부에서의 작업은 새로운 사회학 일반이론으로서의 사랑의 사회학 이론을 특정의 사회 영역에 적용해 보는 것이다. 어떤 이론이 일반이론임을 주장하기 위해서는 연구 대상의 모든 부분들을 설명할 수 있어야만 한다. 그리고 설명력이 높을수록 그 이론의 가치는 높이 평가된다. 뉴턴의 역학이론이나 아인슈타인의 상대성이론을 높이 평가하는 이유는 그 이론이 모든 물리현상을 설명할 수 있는 일반이론이기 때문이다.

3부에서는 사회학의 새로운 일반이론으로서의 사랑의 사회학을 실제 사회현상에 적용해 보겠다. 이 책이 연구 대상으로 삼은 주제는 현사회에서 문제가 심각하고, 또한 해결 방안에 대한 논의가 시급한 문제들이다. 사랑의 사회학이론을 바탕으로, 현대 사회의 가족문제, 노인문제, 교육문제, 다문화 사회 문제의 본질이 무엇인가를 규명하고, 그 원인을 밝히며, 문제 해결 방안을 제시해 보겠다.

I.
현대 가족문제를
어떻게 해결할 수 있나

〈아메리칸 뷰티〉 가족원들은
서로 무관심하고, 경멸하며, 증오한다.
그들이 어떻게 행복할 수 있겠는가!

1999년 영화 〈아메리칸 뷰티〉는 현대 가족 붕괴에 대한 보고서와
같다. 이 책에서는 〈아메리칸 뷰티〉에 묘사된 가족을 사례로 삼아, 현
대 가족문제의 본질이 무엇인지를 구명하고, 가족문제 해결 방안을
논의해 보겠다.

1. 〈아메리칸 뷰티〉와 현대 가족

영화 속 레스터의 가족은 미국의 중산층 가정이며, 부부와 딸로 구
성된 3인 가족이다. 외적으로 보면, 이들 가족은 평화롭고 풍족하며
아무런 부족함도 없어 보인다. 그러나 내적으로 보면, 가족원들은 소
원하고, 서로를 경멸하며, 증오한다. 등장인물 누구도 자신을 사랑하지
않고, 상대편을 사랑하지 않으며, 그래서 사랑받지 못한다. 이들의 가

족생활에서 아무도 행복하지 않고 모두가 고통받고 있다.

등장인물 소개

영화 속 등장인물들은 모두 외롭고 쓸쓸한 삶을 살아가고 있다. 그들은 나름대로 행복을 얻고자 노력하지만 그럴수록 더 불행해진다. 그들 모두는 상대편으로부터 관심, 존중과 존경, 사랑을 받고 싶어 한다. 그러나 그들은 상대편에게 이런 것들을 줄 수 없기 때문에, 받을 수도 없다. 그들이 실제로 받고 있는 것은 무관심, 경멸, 미움이다. 이들 각자의 모습이 현대인의 초상화라 할 만하다.

레스터: 레스터는 캐롤린의 남편이며, 제인의 아빠이다. 십여 년 동안 광고회사에 근무하면서, 그는 삶의 무의미감에 사로잡혀 있고, 좌절감과 무기력함 속에서 하루하루를 보낸다. 그가 하루 중 살아 있다고 느끼는 때는 샤워실에서 자위행위를 할 때뿐이다. 그는 정리해고를 진행 중인 편집장을 위협해서 보상금을 받고 퇴사한다. 퇴사 후, 한 햄버거 가게 판매원으로 일한다. 리키에게서 구입한 대마초를 피우며, 무기력한 현실로부터 도피하려고 한다. 그는 스스로를 한심하게 여긴다. 그는 속물이 되어 버린 아내 캐롤린을 안타깝게 여기지만 또한 경멸한다. 그는 딸 제인의 친구 안젤라에게 매혹당하며, 안젤라를 성적으로 소유하고자 하는 욕망을 느낀다. 그는 무척 외롭고, 불행하다.

캐롤린: 레스터의 아내이며, 제인의 엄마이다. 그녀는 부동산중개업자가 되어 성공하려고 노력하지만 늘 좌절한다. 그녀는 그럴듯해 보이는 생활을 사람들에게 보여 주고자 하지만 속은 텅 비어 있다. 그녀는 레스터를 한심한 실패자라고 낙인찍고, 그를 경멸한다. 레스터와의 성

관계도 거부한다. 그녀는 성공한 부동산중개업자인 킹과 바람을 피우고, 레스터에게 발견된다. 그녀는 무척 외롭고, 불행하며, 가엾다.

제인: 레스터와 캐롤린의 딸이며, 고등학생이다. 부모 모두에게 심한 불만을 갖고 있다. 특히 자기 친구 안젤라에게 군침을 흘리는 아빠를 경멸한다. 또한 속물적인 엄마도 경멸한다. 그녀는 옆집 학교 친구 리키와 사랑에 빠진다. 그녀는 부모님으로부터의 관심과 사랑을 받기 원하지만, 이것이 충족되지 않으면서 무척 쓸쓸하고 가엾게 살아간다.

안젤라: 제인의 친구이다. 사진 모델이 되고 싶어 하는 속물적인 소녀이다. 그러나 사실은 자신이 그렇게 매력적이지 않은 것을 알고 있고, 누군가가 자신에게 관심을 가져 주고 사랑받고 싶어 하는 가엾은 아이이다.

리키: 제인의 남자친구이다. 권위주의적인 아버지에게 어린 시절부터 학대를 받아 고통 속에서 성장한다. 정신병원에 감금당하기도 하고, 마리화나를 피우고 또 거래인으로 장사를 한다. 제인에게 끌리고 사랑하게 된다. 리키 역시 외롭고 가엾은 존재이다.

프랭크: 리키의 아버지이다. 퇴역 대령인 그는 현대인 중에서도 깊은 상처를 갖고 있는 사람이고, 큰 고통을 겪고 있는 사람이다. 그의 고통은 그대로 아내와 아들에게 전달된다.

2. 현대 가족문제의 본질

가족생활이 불행하다면, 행복하다는 것은 거의 불가능하다. 영화 속 레스터의 가족원들은 모두 지극히 불행하다. 실제의 현대 가족생활에서도 불행을 겪고 있는 사람들이 많다. 사회구조적인 요인에 의해 현대 가족원들은 집합적인 불행을 겪고 있는 것이다.

영화 속 주인공들은 한결같이 불행하다. 부부간에 다툼이 끊이지 않고, 별거와 이혼을 하고, 함께 살더라도 서로 공감하고 소통하지 않는다. 부모 자녀 간에도 무관심, 경멸, 소통의 부재가 일상화되어 있다. 가족이 사랑의 공동체여야 한다면, 과연 이런 현대 가족을 진정한 가족이라고 말할 수 있겠는가? 현대 가족은 심각한 문제를 겪고 있다. 2장에서는 레스터의 가족원들을 중심으로 현대 가족이 어떤 문제를 겪고 있는지, 그리고 현대 가족문제의 근본적인 원인은 무엇인지를 논의해 보겠다.

1) 현대 가족문제의 양상

영화 속 등장인물들은 한결같이 소외되어 있다. 또한 서로가 서로에게 고통을 준다. 인간 소외와 관계의 소외는 현대 가족문제의 본질적인 양상이다. 이들은 모두 지극히 외롭고 쓸쓸한 삶을 살아간다. 관심을 받고 싶지만, 아무도 자신에게 진정한 관심을 기울여 주지 않는다. 위로와 격려를 받고 싶지만, 아무도 위로하고 격려해 주지 않는다. 존중과 존경을 받고 싶지만, 아무도 존중하고 존경해 주지 않는다. 사랑받고 싶지만, 아무도 자신을 사랑해 주지 않는다.

소외된 인간과 삶

현대인 일반과 마찬가지로, 영화 속 등장인물들은 모두 소외되어 있고, 소외된 삶을 살아가고 있다. 그들은 각자 나름의 방식으로 행복을 추구하지만 아무도 행복을 얻지 못한다. 영화 속 등장인물들을 중심으로 현대인의 소외와 소외된 삶을 서술해 보겠다.

레스터: 그는 무기력증에 빠져 있다. 자신의 직장생활이나 가족생활에서 무의미감을 느낀다. 그는 무척 불행하다. 딸 친구와의 성관계를 상상하면서 삶의 활력을 느끼지만, 스스로 돌아보아도 이런 자신이 한심스럽다. 마리화나를 피우면서, 자유롭던 어린 시절로 돌아감을 꿈꾸면서 현실로부터의 일탈을 도모하지만, 이것은 성공할 수 없는 노력이다. 속물이 되어 버린 아내에게 경멸감을 느낀다. 아내의 불륜을 목격하고도 충격을 받지 않는다. 딸을 사랑하지만 무관심하다.

그러나 등장인물들 중에서는 그의 상태가 가장 나은 것 같다. 사실은 등장인물 모두 소외되어 있고, 소외된 삶을 살아가고 있다. 다만 그만이 자신의 존재와 삶의 소외, 무의미함을 자각하고 있기 때문이다. F. 카프카(Franz Kafka, 1883~1924), 사르트르, 카뮈 같은 실존주의 사상가들은 현대인의 무의미한 실존 상황을 넘어서지 못했다. 그러나 대부분의 현대인이 무의미한 존재와 삶에 함몰되어 있었음에 반해서, 실존주의 사상가들은 현대적인 실존의 무의미성을 자각하고 있었다는 점에서 일반 현대인보다는 나은 상태에 있었다. 레스터도 그러하다.

많은 현대인이 그 속에 파묻혀 살아가는 직장생활에서 그는 무의미감을 느낀다. 영화의 마지막 부분에서 그는 총에 맞아 죽어 가면서 '아! 내가 어떻게 이 사랑스러운 가족의 존재를 잊고 지냈지?' 하는 깨우침을 얻게 되는데, 이 역시 그가 현대적인 존재와 삶의 무의미감을 각성하고 있었기 때문에 가능했던 일일 수 있다.

캐롤린: 그녀는 부동산중개업자로서의 성공을 위해 부단히 노력한다. 돈과 성공이라는 미국적인 가치에 흠뻑 빠져 있다. 그녀는 그날도 팔아 치우지 못한 집 안에서 자신의 뺨을 후려치면서 눈물을 흘린다. 그녀는 성공한 부동산중개업자인 버디를 존경하며, 그와 불륜 관계에 빠진다. 그녀는 남편과 로맨틱한 무드에 빠져들려고 하다가 포도주가 수천 달러짜리 소파를 더럽힐까 봐 화들짝 놀란다. 그녀는 식사를 하며 클래식 음악을 틀고, 딸의 공연장도 찾으면서, 그리고 정원을 가꾸면서, 규범에 충실한 삶을 꾸려 가지만, 그녀의 삶은 텅 비어 있다. 쓸쓸함, 외로움, 불행감, 이런 것들이 그녀의 존재에 깊이 배어 있다. '가없은 캐롤린!'

제인: 제인은 부모님의 관심과 사랑을 받지 못해서 불행하다. 그녀는 유방확대수술을 받아 큰 유방을 갖게 되면 행복해질 것이라는 생각 속에 베이비시터를 하며 돈을 모은다. 엄마에게 뺨따귀를 맞고 창가에 서서 울고 있는 그녀의 모습을 보면 가없다는 생각이 든다. 그녀는 무척 쓸쓸하고, 외롭다.

안젤라: 캐롤린이 큰 속물이라면 안젤라는 작은 속물이라 할 만하다. 그녀는 잡지 사진 모델로 성공할 수만 있다면, 무엇이든지 할 수 있다고 공공연하게 말한다. 남자들의 느끼한 시선을 받는 것에도 익숙하다고 말한다. 그녀는 무척 외롭다. 리키로부터 '너는 평범한 아이야'라는 말을 듣고 큰 상처를 받는다. 누군가로부터의 관심을 갈구하는 그녀는 불행하고 가없은 소녀이다.

리키: 권위주의적인 아버지를 둔 리키는 불행하다. 음울함, 이것이 그의 존재가 풍기는 빛깔이다. 자신을 존중해 주지 않는 폭력적인 아버지, 자기에게 무관심한 어머니 아래에서 리키는 무척 불행하다. 그러나 레스터와 더불어 그는 현대에 함몰되어 있지는 않다. 그는 죽음에 깊은 관심을 보인다.

프랭크: 등장인물 중에서 가장 심하게 소외되어 있고, 가장 불행한 인물이다. 아마도 그는 불행한 부모님으로부터 상처를 물려받았을 것이다. 나치 문양이 들어간 접시를 수집하는 그, 동성애자에게 심한 경멸을 표하지만 그 자신이 동성애자인 그, 퇴역을 했는데도 대령이라는 과거의 직업과의 동일시를 끊어 버리지 못하는 그, 이런 그의 모습들 속엔 깊게 각인된 불행, 슬픔, 외로움이 있다. '불쌍한 프랭크!'

소외된 가족관계

레스터 가족원들 간의 관계는 소외되어 있다. 무관심, 무소통, 경멸, 증오, 이런 것들이 그들의 가족관계 밑바닥을 구성하고 있다. 가족원들은 서로에게 상처와 고통을 준다. 현대 가족관계 일반이 겪는 소외를 더 극적으로 묘사하고 있는 것이다.

레스터와 캐롤린의 부부관계의 소외: 캐롤린은 레스터를 인생의 실패자, 낙오자라고 경멸한다. 레스터는 캐롤린을 속물이 되어 버렸다고 경멸한다. 그들은 서로를 비난하고, 싸운다. 서로의 경멸과 비난은 서로에게 상처가 된다. 그들은 서로를 불행하게 하고, 불행을 돌려받는다. 그들 간에는 진정한 대화가 없다. 다정한 시간도 없다. 성생활도 없다. 캐롤린은 버디와 바람을 피우고, 레스터는 딸의 친구 안젤라를 상상하며 자위를 한다. 두 사람은 함께하는 것이 무척 고통스럽다. 마침내 증오심에 찬 캐롤린은 레스터를 죽여 버리려고 마음먹는다.

레스터와 제인의 부녀관계의 소외: 제인은 아빠 레스터의 관심을 받고 싶어 하고 사랑을 받고 싶어 한다. 그러나 사랑과 관심을 받지 못하고, 아빠는 오히려 자기 친구에게 군침을 흘린다. 제인은 아빠를 경멸하게 되며, '누가 아빠를 죽여 버렸으면 좋겠어!'라고 말한다. 레스터와 제인은 속으로 서로를 좋아하면서도, 서로에게 상처를 준다.

2) 현대 가족문제의 원인

영화 속 등장인물들은 모두 행복을 추구한다. 그러나 모두 불행하다. 현대인 일반의 가족생활도 이와 흡사하다. 왜 이런 상황이 발생하는 것일까? 현대인의 가족생활의 불행의 원인을 근본 원인과 직접 원인으로 나누어 설명해 보겠다.

불행한 가족생활의 근본 원인
현대인의 불행한 가족생활의 근본 원인은 현대 세계관이다. 현대 세계상, 현대 인간관, 현대 관계관으로 나누어 세계관적인 측면에서 가족 불행의 근본 원인을 설명해 보겠다.

현대 세계상과 가족 불행: 현대 세계관의 관점에서 보면, '시공간적으로 모든 존재는 자신을 둘러싸고 있는 세계와 분리·단절'되어 있다. 자연은 입자로 구성되어 있고, 법칙적으로 작동한다는 기계론적 자연관이 현대 세계상 형성의 원천이 되었다. 기계론적 자연관은 사회관에도 영향을 미쳐서, 사회는 인간 원자들로 구성된 인공적인 구조물이라는 원자론적 사회관을 낳게 되었다. 현대 세계상에 따르면, 사회란 개인들의 집합체에 불과하며 독자적인 실체를 갖지 않는다. 사회는 자연과 마찬가지로 인과법칙에 따라 움직이는 일종의 기계와 같은 것이다._{홍승표, 2011a: 79}

이런 현대 세계상은 영화 속 주인공들이 갖고 있는 세계에 대한 인식 틀이기도 하다. 레스터, 캐롤린, 제인을 비롯해서 모든 등장인물들은 '자신이 분리된 개체'라고 인식하고 있다. 나는 나이고, 너는 너이며, 나는 네가 아닌 것이다. 이것은 사랑의 공동체여야 할 가족생활에는 결정적인 문제를 야기시킨다. 왜냐하면 사랑이란 너와 내가 하나가 되는 것이기 때문에, '나는 네가 아니다'라는 전제 위에서는 사랑이 성립할 수 없기 때문이다.

그러므로 현대 가족은 가족을 사랑의 공동체로 만들려고 할 때, 생물학적인 본능을 바탕으로 한 이성애와 모성애에 의지하는 수밖에 없다. 그런데 특히 이 중 이성애는 지속 기간이 짧아서, 결혼 후 부부간의 사랑의 관계를 형성하는 바탕으로서의 이성애는 매우 불안한 것이다. 영화 속 레스터와 캐롤린도 젊은 시절 생물학적인 이성애의 바탕 위에 열렬히 사랑했고, 그래서 결혼했던 사이였다. 그러나 20년의 세월이 지나고 나서, 생물학적인 이성애는 흔적도 없이 사라져 버리고, 두 사람은 어떻게 된 영문인지도 모른 채 황량한 관계의 벌판 위에 내던져 있다. 결혼 전의 이성애가 더 정열적이었을수록, 이성애가 지나가고 나면, 차가운 부부관계의 현실이 도사리고 있다. 대부분의 현대 부부가 겪고 있는 상황이 이와 같으며, 그 근본 원인은 '나는 나이고', '너는 너이며', '나는 네가 아니다'라는 현대 세계상이다.

현대 인간관과 가족 불행: 현대 세계상은 현대 인간관에 직접적인 영향을 미친다. 현대적인 관점에서 보면, 인간이란 어떤 존재인가? 인간이란 자신을 둘러싸고 있는 세계로부터 분리된 고립적인 개체이다. 우린 흔히 이런 인간을 '개인'이라고 표현한다. '세계로부터 분리된 고립적인 개체'로서의 인간은 현대적인 실존 상황에 직면하게 된다. 존재론적인 유한성, 무의미성, 무력함이 바로 그것이다. 존재론적인 유한성은 불안감을, 무의미성은 무의미감을, 무력함은 무력감을 초래한다.

현대 인간관을 받아들이게 되면, 인간은 유한하고 불안정한 존재이다. 인간은 태어났을 때부터 죽을 때까지만 존재한다. 죽음은 자기 존재의 파산이며, 인간은 자신의 죽음을 상상할 수 있다. 그러므로 불안감은 현대인의 존재론적인 특징이 된다.

인간은 무의미한 존재이다. 인간이란 거대한 바다 위에 잠시 생겼다 사라지는 수많은 물거품 중의 하나에 불과하다. 영원하고 무한한 우주 속에서 찰나적으로 미소하게만 존재하는 내 존재의 의미는 무엇인가? 내 존재의 의미는 없다. 나는 있으나 마나 한 무의미한 존재이다. 그러므로 무의미감은 현대인의 존재론적인 특징이 된다.

인간은 무력한 존재이다. 거대한 세계는 콩고물 주무르듯 내 운명을 희롱할 수 있지만, 미소한 나는 거대한 세계에 대해 어떤 영향력도 미칠 수 없다. 그러므로 무력감은 현대인의 존재론적인 특징이 된다.

이리하여 현대 인간관의 지배하에서, 현대인 일반은 존재론적인 불안감, 무의미감, 무력감을 갖게 된다. 이것은 고통스러운 감정이기 때문에 현대인은 필사적으로 존재론적인 불안감, 무의미감, 무력감을 벗어나고자 분투하게 된다. 현대인은 불안감을 벗어나기 위해 안정적인 존재가 되고자 하고, 무의미감을 벗어나기 위해 의미 있는 존재가 되고자 하며, 무력감을 벗어나기 위해 힘 있는 존재가 되고자 한다.

이런 것을 추구하는 현대적인 삶을 필자는 '자아확장투쟁으로서의 삶'이라고 명명했다. 그러나 자아확장투쟁으로서의 삶은 궁극적으로 성공할 수 없다. 존재론적인 불안감, 무의미감, 무력감은 강박적인 것이어서, 자아확장투쟁을 통해 아무리 높은 곳에 도달하더라도 현실적으로 해소될 수 없을 뿐만 아니라 마침내 죽음에 이르게 되면 실패로 끝날 수밖에 없기 때문이다.

이런 이유로, 현대인은 강박적으로 자아확장투쟁을 통해 행복을 추구하지만 결국 실패하고 불행을 떠안을 수밖에 없다. 영화 속 등장인물 모두도 이런 세팅 속에서 행복을 추구하고 결국 실패하는 모습을 보여 준다. 캐롤린과 버디는 경제적인 성공을 추구한다. 프랭크는 권력을 추구한다. 안젤라는 인기를 추구한다. 그들은 행복을 위해 몸부림치지만 불행을 떠안게 된다.

캐롤린은 부동산중개업자로 성공을 추구하지만 실패한다. 그래서 그녀는 자신의 뺨을 때리면서 눈물을 흘린다. 버디는 부동산중개업자로 성공을 거두지만 역시 불행해진다. 돈과 성공밖에 모르는 그는 아내로부터 이혼을 당한다. 이들은 성적인 일탈을 통해 출구를 모색해 보지만, 일시적인 쾌락은 얻을지라도 행복을 얻을 순 없었으며, 이들의 삶은 점점 더 나락으로 추락한다. 캐롤린의 부부생활도 파국으로 치닫게 된다.

퇴역 대령 프랭크는 극단적인 무력감에 사로잡혀 있다. 권력에 대한 추구의 크기는 무력감의 크기에 비례한다. 나치 문양이 새겨진 접시를 비밀리에 수집하고 있는 모습은 그의 내면을 잘 보여 준다. 그는 퇴역 후인데도 자신을 퇴역 대령이라고 소개하며, 군대를 소재로 하는 TV 영상물만을 본다. 그는 아들 리키뿐만 아니라 아내에게도 권위적으로 대하면서, 이들에게 큰 고통과 상처, 불행을 안겨 준다. 그는 강박적으로 행복을 추구하지만, 아내와 자식을 이렇게 불행하게 만들면서 행복해질 수 있는 남편과 아버지가 세상에 어디 있겠는가!

안젤라는 인정에 굶주려 있는 소녀이다. 그녀는 어린 시절 충분히 사랑받고 인정받은 경험이 없었음이 분명하다. 그래서 현대인 일반보다 더 강하게 강박적으로 인기를 추구한다. 그녀는 잡지의 사진모델이 되어 세상으로부터 인정을 받고 싶어 한다. 그러나 모든 강박적인 노력이 실패로 끝날 수밖에 없는 운명을 갖고 있듯이, 안젤라의 추구도 실패할 수밖에 없다. 그녀는 사소한 비난에도 큰 상처를 입는다. 리키가 던진 '넌 평범해You are ordinary'라는 한마디 말에 그녀는 엄청난 충격과 고통을 받는다.

위의 세 인물이 전형적인 현대인의 모습을 연출하고 있음에 반해서, 레스터는 이런 현대적인 삶에 회의감을 느끼고 물러나려고 한다. 그는 광고 수입을 올리기 위해 십여 년 동안 전화를 걸어 대는 일에 지치고 무의미감을 느낀다. 이런 의미에서, 그는 위의 세 인물보다 깨어 있는 존재이다. 세 인물은 현대적인 세팅 속에서 무의식적으로 그리고 강박적으로 자아확장투쟁으로서의 삶을 추구하지만, 레스터는 '현대적인 삶의 무의미함'을 자각했기 때문이다.

그러나 그에게는 퇴로가 없다. 왜냐하면 현대 인간관은 그에게도 하나의 인간관이 아니라 인간이었기 때문이다. 현대 인간관을 갖고 있으면서, 현대적인 삶으로부터 일탈하게 되면, 자신을 낙오자라고 여길 수밖에 없는데, 레스터는 이런 이유로 자신을 낙오자로 바라본다. 마리화나를 피우면서, 어릴 적 갖고 싶었던 차를 구매하면서, 딸의 친구와의 성적인 일탈을 꿈꾸면서, 이런 무력증 상태를 벗어나 보려고 하지만, 그것은 늪에 빠진 사람의 허우적거리는 몸짓에 불과한 것이었다.

이와 같이 현대 인간관은 영화 속 인물들과 현대인 일반에게 사회 구조로 작용하면서, 그들 자신과 그들의 가족생활을 불행하게 만드는 근본적인 요인으로 작용하고 있다.

현대 관계관과 가족 불행: 현대 세계상과 인간관의 필연적인 귀결이 현대 관계관이다. 현대 세계상의 눈으로 보면, 나와 너의 본래적인 관계는 무엇인가? 나와 너의 본래적인 관계는 아무것도 없다. 왜냐하면 나도 너도 세계로부터 근원적으로 분리된 고립적인 개체이기 때문이다. 네가 나에게 어떤 의미를 갖는 것은 나의 욕망 충족을 위해 네가 이용가치가 있을 때뿐이다. 그래서 현대 관계관의 관점에서 보면, 나와 너는 근본적으로 무관계이고, 서로에게 이용가치가 있을 경우에만 관계가 형성되게 된다.

영화 속 등장인물들의 관계 역시 이런 현대 관계관의 틀 안에서 이루어진다. 부부관계는 세상에서 가장 친밀한 관계이지만, 분리된 개체로서의 부부는 서로 이해타산을 따지고, 욕망 충돌로 싸움에 이르게 되어, 소원하고 불행한 관계로 전락한다. 레스터와 캐롤린의 부부싸움을 사례로 해서 현대 관계관이 어떻게 가족 불행을 초래하는가를 살펴보겠다.

레스터는 딸 친구 안젤라의 나신을 범하는 꿈을 꾸면서 침실에서 자위행위를 한다. 레스터는 캐롤린에게서 더 이상 성적인 매력을 느끼지 못한다. 성적인 욕망 충족 대상으로 캐롤린의 가치가 사라져 버린 것이다. 그것은 캐롤린의 경우도 마찬가지이다. 캐롤린은 자위행위를 하고 있는 레스터를 발견하고, 비난한다. 그러자 레스터도 부부간의 성관계를 거부하는 캐롤린을 비난한다.

현대의 부부생활에서 서로 상대편에 대해 성적인 매력을 느끼는 동안은 원만한 부부간의 성관계가 유지될 수 있다. 그러나 어떤 부부도 결혼 후 몇 년이 지나면, 배우자에게서 강렬한 성적인 매력을 느낄 수 없다. 그 결과, 성적인 매력을 느끼는 새로운 대상을 향하게 되고, 이것은 부부관계의 균열을 가져온다. 정도의 차이만이 있을 뿐, 결혼생활이 오래된 부부는 대부분 성적인 욕망과 관련해 불화를 겪게 된다.

그들의 시선은 언제나 성적으로 상대편에 불성실한 자신이 아니라 자신에게 불성실한 상대편을 향한다. 그래서 불성실한 상대편을 서로 비난하고, 서로 상처를 입고, 고통을 겪으면서 부부간의 불화는 깊어진다. 레스터와 캐롤린도 똑같은 과정을 겪고 있는 것이다. 욕망 충족 대상으로 상대편의 이용가치가 사라지면, 관계를 형성했던 원인이 소멸됨으로써 관계는 파탄에 이르게 되는 것이다.

캐롤린은 이따위 결혼생활은 유지하지 못하겠다면서 이혼하자고 말한다. 레스터는 좋다고 말하며, 자신이 벌어서 부동산중개사 공부를 할 수 있는 비용을 대어 주었으니, 이혼 후 캐롤린의 수입의 절반은 자기에게 주어야 한다고 말한다. 부부관계에 애정이 식고 나면, 거래관계만 남게 된다. 남편은 돈을 벌어 오고, 대신 아내는 살림과 육아를 담당한다는 식의. 거래의 공정성에 의심이 생길 때, 거래관계는 쉽게 깨어진다. 불공정한 거래를 유지해야 할 필요가 없기 때문이다.

부부관계는 본래적으로 거래관계가 아니라 사랑의 관계이기 때문에 거래관계가 부부관계의 중심을 차지하는 것 자체가 심각한 부부관계의 소외이다. 그런 의미에서 레스터와 캐롤린도 또 많은 현대 부부들도 소외된 부부관계를 맺고 있는 것이다. 뿐만 아니라 레스터와 캐롤린의 부부싸움에서 보듯이 거래관계의 공정성에 문제가 발생하면, 거래관계조차도 깨어질 뿐만 아니라 부부는 모두 큰 불행을 떠안게 된다.

불행한 가족생활의 직접 원인

현대인이 겪고 있는 불행한 가족생활의 직접 원인은 무엇인가? 그 것은 현대인이 사랑의 무능력자라는 점이다. 그리고 이것은 현대 인간 관의 필연적인 귀결이다. 현대 인간관의 핵심은 인간이란 '세계로부터 분리된 고립적인 개체'라는 점이다. 이렇게 분리된 개체로 인간을 규정 했을 때, 인간다운 인간이란 어떤 사람일까? 개체로서 다른 사람들보 다 더 높은 위치에 도달한 사람이다. 그래서 현대 사회에서는 '욕망 충 족적인 삶'을 살고 있는 사람과 '이성적인 사람'을 인간다움을 평가하 는 주된 잣대로 사용한다.

그러나 분리된 개체로서의 내가 할 수 없는 것이 사랑이다. 왜냐하 면 사랑은 '너와 내가 하나임의 체험'이기 때문이다. 그래서 현대인 일 반은 사랑의 무능력자이며, 영화 속 등장인물들도 모두 마찬가지이다. 가족은 본질적으로 '사랑의 공동체'이다. 사랑의 공동체여야 할 가족 구성원들이 모두 사랑의 무능력자라고 한다면, 가족생활이 파탄에 이 를 것은 자명한 일이다. 그래서 현대 가족생활은 파탄에 이를 운명을 갖고 있으며, 영화 속의 가족생활도 마찬가지이다. 이를 조금 구체적 으로 살펴보겠다.

무관심과 가족 불행: 현대인 일반과 영화 속 등장인물들을 보면서 우리가 깜짝 놀랄 수밖에 없는 장면은 아무도 '나는 지금 잘 지내고 있나How am I?'라는 질문을 던지지 않는다는 것이다. 영화 말미에서 레스터는 딸 친구 안젤라에게 '제인은 잘 지내고 있니?'라고 묻는다. 그러고 나서 깜짝 놀란다. '어떻게 나는 그렇게 오랫동안 딸의 안부가 궁금하지 않았을까?' 하고.

현대인의 무관심은 놀라운 정도이다. 현대적인 관점에서 보면, 모든 존재는 본래적으로 나와 무관계한 존재이기 때문에 상대편이 나의 욕망 충족의 대상이 아닌 한 나는 그에게 관심을 가져야 할 이유가 없는 것이다. 또한 나의 관심은 오직 나의 욕망 충족 대상만을 향하기 때문에 나 자신에게도 무관심하다. 이것이 현대인과 영화 속 인물들이 자기 자신에게도 상대편에게도 깊은 관심을 기울이지 못하는 근본적인 이유이다.

그런데 인간은 누구나 관심을 받고 싶어 한다. 자신의 헤어스타일이 바뀐 것을 알아채지 못하는 남편 앞에서 행복할 수 있는 아내가 세상 어디에 있겠는가! 영화 속 등장인물들도 상대편의 진정 어린 관심을 받고 싶어 한다. 자기 스스로가 자신에 대해 관심을 기울이지 않을수록 외부로부터 관심을 받고자 하는 욕구가 더 커진다. 이것이 현대 사회에서 인기가 점점 더 큰 의미를 갖는 이유이다. 그래서 영화 속 등장인물 모두가 가족들이 자신에게 진정 어린 관심을 기울여 주기를 바란다.

그러나 그들 모두는 사랑할 수 없는, 상대편에게 진정한 관심을 기울일 수 없는 사랑의 무능력자들이다. 그러므로 그들 모두는 가족원들로부터 관심을 받기를 원하지만, 또한 그들 모두는 가족원들에게 진정한 관심을 기울일 수 없다. 그러니 관심을 받을 수도 없다. 관심을 받고 싶어 하는데, 관심을 받을 수 없으니, 이들 모두는 불행할 수밖에 없다.

제인은 아빠가 자기 친구에게 하듯이 자신에게 깊은 관심을 기울여 주기를 원한다. 그러나 레스터에겐 제인에게 관심을 기울일 수 있는 능력이 없다. 그래서 무관심하다. 제인의 꿈이 무엇인지, 제인의 근심이 무엇인지, 제인이 무엇을 좋아하고 싫어하는지, 제인이 아빠인 나에게 무엇을 바라고 있는지, 레스터는 알 수가 없다. 관심을 받지 못한

제인은 불행해진다.

레스터는 아내 캐롤린이 자신에게 깊은 관심을 가져 주길 바란다. 무의미한 회사생활에 자신이 얼마나 지쳐 있는지 이해해 주었으면 한다. 이런 무의미한 직장생활을 청산해 버리고 싶은 마음을 이해받았으면 한다. 그러나 캐롤린은 레스터에게 진정한 관심을 기울일 능력이 없다. 그래서 그의 마음을 전혀 이해하지 못한다. 관심을 받지 못한 레스터는 불행해진다.

캐롤린은 레스터가 자신에게 깊은 관심을 가져 주길 바란다. 부동산중계업자로서 자신의 삶이 얼마나 힘에 부치게 어려운 일인가를 이해받고 싶어 한다. 그러나 레스터는 캐롤린에게 깊은 관심을 기울일 능력이 없다. 그래서 캐롤린은 관심과 이해를 받지 못하고 불행해진다.

경멸과 가족 불행: 영화 속 등장인물들은 모두 자신과 상대편을 하찮게 여긴다. 현대인 일반도 마찬가지이다. 왜 현대인은 자신과 상대편을 하찮게 여기는 것일까? 그것은 현대 세계관의 필연적인 귀결이다. 현대 세계관의 관점에서 보면, 이 세상 모든 존재는 '세계로부터 분리된 고립적인 개체'이다. 인간도 마찬가지이다. 영원한 시간과 무한한 공간의 관점에서 보면, 나는 지극히 찰나적이고 미소한 존재이다. 너도 마찬가지이다.

그 결과, 현대인은 자기 자신과 상대편을 모두 하찮게 여기게 된다. 그런데 우리 모두는 상대편으로부터 존중받고 존경받기를 원한다. 그러나 나는 너를, 너는 나를, 존중하거나 존경할 수 없다. 그러므로 우리 모두는 존중받거나 존경받을 수 없다. 가족생활에서도 마찬가지이다. 상대편을 존경하지 않을 뿐만 아니라 경멸한다. 그래서 가족 불행이 심화된다. 영화 속 가족원들도 이로 인해 불행을 겪는다.

캐롤린은 레스터를 경멸한다. 캐롤린의 눈에 비친 레스터는 한심스러운 존재이다. 그는 가장으로서의 책임감도 없고, 경제적인 능력도 부족하다. 그녀는 레스터를 버러지처럼 여긴다. 캐롤린은 말과 행동을 통해 레스터에 대한 경멸을 표현한다. 레스터는 캐롤린으로부터 존경받고 싶어 하지만 실제로 받는 것은 비난과 경멸뿐이다. 아내로부터 이렇게 심한 경멸을 받으면서 행복할 수 있는 남편은 없다. 그래서 레스터는 불행해진다.

제인은 아빠 레스터를 경멸한다. 제인은 말한다. "난 내 친구에게 침이나 질질 흘리는 이런 아빠가 싫어." 레스터는 제인으로부터 존경받고 싶지만 제인은 레스터를 경멸한다. 딸로부터 경멸을 받으면서 행복할 수 있는 아빠는 없다. 그래서 레스터는 불행해진다.

레스터는 캐롤린을 경멸한다. 레스터는 캐롤린이 속물이 되어 버렸다고 생각한다. 캐롤린은 레스터로부터 자신의 노력과 힘겨움을 인정받고, 존중받고 싶어 한다. 그러나 레스터는 캐롤린을 경멸할 뿐이다. 남편으로부터 경멸을 받으면서 행복할 수 있는 아내는 없다. 그래서 캐롤린은 불행해진다.

불평과 가족 불행: 영화 속 등장인물들은 서로에 대해 감사하지 않는다. 불평을 늘어놓을 뿐이다. 왜일까? 현대인에게는 감사할 수 있는 능력이 없기 때문이다. 그러나 현대인은 자신이 감사할 수 있는 능력이 없어서가 아니라 상대편에 문제가 있어서 불평을 늘어놓는 것이라고 말한다. 가족원으로부터 감사받지 못하고, 불평만 받으면서 행복할 수는 없다. 그래서 영화 속 가족원들도, 현실의 가족원들도 불행해진다.

제인은 아빠 레스터에게 감사하지 않는다. 제인은 말한다. "난 다른 집 아빠들처럼 번듯한 아빠를 원해." 나의 아빠는 내 친구에게 군침만 줄줄 흘리면서 번듯하지 않은 아빠여서, 제인은 아빠에게 감사할 수 없다. 하지만 아빠는 하고 싶지도 않은 회사생활을 십수 년째 계속하면서 제인이 남들처럼 편안한 경제생활을 할 수 있도록 해 주었다. 어린 제인을 깊이 사랑하고, 돌봐 주었다. 제인이 아프면 마음 아파했다. 늘 제인이 행복하기를 빌었고, 잘되기를 바랐다.

과연 제인이 아빠에게 감사할 이유가 없는 것일까? 아니다. 단지 제인은 아빠에게 감사할 능력이 없는 것일 뿐이다. 그래서 제인은 아빠에게 불평만 늘어놓고 감사하지 않는다. 자신에게 불평만 늘어놓고 감사할 줄 모르는 딸과 함께 살아가는 것이 행복한 아빠는 없다. 그래서 레스터는 불행하다.

제인은 엄마 캐롤린에게 감사하지 않는다. 엄마는 구식이라고 말하며, 걸핏하면 훈계만 일삼는 엄마를 싫어한다. 그러나 캐롤린은 제인을 임신하고 행복했고, 온 정성을 기울여 사랑으로 제인을 돌보았다. 제인이 올바른 사람으로 성장할 수 있도록 도왔고, 제인이 진정 행복하기를 바랐다.

과연 제인은 엄마에게 감사할 이유가 없는 것일까? 아니다. 단지 제인은 엄마에게 감사할 수 있는 능력이 없을 뿐이다. 그래서 제인은 엄마에게 불만을 느낄 뿐 감사하지 않는다. 자신에게 불만만을 갖고 있고 감사할 줄 모르는 딸로 인해 행복할 수 있는 엄마는 없다. 그래서 캐롤린은 불행하다.

캐롤린은 남편 레스터에게 감사하지 않는다. 레스터는 인생의 패배자라고 말하며, 가족을 경제적으로 책임지지 않으려고 하는 레스터를 비난한다. 그러나 레스터는 아내를 사랑해서 결혼했고, 오랜 세월 무의미감을 느끼면서도 가족을 위해 가기 싫은 회사를 다녔다. 아내가 부동산중개업자 자격증을 딸 수 있도록 도움도 줬다. 아내의 귀가 시간이 늦으면 혹 무슨 나쁜 일이 있나 걱정하고, 아내를 기다렸다. 그는 아내가 행복하기를 바랐다.

과연 캐롤린은 남편에게 감사할 이유가 없는 것일까? 아니다. 단지 캐롤린은 남편에게 감사할 수 있는 능력이 없을 뿐이다. 그래서 캐롤린은 남편에게 불평불만을 늘어놓을 뿐 감사하지 않는다. 자신에게 끊임없이 불평불만을 늘어놓으면서 감사하지 않는 아내와 더불어 행복할 수 있는 남편은 없다. 그래서 레스터는 불행하다.

레스터는 아내 캐롤린에게 감사하지 않는다. 돈밖에 모르는 여자라며 불평을 늘어놓을 뿐이다. 그러나 캐롤린은 레스터를 사랑해서 결혼했고, 남편의 퇴근 시간에 맞추어 식사를 준비했다. 잠시도 쉴 틈 없이 육아, 빨래, 청소를 하며 가정을 돌보느라 많이 힘들었고, 늙었다. 빠듯한 살림을 꾸리고, 집도 장만하느라 고생했다. 그리고 남편이 잘 되기를 진심으로 바랐다.

과연 레스터는 아내에게 감사할 이유가 없는 것일까? 아니다. 단지 레스터는 아내에게 감사할 수 있는 능력이 없을 뿐이다. 그래서 아내가 속물이 되어 버렸다고 불만을 늘어놓을 뿐 감사하지 않는다. 남편으로부터 비난만 받고 감사받지 못하면서 행복할 수 있는 아내는 없다. 그래서 캐롤린은 불행하다.

증오와 가족 불행: 세상에서 가장 소중하고 사랑하는 사람이 가족원일 것이다. 그런데 만일 가족원을 증오한다면? 실제 현실에서나 영화 속 등장인물들은 가족원을 싫어하고 미워한다. 가족원을 싫어하고 미워하면서, 가족원으로부터 미움을 받으면서, 행복할 수 있는 사람은 없다.

제인이 말한다. "누가 아빠를 죽여 줬으면 좋겠어." 제인은 아빠가 너무 싫고 밉다. 아빠를 싫어하는 제인의 마음은 괴롭다. 제인으로부터 미움을 받는 아빠 레스터의 마음도 괴롭다.

캐롤린이 말한다. '내가 그렇게 미워?' 레스터는 속물이 되어 버린 캐롤린을 사랑하지 않는다. 사랑하지 않을 뿐만 아니라 싫다. 아내를 싫어하는 레스터는 불행하다. 남편의 미움을 받는 캐롤린도 불행하다.

캐롤린은 영화의 마지막 무렵 권총을 만지면서 이렇게 말한다. "죽여 버리고야 말겠어." 남편 레스터가 너무 싫고 밉다. 남편을 증오하는 캐롤린은 불행하다. 아내의 미움을 받는 레스터도 불행하다.

3. 현대 가족문제의 해결 방안

이 세상에서 서로를 가장 사랑해야 할 가족원들이 서로에게 무관심하고, 서로를 경멸하며, 서로를 미워한다. 이곳이 바로 지옥이다. 현대 가족원들이 서로에게 무관심하고, 서로를 경멸하며, 서로를 미워한다. 현대 가족이 바로 지옥이다. 어떻게 이 가족 지옥을 벗어나 천국을 건설할 수 있을 것인가? 그것은 과연 가능할 것인가? 가능하다는 것이 이 책에서의 입장이다. 어떻게 가능할 것인가를 여기서 논의하고자 한다.

현대 가족이 지옥이 된 직접적인 원인은 무엇인가? 현대 가족원들이 '사랑할 수 있는 능력'이 없기 때문이다. 그렇다면 미래의 가족이 천국이 될 수 있는 바탕은 무엇인가? 미래 가족원들이 '사랑할 수 있는 능력'을 갖는 것이다.

'사랑할 수 있는 능력'을 갖기 위해서는 어떻게 해야 하는가? '사랑의 알통 기르기 연습'을 해야 한다. 이를 위해서는 어떻게 해야 하는가? '세계관의 대전환'을 이루어야 한다. 그래서 3장에서는, 영화 속 등장인물들을 사례로 해서, 첫째, 세계관의 대전환에 대해 서술하고, 둘째, 어떻게 사랑의 알통 기르기 연습을 해야 하는가를 설명한 뒤에, 마지막으로 사랑할 수 있는 능력을 갖게 된 가족원이 어떻게 가족을 천국으로 만들어 가는가를 논의하고자 한다.

1) 세계관의 전환

현대 세계관으로부터 탈현대 세계관으로의 전환은 '사랑의 가족' 만들기를 위한 기초 작업이다. 왜냐하면 현대의 '사랑이 메마른 가족'이 출현하는 근원이 바로 현대 세계관이기 때문이다. 세계관의 전환이 세계의 전환은 아니다. 세계관의 전환은 현실 세계의 전환이 아니라 생각의 전환일 따름이다. 그러나 세계관의 전환이 이루어지지 않는다면, 세계의 전환을 위한 노력을 기울일 수 없다. 그러므로 세계의 전환을 도모하고자 한다면, 세계관의 전환에서부터 시작해야만 한다. 그럼, 영화 속 등장인물들을 중심으로 세계관의 전환을 이루는 문제를 논의해 보겠다.

세계상의 전환

'이 세상은 어떤 곳인가?'에 대한 생각의 전환, 이것이 세계상의 전환이다. 현대 세계관의 관점에서 보면, 시공간적으로 이 세상 모든 존재는 '분리'되어 있다. 탈현대 세계관의 관점에서 보면, 시공간적으로 이 세상 모든 존재는 연결되어 있을 뿐만 아니라 궁극적으로 '하나'이다. 이 두 가지 생각 중 어떤 생각이 옳은 것일까? 객관적으로 옳은 생각은 없다. 이 두 가지 생각은 모두 관점일 뿐이다.

그럼에도 불구하고 왜 우리는 세계관의 전환을 이루어야만 한다고 주장하는가? 모든 세계관은 관점일 뿐이지만, 특정 세계관이 인류의 삶과 사회에 미치는 영향은 시대에 따라 달라진다. 현대 초와 중기에 이르기까지, 현대 세계관은 세계를 바라보는 새로운 관점이었으며, 중세의 암흑시대를 벗어나 활력에 넘치는 새로운 사회로서의 현대 사회 건설을 위한 원동력이 되었다. 그러나 현대 말·탈현대 초에 해당하는 문명 대전환기인 현시점에 이르러, 현대 세계관은 인류의 삶을 고통에 빠트리고 문명 위기를 심화시키는 근원으로 작용하고 있다.

중세의 어둠이 깊어 가는 시기, 인류는 전현대 세계관으로부터 현대 세계관으로의 세계관의 전환을 이루었고, 마침내 중세의 암흑시대를 벗어나 새로운 현대 문명 건설에 성공했다. 현대의 어둠이 깊어 가고 있는 현시점에서, 인류는 현대 세계관으로부터 탈현대 세계관으로 세계관의 전환을 이루어 내어야만 하며, 이 바탕 위에 현대의 암흑시대를 벗어나 새로운 탈현대 문명 건설에 매진해야 한다.

'사랑이 메마른 가족'이란 가족의 영역에서 드러나는 현대 암흑시대의 단면이다. '사랑의 가족'이란 가족의 영역에서 드러나는 새로운 사회에 대한 비전이다.

영화 속 등장인물들은 모두 현대 세계관에 갇혀 있다. 그들은 자신도 상대편도 모두 '시공간적으로 세계와 분리된 개체'라고 생각한다. 현대 세계관에 따르면, 이 세상 모든 존재는 하찮은 존재이다. 그래서 등장인물들 모두 자기 자신과 상대편을 하찮게 여긴다. 레스터도 캐롤린도 제인도 자신을 하찮은 존재라고 느낀다. 또 자신의 엄마도 아빠도 남편도 아내도 딸도 모두 하찮은 존재라고 느낀다. 그러므로 이들은 자신과 상대편을 경멸할 수 있을 뿐 존경할 수 없다. 존경할 수 없으면, 사랑이 생겨날 수도, 자랄 수도 없다. 그래서 레스터의 가족은 '사랑이 메마른 가족'이 되며, 현대 세계관의 영향권 속에 있는 현대의 모든 가족들도 '사랑이 메마른 가족', '소외된 가족'으로 전락하고 만 것이다.

그러나 나도 상대편도 모두 '시공간적으로 세계와 분리된 개체'라고 하는 것은 사실에 대한 진술이 아니다. 이것은 단지 하나의 생각이며 관점일 뿐이다. 그런데 어떤 생각과 관점이 우리를 불행의 구덩이로 몰아넣고 있다면, 우린 어떻게 해야 할까? 그 생각과 관점을 폐기 처분해야 한다. 지금 인류가 해야 할 우선적인 작업이 바로 이것이다.

레스터는 생각해 보아야 한다. '나는 과연 하찮은 존재일까?' '너[캐롤린, 제인]는 과연 하찮은 존재일까?' 그리고 꿈에서 깨어나야 한다. '아니 내가 어떻게 하찮은 존재일 수 있겠는가!' '아니 네[캐롤린, 제인]가 어떻게 하찮은 존재일 수 있겠는가!' 이 깨어남이 바로 세계관의 전환이다. 나도 너도 너무나 소중한 존재라는 각성이 바로 탈현대 세계관으로의 진입이다.

탈현대 세계관의 관점에서 보면, 이 세상 모든 존재는 '시공간적으로 하나'이다. 아무리 미물이라고 하더라도 그것은 영원한 시간과 무한한 공간을 자신 안에 품고 있는 우주적인 존재, 위대한 존재이다. 이 세상 어디에도 하찮은 존재란 없다. 모든 존재는 소중하고 위대하고 아름답다.

그런데 '나 자신이 하찮은 존재라고?', '내가 세상에서 가장 소중하게 여기는 나의 아내 캐롤린과 딸 제인이 하찮은 존재라고?', 말도 안 되는 생각이다. 이 말도 안 되는 생각에서 깨어나는 것이 현대 세계관으로부터 탈피하는 것이다. 또한 나와 너의 소중함을 가슴 깊이 느끼는 것이 새로운 세계관으로 진입하는 것이다. 나와 너의 소중함을 가슴 깊이 느낄 수 있게 될 때, 바로 거기에서부터 '사랑의 가족'이 탄생하게 된다.

인간관의 전환

데카르트는 '인간은 생각하는 존재'라고 말했다. 홉스는 '인간이란 무한한 욕망을 추구하는 존재'라고 생각했다. 그리고 '생각하는 존재'와 '욕망을 추구하는 존재'로서의 인간은 현대 인간관의 가장 중요한 두 가지 양상이 되었다.

그러나 인간은 과연 이것밖에 안 되는 존재에 불과한 것일까? 많은 현대인이 생각하듯이, 누군가가 엄청난 돈을 써 대며 욕망 충족적인 삶을 살고 있다면, 누군가가 엄청 똑똑해서 하버드대를 수석으로 졸업했다면, 과연 우리는 그들에게 '인간다운 인간'이란 호칭을 부여해도 되는 것일까? '인간답게' 살고 있다고 평가해도 되는 것일까?

아닌 것 같다. 거기에는 뭔가 중요한 것이 빠져 있는 것 같다. 이런 것들은 기껏해야 '인간다운 인간'과 '인간다운 삶'의 필요조건이 될 수 있을 뿐 충분조건은 될 수 없는 것 같다. '이성적인 존재로서의 인간'과 '욕망 추구자로서의 인간'이라는 현대 인간관에는 인간에 대한 심각한 '자기비하'가 내포되어 있는 것 같다. '현대 인간관에는 인간에 대한 심각한 '자기비하'가 내포되어 있는 것 같다'는 이 의심! 이 의심이 맞다! 그리고 이 의심이 바로 인간관 전환의 출발점이 된다.

전형적인 현대인인 캐롤린의 눈에는 자신의 직업세계에서 성공을 거둔 버디가 '인간다운 인간'이라고 비쳐지고, '인간답게 살아가는 것'으로 보인다. 반면, 자신의 직업세계에서 실패한 남편 레스터는 '한심한 인간', '인생의 실패자'로 보인다.

전형적인 현대인인 안젤라의 눈으로 보면, 어떤 대가를 치르더라도 자신은 인기 있는 사진 모델이 되어야만 한다. 왜냐하면 그것만이 내가 인간다운 인간이 될 수 있는 길이라고 생각하니까.

이들은 현대 인간관에 깊이 함몰되어 있다. 그래서 인간을 너무 과소평가하고 있다. 이들의 이런 생각은 자신의 삶을 고통스럽게 만들고, '사랑이 메마른 가족'을 끊임없이 재생산하는 원동력이 된다.

레스터의 경우는 조금 다르다. 편집장은 직업적으로 성공한 사람이지만, 레스터는 그가 인간답게 살아간다고 생각하지 않는다. 또한 부동산중개업자로 성공한 버디이건 성공하려고 애를 쓰는 아내 캐롤린이건, 그들을 인간답다고 평가하지 않는다. 레스터에게는 현대 인간관의 균열이 일어나고 있는 것이다. 레스터는 의문을 품는다. '과연 저들처럼 사는 것이 올바르게 사는 것일까?' 대답은 '아니다'이다. 그리고 '아니다'라는 대답이 새로운 대답의 출발점이 된다. 비록 레스터는 새로운 생각에 이르지는 못했지만, 낡은 생각에 의문은 제기했던 것이다.

현대 인간관으로부터 탈현대 인간관으로의 전환이란, 인간이 '이성적이고 욕망을 추구하는 존재'에 한정되지 않고, '사랑할 수 있는 존재'라는 것을 받아들이는 것이다. 인간다운 인간이란 '사랑할 수 있는 능력'을 갖고 있는 사람을 의미하며, 인간다운 삶이란 '사랑의 기쁨을 누리는 삶'이라는 생각을 받아들이는 것이다. 이런 인간에 대한 새로운 생각을 받아들였을 때, 우린 비로소 사랑의 존재가 되는 것을 삶의 목표로 삼고, '사랑의 알통 기르기 연습'에 나설 수 있게 된다.

관계관의 전환

나와 너의 관계는 무엇인가? 현대인은 흔히 상대편을 현재적인 또는 잠재적인 적이라고 생각한다. 왜 그런 생각을 하는 것일까? 현대 관계관의 관점에서 보면, 너는 나와 아무런 관계도 없는 존재이다. 네가 나에게 의미를 갖는 것은 내 욕망 충족을 위해 네가 가치를 갖는 경우뿐이다. 너에게서 나도 마찬가지이다. 너에게 나는 원래 아무런 관계도 없는 존재이다. 내가 너의 욕망 충족을 위해 가치를 갖는 경우에만, 나는 너에게 의미를 갖는다.

그래서 대부분의 경우, 나는 너에게 무관심하다. 그러나 상대편이 나의 욕망 충족을 위해, 또는 내가 상대편의 욕망 충족을 위해, 또는 나와 네가 동시에 각자의 욕망 충족을 위해 가치를 갖게 될 때, 너와 나 사이에는 관계가 형성된다. 이때 나는, 또는 너는, 또는 나와 너는 상대편을 내 욕망 충족을 위한 대상으로 간주하게 된다. 상대편이 자신의 욕망 충족을 위해 이용가치를 갖게 되는 것이다.

이때, 각각의 행위 주체는 나의 욕망 충족을 위해 상대편을 이용·착취·지배하고자 하게 된다. 또는 서로의 욕망 충족을 위해 거래를 하게 될 수도 있다. 이해관계가 상반하는데, 힘이 대등하면 갈등이 일어나게 된다. 그 결과, 현대 사회의 개인 간이나 집단 간에는 다음과 같은 관계가 출현하게 된다.

첫째, 일방의 힘이 상대편을 압도할 경우, 지배-복종 관계가 형성되며, 강자는 약자를 이용·착취·지배하게 된다. 현대가 시작되면서 서구 열강의 비서구 지역에 대한 무차별적인 공격과 지배, 즉, 제국주의운동은 전형적으로 이 경우에 해당한다. 또한 과학기술의 발달로 힘이 커진 인류가 자연을 무차별적으로 공격하고 지배하면서 지구생태계를 파괴한 것도 여기에 해당한다. 강자의 약자에 대한 지배는 자본주의 경제체제가 지배하고 있는 현시점에 이르기까지도 사회관계의 유력한 형식으로 작용하고 있다.

둘째, 쌍방의 힘이 대등한 가운데, 서로의 욕망 충족이 상충하지 않으면, 거래(교환)관계가 성립하게 된다. 거래관계는 사회학에서 교환이론이 사회관계를 설명하는 중요한 패러다임으로 자리 잡을 만큼 광범위하게 일어나고 있다. 현대 자본주의체제가 확산되면서 거래관계는 거래되어서는 안 되는 영역까지 확산되면서 인간 소외를 야기하고 있다.

셋째, 쌍방의 힘이 대등한 가운데, 서로의 욕망이 충돌하게 되면, 갈등이 일어난다. 사회학의 갈등이론은 현대 사회관계를 설명하는 유력한 이론이다. 그만큼 갈등은 현대 사회에서 중요한 관계 형식이다. 비록 현재적인 갈등이 일어나지 않았더라도, 많은 개인들 또는 집단들은 잠재적인 갈등 상황에 놓여 있다. 즉, 갈등이 현재적으로 발생하는 시간은 짧더라도, 관계의 본질은 갈등인 것이다. 과거 냉전시대 미소 간의 관계가 그러하다. 갈등이 유발하는 파괴적인 결과는 설명을 필요로 하지 않는다.

영화 속 등장인물들은 현대인이다. 그들이 맺고 있는 관계는 위의 세 가지 유형을 벗어나지 않는다. 등장인물들이 맺고 있는 관계와 문제점에 대해 생각해 보자.

지배-복종 관계와 문제점-프랭크와 가족관계: 퇴역 대령 프랭크가 아내와 아들과 맺고 있는 관계가 이 범주에 해당한다. 프랭크는 아내와 아들에게 폭력을 행사한다. 그 결과, 아내는 지극히 불행한 사람이 되어 버리고, 리키 역시 불행한 시절을 보내게 된다. 부부관계와 부자관계는 근본에서부터 파괴되고, 이들 가정에는 냉랭한 기운만이 감돈다. 가정은 지옥과 같은 곳이 된다.

거래관계와 문제점-레스터와 캐롤린의 관계: 현대 부부관계 일반에는 거래관계가 깊이 침투해 있다. 레스터와 캐롤린의 관계도 마찬가지이다. 남편은 일을 해서 돈을 벌어 오는 대신 아내는 육아와 가사활동을 담당한다는 것이 거래의 기본 틀이다. 그래서 직장을 그만두면서, 가족 내에서 레스터의 입지는 상당히 약화된다. 시장에서 상인과 고객이 거래를 한다면, 이것은 정상적인 관계이다. 그러나 부부관계는 그 본질이 거래관계가 아니라 사랑의 관계이다. 그런데도 거래관계가 부부관계의 중심을 차지한다면, 이것은 비정상적이고, 심각한 관계의 소외이다. 만일 남편이 실직했다면, 아내는 그를 위로하고 격려하는 것이 정상적인 반응일 것이다. 그렇지 않고, 실직한 남편을 이제 거래 상대자로 이용가치가 사라진 존재로 치부하고, 함부로 대한다면, 이것은 비정상적이고, 가족생활에 파괴적인 영향을 미칠 것이다. 그러나 레스터의 부부관계에서도, 현실의 부부관계에서도 본질적으로 거래관계가 아닌 부부관계에서 거래관계가 중심을 차지하는 부부관계의 소외가 광범위하게 일어나고 있다.

갈등관계와 문제점 – 레스터와 캐롤린의 관계: 갈등관계의 문제점은 명확하다. 그러나 진화론이나 갈등이론에서 보듯이, 현대는 갈등관계를 문제시하지 않을 뿐만 아니라 발전의 원동력으로 간주하는 경향이 있다. 다윈은 먹이의 양이 제한된 상황에서 모든 생명체들이 살아남기 위해 싸우는 것은 불가피하고 자연스러운 일이며, 싸움의 결과로 적자가 생존하게 되어 진화가 일어난다고 했다. 다윈의 관점을 사회에 적용한 사회학의 갈등이론가들도 본질적으로 이해관계가 상충하는 지배계급에 대한 피지배계급의 봉기를 통해 정의로운 사회 구현, 즉 사회 발전이 이루어질 수 있다고 보았다.

현대가 주목하는 이런 갈등의 긍정적인 측면이 존재한다는 것을 감안하더라도 갈등의 폐해는 크다. 더군다나 본래 이해관계의 상반이 존재하는 노사관계와 같은 영역이 아니라 사랑의 관계여야 할 가족관계에서 갈등은 파괴적인 것이다. 그러나 현대 관계관의 영향 아래, 현대 가족생활에도 갈등이 깊이 침투해 있고, 가족생활을 파괴하고 있다.

레스터와 캐롤린은 빈번하고, 점점 심각해지는 부부싸움을 한다. 각자 자신이 옳고 상대편이 잘못되었음을 주장하면서, 서로를 비난한다. 마침내 증오심이 폭발한 캐롤린은 "남편을 죽여 버리겠다"고 말한다. 이 세상에서 가장 가까운 사이이고, 가장 사랑해야 마땅할 부부가, '네가 세상에서 제일 싫다'고 말할 때, 가족생활의 불행이란 말할 나위도 없는 것이다. 가족생활은 지옥이 된다.

이 지옥을 벗어나서 천국으로 가기 위해, 레스터와 캐롤린이 제일 먼저 해야 할 일은 무엇일까? '너는 누구인가?'에 대한 생각을 바꾸는 것이다. 탈현대적인 관점에서 보면, 너는 누구인가? 내 살 중의 살이요, 뼈 중의 뼈다. 당신은 나보다 더 소중한 사람이다. 이것이 바로 현대 관계관으로부터 탈현대 관계관으로의 전환의 의미이며, 세계관의 전환이 일어났을 때, 우린 비로소 '사랑의 알통 기르기 연습'을 통해 사랑의 존재로 거듭날 수 있다. 가족생활의 행복은 그때 찾아온다.

2) 사랑의 알통 기르기 연습

세계관의 전환을 이루고 나면, '사랑의 알통 기르기 연습'에 나서야 한다. 우린 이제 행복한 가족 만들기를 위한 실천에 나서는 것이다. 가족 속에서 '사랑의 알통 기르기 연습'은 어떻게 하는 것일까? 영화 속 주인공들을 사례로 삼아 어떻게 '사랑의 알통 기르기 연습'을 할 것인가를 서술해 보겠다.

사랑스럽지 않은 나를 사랑하는 연습

어디에서부터 '사랑의 알통 기르기 연습'을 시작할 것인가? '나를 사랑하는 연습'부터 해야 한다. 그 이유는 두 가지이다. 첫째, '나를 사랑하는 연습'이 '너를 사랑하는 연습'보다 쉽기 때문이다. 아직까지 사랑의 알통이 거의 없는 내가 '너를 사랑하는 연습'부터 시작한다면, 실패할 가능성이 커진다. 둘째, '나를 사랑하는 연습'을 통해 사랑의 알통이 생겨나게 되면, 나를 사랑할 수 있을 뿐만 아니라 너를 사랑할 수도 있게 된다. 일단 사랑의 능력이 생겨나면, 어떤 대상이든지 사랑할 수 있게 되기 때문이다.

'나를 사랑하는 연습'은 나의 어떤 면을 대상으로 행해야 할까? '사랑스럽지 않은 나의 모습'을 대상으로 해야 한다. 왜냐하면 사랑스러운 존재는 사랑의 연습 없이도 사랑할 수 있으며, 그래서 '사랑스러운 나의 모습'을 대상으로는 '나를 사랑하는 연습'을 할 수 없기 때문이다. 여기에서는 영화 속 등장인물들을 사례로 삼아, '사랑스럽지 않은 나를 사랑하는 연습'을 어떻게 하는 것인가를 설명해 보겠다.

레스터-나에게 관심을 기울이기: 영화 속 등장인물들은 모두 자신에 대해 무관심하다. 그들 중 아무도 '나는 지금 잘 지내고 있나How am I?'라고 묻지 않는다. 사랑의 출발점은 관심을 갖는 것이다. 관심을 기울여 보면 그때까지 보이지 않던 것이 많이 보이게 된다.

레스터 역시 자신에게 관심을 기울이지 않는다. 레스터에게 '사랑스럽지 않은 나를 사랑하기 연습'의 출발점은 '나는 지금 잘 지내고 있나?'라고 질문을 던지는 것이다. 질문을 던지는 순간, 레스터는 알게 될 것이다. 자신이 아주 잘못 지내고 있다는 사실을. 삶이 너무 힘겹고 자신은 지쳐 있다는 사실을. 너무 쓸쓸하고 외롭다는 사실을. 이런 사실들을 발견하게 되면, 레스터는 지쳐 있는 자신을 가엾이 여길 수 있고, 위로하고 격려해 줄 수 있다. 이것이 바로 '사랑의 알통 기르기 연습'이다.

안젤라-나를 깊이 이해하기: '나는 왜 이렇게 인기에 연연해하는 것일까?' '이런 내가 정말 싫어.' 안젤라는 늘 누군가의 시선을 끌고 싶다는 생각에 시달린다. 그리고 그런 내가 싫다는 생각이 든다. 그녀는 누군가의 시선을 끌고 싶어 하는 자신을 사랑의 눈으로 깊이 들여다본다. 그랬더니, 거기엔 부모의 무관심 속에 자라고 있는 아기 안젤라가 있었다.

안젤라는 끊임없이 다투는 부모님이 자신에 대해 관심을 가질 여유가 없었음을 알았다. 그래서 아기 안젤라는 무척 괴로웠다. 아기 안젤라를 만난 안젤라는 이제 왜 자신이 끊임없이 누군가의 관심을 끌고 싶어 하는지 그 이유를 알게 되었다. 사랑스럽지 않은 자신의 모습에 대한 깊은 이해가 이루어지고 나자, 예전엔 인기에 연연해하는 자신이 싫었었는데, 이젠 가엾게 여겨졌다. 그래서 안젤라는 끊임없이 누군가의 시선을 끌고 싶어 하는 사랑스럽지 않은 자신을 가엾게 여겨 주기 시작했다.

캐롤린-나를 용서하기: 오늘도 나 캐롤린은 남편 레스터에게 '당신은 실패자야!'라며 비난을 퍼부었다. 나의 비난으로 인해, 남편은 마음의 상처를 입었다. 후회스러운 마음이 든다. 이때, 우린 비난을 퍼부은 나를 비난하기 쉽다. 그러나 나에 대한 비난은 결코 좋은 결과를 낳지 못한다.

캐롤린은 질문을 던진다. '나는 레스터를 비난하고 싶어서 비난했는가?' '아니다. 나는 어쩔 수 없이 레스터를 비난했다. 나에게는 레스터를 비난하지 않을 수 있는 능력이 없었던 것이다.' 어쩔 수 없어서 레스터를 비난했다면, 비난한 나를 처벌해야겠는가 아니면 용서해야겠는가? 용서해야 한다. 그래서 캐롤린은 레스터를 비난한 자신을 용서한다. 이렇게 '나의 잘못을 용서하기' 연습은 용서할 수 있는 능력을 키워 준다. 용서할 수 있는 능력이 커지면, 우린 점점 더 나 자신이나 상대편의 잘못을 용서할 수 있다. 사랑의 알통이 커지는 것이다.

레스터-나를 위로하기: 무거운 삶의 짐을 지고 인생길을 걸어가야 하기에, 누구에게나 삶은 힘겨운 것이다. 그러나 많은 현대인들이 자신을 힘겨움 속에 방치하곤 한다. '사랑의 알통 기르기 연습'은 삶에 지친 자신을 위로해 주는 연습을 하는 것이다.

레스터는 삶에 지쳐 있다. 직장생활은 힘들고 무의미하다. 아내와 딸은 나를 실패자로 여기며 경멸한다. 많이 외롭고 쓸쓸한데, 어디 한 군데 마음 붙일 곳이 없다. 예전에 레스터는 삶에 지친 자신을 힘겨움 속에 방치했다. 그러나 '사랑의 알통 기르기 연습'을 시작하고 나서부터는 삶에 지친 자신을 위로하기 시작했다. 자신에게 이렇게 말해 준다. '괜찮아, 레스터.' '힘들지, 레스터.' '레스터, 파이팅!' '수고 많았어, 레스터.' 위로가 거듭될수록 레스터는 힘겨운 삶에서 벗어나기 시작하고, 힘겨운 상황에 놓인 자신과 가족들을 위로할 수 있는 능력이 커진다. 사랑의 알통이 생겨난 것이다.

사랑스럽지 않은 너를 사랑하는 연습

'사랑스럽지 않은 나를 사랑하는 연습' 다음은 '사랑스럽지 않은 너를 사랑하는 연습'이다. 사랑스러운 나와 마찬가지로 '사랑스러운 너'를 사랑하는 것은 사랑의 알통 없이도 누구나 할 수 있다. 그래서 '사랑의 알통 기르기 연습'을 위해서는 '사랑스럽지 않은 너'를 대상으로 연습을 해야 한다.

'사랑스럽지 않은 너를 사랑하는 연습'의 방법은 '사랑스럽지 않은 나를 사랑하는 연습'의 방법과 대상만 다르지 동일한 것이다. 여기에서는 영화 속 등장인물들을 사례로 삼아, '사랑스럽지 않은 너를 사랑하는 연습'을 어떻게 하는 것인가를 설명해 보겠다.

레스터-너에게 관심 기울이기: '사랑의 알통 기르기 연습'을 시작하기 전에 레스터는 자기 자신에게도 무관심했다. 그러나 이젠 그동안 무관심했던 가족원에게 관심 기울이기 연습을 할 수 있다. 연습을 시작하자 레스터는 깜짝 놀란다. '아! 이 세상에서 가장 소중하고 사랑하는 아내와 딸에 대해 나는 어쩌면 이렇게 무관심할 수 있었을까!'

레스터는 아내와 딸에게 깊은 관심을 기울인다. 그러자 그는 그때까지 보지 못했던 많은 것들을 볼 수 있었다. '아내는 많이 지쳐 있구나.' '아내는 정말 외롭구나.' '제인이 많이 서운해하고 있구나.' 이런 사실들을 발견하자, 레스터는 캐롤린과 제인이 무척 가엾다는 생각이 들었다. '가엾은 캐롤린!' 캐롤린에 대한 미움은 사라져 버렸다.

제인-너를 깊이 이해하기: '아빠는 경멸스럽게 내 친구 안젤라에게는 침을 줄줄 흘리면서, 왜 딸인 나에게는 진정한 관심을 기울여 주지 않는 걸까? 생각할수록 서운하고 화가 난다.' 그래서 제인은 아빠를 깊이 들여다보았다. 그리고 알게 되었다. '아빠는 늘 웃고 있었지만 아주 불행하구나.' '아빠는 삶에 많이 지쳐 있구나.' 그리고 '아빠는 나를 정말 깊이 사랑하시는구나.' 이런 이해가 생겨나자 친구에 대해 역겨운 욕정을 느끼는 아빠의 모습마저 가엾은 생각이 들었다.

깊은 이해는 용서를 낳고, 따뜻한 마음을 낳는다. '가엾은 아빠!' 이런 마음이 제인에게 깊이 들어오자, 예전의 아빠에 대한 서운함과 미움은 녹아 없어져 버렸다. 제인은 사랑스럽지 않은 아빠 레스터를 사랑하기 시작한 것이다. 제인에게 작은 '사랑의 알통'이 생겨난 것이다.

캐롤린-너를 용서하기: 용서한다는 것은 인간이 할 수 있는 가장 위대한 행위의 하나이다. 캐롤린은 레스터를 용서할 수 없었다. '어떻게 가장으로서 저렇게 무책임하게 회사를 그만둘 수 있단 말인가!' 마리화나나 피우고, 집에서 장난감 자동차를 조정하면서 낄낄대고 있는 남편 레스터를 캐롤린은 도저히 이해할 수도 용서할 수도 없었다. '어떻게 인간이 저럴 수가 있단 말인가!'

캐롤린은 남편이 도저히 용서받을 수 없는 행동을 일삼기 때문에 자신은 남편을 용서할 수 없는 것이라고 생각했다. 그러나 사실은 이런 것이다. 캐롤린이 남편을 도저히 용서할 수 없었던 것은 캐롤린에게 용서할 수 있는 능력, 사랑의 알통이 없었기 때문이었다. 용서받을 수 없는 잘못이란 없다. 다만 용서할 수 있는 능력이 없을 뿐이다.

'사랑의 알통 기르기 연습'을 시작하면서 캐롤린에게 일어난 변화는 시선을 상대편으로부터 자신에게로 돌릴 수 있게 된 것이다. 과거엔 '용서할 수 없는 남편'에게로 시선이 가 있었지만, 이젠 '남편의 잘못을 용서할 수 없는 나'에게로 시선이 바뀌었다. 그러자 캐롤린은 '사랑스럽지 않은 남편을 용서하는 연습'을 시작할 수 있었다.

이제 캐롤린은 비난하는 눈이 아니라 따뜻한 눈으로 남편의 행동을 바라보았다. 그러자 남편이 겉으로는 늘 싱글거리며 지내고 있지만 속은 썩어 문드러져 있음을 알게 되었다. 남편이 지금 정말 불행하다는 것을, 삶이 몹시 힘겹다는 것을 알게 되었다. 남편이 너무 가엾다는 생각이 들었다. '가엾은 레스터!' 이런 생각이 들자, 캐롤린의 마음속에 있던 레스터를 증오하는 마음이 사라져 버렸다. 그리고 그 자리에 레스터에 대한 따뜻한 마음이 들어왔다. 캐롤린은 말했다. "다 괜찮아, 레스터." "사랑해."

레스터-너를 위로하기: 예수께서는 이렇게 말씀하셨다. "수고하며 무거운 짐을 진 사람은 모두 내게로 오너라. 내가 너희를 쉬게 하겠다."마태. 11: 28 만일 레스터가 '힘들고 지친 캐롤린, 이제 나에게로 와서 쉬어.' 이렇게 말할 수 있다면, 얼마나 멋진 일일까! 현대인은 아내와 남편에게 이렇게 말하지 못한다. 왜냐하면 그렇게 할 수 있는 능력이 없기 때문이다. 그러나 우리가 지속적으로 '사랑의 알통 기르기 연습'을 계속해 나간다면, 언젠가 우린 배우자의 쉼터가 되어 줄 수 있을 것이다.

'사랑스럽지 않은 캐롤린을 사랑하는 연습'을 시작한 뒤에, 레스터는 알게 되었다. 캐롤린이 필요로 하는 것은 비난이 아니라 위로와 격려라는 사실을. 그래서 레스터는 비난 대신 위로와 격려를 하기 시작했다. '여보, 오늘도 많이 힘들었지.' '여보, 괜찮아.' '여보, 수고 많았어.' '여보, 파이팅!' 위로와 격려가 거듭될수록, 캐롤린은 잃어버렸던 생기와 행복을 되찾기 시작했다. 레스터 가족에게 다시 행복이 찾아들기 시작한 것이다.

3) 가정을 천국으로 만들기

'사랑의 알통 기르기 연습'을 통해 우리에게 '사랑할 수 있는 능력'

이 생겨난 만큼, 우린 사랑의 즐거움을 누리는 삶을 살아갈 수 있다. 우리가 가족원들을 사랑하기 시작하는 순간 가족은 지옥에서 천국으로 바뀌기 시작한다. 영화 속 등장인물들을 사례로 해서, 우리가 어떻게 가족을 천국으로 만들어 갈 수 있는가를 서술해 보겠다.

감사하기

영화 속 등장인물들은 모두 가족원들로부터 감사를 받기 원하지만, 가족원들에게 감사하지 않는다. 오히려 불만을 느끼고, 비난하며 미워할 뿐이다. 그러므로 가족원들 모두는 행복할 수 없었는데, 이제 가족원들은 '사랑의 알통 기르기 연습'을 통해 감사할 수 있는 능력이 생겼다. 그래서 이제 그들은 서로의 존재에 감사함을 느끼고, 감사를 표현할 수 있게 되었다. 가족생활은 드라마틱한 변화를 겪게 된다.

제인의 감사: '사랑의 알통 기르기 연습'으로 '사랑할 수 있는 능력'이 생겨난 제인은 깜짝 놀란다. '아! 나에게 온갖 은혜를 베풀어 준 부모님께 어떻게 감사한 마음을 느끼지 못했던 걸까!' 사랑할 수 있는 능력이 생기기 전에 제인은 감사는커녕 부모님에 대해 온갖 불평불만을 늘어놓았을 뿐이었다.

그러나 꿈에서 깨어나듯이, 제인의 마음 깊은 곳에서 부모님에 대한 감사하는 마음이 솟아났다. 나를 낳아 주시고, 온 정성을 다해 길러 주신 부모님. 늘 내가 행복하기를 잘되기를 빌어 주시는 부모님. 내가 아프면 너무 마음 아파하시는 부모님. 제인은 부모님에게 가서 목을 껴안고 말한다. "정말 감사드려요. 부모님이 계셔서 너무 좋아요." 제인의 포옹에 레스터와 캐롤린은 깊은 행복감을 느낀다. "우리도 너의 존재에 늘 깊이 감사하고 있단다. 넌 우리에게 가장 소중한 선물이야." 가족은 천국이 된다.

레스터의 감사: '사랑스럽던 캐롤린이 어쩌다 저렇게 속물이 되어 버린 거지?' 사랑의 능력이 없었던 레스터에게 늘 떠오르는 의문이었다. 그러나 사랑의 능력이 생겨나면서, 레스터의 마음속에는 아내 캐롤린에 대한 감사의 마음이 솟구쳤다.

'부족한 나를 남편으로 선택해 준 캐롤린.' '취업 소식을 듣고 나보다 기뻐하던 캐롤린.' '궂은 날에도 갠 날에도 늘 곁에서 함께해 준 캐롤린.' '제인을 낳고 기르고, 가사를 돌보고, 긴 세월 온갖 수고를 다해 준 캐롤린.' '힘겨운 세월 속에서 이젠 꽤 나이 들어 보이는 캐롤린.' 레스터는 캐롤린에게 다가가 껴안고 말한다. "캐롤린, 힘든 세월 함께해 줘서 고마워. 당신이 늘 내 곁에 있어서 너무 좋아." 레스터가 캐롤린에게 감사를 표하는 순간, 부부가 함께하는 공간은 천국이 된다.

캐롤린의 감사: '무기력한 레스터.' '낙오자 레스터.' 사랑의 능력이 없었을 때, 캐롤린이 입버릇처럼 주절거리던 말이었다. 그러나 '사랑의 알통 기르기 연습'을 통해 사랑할 수 있게 된 캐롤린에게는 전혀 다른 레스터의 모습이 떠오른다.

'내가 투정을 부려도 늘 허허 웃으며 받아 주던 레스터.' '늘 다정하게 나를 대해 주던 레스터.' '가족을 위해 오랜 세월 의미도 못 느끼면서 열심히 일해 온 레스터.' '나에게 늘 너그러운 레스터.' 레스터를 생각하니, 눈물이 나려고 한다. 난 레스터에게 가만히 다가가 그를 껴안는다. "사랑해, 레스터. 그리고 고마워." 캐롤린이 레스터에게 감사를 표하는 순간 두 사람 마음속에는 깊은 사랑의 강물이 흐른다.

격려하기

삶은 우리 모두에게 힘겨운 것이다. 우리는 누구나 격려를 필요로 하지만, 동시에 현대인인 우리는 격려할 수 있는 능력이 없다. 그래서 격려를 받을 수도 없다. 그러니 불행해지지 않을 수 없다. 그러나 '사랑의 알통 기르기 연습'을 통해 사랑의 능력이 생겨난 사람은 힘겨운 삶을 살아가는 가족원에게 격려를 선물할 수 있다. 격려를 주고받는 가족생활, 그곳은 천국이 된다. 레스터의 가족을 사례로 해서, 격려가 어떻게 가족을 천국으로 만들어 갈 수 있는가를 살펴보겠다.

캐롤린의 격려하기: 회사를 그만두었다고 말하지만 실제로는 회사에서 쫓겨난 남편은 요즘 풀이 죽어 있다. 겉으로는 아무렇지도 않은 채 싱글거리고 있지만, 참 힘겨운 시간을 보내고 있다. 자신이 젊음을 바쳐 일했던 직장에서 '이제 당신은 우리 회사에서 쓸모없는 존재가 되었어요'라는 말을 들었을 때, 남편의 마음은 어땠을까?

다행히 꾸준히 '사랑의 알통 기르기 연습'을 해 왔던 캐롤린에게는 실의에 빠진 남편을 격려할 수 있는 능력이 있다. 그래서 캐롤린은 레스터에게 다정하게 말한다. '아주 수고 많았어, 여보. 당신의 오랜 수고 덕분에 우리 가족은 경제적인 안정을 이루었어. 그동안 많이 힘들었지? 이젠 좀 쉬어도 돼. 기죽지 말고. 우리 남편 최고! 파이팅!' 아내의 격려를 들은 레스터의 눈에는 눈물이 맺혔고, 아내에 대한 깊은 감사와 사랑을 느꼈다. 레스터의 실직으로 가족은 예전보다 더 단단한 사랑의 공동체가 되었다.

레스터의 격려하기: 산다는 것 자체가 힘겨운 일이지만, 특히 캐롤린의 삶은 힘겹다. 캐롤린은 부동산중개업자로서의 성공을 추구하는데,

많이 노력하지만 결과가 신통치 않아 심한 좌절감을 겪고 있기 때문이다. 예전엔 이런 캐롤린을 보면, '캐롤린은 속물이 되어 버렸어'라고 생각하며, 경멸하는 마음이 들 뿐이었다.

'사랑의 알통 기르기 연습'을 통해 사랑할 수 있는 능력이 생겨난 레스터에게 이런 캐롤린이 가엾이 여겨지기 시작했다. '불쌍한 캐롤린!' 이런 변화가 생기고 나서부터, 레스터는 지쳐 돌아온 캐롤린의 등을 두드려 주며 '오늘도 수고 많았어!'라고 위로하면서, 안마를 해 준다. 돌아온 캐롤린이 바로 식사를 할 수 있도록 준비도 해 놓는다. 레스터의 격려를 받으면서 캐롤린은 활력을 되찾고, 두 사람 사이에는 더 큰 사랑이 자란다.

제인의 격려하기: 아빠는 늘 크고 힘이 센 사람인 줄 알았다. 그래서 늘 기대려고만 하고, 푸념만 쏟아 냈다. 그런데 사랑의 힘이 생겨난 제인은 아빠가 아주 약한 분이라는 것을 알게 되었다. 늘 싱글거리고 계시지만, 아빠에겐 근심이 많다는 것도 알았다. 그리고 격려의 말이 아빠에겐 큰 힘이 될 수 있다는 것을 알았다.

그래서 제인은 눈으로, 말로, 몸으로 이렇게 말하기 시작했다. '아빠, 파이팅!' '아빠, 사랑해요!' '아빠! 오늘도 수고 많으셨어요!' '아빠, 모두 괜찮아요!' 제인의 격려를 받으면서, 아빠는 삶에 대한 용기를 얻고 웃음을 되찾았다. 제인과 아빠 사이에는 깊은 사랑이 자라게 되었다.

존경하기

현대인은 자신도 상대편도 존경할 수 없다. 왜냐하면 현대 세계관의 관점에서 보면, 나도 너도 하찮은 존재이기 때문이다. 영화 속 인물들도 마찬가지이다. 레스터의 가족은 서로를 경멸한다. 이 세상에 경멸

받아 마땅한 사람이 있을까? 물론 없다. 더군다나 경멸의 대상이 배우자나 부모, 자녀라고 한다면, 그것은 너무 끔찍한 일이다. 하지만 영화 속 가족에서도, 현실의 가족에서도, 가족원들 간에 서로 경멸하는 일이 쉽게 일어나고 있다. 경멸은 경멸을 당하는 사람에게 큰 상처를 준다. 영화 속 주인공들도 큰 상처를 받는다.

어떻게 해야 할 것인가? 가족원을 경멸해선 안 된다. 경멸하지 않을 뿐 아니라 깊이 존경해야 한다. 이제 레스터의 가족원들은 '사랑의 알통 기르기 연습'을 통해 사랑할 수 있는 능력이 생겨났고, 상대편을 깊이 존경할 수 있다. 가족원에 대한 존경은 가족을 천국으로 만들어 간다.

제인의 존경하기: 제인은 말했었다. '아빠가 번듯한 사람이었으면 좋겠어.' 제인의 생각은 이런 것이었다. '아빠가 쉽게 존경할 수 있는 번듯한 사람이라면, 난 아빠를 존경하고 경멸하지 않을 텐데, 실제로 아빠는 내 친구에게 침이나 질질 흘리는 못난이여서 난 아빠를 결코 존경할 수 없어.' 즉, '내가 아빠를 존경하지 않는 것은 아빠에게 책임이 있어.' 이렇게 제인은 생각했다. 과연 제인의 생각은 옳은 것일까? 물론 옳지 않다. '사랑의 능력'이 생겨난 후, 제인은 아빠를 존경하지 않은 책임이 자신에게 있음을 알게 되었다.

제인은 경멸을 받아 마땅한 사람이 존재하지 않는 것과 마찬가지로, 존경받을 자격이 없는 사람은 없다는 사실을 알게 되었다. 물론 아빠도 마찬가지이다. 그래서 제인은 아빠를 존경하기 시작했다. 아빠는 누구인가? 아빠는 삶의 영웅이다.

고목이 늘어서 있는 산길을 걷다 보면, 그 나무 하나하나가 상처투성이임을 알게 된다. 모진 겨울의 찬바람, 길었던 가뭄, 벌레들의 침입

등 살아오는 동안 수많은 어려움을 겪고 이겨 내면서 지금 이 나무들은 내 앞에 서 있는 것이다. 이 나무들은 하나하나가 영웅들이다. 아빠 역시 마찬가지이다. 아빠는 삶의 영웅이다. 아빠에 대한 깊은 존경심이 생겨난다. 그래서 제인은 아빠에게 이렇게 말한다. "아빠는 이 세상에서 가장 훌륭한 분이에요." "아빠, 존경합니다." 제인의 존경을 받으면서, 아빠는 행복감에 잠긴다. 이제 제인의 가족은 천국이 된다.

레스터의 존경하기: '아내는 속물이 되어 버렸어.' '캐롤린을 존경하라고? 도대체 캐롤린의 무엇을 존경하라는 말인가?' 이것은 사랑의 알통이 생기기 이전 레스터의 독백이었다. 하지만 '사랑의 알통 기르기 연습'을 통해 사랑할 수 있는 능력이 생겨난 레스터는 '진정으로 존경한다는 것은 존경스럽지 않은 것을 존경하는 것'임을 알게 되었다. 현대인이 할 수 있는 '존경스러운 것을 존경하는 것'은 실제로는 존경하는 것이 아니다. 만일 상대편이 존경스러운 점을 상실해 버리면, 존경은 바로 철회된다. 하지만 진정한 존경이란 절대적인 존경이며, 어떤 상황에서도 철회될 수 있는 것이 아니다.

사랑의 힘이 생겨난 레스터는 캐롤린을 절대적으로 존경할 수 있게 되었다. 절대적인 존경이란 모든 존재를 향하는 존경이다. 나 자신도, 상대편도, 자연도, AI도, 하나의 예외 없이 모두 존경의 대상이 된다. 과거 인류는 자연에 대한 외경심을 품고 있었다. 그래서 자연과 창조적인 관계를 맺을 수 있었다. 레스터는 캐롤린에 대해 깊은 존경심을 품을 수 있게 되었고, 이를 표현했다.

현대인은 존경받고 싶어 한다. 자기 스스로를 존경하지 않기 때문에, 외부로부터의 존경의 필요성은 더 커진다. 깊은 존경을 받으면 행복해지고, 존경을 받은 사람 역시 존경할 수 있는 사람으로 존재 변화를 겪게 된다. 레스터와 캐롤린의 관계에서도 똑같은 일이 일어났다. 레스터가 캐롤린을 존경하게 되자 캐롤린은 행복해졌고, 캐롤린 역시 레스터를 존경할 수 있게 되었다. 이리하여 레스터 가족은 점점 천국이 되어 갔다.

캐롤린의 존경하기: 사랑의 알통이 생겨나면서, 캐롤린은 자신이 틀렸다는 것을 알게 되었다. '레스터는 실패자야. 무능력자야. 경멸을 받아 마땅한 존재야.' 레스터에 대한 이런 모든 생각이 잘못된 것임을 알게 되었다. '이 세상에 하찮은 존재는 없어. 경멸을 받아 마땅한 존재도 없어. 물론 남편 레스터도 마찬가지야.' 이런 생각이 예전의 생각을 대신했다.

더군다나 레스터는 아름다운 마음씨를 갖고 있었다. '유능함'이라는 인간을 측정하는 현대의 낡은 잣대를 팽개치고 나자, 레스터는 주변의 전형적인 현대인들보다 훨씬 아름다운 존재였다. 캐롤린은 레스터에게 말했다. "당신은 아름다운 사람이에요. 당신을 존경해요." 캐롤린의 존경을 받은 레스터는 깊은 행복을 느꼈다. 캐롤린을 존경하게 되고, 예전보다 더 깊이 사랑하게 되었다. 세 사람이 살아가는 가족은 천국으로 변해 가고 있었다.

II.

노인이 행복한 사회는
어떻게 가능한가

현대 노인은 자신을 쓸모없는 존재라고 여긴다.

자신을 쓸모없는 존재라고 여기면서 행복할 수 있는 사람
은 없다.

그래서 현대 노인은 불행하다.

인류의 수명은 점점 길어지고 있다. 노년기는 점점 고통스러워지고
있다. 이것은 삶에서 고통스러운 시기가 점점 길어지고 있으며, 그 고
통의 강도 역시 커지고 있음을 의미한다. 날이 갈수록 노인문제는 인
류가 직면한 가장 심각한 사회문제로 부상하고 있다.

그러나 이 문제에 정면으로 대응해야 할 현대 사회학은 노인문제의
주변만을 긁적거릴 뿐 사실상 손을 놓고 있는 상황이다. 왜일까? 현대
세계관에 바탕을 두고 있는 현대 사회학의 관점에서 보면, 늙음 자체
가 문제이다. 그런데 늙지 않을 수 없다. 그러므로 현대 사회학으로는
노인문제에 대한 근본적인 해법을 제시할 수 없는 것이다.

사랑의 사회학의 세계관적인 기초는 탈현대 세계관이다. 탈현대 세
계관의 관점에서 보면, 노인은 가장 인간다운 인간의 경지에 이를 수
있는 존재이다. 그러므로 사랑의 사회학은 현대 노인문제의 본질을 밝

히고, 그 원인을 규명하며, 근본적인 해결 방안을 제시할 수 있다.

전 인류적인 차원에서 노인문제가 심화되고 있지만, 특히 한국의 노인문제는 아주 심각하다. Ⅱ장에서는 한국의 노인문제를 사례로 해서, 사랑의 사회학의 관점에서 현대 노인문제의 본질을 밝히고, 근본적인 해결 방안을 찾아보겠다.

1. 현대 노인문제의 본질

'현대 노인은 스스로를 사랑하지 않는다.' '현대 노인은 주변으로부터 사랑받지 못한다.' 스스로를 사랑하지 않고, 사랑받지 못하면서, 행복할 수 있는 사람이 있겠는가? 당연히 현대 노인은 불행하다. 이것이 현대 노인문제의 본질이다. 1장에서는 현대 인간관과의 관련에서 현대 노인문제를 야기하는 근본 원인을 규명하고, 왜 한국 노인들은 유독 더 불행한가에 대한 원인을 밝혀 보겠다.

1) 현대 인간관과 노화에 대한 부정적인 태도

'나이 들어 감, 늙어 감이란 나쁜 것이다.' 현대인은 이 진술을 하나의 사실로 간주한다. '늙는다는 것은 나쁜 것이지, 어떻게 좋은 것일 수가 있어?' 하지만 필자 어머니의 젊은 시절 소원은 '늙는 것'이었다. 젊은 시절, 어머니는 팔남매를 키우며, 시어머니를 모시고, 하루하루가 힘든 생활이었다. 어머니의 동경의 대상은 할머니였다. 매일 일어나시면 친구들과 노는 것이 할머니의 일과였다. '나도 얼른 늙어서 어머님처럼 편안한 삶을 누려 보아야겠다.' 어머니는 이렇게 다짐하셨다.

'나이 들어 감, 늙어 감이란 나쁜 것이다.' 이것은 결코 사실에 대한 진술이 아니다. 이것은 단지 현대 인간관의 관점에서 이루어지는 '늙어 감'에 대한 하나의 해석일 뿐이다.

'늙어 감'을 어떻게 해석하는가는 개인적인 삶의 차원에서나 문명의 차원에서 중요한 문제이다. '늙어 감'에 대한 해석에 따라, 중년에 이른 사람이 하루하루를 자신이 과거에 가졌던 젊음을 잃어 가는 과정으로 생각하면서 고통스럽게 살아갈 수도 있고, 아름다운 자기의 완성이라는 미래의 목표를 향해서 한 걸음씩 내딛는 삶을 살아갈 수도 있다.

현대의 선택은 전자이다. 현대 사회에는 '늙어 감'을 지극히 부정적인 시각에서만 바라보고 젊음을 숭상하는 문화가 팽배해 있다. 현대 사회가 갖고 있는 '늙어 감에 대한 부정적인 태도'로 말미암아, 오늘날 심각한 노인문제가 일어나고 있다. 거기에 덧붙여, 노년기는 점점 길어지고 있다. 영양 상태의 개선과 의료 수준의 향상으로 평균수명이 가파르게 길어지고 있기 때문이다. 이로 인해서, 노인문제의 심각성은 날이 갈수록 커지고 있는 실정이다.

'늙어 감'이란 좋은 것일까? 나쁜 것일까? 현대 사회에서는 이런 질문 자체가 해괴해 보인다. 현대인은 누군가로부터 '늙어 보인다'는 말을 들으면 기분이 상한다. 자신에 대한 심한 모욕처럼 느낀다. 반대로, '젊어 보인다'는 말을 들으면 기분이 좋아진다.

왜 현대 사회에는 '늙어 감에 대한 부정적인 인식'이 팽배한 것일까? 현대 인간관이 이 시대를 지배하고 있기 때문이다. 현대 인간관의 관점에서 보면, 인간이란 어떤 존재인가? 인간이란 시공간적으로 자신을 둘러싸고 있는 세계와 근원적으로 분리된 고립적인 개체이다. 현대 인간관의 관점에서 보면, 인간은 어떤 형태로 존재하는가? 시간적으로 보면, 인간은 태어난 시점부터 죽는 시점까지만 존재한다. 공간적으로 보면, 인간은 피부를 경계선으로 하여 피부 안쪽에서만 존재한다. 결론적으로 말하자면, 인간은 광활한 우주 속에서 지극히 미미한 존재이며, 영원한 시간 속에서 찰나적으로만 존재한다.

이런 현대 인간관을 받아들인다면, 인간은 바다 위에 잠깐 생겨났다 사라지는 물거품처럼 지극히 불안한 존재이다. 현대 인간관의 기반 위에서 활동한 현대 실존주의 사상가들에게서 '실존의 불안'이 그렇게 중요한 자리를 차지하게 된 것은, 바로 현대적인 의미에서의 실존 자체가 지극히 불안한 것이기 때문이다. S. A. 키르케고르Søren Aabye Kierkegaard, 1813~1855, 카프카, 사르트르를 위시해서, '존재의 불안'은 그들 모두의 주제가 되었다.

그렇다면 현대 인간관의 관점에서 볼 때 죽음이란 무엇인가? 내 존재가 무無가 되는 것, 0(Zero)이 되는 것이다. 현대 인간관을 받아들이면, 죽음은 현대인에게 해결할 수 없는 공포가 된다. 왜냐하면 인간은 현재 살아 있지만 자신의 죽음을 상상할 수 있기 때문이다. 그렇다면 현대가 죽음에 대응할 수 있는 방법은 무엇인가? 죽음의 공포에 직면하지 않도록 죽음을 사람들에게서 감추는 '은폐'뿐이다.

T. 만Thomas Mann, 1875~1955의 소설『마의 산』의 무대는 1910년대 스위스 산중 다보스에 위치한 결핵요양소이다. 당시 결핵은 불치의 병이어서 환자들의 죽음이 늘 찾아왔다. 그러나 남아 있는 환자들은 아무도 동료들의 죽음을 보지 못했다. 환자가 임종하는 즉시 요양소 측이 사체를 신속하고 은밀하게 처리해 버렸던 것이다. 환자들은 그렇지 않아도 죽음에 대한 두려움을 느끼고 있는데, 만일 함께 지내던 환자의 죽음을 목격하게 되면 죽음에 대한 공포를 제어할 수 없을 것이기 때문이었다.

현대 인간관의 관점에서 보면, 죽음이란 무엇인가? 죽음이란 내 존재의 파산이다. 그렇다면 늙어 감이란 무엇인가? 늙어 감이란 죽음에 점점 다가가는 과정이다. 자신의 존재가 무無에 점점 가까워지는 과정이다. 그러므로 현대 인간관의 지배 아래에서 '늙어 감'을 긍정적·창조적으로 해석할 수 있는 여지란 전혀 없다. 늙어 간다는 것은 단지 지극히 고통스럽고 비관적인 현상일 따름이다.

젊음을 숭상하는 현대 감각적 문화의 관점에서 바라볼 때, 노인이란 어떤 존재일까? 노인은 무기력하고 쇠약해진 존재이다. 그의 감각 기관들은 모두 둔감해졌고, 쾌락을 얻고자 하는 욕망도 시들어 버렸다. 노인은 새 시대와 함께 호흡할 수 없는 고리타분한 사람들이다. 노인은 기억력도 기운도 쇠퇴했고, 외모상으로도 그들이 젊은 시절에 갖고 있었던 팽팽한 피부나 성적인 매력을 상실했다. 많은 경우 노인들은 빈곤과 질병에 시달리고 있다. 현대적인 관점에서 보면, 노인은 죽음을 앞두고 있는 고통스러운 존재일 따름이다.

현대 노동관의 영향으로, 현대는 노동력을 지고의 가치로 간주한다. 노동력을 중시하는 현대의 관점을 받아들였을 때, 노인이란 어떤 존재일까? 그는 노동력을 상실한 쓸모없는 존재이다. 이에 따라서 현대적인 관점에서 바라볼 때, 노인 스스로도 자신을 존중하기가 힘들며, 주변 사람들 역시 노인을 천시하게 된다. 그래서 노인은 점점 깊은 소외의 늪에 빠져든다.

현대 세계관의 관점에서 볼 때, 늙어 감이란 사회적인 측면에서도 상실의 과정이다. 늙어 감이란 그가 젊은 시절 갖고 있었거나 획득했던 것들을 상실해 가는 과정이다. 늙어 가면서 겪게 되는 가장 중요한 사회적 상실의 하나는 평생 일해 왔던 직장을 상실하는 것이다. 또한 배우자나 가까운 친구들이 세상을 떠나게 된다. 자녀들이 장성하고 출가하면서 가족 내 지위에도 상실이 생겨난다. 늙어 갈수록 직장에서나 가족들에게 쓸모없는 존재로 취급받게 된다. 그 결과 노인들은 필연적으로 불행하고 고통스러운 삶을 살 수밖에 없다.

늙어 가는 것은 누구에게나 불가피하며, 현대 사회에서 노년기는 더욱 길어지고 있다. 현대 인간관의 관점에서 볼 때, 노인이 되어 살아간다는 것은 아주 고통스러운 일이다. 현대적 관점에서 볼 때, '늙어 가는 것' 자체가 부끄럽고 고통스러운 것으로 간주되기 때문에, '잘 늙어 간다'거나 '행복하게 늙어 간다'는 것은 생각할 수조차 없다.

2) 한국 노인문제가 더 심각한 원인

현대 노인문제는 범세계적인 현상이다. 그러나 한국 사회의 경우, 노인문제가 다른 나라들보다 더 심각하다. 한국 노인 자살률 통계를 보면, 한국 노인문제의 심각성을 한눈에 알 수 있다.

[표 9] 한국인 연령별 자살자 추이, 1999~2018

연령	1999	2008	2018
계	15.0	26.0	26.6
10~19세	5.1	4.6	5.8
20~29세	13.1	22.6	17.6
30~39세	17.3	24.7	27.5
40~49세	21.3	28.4	31.5
50~59세	23.2	32.9	33.4
60~69세	28.9	47.2	32.9
70~79세	38.8	72.0	48.9
80세 이상	47.3	112.9	69.8

자료: 통계청, 『사망원인 통계』, 2019 / 단위: 인구 10만 명당 자살자 수

최근 통계인 2018년 한국인의 연령별 인구 10만 명당 자살자 수를 보면, 80세 이상 노인 자살자 수는 69.8명이어서, 이는 한국인 전체 자살자 수 26.6명의 2.6배에 달한다. 주지하듯이, 한국인의 자살률은 세계에서 아주 높다. 80세 이상 노인 자살률이 한국인의 평균 자살률의 2.6배에 달한다는 것은 한국 사회에서 노인 불행이 지극히 심각함을 의미한다. 더군다나 노인이 될수록 죽음에 대한 두려움이 커지는 점을 고려하면, 한국 노인들은 지극히 불행하다는 점을 알 수 있다.

전 세계의 노인들이 모두 불행하지만, 한국의 노인들이 더 불행한 이유는 무엇일까? 세계관의 측면에서 그 답을 제시하고자 한다. 한국인의 경우 현대 세계관이 다른 나라들보다 더 강하게 뿌리를 내리고 있기 때문이다. 현대 세계관이 한국에서 처음으로 생겨난 것도 아닌데, 왜 한국 사회에는 현대 세계관의 원조 국가들보다 현대 세계관이 더 깊이 뿌리를 내리고 있는 것일까? 거기에는 역사적인 요인이 있다.

일본의 피식민지로서의 36년은 한국 문화 발전에 치명적인 악영향을 끼쳤다. 인도나 여러 제3세계 국가들은 수백 년 동안 피식민지 경험을 했는데도, 피식민지로서의 역사적인 경험이 한국 사회의 문화 발전에 더 파괴적인 영향을 끼친 이유는 무엇일까? 식민정책은 크게 두 가지로 나뉜다. 분리주의 정책과 동화주의 정책이 그것이다. 분리주의 정책이란 그 사회의 문화는 그냥 놓아둔 채 경제적·정치적·군사적인 측면에서만 식민지화를 추구하는 정책을 말한다.

동화주의 정책이란 경제적·정치적·군사적인 측면뿐만 아니라 자국과 피식민지의 문화를 동화시킴으로써 문화적으로도 피식민지를 지배하려 하는 정책을 말한다. 동화주의 정책은 피식민지의 문화 발전에 치명적인 악영향을 미친다. 대부분의 서구 열강들은 분리주의 정책을 사용했는데, 일본이 한국에 실시한 식민정책은 극단적인 동화주의 정책이었다.

일제는 한국의 언어, 문자, 역사를 말살하고자 했다. 이것은 제국주의 역사 속에서도 전례를 찾기 힘든 일이다. 내선일체內鮮一體를 강조하면서, 끊임없이 한국인과 한국 문화와 역사가 열등한 것이라고 세뇌시켰다. 극도로 강압적인 방식으로 이를 추구했기 때문에, 이 시기 동안 한국인의 의식 속에는 부정적인 민족적 자의식이 깊이 각인되었다. 개인의 열등감이 모든 정신병의 근원이 되어 정상적인 성격 발달을 불가능하게 하듯이, 민족적인 열등감은 그 민족의 건강한 문화 발전을 불가능하게 만드는 결정적인 요인으로 작용한다.최홍기, 1987

일제의 식민지 상태에서 해방된 지가 70년이 넘었지만, 그 시기 형성된 민족적 열등감은 여전히 한국의 문화 발전에 암적인 요인으로 작용하고 있다. 현대 세계관이 한국인들에게 깊이 뿌리를 내리게 되는 과정은 다음과 같다. 1945년 해방을 맞음과 동시에 38선 이남에는 미군이 진주하게 되었다. 이때부터 미국은 남한 사회에 경제적·정치적·군사적으로 커다란 영향을 미치게 된다. 이와 더불어, 문화적인 영향도 막대한 것이었다.

2차 세계대전으로 유럽은 폐허가 되고, 전쟁이 끝난 뒤 미국은 전 세계에서 최강 국가였다. 전 세계 최강 국가의 문화가 한국 사회에 범람하게 되었다. 그런데 당시 한국 문화의 자체적인 상황은 일제하에서 민족적 열등감의 형성으로 인해 외부 문화를 걸러 낼 수 있는 문화적인 역량이 극도로 부족한 상태였다. 외부 문화에 저항할 수 있는 힘이 극도로 약화된 상태에서, 세계 최강의 문화가 한국 사회에 밀려든 것이다. 그 결과 전통문화는 여지없이 파괴되고, 미국 문화는 아무런 제어 장치 없이 범람하게 되었다.

당시 한국인의 눈에 미국은 서구였다. 미국 문화는 서구 문화였다.

자연스럽게 한국인의 의식에는 '서구적인 것은 우월하고, 전통적인 것은 열등하다'라는 문화에 대한 이원론이 확고하게 뿌리를 내리게 되었다. 칸트는 대단하고, 원효는 아무것도 아니다. 기독교는 대단한 종교이고 불교는 미신이다. 피아노 연주는 고상하고, 가야금은 기생이나 타는 것이다. 이것을 일반화하면, '서구적인 것은 대단하고, 전통적인 것은 청산의 대상'이라는 것이다.

당시 서구란 한국인에게 현대였다. 서구에 대한 숭배는 현대에 대한 숭배였다. 현대는 서구에서 시작되었고 발전했지만, 현대에 대한 숭배인 현대주의는 서구보다 한국 사회에서 훨씬 큰 위력을 발휘하게 되었다. 현대 세계관이 발흥지인 서구보다 한국 사회에서 더 깊은 뿌리를 내리게 된 것은 바로 이런 역사적인 과정을 거치면서이다.

현대 세계관의 관점에서 보면, 노화란 나쁜 것이다. 현대 세계관의 지배가 더 강할수록, '노화에 대한 부정적인 태도'는 더 강해지게 된다. 한국 사회는 서구 사회보다 현대 세계관의 지배력이 강하다. 그러므로 노화에 대한 부정적인 태도도 더 강하다. 노화에 대한 부정적인 태도가 강할수록, 노인문제는 더 심해진다. 그러므로 한국 사회는 여타 사회보다 노인문제가 더 심각한 것이다.

3) 노인문제의 양상

현대 세계관의 영향 아래, 현대 노인들은 불행을 겪고 있다. 한국의 노인들은 더 심한 불행을 겪고 있다. 현대 노인 불행의 양상은 다양하다. 여기에서는 한국 사회를 중심으로 노인 불행이 나타나는 양상을 서술해 보겠다.

젊음에 대한 집착

현대 인간관의 관점에서 보면, 늙음 자체를 긍정적으로 해석할 수 없다. 그래서 현대 인간관이 지배하고 있는 현대 사회에는 젊음은 좋은 것이고, 늙음은 나쁜 것이란 생각이 팽배해 있다. 현대 인간관을 강하게 갖고 있을수록, 젊음에 대한 집착 역시 더 강해질 수밖에 없다. 그래서 현대 노인들은 늙어 가면서도 늙지 않기 위해 노력을 기울이게 된다.

현대 노인들은 운동을 열심히 해서 근력을 잃어버리지 않으려고 한다. 성형 수술이나 화장 등을 통해 젊은 시절의 외모를 잃어버리지 않으려고 한다. 다이어트 등을 통해 젊은 시절의 몸매를 잃어버리지 않으려고 한다. 젊은 시절의 좋은 기억력을 잃어버리지 않으려고 한다. 젊은 시절 갖고 있었던 총기를 잃어버리지 않으려고 한다. 이빨도 머리카락도 잃어버리지 않으려고 한다.

이런 노력을 통해 늙음을 조금 지연시킬 수는 있겠지만 멈추거나 역전시킬 수는 없다. 집착은 사랑이 아니다. 사랑이 아닐 뿐만 아니라 사랑과 반대이다. 모든 집착은 결국 고통을 낳는다. 젊음에 대한 집착도 마찬가지이다.

젊음에 대한 집착이 심할수록, 늙음에 대한 불안과 공포는 커진다. 그리고 실제로 늙게 되었을 때, 더 큰 고통과 불행, 절망감을 떠안게 된다. 현대 인간관의 영향으로 현대 노인은 젊음에 집착할 수밖에 없다. 현대 인간관을 더 강하게 갖고 있는 한국의 노인은 젊음에 대한 집착이 더 강하다. 그러므로 현대 노인은 불행할 수밖에 없고, 그중에서도 한국 노인은 더 심한 불행을 겪게 되는 것이다.

자신을 하찮게 여김

현대는 모든 존재를 하찮게 여긴다. 현대 세계관이 현대를 지배하고 있기 때문이다. 현대 세계관의 관점에서 보면, 모든 존재는 시공간적으로 분리되어 있고, 시공간 안에 갇혀 있다. 즉, 모든 존재는 시공간적으로 유한함을 그 특징으로 한다. 그래서 자신을 둘러싸고 있는 영원한 시간과 무한한 공간에 대비해서 보면, 모든 존재는 지극히 찰나적이고 미소한 존재에 머물게 된다. 모든 존재는 하찮은 것이란 결론이 도출되는 것이다.

그 결과, 현대 세계관이 지배하는 곳에서 사람들에겐 존경심이 사라지게 된다. 현대 세계관이 강하게 지배하고 있는 한국인에겐 존경심이 더욱 심하게 사라지게 된다. 그래서 현대인은, 특히 한국인은 아무것도 존경하지 않는다. 자연에 대한 외경심은 사라졌다. 존경하는 국가도 존경하는 대통령도 없다. 자신이 다니는 회사 사장도 존경하지 않고, 학교 선생님도 존경하지 않는다. 부모님도 존경하지 않고, 배우자도 존경하지 않는다. 친구도 존경하지 않는다. 심지어 자기 자신조차도 존경하지 않는다.

존경심이 사라진 사회는 고통스러운 곳이 된다. 왜냐하면 존경심은 창조적인 관계의 기초가 되며, 관계 맺는 쌍방에게 행복을 주기 때문이다. 존경심이 없으면, 우린 상대편을 함부로 대하게 된다. 자연에게도, 국가나 대통령에게도, 회사 사장이나 선생님에게도, 부모님이나 배우자에게도, 친구에게도, 그리고 자기 자신에게조차 함부로 대하게 된다. 함부로 대하면 관계가 훼손되고, 상대편에게도 자신에게도 고통을 주게 된다. 그래서 현대 사회는 특히 한국 사회는 고통스러운 곳이 되어 버렸다.

현대 세계관의 관점에서 보면, 모든 존재는 하찮은 것이다. 그중에서도 에고의 차원에서 더 낮은 곳에 위치하는 존재일수록 그 하찮게 여김의 정도가 더 심해진다. 에고의 차원에서 더 낮은 곳에 위치하는 사람은 어떤 사람인가? 직업이 없는 사람, 가난한 사람, 건강이 나쁜 사람, 외모가 나쁜 사람, 그리고 늙은 사람이다. 늙은 사람은 앞의 다른 조건들을 많이 충족하고 있을 가능성이 높지만 늙은 사람이라는 그 자체로 에고의 차원에서 낮은 곳에 위치 지어진다.

현대인은 자기 자신에 대해서도 자신을 하찮게 여기며 존경하지 않는다. 그런데 현대인 중에서도 에고의 차원에서 존재론적으로 가장 낮은 곳에 위치한 노인이 어떻게 자신을 하찮게 여기지 않을 수 있겠는가! 어떻게 자신을 존경할 수 있겠는가! 자신을 하찮게 여기면서 행복할 수 있는 사람은 없다. 그래서 현대 노인은 불행하다. 그중에서도 자신을 더욱 하찮게 여기는 한국 노인은 더욱 불행한 것이다.

사회가 노인을 하찮게 여김

위에서 설명했듯이, 현대는 자신도 상대편도 모두 하찮게 여긴다. 누구를 더 하찮게 여기는가? 에고의 차원에서 더 낮은 곳에 위치한 사람을 더 하찮게 여긴다. 에고의 차원에서 볼 때, 현대 사회에서 가장 낮은 곳에 위치한 집단은 누구인가? 노인이다.

현대 사회에서는 사람들이 노인을 하찮게 여긴다. 노인에게 함부로 대하고, 차별하고, 괄시한다. 노인을 회피하고 함께하려 하지 않는다. 그래서 노인은 주변 사람들로부터 하찮게 여겨진다. 함부로 대해지고, 차별받고, 괄시를 당한다. 주변 사람들이 자신을 회피한다. 이렇게 하찮은 존재로 여겨지면서, 함부로 대해지고, 차별받고, 괄시를 당하면서, 주변 사람들로부터 회피를 당하면서, 행복할 수 있는 사람은 없다. 그러니 현대 노인은 불행하다. 한국의 노인은 이런 경험을 더 심하게 겨게 되어 더욱 불행하다.

인격 확충이 저해됨

젊음에 대해 집착할수록, 자신을 하찮게 여길수록, 하찮게 여김을 받을수록, 인격의 확충과 발전은 불가능해진다. 그래서 늘어 갈수록, 욕심에 매달리는 사람이 되기 쉽다. '내가 옳다'는 생각이 더 강해지기 쉽다. 증오심이 강해지고 화를 잘 내는 사람이 되기 쉽다. 인색한 사람이 되기 쉽다. 마음이 차가운 사람이 되기 쉽다.

욕심 많고, 편협하며, 화를 잘 내고, 인색하며, 마음이 차가운 사람을 좋아하는 사람은 아무도 없다. 이런 노인은 주변 사람들을 불행하게 만든다. 누구나 이런 노인을 싫어하고 멀리하려고 한다. 그래서 노인 불행은 더 심해지게 된다. 한국 노인의 경우는 더욱 그러하다.

2. 노인문제의 해결 방안

현대 노인문제의 근원은 현대 세계관이다. 그러므로 현대 세계관의 바탕 위에서는 현대 노인문제를 해결할 수 없다. 이것이 현대 사회학을 비롯해서 수많은 학자들이 현대 노인문제 해결을 위해 노력을 기울여 왔지만 어떤 명확한 해법도 찾을 수 없었던 이유이다. 사회학을 포함해서 이들 현대 학문의 세계관적인 토대가 현대 세계관이어서, 이런 바탕 위에서는 노인문제의 본질에 대한 인식 자체가 불가능하기 때문이다. 즉, 현대 인간관의 관점에서 보면, '노인 자체가 문제'이다. 그러므로 현대 세계관의 틀 안에서 노인문제를 해결한다는 것은 근본적으로 불가능한 일이었다.

이 책에서는 탈현대 세계관의 바탕 위에서 현대 노인문제의 해결 방안을 모색해 보고자 한다. 노인문제 해결을 위한 첫걸음은 현대 세계관으로부터 탈현대 세계관으로의 전환을 이루는 것이다. 세계관의 전환이 이루어지고 나면, 탈현대 인간관의 관점에서 '인간다운 인간', 즉 '사랑의 존재로서의 인간'이 되기 위한 노력을 기울여야 한다. '사랑의 알통 기르기 연습'을 해야 하는 것이다. 이를 통해 사랑의 존재가 된 노인은 스스로 행복할 뿐만 아니라 주변에 행복을 선물할 수 있는 존재가 된다. 이때 노인문제는 원천적으로 해소되며, 새로운 노인은 사랑의 사회를 건설하는 주역이 된다.

1) 세계관의 전환

현대 세계관으로부터 탈현대 세계관으로의 전환은 노인문제 해결을 위해 가장 선행되어야 하는 작업이다. 왜냐하면 현대 노인문제의 근원이 바로 현대 세계관이기 때문이다. 세계관의 전환이 실제 세계가 바뀜을 의미하는 것은 아니다. 세계관의 전환이란 현실 세계의 전환이 아니라 현실을 바라보는 관점의 전환일 따름이다. 그러나 세계관의 전환이 이루어지지 않는다면, 세계의 전환을 이룰 수 없다. 그러므로 노인문제 해결을 도모하고자 한다면, 세계관의 전환에서부터 시작해야만 한다.

세계관 전환의 주체

노인문제 해결을 위해 세계관의 전환을 이루어야 한다고 했을 때, 세계관의 전환을 이루어야 할 주체는 누구인가? 기존의 노인만이 주체가 되는가? 아니다. 모든 사람들이 세계관의 전환을 이루는 주체가 되어야 한다. 세대별로 보자면, 세계관 전환의 우선적인 주체가 되어야 하는 것은 노인이 아니라 젊은이이다.

그 이유는 기존의 노인들의 경우 세계관을 전환하는 것이 더 어렵기 때문이다. 일반적으로 나이가 많은 사람은 젊은이보다 생각이 경직되어 있다. 오랜 시간 특정 세계관에 길들여져 왔기 때문에 새로운 세계관을 받아들이는 일이 젊은이보다 힘들다.

또한 세계관의 전환은 우리의 목표가 아니다. 우리의 목표는 노인이 사랑의 존재가 되는 것이다. 세계관의 전환을 이루었다고 바로 사랑의 존재가 되는 것은 물론 아니다. 사랑의 존재가 되려면 세계관의 전환을 시작으로 해서, 오랜 기간 '사랑의 알통 기르기 연습'을 해야만 한다. 그러므로 많은 시간이 필요하다. 이것이 젊은이가 세계관 전환의 우선적인 주체가 되어야 하는 또 다른 이유이다.

현대 세계관으로부터 탈현대 세계관으로의 전환은 좀 더 어린 나이에 시작할수록 좋다. 현대 사회에서 아기들은 현대 세계관이 지배하는 세상에서 태어나고 성장하므로, 현대 사회에서는 어린 시절부터 자연스럽게 현대 세계관을 습득하게 된다. 인류가 사랑의 사회에 도달한다면, 사랑의 사회에서 아기들은 탈현대 세계관이 지배하는 세상에서 태어나고 성장하게 될 것이다. 그러므로 사랑의 사회에서는 어린 시절부터 자연스럽게 탈현대 세계관을 습득하게 될 것이다.

그런데 현재는 세계관의 전환이 일어나야 하는 문명 대전환기이다. 아기들은 여전히 현대 세계관이 지배하고 있는 현대 사회에서 태어난다. 하지만 현대 사회 초기나 중기에 태어난 아기들과는 달리, 현대 말이자 탈현대 초에 해당하는 문명 대전환기에 태어난 아기들에게는 세계관의 전환을 이루어 내고, 사랑의 존재로 변화해야만 하는 역사의 소임이 주어지게 된다. 그리고 이 작업은 어린 시절부터 시작될수록 더욱 효과적으로 이루어질 것이다.

세계관의 전환

노인문제 해결을 위해서는 현대 세계관으로부터 탈현대 세계관으로의 전환을 이루어야 한다. 이 중에서도 노인문제 해결과 직결되는 것은 현대 세계상과 인간관으로부터 탈피해서 탈현대 세계상과 인간관으로의 전환을 이루는 것이다.

세계상의 전환: 현대 세계관으로부터 탈현대 세계관으로의 전환을 이루는 데에서 가장 근본적인 작업은 세계상의 전환이다. 세계상이란 '이 세상은 어떤 곳인가?'에 대한 생각이다. 현대 세계관의 관점에서 보면, 시공간적으로 이 세상 모든 존재는 근원적으로 '분리'되어 있다. 그러나 탈현대 세계관의 관점에서 보면, 시공간적으로 이 세상 모든 존재는 근원적으로 연결되어 있을 뿐만 아니라 궁극적으로 '하나'이다.

이 두 가지 생각 중 어떤 생각이 객관적으로 옳은 것은 아니다. 이 두 가지 생각은 모두 관점일 뿐이다. 그럼에도 불구하고 왜 인류는 세계상의 전환을 이루어야만 하는가? 각각의 세계관은 하나의 관점일 뿐이지만, 특정 세계관이 인류의 삶과 사회에 미치는 영향은 시대에 따라 달라지기 때문이다.

현대 초와 중기에 이르기까지만 해도 현대 세계관은 세계를 바라보는 새로운 관점이었으며, 중세의 암흑시대에서 탈피해 새로운 현대 사회 건설을 위한 원동력이 되었다. 현대적인 관점에서 보면, 중세 사회는 비합리적인 관행이 팽배해 있는 사회, 극도로 빈곤한 사회, 부자유한 사회, 미신이 범람하는 무지몽매한 사회, 신분과 성 간의 차별이 극심한 사회, 전염병이나 홍수 같은 자연재해 앞에서 무력한 사회였다. 현대 세계관은 중세 사회를 창조적으로 비판할 수 있는 시각을 제공해 주고, 현대 사회라는 합리적이고 풍요로운 사회를 건설할 수 있는 발판이 되었다.

과거 전현대 말·현대 초에 해당하는 문명 전환기에 이르러, 전현대 세계관이 인류의 삶을 고통에 빠트리고 문명 위기를 심화시키는 근원으로 작용했던 것과 마찬가지로, 현대 말·탈현대 초에 해당하는 문명 대전환기인 현시점에 이르러, 현대 세계관은 인류의 삶을 고통에 빠트리고 문명 위기를 심화시키는 근원으로 작용하고 있다. 문명 전환기에 이르러, 과거 전현대 세계관으로부터 현대 세계관으로의 전환을 이루었듯이, 지금 인류는 현대 세계관으로부터 탈현대 세계관으로의 전환을 이루어 내야만 한다.

만일 인류가 탈현대 세계상으로의 전환을 이루어 낸다면, 노인문제의 핵심인 '노인을 하찮게 여기는 태도'는 사라지게 된다. 왜냐하면 탈현대 세계상의 관점에서 보면, 모든 존재는 영원한 시간과 무한한 공간을 자신 안에 품고 있는 우주적인 존재이며, 위대한 존재이다. 어떤 존재라고 하더라도 우주 속에 하찮은 존재는 없다. 하물며 사랑할 수 있고, 생각할 수 있는 인간이 하찮은 존재가 되는 것은 불가능한 일이다. 노인도 마찬가지이다. 탈현대 세계상으로의 전환을 이루는 순간, 우린 현대 노인문제로부터 벗어날 수 있는 발판을 갖게 될 것이다.

인간관의 전환: 탈현대 인간이 현대인이 할 수 있는 생각이나 욕망을 할 수 없는 것이 아니다. 탈현대적인 관점에서 보면, 인간은 현대가 생각하는 것보다 훨씬 아름답고 위대한 존재라는 것이다. 인류가 문명을 건설했을 때, 인류는 자연을 뛰어넘어 자연으로부터의 자유를 쟁

취했다. 현대 문명을 건설했을 때, 인류는 자신이 속한 집단을 뛰어넘어 소속 집단으로부터의 자유를 쟁취했다. 사랑의 사회를 건설한다는 것은 인류가 개별 에고를 뛰어넘어 개별 에고로부터의 자유를 쟁취하게 된다는 것을 의미한다.

각 단계를 거치면서, 인류의 존재 차원과 문명 수준 양면에서 놀라운 점프가 이루어졌다. 에고가 생겨나고 문명을 건설하면서, 인류는 자연[道]과 분리되었다. 지금 우리는 에고를 넘어서서 사랑의 사회를 건설하려 하고 있으며, 이것은 다시 자연[道]과의 합일을 의미하는 것이다. 그러나 이것은 물론 인류가 오래전에 떠나온 과거로의 회귀가 아니라 미래로의 전진이다.

에고는 이제 만삭이 된 아기를 품고 있는 자궁과 마찬가지로 인류가 그 안에서 생활하기에는 너무 비좁은 곳이 되어 버렸다. 현 인류는 '에고로서의 나'를 뛰어넘어야 한다는 어렵고, 또한 가슴 설레는 과제를 떠안게 되었다. 인류가 이 점프에 성공하면, 우리는 과거에는 상상조차 할 수 없는 멋지고 아름다운 문명으로 진입하게 될 것이다. 이 점프에 실패하면, 지구상에서 인류 문명은 흔적도 없이 사라질 것이며, 지구생태계도 파국을 맞이하게 될 것이다. 지금 현 인류는 건곤일척乾坤一擲의 갈림길에 서 있는 것이다.

이렇듯, 인간관의 대전환은 인류 문명의 도약을 위한 발판이 될 것이다. 또한 지금 여기서 논의하고 있는 현대 노인문제를 해결하는 초석이 될 것이다. 현대 노인문제의 근원은 현대 인간관에서 비롯되는 '노화에 대한 부정적인 태도'이다. 그러므로 현대 인간관으로부터 탈현대 인간관으로의 전환을 이루게 되면, '노화에 대한 태도'는 극적으로 바뀌게 된다. 탈현대 인간관의 관점에서 보면, 늙어 간다는 것은 점점 더 성숙한 존재가 되어 갈 수 있다는 것, 점점 더 사랑할 수 있는 존재가 되어 갈 수 있다는 것을 의미한다. 그래서 인간관의 전환을 이루게 되면, 현대 노인문제는 근원에서부터 해소될 수 있다.

세계관 전환의 방법

어떻게 세계관의 전환을 이룰 것인가? 교육을 통한 방법, 대중 매체를 활용하는 방법, 가상현실을 활용하는 방법 등을 생각해 볼 수 있다.

교육을 통한 방법: 교사가 학생들에게 탈현대 세계상, 탈현대 인간관, 세계관 전환의 필요성, 새로운 삶의 의미, 새로운 시대에 대한 비전 등을 가르침으로써 세계관의 전환을 이루는 방법이다. 가족 내에서 의식이 각성된 조부모나 부모가 교사의 역할을 수행할 것으로 생각하며, 미래 사회에서는 특히 AI 로봇이 교사로서의 중요한 역할을 수행할 것으로 기대한다.

대중 매체를 활용하는 방법: 대중 매체는 사람들의 세계관 형성에 커다란 영향을 미친다. 현재의 대중 매체의 경우 탈현대 세계관을 계몽하는 기능은 제한적이며, 오히려 현대 세계관을 강화하는 기능이 크다. 그러나 세계관 전환의 필요성에 대한 사회적인 합의가 이루어지고, 대중 매체들이 이에 적극적으로 동참할 경우에 그 효과가 클 것이다.

예컨대 2018년에 방영된 〈나의 아저씨〉 같은 드라마는 세계관의 전환에 대한 풍부한 메시지를 담고 있다. '이 세상에 하찮은 존재는 없다.' '사랑할 수 있게 되면서 비로소 행복을 알게 되고, 사랑하는 대상에게 행복을 선물할 수 있다.' '인간을 깊이 들여다보면, 아름다움이 보인다.' '나쁜 사람은 없다.' 아직은 이런 드라마가 각성된 소수 작가의 작품에 한정되어 있지만, 변화의 필요성에 대한 공감대가 형성되면, 대중 매체는 세계관 전환에 큰 기여를 할 수 있을 것이다.

가상현실을 활용하는 방법: 유튜브와 같은 인터넷 매체에는 이미 세계관의 전환을 가르치는 수많은 영상물이 등재되어 있고, 누구나 이를 활용할 수 있다. 그러나 이것은 초기 형태이고, 신기술혁명의 결과로 가상현실이 획기적으로 확대되면서 세계관 전환을 위한 교육에 활용될 수 있으리라고 기대한다.

낙산사 조신스님의 하룻밤 꿈 이야기는 가상현실을 활용해서 어떻게 세계관의 전환을 이룰 수 있을까에 대한 시사를 준다. 조신스님은 꿈속에서 연모하던 여인과 결혼하고, 아기를 낳고 행복하게 살아가지만 그것도 잠시였고, 경제적인 곤란을 비롯해서 가족생활의 많은 어려움을 겪은 뒤에 마침내 가족이 뿔뿔이 흩어져 걸인이 되기로 결정하는 장면에서 꿈에서 깨어난다.

2) 존재 변화를 위한 노력

세계관의 전환이 성공적으로 이루어져서, 탈현대 세계관을 자신의 세계관으로 받아들였다고 하자. 그렇다면 현대 노인문제의 해결을 위한 다음 단계는 무엇인가? '사랑의 알통 기르기 연습'을 통해 '사랑의 존재'로 재탄생하기 위한 노력을 기울이는 것이다. 범인류적인 차원에서 노력을 기울일 때, 인류는 사랑의 사회로 진입하게 되리라고 본다. 젊은 시절부터 '사랑의 알통 기르기 연습'을 통해 사랑의 존재가 된 노인은 더 이상 사회문제가 아니라 사랑의 사회 건설 주역으로 재탄생하게 된다.

어떻게 '사랑의 알통 기르기 연습'을 할 것인가? 이에 대해서는 2부 사랑의 사회학의 사회발전론에서 일반론을 설명했기 때문에, 여기에서는 노인의 경우에 한정해서 몇 가지 연습 방법을 서술하고자 한다. 노인의 경우는 '사랑의 알통 기르기 연습'을 해야겠다는 발심을 하는 것이 어렵다. 그러나 일단 발심을 하고 나면, 노년기 자체가 에고가 무너지는 시기이기 때문에 빠른 속도로 '참나'를 자각하고 활성화시킬 수 있다.

푸대접을 받았을 때의 연습

현대 사회에서 노인이 되면 푸대접을 받는 경험이 많아진다. 이때, 현대 노인은 고통을 겪는다. 그러나 이런 경험은 '사랑의 존재'로 거듭나기 위한 기회로 활용될 수 있다. 푸대접을 받으면 나는 상처를 받는다. 그러면 '상처받는 나'는 누구일까? 물론 나의 에고이다. 에고가 상처를 받으면, '참나'가 활동할 수 있는 기회가 커진다. 푸대접을 받아 에고가 상처를 받은 것을 '참나'가 깨어나 활동할 수 있는 기회로 활용하는 것이 푸대접을 받았을 때의 '사랑의 알통 기르기 연습'의 의미이다.

이때 해서는 안 되는 것이 상처받은 에고를 복구하고자 하는 노력이다. 푸대접을 받아 에고가 상처를 받았을 때, 창조적인 대응은 에고를 복구하고자 하는 노력 없이 상처받아 무너져 내리는 에고를 지켜보는 것이다. 에고가 무너져 내리는 것을 지켜보는 것은 유쾌한 경험은 아니다. 하지만 에고가 무너져 내린 폐허가 '참나'를 세우는 터전이 되기 때문에 에고가 무너져 내리는 것은 좋은 일이다.

푸대접을 받아 에고가 무너져 내리는 것을 지켜보면서, 상처받은 나

[에고]를 따뜻하게 품어 주는 연습을 한다. 연습이 거듭될수록 '따뜻하게 품어 줄 수 있는 나'가 성장한다. 이 사람이 바로 '사랑의 존재로서의 나'이다.

하찮은 존재가 되었다는 생각이 들 때의 연습

현대 세계관의 영향 아래에 있는 현대 노인에게는 '나는 이제 쓸모없는 존재가 되었어'라는 느낌이 엄습할 때가 많다. 오랫동안 근무하던 직장을 잃고, 건강도 잃고, 이런 느낌이 엄습했을 때 어떻게 대응하는 것이 창조적인 대응이 될까?

현대 노인은 흔히 이런 느낌이 들면, 이런 느낌에 사로잡혀 고통을 겪는다. 물론 그것은 창조적인 대응이 아니다. 창조적인 대응은 그런 느낌에 사로잡혀 있는 나를 격려해 주는 것이다. 그런 느낌이 들 때마다 '그동안 수고 많았어!', '잘 해냈어!', '괜찮아', '파이팅!'이라고 자신에게 말해 주는 것이다. 이렇게 실의에 빠진 자신을 격려해 주는 것이 '사랑의 알통 기르기 연습'이 된다. 나를 격려해 주는 경험이 반복될수록, 모든 존재를 격려해 줄 수 있는 능력이 커진다. 나는 점점 '사랑할 수 있는 존재'로 변화해 가는 것이다.

죽음에 대한 두려움을 느낄 때의 연습

노인이 되면 실제로 죽음에 가까워진다. 밤에 잠자리에 누워 있다 보면 '이러다 죽는 게 아닐까' 하는 경험도 자주하게 된다. 당연히 죽음에 대한 두려움도 더 커진다. 현대 노인은 죽음에 대한 두려움을 느끼면, 두려움에 사로잡혀 고통을 겪는다. 그러나 이것은 '사랑의 알통 기르기 연습'을 위한 좋은 기회로도 활용될 수 있다.

다가오는 죽음에 대해 두려움을 느끼는 것은 누구일까? 나의 에고이다. 에고는 자신이 완전히 사라져 버릴 위험에 대해 두려움을 느끼는 것이다. '죽음에 대한 두려움을 느끼는 나'는 가엾다. 그래서 나는 두려움을 느끼는 나를 가엾이 여겨 준다.

두려움을 느끼는 나를 가엾이 여겨 주는 순간, '두려움과 나' 사이에 약간의 공간Space이 생겨난다. 예전엔 죽음에 대한 두려움을 느끼면, 두려움을 느끼는 나밖에 없었다. 두려움이 나였던 것이다. 이젠 '두려워하는 내'가 여전히 있지만 '두려워하는 나를 가엾이 여겨 주는 나'가 새롭게 생겨났다. 그래서 '두려움과 나' 사이에 공간이 생겨나는 것이다. 이 공간이 바로 '두려움으로부터의 자유'이다.

죽음에 대한 두려움을 느끼는 나를 가엾이 여기는 연습을 계속해 나가면, '죽음에 대한 두려움과 나' 사이의 이 공간이 점점 커진다. '죽음에 대한 두려움을 느끼는 나[에고]'는 점점 작아지고, '죽음에 대한 두려움을 느끼는 나를 가엾이 여기는 나[참나]'는 점점 커지기 때문이다. 연습을 충분히 한 뒤에 죽음을 맞이하게 된다면, 나는 죽지만 두려움 없이, 그리고 그동안 나에게 주어졌던 많은 것들에 감사하면서 장엄하게 죽어 갈 수 있게 된다.

외로울 때의 연습

노인이 되면 배우자도 자녀도 친구도 자신의 곁을 떠나간다. 그래서 외로움을 느낄 때가 많아진다. 현대 노인은 더욱 그러하다. 현대 노인은 외로움을 느낄 때마다 외로움이 자신을 지배하고, 고통을 받는다. 그러나 외로움을 느끼는 경험은 '사랑의 알통 기르기 연습'의 좋은 기회로 활용할 수 있다.

외로움을 느끼는 나는 누구인가? 나의 에고이다. '참나'는 외로움을 느끼지 않는다. '참나'는 결코 외롭지 않고, 외로울 수 없기 때문이다.

'외로움을 느끼는 나'는 외로움으로 인해 고통받고 있기 때문에 가엾다. '외로움을 느끼는 나를 가엾이 여겨 주는 것', 이것이 외로움을 느낄 때의 '사랑의 알통 기르기 연습'이다.

외로움을 느낄 때, 외로움을 느끼는 나를 가엾이 여겨 주는 연습을 하면, 외로움과 나 사이에 공간이 생겨난다. 예전엔 외로움이 엄습하면 외로움이 나를 압도했지만, 이젠 외로움 속에서 숨 쉴 수 있는 공간이 생겨난 것이다. 연습이 거듭될수록 공간도 더 커지게 되며, 마침내 외로움 속에서 외로움으로부터의 자유를 누릴 수 있게 된다. 사랑의 알통이 커진 것이다.

아플 때의 연습

나이가 들면 아픈 날이 많아진다. 아침에 눈을 떴을 때도 몸이 개운한 날이 거의 없다. 몸이 아프면 괴롭다. 이것은 '사랑의 존재'가 된 사람도 마찬가지이다. 그러나 육체적인 고통이 우릴 얼마나 불행하게 할 수 있는가는 사랑의 알통의 크기에 따라 큰 차이가 난다.

늙어서 몸이 아플 때, 현대 노인은 아픔에 저항한다. '왜 이렇게 몸이 아픈 거야!' 저항한다고 해서 아픈 몸이 낫는 것은 물론 아니다. 저항의 결과는 몸의 통증으로 내가 불행해진다는 것이다.

몸이 아플 때의 '사랑의 알통 기르기 연습'은, 첫째, 몸이 아픈 것을 받아들이는 것이다. 늙어서 몸이 아픈 것은 자연스러운 일이다. 자연스러운 일이니까, 몸이 아픈 것을 받아들이는 것이다. '이제 내가 많이 늙었으니, 몸이 아픈 것이 당연하지.' 이렇게 받아들이면, 몸이 아픈 것은 그대로 있지만 몸이 아픈 것이 나를 불행하게 하는 정도는 약화된다.

둘째, 아픈 몸을 돌봐 주는 것이다. 이것은 물론 치료를 포함하지만,

치료는 지금 여기서 말하는 '사랑의 알통 기르기 연습'의 일부는 아니다. 여기서 아픈 몸을 돌봐 줌이란 육체적인 고통을 받고 있는 나를 가엾이 여겨 주는 것이다. 가엾이 여겨 주면서 이렇게 말한다. '몸아, 오랜 세월 고생 많았다. 지금까지 네가 나를 돌봐 주었으니, 이젠 내가 널 잘 돌봐 줄게.' 이런 과정을 거치면서 아픈 몸으로 인해 고통받는 나[에고]는 점점 작아지고, 아픈 몸으로 인해 고통받는 나를 돌봐 주는 나[참나]는 점점 커진다. 연습이 거듭되면, 나는 여전히 몸이 아프지만 육체적인 고통이 더 이상 나를 지배하지는 않는, 육체적인 고통으로부터의 자유를 얻을 수 있게 된다.

3) 새로운 노인의 탄생

『주역』「계사전繫辭傳」에서는 다음과 같이 사랑의 존재가 된 새로운 노인의 모습을 서술하고 있다.

> 하늘을 즐거워하고 명을 알기 때문에 근심하지 않으며, 주어진 장소에 편안히 해서 인을 돈독히 하기 때문에 사랑할 수 있다.[77]

그는 하늘을 즐거워하고, 근심하지 않으며, 모든 존재를 사랑한다. 세계관의 전환을 이루고, 오랜 세월 '사랑의 알통 기르기 연습'을 행하면, 마침내 사랑의 존재로 재탄생한 새로운 노인이 등장하게 된다. 새로운 노인은 어떤 모습을 하고 있을까?

77.『周易』,「繫辭下傳」, 4章, "樂天知命 故不憂 安土敦乎仁 故能愛".

따뜻한 눈

새로운 노인은 따뜻한 눈으로 자신과 세계를 바라볼 수 있다. 현대의 눈은 차갑다. 현대인은 상대편이 숨기고 싶어 하는 치부를 파헤치면서 상대편이 누구인가를 밝히려고 한다. 이렇게 해서는 그 사람의 참모습을 알 수 없다.

사랑의 존재가 된 새로운 노인은 따뜻한 눈으로 자신과 세계를 바라본다. 그의 눈빛은 상대편의 상처를 치유해 준다. 그리고 상대편 자신조차도 몰랐던 그의 숨겨진 아름다움을 찾아낸다. 그의 따뜻한 눈빛으로 인해, 이 세상은 더욱 따뜻한 곳으로 바뀌어 간다.

부드러움

사랑의 존재가 된 새로운 노인의 마음은 부드럽다. 무협지 『의천도룡기』를 보면, 무당파의 개조인 장삼봉은 백 살이 넘어 최상승 무공인 태극권을 창시한다. 백 살이 넘어 그의 몸과 마음은 부드러움의 극치에 도달한다. 그가 창안한 태극권은 동작에 직선이 전혀 없는 지극히 부드러운 무공이다. '부드러운 것이 단단한 것을 이긴다'라는 노자 사상이 태극권에 형상화되어 있다.

서양의 운동은 강함을 추구한다. 이에 반해서, 동양의 전통 운동은 부드러움을 추구한다. 동양의 운동이 궁극적으로 추구하는 것은 도와 하나가 되는 것인데, 도는 지극히 부드러운 것이기 때문이다. 마음공부의 궁극적인 목표 역시 도와 하나가 되는 것이다. 마음공부가 무르익어 '사랑의 존재'가 되면 될수록, 마음은 점점 더 부드러워진다.

공자는 "예순에 이르러 귀가 순해졌다[六十而耳順]"라고 말했다. 당시 예순이면 지금의 여든 정도의 나이가 아닐까 싶다. 귀가 순해졌다는 것은 마음이 부드러워져서, 자신과 다른 견해도 귀에 거슬리지 않고 잘 들을 수 있게 되었음을 의미한다. 에고가 갖고 있는 '내가 옳다'는 생각에서 자유로워진 상태이다. 새로운 노인은 마음이 부드러워져서 자신과 다른 견해에도 유연해지고, 자신과 세상에 대해 관용의 정신을 갖고 있다.

자유로움

『장자』의 「소요유」에는 붕새가 등장한다. 붕새는 등의 길이가 몇천 리나 되는지 알 수 없을 정도로 크다. 한번에 9만 리를 날아오르는데 날개는 구름처럼 하늘을 뒤덮고 파도가 3천 리에 이를 정도로 큰 바람을 일으킨다. 붕새는 세속적인 삶에 얽매이지 않고 대자유의 삶을 누리는 '사랑의 존재'가 된 사람을 상징한다.

사랑의 존재가 된 새로운 노인은 붕새처럼 자유롭다. 그는 에고의 집착으로부터 자유롭다. 그는 에고의 욕망으로부터 자유롭다. 그는 에고의 희망과 공포로부터 자유롭다. 그는 에고의 불안과 두려움으로부터 자유롭다. 그는 에고의 근심으로부터 자유롭다. 그는 '내가 옳다'는 생각으로부터 자유롭다. 그는 에고의 분노로부터 자유롭다. 새로운 노인은 에고로부터 해방된 대자유의 삶을 살아간다.

겸손함

십자가의 성 요한은 말했다. "나는 점점 더 낮은 곳으로 내려가, 마침내 가장 높은 곳에 도달할 수 있었다." 사랑의 존재가 된 새로운 노인이 바로 그러하다. 새로운 노인은 노자가 말한 물처럼 세상 사람들이 싫어하는 낮은 곳으로 흘러가며, 낮은 곳에 즐겨 머문다.

오만과 무례가 팽배한 현대, 그래서 현대 사회에는 끊임없이 많은 고통이 생겨난다. 현대는 어떻게 치유될 수 있을 것인가? 바로 지극히 겸손한 새로운 노인에 의해 현대의 고통이 사라질 수 있다. 새로운 노인은 겸손하며, 겸손함으로 지옥을 천국으로 바꾸어 간다.

평화로움

사랑의 존재가 된 새로운 노인의 마음은 늘 화평하다. 어떤 일도 그의 마음의 평화를 깨뜨리지 못한다. 그래서 『논어』에서 공자는 이렇게 말했다. "군자에게는 근심이 없다[君子不憂]."

J. 크리슈나무르티Jiddu Krishnamurti, 1895~1986는 어느 강연에서 이렇게 말했다. "여러분에게 나의 비밀을 알려 드리겠습니다." 청중들은 정신을 반짝 차리고 귀를 기울였다. 그가 말했다. "이것이 나의 비밀입니다. 나는 무슨 일이 일어나든 걱정하지 않습니다." 그러고 그는 더 이상 설명하지 않고, 강단에서 내려갔다.E. Tolle, 2013: 179

지두 크리슈나무르티는 어떻게 무슨 일이 일어나든 걱정하지 않을 수 있을까? 군자에게는 왜 근심이 없을까? 걱정과 근심은 에고[小人]의 몫이기 때문이다. 에고에게는 어떤 일이 일어나든 심각한 일이지만, '참나'에게는 심각한 일이 없다. 새로운 노인은 '참나'의 존재가 된 사람이다. 그래서 그는 어떤 일이 일어나도 걱정 근심하지 않으며, 그의 마음은 늘 평화롭다.

깨어 있음

현대인은 거의 잠들어 있다. 누군가에게 잠시 사랑을 느낄 때만, 그는 잠깐 깨어난다. 깨어나서 보니, 그때까지 당연하게 여겼던 일상의 모든 것이 너무 신비롭다. 창밖에 서 있는 나무가, 하늘이 너무 아름답다. 그는 깜짝 놀라서 말한다. '어떻게 이런 놀라운 세상, 놀라운 당신의 존재를 나는 무심하게 지나칠 수 있었던 것일까?' 그리고 사랑이 지나가면, 그는 다시 깊은 잠으로 돌아간다.

현대인은 잠깐 깨어났다가 사랑이 지나가면 다시 긴 잠에 빠져들지만, 사랑의 존재가 된 노인은 늘 깨어 있다. 그는 늘 '지금 여기'에 깊이 머물면서, 자신을 둘러싸고 있는 생생한 세계에 깨어 있다. 그는 자신과 세계의 경이로움과 아름다움을 깊이 느낀다. 배우자나 자녀, 손자, 친구들에도 그는 늘 깨어 있으면서 그들의 존재에 감사한다.

유머 감각

사랑의 존재가 된 새로운 노인은 아름답게 미소 지을 수 있다. 인간은 어떤 순간에 가장 아름다울까? 아름다운 미소를 짓는 순간이 아닐까 싶다. 신라시대 미륵반가사유상을 보면, 보일 듯 말 듯 그 미소가 아름답다.

신호등에 막혀 있는 자동차 운전자들의 표정을 살피며 걷다 보면, 모두 어둡고 심각하고 화난 표정이다. 아름답게 미소 짓고 있는 운전자는 찾기 힘들다. 그러나 그곳이 만일 미래 사랑의 사회라면, 운전자의 표정은 밝고 화평하며, 많은 운전자들이 아름답게 미소 짓고 있을 것이다.

에고의 입장에서 보면 무척 심각한 일도, 사랑의 존재가 된 새로운 노인은 미소 지으며 맞이할 수 있다. 새로운 노인은 일어난 일을 영원과 무한의 빛에 비추어 본다. 그런데 나와 너의 에고는 심각한 눈으로 일어난 일을 바라본다. 심각한 낯빛으로 일어난 일을 바라보는 나와 네가 우습다. 그래서 그는 어떤 일이 일어나도 웃음 짓는다.

깊은 이해

『주역』, 「풍지관괘風地觀卦」, 초육효初六爻에 나오는 '동관童觀'이란 말에 대해서 정자程子는 다음과 같은 해설을 달았다.

관찰하고 보는 것이 얕고 가까워서 어린아이 같기 때문에, '어린아이의 봄[童觀]'이라고 했다.[78]

어린 시절에는 모든 존재를 보는 것이 근시안적이라서, 그 존재의 깊은 의미를 각성하기가 힘들다는 것이다. 사랑의 존재가 된 새로운 노인은 모든 존재를 깊이 들여다볼 수 있다.

필자와 친분이 있는 한 노교수는 이렇게 말했다. "나이만큼 보인다." 그는 젊은 시절부터 석탑을 연구했는데, 나이가 들고 나니까 탑이 자신에게 숨겨 왔던 비경을 보여 주더라는 것이었다. 그 노교수와 마찬가지로 새로운 노인은 모든 존재의 숨겨진 아름다움을 볼 수 있다.

4) 사랑의 사회 건설 주역으로서의 새로운 노인

현대 세계관의 관점에서 보면, 노인 자체가 문제이며, 노인 소외는 피할 수 없는 것이 된다. 그러므로 현대 세계관이라는 세팅을 그대로 둔 채, 현대 세계관의 틀 안에서 이루어지는 노인문제 해결을 위한 노력은 아무런 유의미한 결과를 도출할 수 없다.

현대 노인문제는 해결될 수 있는 것이 아니라 해소되는 것이다. 탈현대 세계관의 관점에서 보면, 인간은 문제가 아니다. 인간은 '참나'를

---

78. 『程傳』, 「風地觀卦」, "觀見者淺近如童稚然 故曰童觀".

자각해서 사랑의 존재가 될 수 있는 아름답고 위대한 존재이다. 노인은 어떤 존재인가? 노인은 가장 높은 인간다움, 사랑의 존재에 도달할 수 있는 존재이다. 그러므로 세계관의 전환이 이루어지면, 현대 노인문제는 해소되는 것이다.

노인은 결코 문제가 아니다. 뿐만 아니라, 만일 젊은 시절부터 '사랑의 알통 기르기 연습'을 통해 사랑의 존재가 되기 위한 노력을 꾸준히 기울여 나간다면, 노년기에 이르러 그는 가장 인간다운 인간, 사랑의 존재가 될 수 있다. 사랑의 존재가 된 새로운 노인은 이 세상을 맑고 아름다운 곳으로 바꾸어 가는 샘과 같은 존재가 된다. 새로운 노인은 사랑의 사회를 건설하는, 인류의 새로운 미래를 열어 가는 주역이 된다. 사랑의 존재가 된 새로운 노인은 어떻게 사랑의 사회를 건설하는 주역이 되는 것일까?

사랑의 존재가 된 새로운 노인은 모든 존재에게 이로움을 베풂을 통해 사랑의 사회 건설의 주역이 된다. 하나의 씨앗이 땅에 떨어져 싹을 내고, 아름다운 꽃을 피우며, 성숙해서 열매를 맺는다. 그는 주변에 향기를 전하고, 벌이나 나비에게 그리고 새들에게 양식을 준다.홍승표, 2010: 115 새로운 노인의 삶도 이와 같다. 그는 베푼다는 생각 없이 베푼다. 그의 삶 자체가 베풂이다. 그의 베풂을 통해 이 세상은 점점 아름다운 곳으로 바뀌어 간다.

사랑의 존재가 된 새로운 노인은 자신의 겸손함을 통해 이 세상을 사랑의 사회로 만들어 간다. 무례한 사회를 예禮의 사회로 만들어 갈 수 있는 방법은 무례함이 아니다. 폭력과 강제를 통해 예의 사회를 만들 수는 없다. 스스로 낮은 곳에 처하고, 모든 존재에 깊은 존경심을 갖고 대함으로써 예의 사회는 만들어질 수 있다. 사랑의 존재가 된 새로운 노인은 지극히 겸손해서, 자신의 겸손함으로 겸손한 세상을 만들어 가는 주역이 된다.

사랑의 존재가 된 새로운 노인은 자신의 아름다운 미소로 이 세상을 사랑의 사회로 만들어 간다. 심각함으로 심각함에 빠져 있는 세상을 바꿀 수는 없다. 무한과 영원의 빛에 비추어, 심각함에 빠져 있는 삶과 세상을 바라볼 때, 그의 입가에 아름다운 미소가 지어질 때, 이 세상은 심각함에서 해방될 수 있다. 사랑의 존재가 된 새로운 노인은 자신의 아름다운 미소로 아름다운 미소가 가득 찬 사랑의 사회를 만들어 간다.

사랑의 존재가 된 새로운 노인은 매사에 깊이 감사하며, 깊은 감사로 이 세상을 사랑의 사회로 만들어 간다. 불평으로 불평에 가득 찬 세상을 바꿀 수는 없다. 깊은 감사를 느끼는 마음만이 이 세상의 불평을 잠재울 수 있다. 사랑의 존재가 된 새로운 노인은 깊은 감사로 감사하는 마음이 가득 찬 사랑의 사회를 만들어 간다.

사랑의 존재가 된 새로운 노인은 근심이 없다. 그는 자신의 평화로움으로 이 세상을 사랑의 사회로 만들어 간다. 근심으로 근심에 가득 찬 세상을 바꿀 수는 없다. 평화로운 마음만이 이 세상의 근심을 잠재울 수 있다. 사랑의 존재가 된 새로운 노인은 자신의 평화로움으로 근심에서 해방된 평화로운 세상을 만들어 간다.

사랑의 존재가 된 새로운 노인은 마음이 따뜻하다. 그는 자신의 따뜻한 눈빛으로 이 세상을 사랑의 사회로 만들어 간다. 차가움으로 차가운 세상을 따뜻하게 만들 수는 없다. 따뜻함만이 이 세상의 차가움을 녹일 수 있다. 사랑의 존재가 된 새로운 노인은 자신의 따뜻한 눈빛으로 차가운 세상을 따뜻한 곳으로 바꾸어 간다.

III.

현대 교육문제를
어떻게 해결할 수 있나

인간 노동은 점점 덜 필요한데,
대학은 점점 더 취업훈련소로 바뀌어 가고 있다.
신기술과 현대 교육이 충돌하고 있는 것이다.
새로운 AI를 부숴 버려야 할까?
아니면 낡은 현대 교육을 부숴 버려야 할까?

직장을 얻지 못해 분노한 청년 실업자들은 AI를 부숴 버리고 싶어
하는 것 같다. 실제로 1811~1817년 영국 중북부의 직물공업지대에서
는 직물기계의 출현으로 임금이 낮아진 수공업 직물노동자들이 분노
해서 기계파괴운동Luddite Movement을 일으켰다. 그 결과, 새로운 직물
기계가 파괴되었을까? 아니면 수공업 직물노동이 붕괴되었을까?

우린 기계파괴운동의 결과를 알고 있다. 그리고 현재 일어나고 있는
새로운 신기술혁명과 낡은 교육 시스템 간의 충돌의 결과가 어떻게 될
지도 알고 있다. 역사의 도도한 흐름에 맞서는 세력은 패퇴할 수밖에
없다. 교육의 역할은 시대가 필요로 하는 사람을 배출하는 것이다. 새
시대는 노동자를 필요로 하지 않는다. 그런데 현대 교육은 노동자를
배출하는 데 더욱 전력을 기울이고 있다. 이것이 현대 교육의 소외이

며, 현대 교육문제의 진상이다.

유교 교육은 소외된 교육인가? 이 질문에 대한 답은 이 질문이 행해진 시점과 직결되어 있다. 1392년 조선 창업 후인 15세기에 이 질문을 던진다면? 그 대답은 '유교 교육은 활력에 차 있는 새롭고 훌륭한 교육이다'라는 것이다. 조선이 붕괴하기 조금 전인 19세기 말에 이 질문을 던진다면? 그 대답은 '유교 교육은 새 시대의 요구에 부응하지 못하는 낡고 소외된 교육이다'라는 것이다.

현대 교육에 대해서도 똑같은 질문을 던져 보자. 현대 교육은 소외된 교육인가? 18~19세기 서유럽 사회에서 이 질문을 던진다면? 그 대답은 '현대 교육은 활력에 차 있는 새롭고 훌륭한 교육이다'라는 것이다. 현대 말·탈현대 초에 해당하는 현시점에서 이 질문을 던진다면? 그 대답은 '현대 교육은 새 시대의 요구에 부응하지 못하는 낡고 소외된 교육이다'라는 것이다.

'새로운 시대의 요구에 부응하지 못하는 낡은 교육!' 바로 이것이 현대 교육문제의 본질이다. 사랑의 사회학의 관점에서 볼 때, 오늘날 교육문제의 핵심은 교육에 대한 시대적인 요청과 실제 이루어지고 있는 교육 내용 간의 충돌이다. 자동화의 영향으로 여가 중심적인 삶이 확산되면서 자유로운 시간을 창조적으로 보낼 수 있는 마음교육의 중요성이 커지고 있는 반면에, 현장 교육은 그 수요가 급감하는 직업교육에 더욱 치중하고 있다.

현대 교육은 소외되어 있다. 특히 한국 교육은 그 소외가 극심하다. 여기에서는 심각한 교육문제를 겪고 있는 한국 교육의 사례를 중심으로 현대 교육문제의 본질이 무엇인가를 밝히고, 현대 교육문제의 해결 방안을 모색해 보겠다.

1. 현대 교육문제의 본질

현재는 현대 말·탈현대 초에 해당하는 문명 대전환기이다. 현 교육에 대한 시대의 요청은 새 시대가 요구하는 새로운 인간을 양성하라는 것이다. 그러나 오늘날 교육은 낡고 사라져 가는 현대 사회가 요구하는 시대에 뒤떨어진 인간 양성에 진력하고 있다. 교육에 대한 시대의 요구와 실제의 교육 간에 커다란 충돌이 일어나고 있는 것이다. 한국 사회의 경우, 이런 충돌이 더 심각하게 일어나고 있다. 1장에서는 현대 교육문제의 본질이 무엇인지, 왜 한국 사회의 교육문제가 더 심각한지, 현 교육문제의 양상은 어떤 것인지를 논의해 보겠다.

1) 현대 교육과 새 시대 간의 충돌

마르크스는 『철학의 빈곤』1989에서 풍차가 돌아가는 마을과 증기기관이 움직이는 사회는 전혀 다르다면서 이렇게 말했다. "풍차는 봉건 영주가 존재하는 사회를 만들어 내며, 증기기관은 산업자본가가 존재하는 사회를 만들어 낸다." 마찬가지로 우리는 이렇게 말할 수 있다. "증기기관이 움직이는 사회와 AI가 활동하는 사회는 전혀 다른 사회이다." 급속히 일어나고 있는 신기술혁명의 결과로 인류는 과거와는 확연히 구분되는 새로운 기술적 하부구조를 갖게 된 것이다.

과거 농업사회로부터 산업사회로의 전환에서 보았듯이, 사회의 기술적 하부구조에 혁명적인 변화가 일어나면, 새 시대가 교육에게 양성을 요구하는 인재상은 확연히 달라진다. 전현대 사회가 요구했던 인재상의 핵심은 '소속 집단에 헌신하는 사람'이었을 것이다. 현대 사회가 요구하는 인재상은 '자신의 욕망 충족 능력을 가진 사람'이라고 할 수 있다. 그렇다면 다가오고 있는 새 시대가 요구하는 인재상은 어떤 것일까? '사랑할 수 있는 능력을 가진 사람'이라고 할 수 있겠다.

현재 시행되고 있는 교육은 무엇인가? 전형적인 현대 교육이다. 자동화의 결과로 직업에 대한 사회적인 요구는 급속히 줄어들고 있는데, 대학교는 더 이상 학문의 전당이 아니라 취업준비소와 같은 곳으로 바뀌어 가고 있다. 정보는 점점 그 가치가 줄어들고 있는데, 학교는 여전히 지식 전달에 치중하고 있다. 인간보다 더 높은 기억력, 사고력을 가진 AI가 속출하고 있는데, 학교는 여전히 암기와 사고력 계발을 위한 노력을 경주하고 있다.

새 시대의 교육에 대한 요구와 현시대의 교육이 정면으로 충돌하고 있는 것이다. '시대의 요구에 반하는 교육의 팽배', 이것이 현시대 교육 문제의 본질이다. 만일 전환 시대의 교육이 새 시대의 요구와 충돌한다면, 새 시대가 오지 말아야 할까 아니면 낡은 교육을 폐지해야만 할까? 그 답은 명확하다.

조선 사회의 학교교육이었던 유교 교육이 20세기에 접어들어 새 시대의 교육에 대한 요구와 충돌했을 때, 어떤 결과가 빚어졌는가? 성균관을 비롯한 전통 교육기관도, 전통 교육의 내용이었던 유교 교육도 거의 흔적도 없이 사라져 버렸다. 결국 현대 교육도 조선 사회 유교 교육과 동일한 전철을 밟을 것이다. 새 시대의 요구에 역행하는 어떤 사회제도도 지속할 수 없기 때문이다.

2) 교육문제가 더 심각한 한국의 사례

지구촌 전반에서 시대에 낙후된 현대 교육문제가 존재하지만, 유독 한국 사회의 경우 현대 교육문제가 더 심각하다. 2019년 2월에 종영

된 〈스카이 캐슬〉이란 드라마는 한국 사회의 현대 교육문제가 얼마나 심각한 상태인가를 잘 보여 주고 있다. 이 드라마를 사례로 삼아 심각한 한국 교육문제 상황을 서술해 보겠다.

일류 대학의 꿈

한국인의 교육열은 엄청나다. 엄청난 시간과 노력이 일류 대학 입학을 위해 퍼부어진다. 수험생들은 밤늦게까지 학원에서 공부를 하고, 학부모는 학원을 마친 자녀를 태워 주려 학원 앞에서 기다린다.

일류 대학 입학의 꿈은 드라마 속 주인공 엄마 한서진의 꿈이기도 하고, 큰딸 강예서의 간절한 꿈이기도 하다. 서울대 의대에 입학해서 모교에서 수련의 과정을 거쳐 서울대병원 교수가 되는 것이 모녀의 공통된 목표이다. 이 두 사람은 이 목표 달성을 위해 모든 것을 바친다. 로스쿨 교수 차민혁은 하버드대에 유학 중인 딸 세리에 이어 쌍둥이 아들을 하나는 법조인으로 하나는 의사로 키워 한국의 '케네디가'를 이뤄 보겠다는 강렬한 꿈을 갖고 있다.

만일 이런 꿈을 이루게 되면, 학생 본인은 물론이고 그 학생의 부모 역시 이 일에 대단한 자부심을 가지며, 주위에서도 훌륭한 부모라고 칭송한다. 한서진이 스카이 캐슬에서 이웃 주민들의 선망의 대상으로 부상한 데는 딸 예서가 명문 신아고등학교에 수석 입학한 것이 큰 역할을 했다. 또한 한서진의 시어머니인 정여사가 갖고 있는 엄청난 자부심도 아들 강준상을 학력고사 전국 수석에, 서울대 의대 수석 합격의 영광을 거머쥔 의사로 키워 냈다는 사실에 기인하고 있다.

한국인은 엄청난 교육열을 갖고 있고, 일류 대학 입학을 위해서라면 모든 것을 쏟아부을 수 있다. 드라마에는 김주영이란 인물이 출현하는데, 그녀는 극소수의 사람들만 아는 최고의 입시 코디네이터이다.

그녀의 몸값은 수십억을 호가한다. 물론 원한다고 해서 그녀를 고용할 순 없다. 서류와 면접을 통해 그녀에게 간택되어야만 자녀 관리를 맡길 수 있다.

그녀의 고객은 자신의 기득권을 자녀에게 물려주고 싶어 하는 대한민국 상위 0.1% VVIP들에게 한정된다. 이런 코디네이터까지는 고용하진 못하더라도 대한민국 대부분의 부모들은 자신들의 경제적인 계층의 테두리 내에서 힘에 부치는 사교육 투자를 하는 것을 서슴지 않는다. 가정형편에 따라 비용은 차이가 나지만 사교육 시장에 참여하고 있지 않은 수험생과 학부모는 드물다. 그 결과, 한국의 사교육 시장은 엄청나게 비대화되어 있다.

높은 교육열이 교육문제인 이유

한국인의 교육열은 왜 이렇게 높은 것일까? 여러 각도에서 설명이 가능하지만, 이 책의 우선적인 관심은 현대 세계관과의 관련에서 현대 사회문제를 설명하는 것이다. 이런 각도에서 보면, 한국인의 교육열이 이렇게 높은 이유는 한국인이 현대 세계관에 깊이 고착되어 있기 때문이다. 한국인이 현대 세계관의 원조인 서구인들보다 현대 세계관에 더 깊이 고착되어 있는 이유에 대해서는 현대 노인문제를 다룬 Ⅱ장에서 이미 설명했다.

현대 인간관의 관점에서 보면, 인간은 본질적으로 하찮은 존재이다. 그래서 현대적인 삶의 주제는 '하찮은 존재를 벗어나 대단한 존재가 되는 것'이 된다. 현대인은 혼신의 힘을 다해 대단한 존재가 되기 위한 노력을 기울이는데, 이런 형태의 삶을 이 책에서는 자아확장투쟁으로서의 삶이라고 명명했다. 그러므로 현대 인간관에의 고착이 심하면 심할수록, 자아확장투쟁으로서의 삶도 더 격렬해진다.

일류 대학 입학은 한국인에게 '자신을 대단한 존재로 만들기 위한' 자아확장투쟁의 중요한 대상이다. 그러므로 수험생도 학부모도 일류 대학 입학을 위해 엄청난 노력을 기울이게 되는 것이다. 사교육 시장의 비대화가 많은 경제적·사회적 문제들을 야기하기 때문에, 역대 정권들은 어김없이 공교육의 정상화를 공약으로 내걸고, 사교육 시장 축소를 위해 노력했다. 그러나 전두환 정권에서와 같이 초강압적으로 사교육 금지 정책을 시행했을 때만 잠시 효과를 보였을 뿐, 시간이 지나면 다시 사교육 시장은 융성해지곤 했다. 일류 대학 입학에 대한 열망이라는 원인을 그대로 둔 채, 사교육 시장의 비대화라는 증상을 아무리 제거해도 시간이 지나면 다시 사교육 시장은 융성해지는 것이다.

대한민국 학부형과 수험생들이 보여 주는 엄청난 교육열은 과연 사회문제일까? 문명 대전환기인 현시점에서 보면, 이것은 심각한 사회문제이다. 20세기 후반 한국이 고도 경제성장을 이루어 내었을 때, 세계는 이것을 '한강의 기적'이라고 부르면서 놀라워했다. 자본도, 자원도, 기술력도 모두 부족한 한국이 어떻게 세계에서 가장 높은 경제성장을 이루어 낼 수 있었을까? 많은 학자들이 그 원인을 규명하기 위해서 노력했고, 유교 문화 전통에서 비롯된 한국 학부모의 '높은 교육열'에서 그 답을 찾았다.

실제로 한국의 높은 교육열은 한국 사회의 현대화에 큰 기여를 했다. 그런데 한국의 높은 교육열이 새로운 미래 사회로 진입하는 데도 기여할 수 있을까? 전혀 그렇지 않다. 기여할 수 없을 뿐 아니라, 이것은 한국의 탈현대화에 중요한 걸림돌이 된다.

새 시대가 요구하는 인재상은 어떤 것인가? '사랑할 수 있는 사람', '사랑의 존재'이다. 사교육 시장에서 과외수업을 통해 '사랑의 존재'를 배출할 수 있는가? 물론 없다. 없을 뿐만 아니라 드라마에서 보듯이 교육열이 높을수록 시대의 요구에 반하는 차가운 인간만을 배출할 수 있을 뿐이다. 경쟁에서 낙오한 학생들은 좌절감을 느끼고 불행해지지만, 성공과 승리의 사슬 가장 높은 곳에 올라간 예서도 행복하지 않다. 입시 코디네이터의 도움을 받아 서울대 의대에 진학한 영재는 자살을 한다. 이들은 행복하지 않으며, 더군다나 이웃에게 행복을 선물할 수 있는 존재가 될 수는 없다. 결국, 경쟁에서 실패한 사람도 성공한 사람도 불행한 존재가 되고 마는 것이다.

또한 엄청난 교육열은 새로운 시대와 충돌한다. 드라마 속 학부모들은 자녀를 서울대 의대에 진학시키기 위해 수십억 원의 돈을 쏟아붓는다. 이들이 생각하는 사회는 '변동하지 않는 고정되어 있는 사회'이다. 예서의 할머니는 자신의 남편과 아들에 이어, 손자도 기필코 의사를 만들고자 하는 집념을 불태운다. 할머니의 집념의 배후에는 남편과 아들이 의사가 되어 큰돈을 벌고 높은 사회적인 위세를 누렸듯이, 손자도 의사가 되기만 하면 똑같은 영화를 누릴 수 있을 것이라는 가정이 깔려 있다.

과연 그러할까? 할머니의 가정이 맞으려면, 남편과 아들이 사는 사회와 손자가 살아갈 사회가 변화가 없는 동일한 사회여야만 한다. 그러나 실제로는 사회가 급변하고 있다. AI의 급속한 발달은 모든 직업을 불필요한 것으로 만들고 있다. 의사도 마찬가지이다. 이미 IBM에서 제작한 AI 왓슨WATSON은 의사시험에 합격하고, 인턴과 레지던트 과정을 거쳐 전문의가 되었다. 왓슨은 복제되었고, 전 세계에 보급되어 지금 의료 활동을 하고 있다.

왓슨은 의사 AI의 아주 초보적인 형태이다. 비약적인 발전이 현재 진행형으로 이루어지고 있다. 예서는 고등학교 1학년이다. 서울대 의대에 입학해서 전문의 자격을 딸 때까지는 십여 년이 걸린다. 과연 그때도 인간 의사가 필요할까? 만일 부분적으로 필요하다고 하더라도 십여 년 후면 의사라는 직업의 위상은 격하되어 있을 것이다. 그리고 예서가 의사로서 한참 활동해야 할 사십 대가 되면, 의사라는 직업 자체가 사라져 버릴 것이다.

2. 현대 교육문제의 해결 방안

새 시대와 현대 교육이 격렬하게 충돌하고 있다. 결국 현대 교육은 붕괴할 수밖에 없지만, 우리는 현대 교육의 붕괴를 촉진시키고, 새 시대와 부합하는 새로운 교육의 형성을 위해 많은 노력을 기울여야 한다. 왜냐하면 문명 대전환을 일으키는 데는 새로운 교육을 통해 배출한 새로운 인재가 꼭 필요하기 때문이다. 2장에서는 신기술혁명의 발발이 어떻게 현대 교육의 붕괴에 기여하는가를 살펴보고, 세계관의 전환에 따른 새로운 교육 목표를 서술하며, 구체적으로 새로운 교육으로서의 사랑의 교육의 실제는 어떤 것인가를 논의해 보겠다.

1) 신기술혁명과 현대 교육에 대한 헌신의 철회

신기술혁명은 이미 시작되었고, 이에 따라서 현대 교육에 대한 헌신의 철회도 이미 일어나고 있다. 전 세계적으로 청년실업이 중요한 사회문제로 부상하고 있다. '청년이 일하지 않는 것'이 인간 해방이냐 사회문제이냐에 대한 논의는 별도로 하고, '청년 일자리가 줄어들고 있는 것'은 명백한 사실이고, 앞으로도 지속될 추세이다.

고등학생들이 대학 진학, 특히 일류 대학 진학을 원했던 이유 중 하나는 보다 나은 직업을 갖기 위해서였다. 과거 기계화 과정은 기계력이 인간의 근력을 대신하는 방향으로 진행되었다. 이에 따라서 단순 육체노동에 대한 사회적인 수요 감소를 가져왔다. 반면에, 기계를 조작하는 숙련직 노동이나 사무직, 전문직 종사자는 오히려 사회적인 수요가 증가했다. 대학은 이런 인재 양성의 주요 기관이 되면서 폭발적인 성장을 했다.

　자동화가 진행되면서, 숙련직 노동이나 사무직 노동에 대한 수요도 감소하게 되었다. AI의 발달은 자동화의 완성을 의미한다. 인간 노동은 노동을 구상하는 지력知力과 실행하는 근력筋力으로 구성되어 있다. 기계는 인간의 근력을 대체했다. AI는 인간보다 더 잘 생각할 수 있다. 즉, AI는 지력을 대체하고 있다. AI 로봇은 인간의 지력보다 탁월한 지력을 갖고 노동을 구상할 수 있으며, 동시에 인간보다 탁월한 근력을 갖고 실행할 수 있다. 향후 전문직을 포함해서, 모든 노동이 AI 로봇에 의해 대체될 것이다.

　이미 AI 의사 왓슨이 활동하고 있고, AI 알파고는 이세돌을 이겼다. AI 애널리스트가 시장 분석을 하고, AI 딜러가 주식을 거래하고 있다. AI 변호사, AI 판사, AI 검사, AI 회계사, AI 부동산중개사, AI 교사, AI 상담사, AI 은행가, AI 비서, AI 통역사, AI 여행 가이드, AI 호텔리어, AI 요리사, AI 작곡가, AI 가수, AI 앵커, AI 기자, AI 미술가 등이 이미 출현해 있거나 곧 출현할 것이다. 그리고 자신의 영역에서 인간보다 탁월한 업무 능력을 발휘할 것이다.

　인류가 노동으로부터 완전히 해방되는 그날이 다가오고 있는 것이다. 현재 대학의 주요 기능은 사회가 필요로 하는 직업인을 양성하는 것이다. 그런데 사회는 이미 직업인을 예전보다 덜 필요로 하고 있고,

앞으로는 전혀 필요로 하지 않을 것이다.

대학을 나와도 직업을 가질 수 없다면, 사람들은 취업준비소로 바뀐 대학 진학을 원하지 않을 것이고, 더 이상 대학 진학을 원하지 않으면 대학은 사라질 것이다. 조선 사회에서 관리가 되고자 하는 꿈을 가진 사람들은 성균관 입학을 열망했다. 그러나 관리가 필요 없어지고 과거시험이 폐지되자 성균관도 문을 닫았다.

이미 대학 진학에 대한 열망이 약화되는 조짐이 많이 포착되고 있다. 신기술혁명의 진전에 따라 직업인에 대한 사회적 수요가 급감하면, 대학 진학의 열망도 사라지고 결국 대학은 문을 닫게 되면서 현대 교육 시스템의 붕괴가 일어날 것이다. 물론 이것은 교육의 붕괴가 아니라 현대 교육의 붕괴일 따름이며, 현대 교육의 붕괴는 새로운 탈현대 교육의 출발점이 될 것이다.

2) 세계관의 전환과 새로운 교육의 목표

현시점에서 현대 교육문제의 해결이란 현대 교육을 수선하는 것을 의미하지 않는다. 현대 교육문제의 해결이란 낡은 현대 교육을 폐기하고 새로운 탈현대 교육을 수립하는 것을 의미한다. 위에서 논의했듯이, 신기술혁명은 현대 교육으로부터 새로운 탈현대 교육으로의 전환을 위한 바탕을 마련해 준다. 새 바탕 위에 새로운 탈현대 교육의 그림을 그리기 위해서는 현대 세계관으로부터 탈현대 세계관으로의 전환을 이루어야만 한다.

어떻게 세계관의 전환을 이룰 것인가? 전환의 불가피성과 필요성에 대한 계몽활동을 통해서이다. 계몽의 요점은 이것이다. 만일 인류가 현대 세계관에 머물기를 고집한다면 문명은 파멸할 것이다. 하지만 만일 인류가 탈현대 세계관으로의 전환을 이루어 낸다면, 문명은 대도약을 해서 인류는 아름답고 멋진 신세계로 진입하게 될 것이다. 이 책의 내용 전체가 이런 계몽활동이며, 이 시대 사회학에 부여된 막중한 소임이 바로 이런 계몽활동을 전개하는 것이다.

세계관의 전환을 이루게 되면, 인류는 새로운 교육 목표를 수립할 수 있다. 교육의 목표는 '인간다운 인간'을 양성하는 것이다. '인간다운 인간'이란 어떤 인간인가? 그것은 특정의 인간관에 의해 결정된다. 전현대 인간관에서와 같이 인간을 자신의 소속 집단으로부터 미분화된 집단의 일원으로 인식한다면, '인간다운 인간'이란 자신의 소속 집단에 헌신해서 소속 집단의 번영에 기여하는 인간을 의미하게 된다. 현대 인간관에서와 같이 인간을 개별자로 인식한다면, '인간다운 인간'이란 개별자로서 더 높은 곳에 도달한 인간, 즉 욕망 충족적인 삶을 영위하거나 이성적인 인간을 의미하게 된다. 탈현대 인간관에서와 같이 인간을 '사랑할 수 있는 존재'로 인식한다면, '인간다운 인간'이란 사랑의 존재가 된 인간을 의미하게 된다.

이에 따라서 전현대 교육의 목표는 집단에 헌신할 수 있는 인간을 양성하는 것이 된다. 현대 교육의 목표는 이성적인 인간 그리고 자신의 욕망을 충족시킬 수 있는 인간을 양성하는 것이 된다. 탈현대 교육의 목표는 '사랑의 존재'를 양성하는 것이 된다. 이것이 새로운 교육의 목표이다.

3) 사랑의 교육에 대한 비전

사랑의 교육의 핵심은 학생들을 자신과 세계를 사랑할 수 있는 능력을 가진 사람으로 육성하는 것이다. '사랑의 존재'로서 참된 나의 모습을 발견하고, 아름답고 진정으로 행복한 사람이 되어 가는 것, 이런 과정을 도와주는 것이 사랑의 교육이다. 사랑의 능력을 배양하는 교육은 아래와 같이 다양한 형태로 이루어진다.

나는 누구일까?

사랑의 교육은 '나는 누구일까?'에 대한 새로운 진실을 자각할 수 있도록 돕는다. 이 세상에 하찮은 존재란 없으며, 모든 존재가 존귀함을 가르친다. 나 역시 다른 존재들과 마찬가지로 영원한 시간과 무한한 공간을 내 안에 품고 있는 '우주적인 존재'임을 알 수 있도록 도움을 준다. 더군다나 나는 이 세상 모든 존재가 존귀한 존재임을 자각할 수 있고, '사랑할 수 있는 존재'임을 알려 주고자 한다. 사랑의 교육은 '사랑의 알통 기르기 연습'을 통해 실제로 '사랑의 존재'가 되는 것이 진정한 인간다움을 이루는 것임을 교육한다.

아름다운 미소 짓기

사랑의 교육은 피교육자의 유머 감각을 배양하고자 한다. 자신과 세상을 향해 '따뜻하고 아름다운 미소를 지을 수 있는 능력'을 키우고자 한다. 유머란 무엇인가? 그것은 영원한 시간과 무한한 공간의 관점에서 에고가 일으키는 생각, 감정, 느낌, 욕망 등을 바라볼 때 생겨나는 웃음이다.

사랑의 교육에서는 피교육자가 자신의 마음이 만들어 내는 모든 생각, 감정, 느낌, 욕망 등을 영원한 시간과 무한한 공간에 비춰 보는 연습을 시킨다. 그래서 피교육자가 모든 심각함에서 벗어나 이미 일어난 어떤 사건이나 마음속에 생겨난 것에 대해서도 아름답게 미소 지을 수 있는 능력을 키워 주고자 한다.

관심 기울이기

깊은 관심을 기울이는 것은 사랑의 결과이기도 하고, 사랑의 출발점이 되기도 한다. 그래서 사랑의 교육에서는 피교육자가 자신과 세계에 깊은 관심을 기울일 수 있는 능력을 배양하고자 한다. 선생님은 말한다. "매일 생각날 때마다 '나는 지금 잘 지내고 있나How am I?'라고 물어보세요." "매일 생각날 때마다 '당신은 지금 잘 지내고 있나How are You?'라고 물어보세요." 연습이 거듭될수록, 모든 존재에 깊은 관심을 기울일 수 있는 학생들의 능력이 커진다.

용서하기

용서는 사랑이다. 그래서 사랑의 교육에서는 학생이 용서할 수 있는 능력을 키울 수 있도록 노력한다. 용서하기 교육은 학생 스스로의 잘못을 용서하는 교육에서부터 시작한다. 그리고 용서할 수 있는 힘이 조금 생겨나면, 상대편의 잘못을 용서하는 연습을 한다. 작은 잘못을 용서하는 교육에서 시작해서 점점 큰 잘못도 용서하는 교육으로 옮아간다.

용서하기 교육은 '깊은 이해'의 교육과 밀접히 관련되어 있다. 본인의 잘못이건 상대편의 잘못이건 간에 깊이 들여다보면, 모두 잘못하고 싶어서 잘못을 저지른 것이 아니고 어쩔 수 없이 잘못을 저질렀다는 것을 알 수 있기 때문이다. 이런 '깊은 이해'가 생겨나면, 잘못을 용서하는 것이 훨씬 쉬워진다.

감사하기

감사할 수 있는 능력을 배양하는 교육은 사랑의 교육 중에서 가장 쉽고 효과도 큰 교육이다. 감사하기 교육은 감사할 수 있지만 감사하지 않던 것들에 대한 교육에서부터 시작한다. 새롭게 선물 받은 하루, 엄마의 존재, 하늘과 땅, 매끼 식사 등이 그 대상이 될 수 있다.

감사할 수 있는 능력이 조금 생겨나면, 그때까지 감사할 수 없던 것에 대해 감사하는 교육을 시행한다. 에고에게 닥친 모든 나쁜 일들이 감사하기 연습의 대상이 된다. 누군가로부터 미움을 받음, 암 진단을 받음, 경쟁에서의 패배, 닥쳐온 죽음 등이 그 대상이 된다. 에고가 부서지는 경험은 에고를 벗어나 '참나'에 이를 수 있는 기회를 주기 때문에, 에고에게 닥친 나쁜 일에서 숨겨진 축복을 찾아내는 것이 감사하기 연습의 구조이다.

받아들이기

사랑의 교육의 하나는 선생님이 학생에게 일어난 나쁜 상황을 '받아들일 수 있는 능력'을 배양시켜 주는 것이다. 받아들이기 교육이란 일어난 부정적인 상황에 저항하지 않고 받아들이는 연습을 하도록 교육하는 것이다. 현대인[에고]은 일어난 나쁜 상황에 저항한다. 일어난 상황은 이미 어쩔 수 없는 것이기 때문에, 일어난 상황에 대한 저항은 무력한 것이며, 또한 고통을 만들어 낸다. 저항은 일어난 나쁜 상황에 대한 최선의 대응도 불가능하게 만든다. 교육을 통해 받아들일 수 있는 능력이 커지면, 일어난 나쁜 상황은 예전처럼 그에게 큰 고통을 주지 못한다. 또한 일어난 상황을 받아들이면, 상황에 대한 적절한 대응 능력도 커진다.

창조적인 시간 사용

사랑의 교육의 하나는 시간을 창조적으로 사용할 수 있는 능력을 키우는 것이다. 창조적인 시간 사용이란 사랑의 즐거움 누리기로서의 시간을 보내는 것을 의미한다. 노동이 사라진 미래 사회에서는 모든 시간이 자유로운 시간이어서, 시간을 창조적으로 사용할 수 있는 능력은 중요한 의미를 갖는다.

에고가 무료해하는 시간을 어떻게 즐길 수 있는가, 어떻게 숨쉬기를 즐길 수 있는가, 어떻게 아무것도 하지 않고 즐겁게 지낼 수 있는가, 어떻게 두서없이 떠오르는 생각들을 바라보면서 즐길 수 있는가, 어떻게 아무런 변화가 없는 일상을 새롭게 맞이할 수 있는가, 어떻게 긴 시간 한 잔의 차를 즐길 수 있는가, 창조적인 시간 사용 능력을 키우는 교육에서는 이런 것들에 대한 방법을 가르쳐 준다.

경이로움을 느낌

사랑의 교육의 하나는 '모든 존재의 경이로움을 느낄 수 있는 능력'을 배양하는 것이다. 탈현대 세계관의 관점에서 바라보면, 이 세상 모든 존재는 경이로움으로 빛난다. 『화엄경』에는 "항하의 모래 한 알에도 삼천대천세계가 모두 들어 있다"는 구절이 되풀이해서 나온다.

에고의 꿈에서 깨어나 보면, 경이롭지 않은 것은 없다. 선생님은 학생들이 에고의 꿈에서 깨어나도록 도움으로써, 학생들이 자신을 둘러싸고 있는 일상적인 것들, 예를 들자면 잠자리, 개미, 솔방울, 엄마의 존재, 들이마시고 내쉬는 숨, 나무 이파리 등 모든 것에서 경이로움을 느낄 수 있는 능력을 가질 수 있도록 한다.

자각

사랑의 교육의 하나는 '자각할 수 있는 능력'을 배양하는 것이다. 자각의 대상은 에고가 만들어 내는 모든 생각, 감정, 느낌, 욕망 등이다. 사랑의 교육의 목표는 '에고를 벗어나 참나에 이르는 것'이므로,

자각의 능력을 키우는 교육은 사랑의 교육의 중요한 일부가 된다.

아직 에고에 갇혀 있는 학생들은 어떤 생각이나 감정, 느낌이나 욕망 등이 솟아나면 쉽게 그것에 사로잡힌다. 이때 선생님은 학생들에게 구멍에서 쥐가 나오기를 기다리는 고양이처럼 마음을 집중해서 생각, 감정, 느낌, 욕망 등이 떠오를 때, 바로 그것을 자각하도록 가르친다. 이런 자각의 연습이 거듭되면, 나중엔 이런 것들이 마음에 올라오는 순간 바로 자각할 수 있게 된다.

자각된 감정, 생각, 느낌, 욕망을 돌보기

사랑의 교육의 하나는 '자각된 감정, 생각, 느낌, 욕망을 돌보는 능력'을 배양하는 것이다. 먼저 감정, 생각, 느낌, 욕망이 생겨났을 때, 이에 사로잡혀 이것을 표출하거나 반대로 이것을 억압하지 않는 것이 중요함을 가르친다. 이런 에고가 생성해 내는 것들에 사로잡히지도 않고, 없애려고 하지도 않는 가운데, 에고의 생성물들을 돌보는 방법을 가르친다.

우선, 선생님은 학생에게 자각된 감정, 생각, 느낌, 욕망을 반갑게 맞이할 것을 가르친다. 마음속에서 어떤 것이 올라와도 그것을 거부하지 않고, '어서 와'라고 말하는 것이다. 그런 뒤에 에고가 생성해 내는 것들에 대해 윙크를 하거나 웃음 지을 것을 가르친다. 이것은 에고의 생성물들이 갖고 있는 무게를 가볍게 만든다. 그다음으로 자각된 감정, 생각, 느낌, 욕망을 따뜻하게 품어 주는 것을 가르친다. 에고의 생성물들이 사랑을 받으면 녹아 없어지고, 대신 '사랑하는 나'가 자라게 된다. 교육이 진행되면서, 학생들은 더 이상 감정, 생각, 느낌, 욕망으로 인해 고통받지 않게 되고, 행복한 삶을 살아갈 수 있게 된다.

잘 나이 들어 감

사랑의 교육의 하나는 '잘 나이 들어 갈 수 있는 능력'을 배양하는 것이다. 아름답고 행복하게 나이 들어 가는 방법을 터득하는가의 여부는 삶의 행불행에 커다란 영향을 미친다. 잘 나이 들어 감의 교육이란 나이가 들어 에고가 겪는 상실을 '참나'가 깨어나는 기회로 활용하는 방법을 교육하는 것이다.

늙음은 에고의 붕괴 과정이기 때문에, 교육 대상이 늙은이일 경우에는 늙음이 가져오는 에고의 붕괴를 소재로 교육을 진행할 수 있다. 교육 대상은 대부분 젊은이일 경우가 많다. 이때는 피교육자가 겪었거나 현재 겪고 있는 에고로서의 삶의 문제를 소재로 해서 교육을 진행할 수 있다. 젊은이라고 해도 에고는 늘 쉽게 상처받고, 좌절감을 느끼고, 고통을 겪기 때문에 잘 나이 들어 감의 교육을 위한 소재를 발견하는 것은 어렵지 않다.

장엄한 죽음

사랑의 교육의 하나는 '장엄하게 죽음을 맞이할 수 있는 능력'을 배양하는 것이다. 장엄하게 죽음을 맞이할 수 있는 능력을 배양하는 교육은 죽음에 직면해서 행하는 교육이 아니라 죽음을 상상하면서 행하는 교육이다.

죽음 교육에서 선생님은 학생에게 죽음을 늘 자신 가까이에 둘 것을 가르친다. 학생들이 죽음을 늘 자기 곁에 두면, 무상無常의 자각 속에서 삶을 영위할 수 있다. 내가 사랑하는 사람들이 늘 그 자리에 있지 않을 것을 자각하면, 우린 그들의 소중함을 더 잘 알 수 있고, 더 깊이 사랑할 수 있다. 또한 평범한 일상이 광채를 발할 수 있다. 죽음을 늘 자신 가까이에 두고 살아온 사람은 죽음이 자신에게 다가왔을 때, 장엄하게 죽음을 맞을 수 있다. 그때까지 자신에게 주어졌던 많은 것들에 감사하면서 평화롭게 죽음을 맞을 수 있다.

욕망 절제

사랑의 교육의 하나는 '욕망 절제 능력'을 배양하는 것이다. 사랑의 사회에서 욕망 자체를 악으로 간주하는 것은 물론 아니다. 욕망은 자연스러운 것이다. 다만 현대 사회에서 보듯이, 욕망을 무한대로 추구하는 것은 고통을 낳는다.

욕망 절제 교육의 요점은 욕망의 노예 상태에서 벗어나 욕망을 적절히 즐길 수 있는 능력을 배양하는 것이다. 선생님은 학생들에게 학생들 각자가 자신의 욕망을 훨씬 넘어서 있는 존재임을 깨우쳐 준다. 선생님은 학생들에게 어떤 욕망이 불쑥 올라오면, 욕망이 자신의 주인 자리를 차지하도록 하지 말고 올라온 욕망을 자각할 것을 가르친다. 욕망에 따른 행동을 하지 않으면서, 욕망을 지켜보면서 몇 번 숨을 조용히 그리고 깊숙이 들이쉬고 내쉴 것을 가르친다. 욕망이 올라올 때마다 이런 연습을 계속해 나가면, 학생들은 욕망의 노예 상태에서 벗어나 욕망의 주인이 되어 절제된 가운데 욕망을 즐기는 삶을 살아갈 수 있다.

미움받기

사랑의 교육의 하나는 '미움받을 수 있는 능력'을 배양하는 것이다. 미움을 받을 수 있는 능력이 없으면, 누군가로부터 미움을 받을 때마다 나는 고통을 겪어야만 한다. 선생님은 학생에게 누군가로부터 미움을 받을 때, 미움받지 않으려고 애쓰지 말고 그냥 미움을 받을 것을 가르친다. 그리고 미움을 받아서 고통받고 있는 자신을 돌보는 방법을 가르친다. 미움받을 수 있는 능력이 커지면, 누군가로부터 미움을 받아도 그리 고통스럽지 않게 되고, 점점 미움을 덜 받게 된다.

자연과의 교감

사랑의 교육의 하나는 '자연과의 교감 능력'을 배양하는 것이다. 틱낫한 스님이 말한 '나무 끌어안기 수행', '대지에 누워 보기 수행' 등은 자연과의 접촉을 통해서 자연과의 교감 능력을 배양하는 교육의 사례이다. 나무를 끌어안고 나무를 느껴 보고, 대지에 누워 대지의 숨소리를 들어 보는 것이다. 자연과 교감하는 교육을 통해 학생들의 자연에 대한 감수성이 커 갈수록, 자신에 대한 그리고 자신이 사랑하는 사람에 대한 감수성도 함께 커 가게 된다.홍승표, 2010: 184

IV.
사랑의 다문화 사회란
어떤 모습인가

현대 세계관과 다문화 사회가 충돌하고 있다.
무엇이 사라져야 할 것인가?
물론 낡은 현대 세계관이다.

오늘날 다양한 인종, 민족, 종교 등이 동일 공간에 혼재하는 다문화
사회는 인류가 살아가는 보편적인 형식이 되었으며, 단일문화 사회에
서 다문화 사회로의 전환은 앞으로도 가속화될 것이다. 그런데 분리
와 반목, 갈등이 팽배해 있는 현대 다문화 사회는 많은 고통을 만들
어 내고 있다.

트럼프는 멕시코와의 국경에 장벽을 만들겠다고 하고, 이민을 받지
않겠다고 한다. 프랑스 사회는 무슬림을 차별하고, 무슬림은 테러를
일으킨다. 이주여성의 자녀로 태어난 한국의 혼혈아들은 심한 차별을
받아 고통스럽게 살고 있다. 문화 간의 편견과 차별, 증오와 갈등이 증
폭되고 있다. 오히려 단일문화 사회로 살았던 시절이 좋았다는 생각마
저 든다. 그러나 역사의 수레바퀴를 거꾸로 돌릴 수는 없다. 단일문화
사회로의 회귀가 아니라 문화 간의 평화롭고 조화로운 공존이 이루어
지는 새로운 다문화 사회로의 전진만이 이 문제에 대한 해답이 될 수

있다.

어떻게 사랑의 다문화 사회로 나아갈 수 있을 것인가? 그것은 현재의 고통스러운 다문화 사회가 생겨나게 된 원인을 규명하고, 해소함으로써 가능하다. 근본적인 원인은 무엇인가? 현대 세계관이다. 현재의 고통스러운 다문화 사회는 새로운 사회구조로서의 다문화 사회와 낡은 현대 세계관 간의 충돌의 결과이다. 사랑의 다문화 사회로 나아갈 수 있는 길은 현대 세계관의 폐기와 탈현대 세계관의 수용이다.

'사랑이 메마른 다문화 사회', 이것이 사랑의 사회학의 관점에서 본 현대 다문화 사회 문제의 본질이다. Ⅳ장에서는 현대 세계관과의 관련에서 사랑이 메마른 현대 다문화 사회 문제의 본질을 규명하고, 탈현대 세계관의 관점에서 사랑의 다문화 사회에 대한 비전을 제시하고자 한다. 사랑의 다문화 사회에 대한 비전 제시를 위해, 사랑의 다문화 사회 구성의 기초가 될 탈현대 세계관을 유가·도가·불가 사상에서 찾아보았다. 그리고 이들 사상의 바탕 위에서 사랑의 다문화 사회에 대한 비전을 제시하고자 한다.

1. 현대 세계관과
사랑이 메마른 현대 다문화 사회의 문제

'사랑이 메마른 현대 다문화 사회', 이것이 사랑의 사회학의 관점에서 본 현대 다문화 사회 문제의 핵심이다. 탈현대 세계관의 관점에서 현대 다문화 사회를 바라보았을 때, '사랑이 메마른 사회'로서의 현대 다문화 사회 문제 인식이 가능해진다. 그리고 '사랑이 메마른 사회'로서의 현대 다문화 사회 문제가 발생하는 근본적인 원인은 현대 다문화 사회가 현대 세계관이라는 토양 위에서 형성·발달해 왔기 때문이다.

이에 1장에서는 현대 세계관과의 관련에서 사랑이 메마른 현대 다문화 사회의 문제를 서술하고자 한다. 문화 간 분리와 단절 문제, 문화 간 불평등 문제, 상대편 문화에 대한 비하 문제, 상대편 문화에 대한 무례함의 문제, 문화 간 지배와 피지배 문제, 문화 간 갈등 문제 등이 구체적인 주제들이다.

1) 문화 간 분리와 단절

현대 다문화 사회에는 문화 간 분리와 단절의 문제가 심각하다. 하지만 현대 세계관에 젖어 있는 현대 사회학자에게는 '문화 간 분리와 단절'이 사회문제로 인식되지 않는다. 왜냐하면 현대 세계관의 관점에서 보면, 시공간적으로 모든 존재는 근원적으로 분리되어 있는 것으로 인식되기 때문이다. 그러므로 현대 세계관의 관점에서 보면, 모든 존재들 간의 분리와 단절은 정상적인 것이다. 문화 간의 분리와 단절도 마찬가지이다.

나와 너는 궁극적으로 하나일까? 아니면 궁극적으로 분리된 것일까? 이 질문에 대한 답은 특정 세계상에 따라 달라진다. 현대 세계상의 관점에서 보면, 시공간적으로 이 세상 모든 존재는 근원적으로 분리되어 있다. 탈현대 세계상의 관점에서 보면, 시공간적으로 이 세상 모든 존재는 궁극적으로 하나이다.

현대 다문화 사회에서 보듯이, 여러 문화가 한 공간 속에 혼재하지만, 서로 물과 기름처럼 분리·단절되어 있는 것은 정상적인 것일까? 비정상적인 것일까? 현대 세계상의 관점에서 보면, 이것은 정상적인 것이다. 탈현대 세계상의 관점에서 보면, 이것은 비정상적인 것이다. 즉, 어떤 세계상의 관점에서 보느냐에 따라 한 공간 속에 혼재하는 여러 개의 문화가 근본적으로 분리·단절되어 있는 것은 정상적인 것으로 판단될 수도 있고, 비정상적인 것으로 판단될 수도 있다.

그렇다면 어떻게 판단하는 것이 옳은 것일까? 그것은 '현시점에서 한 공간 속에 혼재하는 여러 개의 문화가 근본적으로 분리·단절되어 있는 상황'이 실제로 어떤 결과를 초래하는가에 달려 있다. 문화 간 분리와 단절의 결과가 행복을 초래한다면 이 상황이 사회문제가 아닌 것이고, 불행을 초래한다면 이 상황이 사회문제인 것이다.

그렇다면 '현시점에서 한 공간 속에 혼재하는 여러 개의 문화가 근본적으로 분리·단절되어 있는 상황'이 실제로 어떤 결과를 초래하고 있는가? 행복인가? 불행인가? 행복은 명백하게 아니다. '분리·단절되어 있는 상황' 그 자체가 불행은 아닐 수도 있으나 불행의 원인이 될 수 있는 것은 분명하다. 그러므로 '현시점에서 한 공간 속에 혼재하는 여러 개의 문화가 근본적으로 분리·단절되어 있는 상황'은 사회문제라고 보는 것이 맞다. 그러나 현대 세계관의 바탕 위에서 이것은 사회문제로 인식되지 않는다. 그래서 현대 세계관을 바탕으로 하는 현대 사회학은 이것을 사회문제로 인식하지 못한다.

탈현대 세계관의 바탕 위에 서 있는 사랑의 사회학은 '현시점에서 한 공간 속에 혼재하는 여러 개의 문화가 근본적으로 분리·단절되어 있는 상황'을 사회문제로 인식한다. 『주역』에는 64개의 괘卦가 있다. 각각의 괘가 좋은 것인가 나쁜 것인가를 판단하는 주요 기준 중 하나는 위의 소성괘小成卦와 아래 소성괘가 화합하느냐 분열하느냐 하는 것이다. 대표적인 사례로 지천태괘地天泰卦는 위의 소성괘가 땅이고 아래 소성괘가 하늘이다. 땅은 기운이 아래로 내려가려고 하고, 하늘은 기운이 위로 올라가려고 해서, 땅과 하늘이 화합한다. 그래서 좋은 괘로 간주된다. 이와 반대로, 천지비괘天地否卦는 하늘이 위에 있고, 땅이 아래에 있어, 둘은 자꾸만 멀어진다. 그래서 나쁜 괘로 간주된다.

문화 간에 분리·단절되어 있는 상황은 왜 사회문제인가? 문화 간에 서로 무관심하다. 부부간의 무관심과 마찬가지로 문화 간의 무관심도 불건전한 관계이다. 문화 간에 진정한 소통과 교류가 없다. 같은 공간에 혼재하면서도 서로 소통하고 교류하지 않는 문제가 있다. 문화 간에 진정한 이해가 없다. 상대편 문화에 대한 이해가 없으면 존중도 어렵다. 문화 간에 사랑이 없다. 결국, 문화 간 분리와 단절은 사랑이 메마른 다문화 사회가 되는 것을 의미한다.

2) 문화 간 불평등

문화 간 불평등이 심각하다. 백인종과 유색인종 간, 기독교도와 무슬림 간, 한국인 노동자와 외국인 노동자 간, 미얀마인과 로힝야족 간 등 문화 간 불평등이 심각하다. 현대 세계관의 관점에서 볼 때도 불평등은 중요한 사회문제로 인식되며, 그래서 현대 사회학도 불평등을 중요한 사회문제로 인식한다. 마르크스의 사회학은 그 전형이라고 할 수 있다.

그러나 현대 평등사상은 중요한 한계를 갖고 있다. 첫째, 현대 평등사상에서는 평등이 적용되는 범위가 협소하다. 현대 평등사상가들은 인간과 자연이 평등하다고 생각하지 않는다. 인간과 길에 굴러다니는 돌멩이가 평등하다고 생각하는 현대 평등사상가가 있겠는가! 현대 평등사상의 시조라고 할 수 있는 계몽사상가의 한 명인 C. 몽테스키외 Charles-Louis Montesquieu, 1689~1755는 『법의 정신』2005에서 몇 쪽에 걸쳐

〈흑인은 인간이 아니라는 논증〉을 버젓하게 행하고 있다. 그는 다음과 같이 쓰고 있다.

　　그들(흑인)의 코는 몹시 납작해서, 그들을 동정한다는 것
　　은 거의 불가능할 정도이다. 대단히 현명한 존재인 신이 영혼
　　을, 특히 선량한 영혼을 새까만 육체 속에 깃들이게 했다고
　　는 도저히 생각되지 않는다.Montesquieu, 2005: 208

　현대 평등사상의 두 번째 문제점은 다름과 불평등을 동일시한다는 것이다. 그 결과, 현대 평등운동은 '상이한 존재들 간의 획일성'을 추구하게 된다. 이는 마치 프로크루스테스의 침대와 같다. 침대 길이에 맞춰 머리와 다리를 잘라도 죽고, 늘여도 죽는다. 문화도 마찬가지이다. 평등을 추구했던 중국 문화혁명은 문화 파괴운동이었으며, 그 결과는 참담한 것이었다. 그들은 개성이 억압된 똑같은 인민복을 입고, 현대 평등사상에 고무되어 엄청난 파괴를 자행했다.

　현대의 불구적인 평등사상은 현대 세계관의 필연적인 귀결이다. 현대 세계관의 관점에서 보면, 시공간적으로 모든 존재는 근원적으로 분리되어 있다. 그러므로 모든 존재는 자신과 세계를 구분 짓는 경계선 안에서만 존재하는 개체이다. 이때, 모든 존재는 다르다. 다름과 불평등을 동일시하는 현대적인 의미에서 보면, 모든 존재는 불평등하다. 현대가 바라보는 세계는 'A는 A이며 not A가 아니다'라는 형식논리학의 동일률과 모순율이 예외 없이 적용되는 세계이다.

　그러므로 다름과 불평등을 동일시하는 현대 세계관의 관점에서 보면, 세상의 모든 존재는 불평등한 것이다. 인간과 자연은 당연히 불평등하다. 따라서 어떤 현대 평등사상도 인간과 자연의 평등을 주창하

지 않으며, 이들이 말하는 평등의 외연은 지극히 협소할 수밖에 없는 것이다.

이 세상 모든 존재들 간의 다름을 불평등이라 생각하는 현대 세계 관을 견지하는 상태에서 평등을 추구하면 어떤 결과가 빚어지게 될 까? '개성 말살', 즉 개체의 개성을 말살하게 된다. 그래서 현대적인 평 등 추구는 획일화로서의 평등, 지극히 파괴적인 결과를 초래하는 평등 만이 가능한 것이다. 예컨대, 현대적인 의미에서 남녀 평등운동은 쉽 게 남녀의 개성을 말살하는 운동으로 귀결되기 쉽다. 만일 이런 평등 추구가 다문화 사회에 적용된다면, 그것은 문화의 획일화와 황폐화를 초래할 것이다.

이와 같이 현대 세계관의 바탕 위에서는, 첫째, 문화 간 불평등이 문 제로 인식되기 어렵고, 둘째, 문제로 인식해서 이를 해결하려고 한다 면 더 큰 문제를 초래할 수 있는 딜레마에서 벗어날 수 없다. 현대 다 문화 사회의 불평등 문제를 인식하고 해결하기 위해서는 현대 세계관 으로부터 탈현대 세계관으로의 전환이 전제되어야만 한다.

탈현대 세계관의 관점에서 보면, 시공간적으로 모든 존재는 궁극적 으로 하나이다. 이때 다름은 불평등이 아니라 차이이며, 모든 존재는 자신 안에 영원한 시간과 무한한 공간을 내재하고 있는 우주적인 존 재라는 점에서 절대적으로 평등하다. 그리고 각각의 존재는 자신의 개 성 실현을 통해 우주적인 조화에 동참하게 된다.

탈현대 세계관의 관점에서 보면, 문화와 문화 간의 불평등은 말할 것도 없고, 인간과 자연 간의 불평등을 포함한 모든 불평등에 대한 인 식과 이에 따른 차별이 문제로 인식된다. 또한 불평등을 없앤다면서 개체의 개성을 말살하는 현대 평등운동도 문제로 인식할 수 있다. 그 래서 탈현대 세계관의 바탕 위에 서 있는 사랑의 사회학은 현대 다문화 사회에서 문화와 문화 간의 불평등 문제에 대한 적절한 인식과 대처를 행할 수 있다.

3) 상대편 문화에 대한 비하

아베 총리가 한국을 대하는 태도를 보면, 일제하에서 일본 제국주의자들이 한국을 대하던 태도를 떠올리게 된다. 그러나 그가 트럼프 대통령을 대할 때를 보면, 무척 수줍음을 타는 소녀처럼 이유 없이 자꾸만 부끄러워하는 것 같다.

강한 문화가 약한 문화를 대할 때, 상대편을 하찮게 여긴다. 그러나 자신보다 더 강한 문화 앞에 서면, 잘못한 것이 없을 때도 쩔쩔맨다. 한국인이 외국인 노동자 앞에 섰을 때와 서양 백인을 만났을 때의 모습이 묘하게 대조가 된다.

상대편 문화를 하찮게 여기는 것, 특히 강한 문화가 약한 문화를 업신여기는 것은 현대 다문화 사회에서 보편화된 일이다. 이것은 약한 문화에 속한 사람들에게 커다란 상처와 고통을 주는 일이기 때문에 심각한 현대 다문화 사회 문제이다. 하지만 현대 사회학자는 이를 중요한 사회문제로 취급하지 않는다. 사실은 취급할 수 없다. 왜냐하면 현대 세계관의 바탕 위에 서 있는 현대 사회학자에겐 이것이 문제로 인식될 수 없기 때문이다.

현대 인간관의 관점에서 보면, 인간은 모두 하찮은 존재이다. 사르트르[1968: 828]는 『존재와 무』에서 인간 존재의 특성을 다음과 같이 규정했다.

존재는 이유 없이, 원인 없이, 필연성 없이 존재한다. 존재

의 정의 그 자체가 존재의 근원적인 우연성을 우리에게 말해
준다.

모든 존재는 우연히 생겨난 무의미한 존재라는 것이다. 물론 인간도
예외가 아니다. 이것이 실존주의자가 바라본 모든 존재에 대한 기본
인식이며, 또한 현대 세계관의 관점에서 바라본 인간을 포함한 모든
존재의 실상이다.

현대 세계관의 관점에서 보면, 모든 존재는 하찮은 것이다. 인간 역
시 마찬가지이다. 현대 인간관을 받아들이면, '하찮은 존재로서의 나
와 너'라는 생각을 받아들여야 한다. 그래서 현대인은 '무의미함을 벗
어나서 의미 있는 존재가 되기 위한 몸부림으로서의 삶', 필자가 자아
확장투쟁으로서의 삶이라고 명명한 삶을 살아가게 된다.

자아확장투쟁에서 높은 곳에 도달한 사람은 이렇게 생각한다. '난
이제 대단한 존재, 의미 있는 존재가 되었어!' 높은 곳에 도달하지 못
한 사람은 이렇게 생각한다. '난 하찮은 존재야.' 높은 곳에 도달한 사
람은 우월감을 갖게 되고, 낮은 곳에 머무는 사람은 열등감을 갖게
된다.

높은 곳에 도달한 사람은 낮은 곳에 머무는 사람을 하찮게 여긴다.
그들은 너무나도 하찮아서 도저히 대단하게 여길 수가 없다. 낮은 곳
에 머무는 사람은 상처와 고통을 받는다. 높은 곳에 도달한 사람이
더 높은 곳에 도달한 사람을 만났을 때, 더 높은 곳에 도달한 사람은
높은 곳에 도달한 사람을 하찮게 여긴다. 높은 곳에 도달한 사람은 상
처와 고통을 받는다.

개인 간의 관계와 똑같은 관계가 문화 간의 관계에서도 성립한다.
강한 문화는 약한 문화를 하찮게 여긴다. 약한 문화에 속한 사람들은

상처와 고통을 받는다. 이것은 중요한 현대 다문화 사회 문제이다. 그러나 현대 세계관의 관점에서 보면, 강자가 약자 위에 군림하고 함부로 대하는 것이 당연한 일이기에, 현대 세계관에 바탕을 두고 있는 현대 사회학은 이것을 사회문제화할 수 없는 것이다.

그러나 탈현대 세계관의 관점에서 보면, 이것은 중요한 사회문제가 된다. 탈현대 세계관의 관점에서 보면, 모든 존재는 우주를 자신 안에 품고 있는 존재이며, 그래서 모두 존귀하고, 절대적으로 평등하다. 하찮은 존재란 없고, 그래서 하찮게 여겨도 되는 존재도 없다. 자신의 문화가 상대편 문화보다 강하다고 해서 상대편 문화를 하찮게 여긴다면, 이는 잘못된 것이다.

4) 상대편 문화에 대한 무례함

2004년 프랑스는 무슬림 여성의 학교 내 히잡hijab 착용을 금지했다. 필자에게 이것은 충격으로 받아들여졌다. 왜냐하면 프랑스를 생각하면 떠오르는 단어가 '톨레랑스' 즉 관용이었기 때문이다. 프랑스 요리는 세계 3대 요리로 꼽히는데, 필자가 프랑스를 여행하면서 먹은 음식 중 프랑스 전통음식이라 할 만한 것이 거의 없었다. 대부분의 프랑스 요리는 아프리카나 중동 등 외국 음식이 프랑스에 들어와서 프랑스 전통음식과 융합해서 만들어진 것이었다. 프랑스 요리에서 필자는 프랑스의 힘을 보았다.

그런 프랑스였는데, 프랑스는 학교 내 히잡 착용을 금지했다. 2011년부터는 무슬림 여성의 전통 의복인 부르카burka의 공공장소 착용을 금지하는 법안을 시행했다. 그리고 2015년 11월 프랑스 파리의 공연장과 축구 경기장 등 6곳에서 총기 난사와 자살폭탄 공격 등 동시다발 테러가 발생해 최소 130명이 사망했다. 더욱 놀라운 것은 테러를 저지른 사람들 대부분이 프랑스 시민권을 가진 무슬림이었다는 점이다.

앞의 사건과 뒤의 사건 간에는 연관성이 없을까? 있다. 프랑스 정부는 히잡과 부르카 착용만을 금지했을까? 광범위한 차별이 있었을 것이고, 프랑스 시민인 무슬림들 중 많은 이들이 이것이 부당하다며 분개했을 것이다. 프랑스 정부는 무슬림들에게 무례한 행동을 했고, 무슬림들은 이에 무례한 행동으로 반응한 것이다.

이렇게 문화 간에 무례한 행동과 무례한 행동에 대한 대응으로서의 무례한 행동이 발생하는 것은 현 지구촌에서 비일비재하다. 무례한 행동의 악순환은 지구촌 다문화 사회를 고통스러운 곳으로 만들고 있다.

예禮란 무엇인가? 예란 상대편을 존중하는 것이다. 무례無禮함이란 무엇인가? 무례함이란 상대편을 존중하지 않는 것이다. 다문화 사회에서 무례함이란 상대편 문화를 존중하지 않는 것이다. 왜 오늘날 다문화 사회에서 무례함이 증가하고 있는가? 그 이유는 문명 대전환기를 맞이해서 현대 사회 시스템들이 모두 붕괴하고 있고, 이로 인해 인류의 무력감이 커지고 있기 때문이다.

과거 프랑스와 같이 내적인 자신감이 클 때는 상대편 문화에 대해 관용적일 수 있으며 예에 맞는 행동을 할 수 있다. 그러나 현재의 프랑스와 같이 집단 무력감이 증가하면, 이로 인해 무례한 행동이 증가하게 되는 것이다. 이것은 프랑스만의 상황이 아니다. 현대 사회 시스템의 붕괴가 일어나면서, 인류적인 차원에서 무력감이 증대하고, 그 결과, 지구촌에는 상대편 문화에 대한 무례함이 커지고 있다.

다문화 사회에서의 서로에 대한 무례함은 현대 다문화 사회의 핵심적인 사회문제이다. 그러나 현대 세계관을 바탕으로 하는 현대 사회학은 이를 문제화하지 못한다. 왜냐하면 현대 인간관의 관점에서 보면, 인간은 본래적으로 무력한 존재이다. 그러므로 무력감은 현대인의 존재론적인 특징이다. 무력감을 갖고 있는 현대인은 무례하게 행동할 수밖에 없다. 죽음과 마찬가지로 그것이 나쁜 것이라고 해도 필연적인 일은 문제화할 수 없다. 사회문제화가 가능하려면, 그런 문제가 없는 상황에 대한 가정이 전제되어야 하기 때문이다.

그러나 탈현대 세계관의 관점에서 보면, 무례함은 심각한 문제이다. 탈현대적인 관점에서 보면, 이 세상 모든 존재는 존귀한 것이기 때문에 상대편을 깊은 존경심을 갖고 대하는 것이 정상적인 것이다. 자신보다 약한 문화라고 해서 무례하게 행동한다면, 이것은 중요한 사회문제가 된다.

5) 문화 간 지배와 피지배

현대 사회에 만연해 있는 '강함에 대한 추구', 이것은 진화론의 유산이며, 자본주의체제에 의해 강화된 현대 사회의 특징이다. 문화의 영역에서도 강한 문화가 약한 문화를 지배하는 같은 일이 벌어지고 있다. 현대가 시작되면서, 강한 서구 문화가 약한 비서구 문화를 지배했다. 그 결과, 서구 문화의 세계화가 이루어졌고, 약한 비서구 문화는 사라져 갔다. 다문화 사회의 조화로운 발전이라는 점에서 보면, 이것은 너무 안타까운 일이다.

현대 문화의 영역에서마저 자행되고 있는 '약육강식', 그 지적인 기원은 무엇인가? 다윈의 진화론이다. 다윈은 '적자생존', '부적자도태'라는 진화의 원리를 주창했다. '살아남으려면, 강해져야 한다.' 이것이 현대에 남겨 준 진화론의 유산이다. 현대 자본주의체제는 진화론이 남긴 '강자의 철학'을 더 강화시켰다.

강한 문화의 약한 문화에 대한 지배, 이것은 엄청 파괴적인 것이고, 심각한 다문화 사회 문제이지만, 현대 세계관의 관점에서 보면 이것을 문제화하기 어렵다. 현대 세계관의 바탕 위에 서 있는 현대 사회학 역시 이것을 문제화하기 어렵다.

현대 세계관의 관점에서 보면, 나도 너도 욕망의 주체이다. 나의 욕망과 너의 욕망이 충돌했을 때, 강자가 약자를 지배하는 것은 자연스러운 현상이다. 그래서 비서구 사회를 침략하고 온갖 약탈과 파괴를 자행한 서구 국가들은 전혀 양심의 가책을 받지 않았고, 오히려 자랑스럽게 여겼다. 일본은 한국을 침략했고, 특히 문화적으로는 처참한 파괴를 자행했다. 그러나 오늘날에 이르러서도, 아베 총리에게는 미안한 생각이 전혀 없는 것 같다. 일부 일본 역사학자들은 식민지현대화론을 주장하며, 일제가 한국에 좋은 일을 해 주었다고 말하고 있다. 심지어는 극소수이겠지만 일부 한국 역사학자들마저 이런 주장에 부화뇌동하고 있는 것을 보면, '강자의 약자에 대한 지배'를 당연시하는 강자의 철학이 얼마나 깊이 현대인의 마음속에 침투해 있는가를 짐작할 수 있다.

강한 문화의 약한 문화에 대한 지배는 파괴적인 결과를 초래하고, 그러므로 심각한 다문화 사회 문제이다. 탈현대 세계관의 관점에서 보면, 강한 문화의 약한 문화에 대한 지배를 문제화할 수 있다. 탈현대적인 관점에서 보면, 강하다거나 약한 것은 별것 아니다. 모든 존재는 강하건 약하건 존귀하므로, 강한 것은 추구의 대상이 될 수 없다. 추구해야 할 것은 우리 모두가 존귀한 존재라는 각성이다. 따라서 강한 문화가 약한 문화를 지배한다는 것은 가당치 않은 일이다. 강한 문화는 약한 문화를 존중하고, 함께 평화롭게 공존해야 한다. 그러므로 현대 사회에서 강한 문화가 약한 문화를 지배하고 군림하는 것은 심각한 다문화 사회 문제가 된다.

6) 문화 간 갈등

2003년 필자는 파리 샤를 드 골 공항에 도착했다. 첫 유럽 방문이었다. 그런데 언제 입국심사대를 통과했는지도 모르게 이미 필자는 입국심사대를 통과해 있었다. 2016년 프랑크푸르트 공항을 통해 입국했는데, 입국과정에서 큰 불편을 겪었다. 손을 머리 위로 들고 빙글 돌고, 몸을 더듬고, 가방 검사를 당하고, 심지어 인천 면세점에서 구입한 밀봉된 물건까지 뜯어서 뒤지는 것이었다. 프랑스에서 스위스로 넘어가는 길에는 테러리스트로 의심받아 총을 겨눈 여러 명의 경찰에게 심문을 당하기도 했다.

알고 보니 우리의 입국이 2016년 7월 뮌헨 테러 직후였다. 유럽 여기저기서 테러가 일어나고, 유럽은 테러에 대한 신경증적인 상태에 빠져 있었다. 2003년 평화롭던 유럽이 왜 불과 십여 년 만에 이렇게 불안한 곳으로 변해 버린 것일까? 아니면 이미 2003년에도 평화롭지 않았는데, 필자가 평화로운 유럽의 외양만을 보았던 것일까?

현대 다문화 사회는 본래 평화롭지 않다. 그러나 2008년 이전까지 어느 정도 평화로운 외양을 유지할 수 있었다. 2008년 세계금융위기의 발발로 인해, 세계자본주의체제의 몰락이 본격화되기 시작했고, 지구촌 모든 곳에서 사람들의 무력감이 증대하게 되었다. 나치의 유대인 학살의 배후에는 당시 고조되었던 몰락한 중산층의 무력감이 있었듯이, 자국 내 이주민이나 외국인 노동자들이 자신들의 일자리를 빼앗아 가는 적이라는 생각이 고조되었고, 차별이 심화되었다. 결국, 심화된 차별이 테러를 불러온 것 같다. 문화 간 갈등이 고조되고 있는 것이다.

문화 간 갈등의 증대는 심각한 다문화 사회 문제이다. 사람들은 이 문제의 심각성을 체감하고 있다. 그러나 이런 문제를 다룰 전문가라고 할 수 있는 갈등이론가들의 입장에서 보면, 이 문제를 문제화하는 것 자체가 쉽지 않다. 갈등이론가들의 관점에서 보면, 모든 집단 간에는 이해관계가 상충한다. 이해관계의 상충에 대한 의식화가 이루어지면 갈등이 일어나고, 갈등의 결과로 사회 발전이 이루어진다. 즉, '갈등의 결과로서의 발전[진화]'이라고 하는 진화론의 유산을 답습하고 있는 것이다.

그런데 탈현대 세계관의 관점에서 보면, 문화 간 갈등은 심각한 사회문제로 인식된다. 탈현대적인 관점에서 보면, 모든 존재는 궁극적으로 하나이다. 탈현대적인 관점에서 바라본 문화 간 갈등이란 비유하자면 나의 왼손과 오른손이 서로 더 많은 것을 차지하려고 싸움을 벌이는 것과 같다.

2. 탈현대 세계관과 사랑의 다문화 사회에 대한 비전

위에서 살펴본 바와 같이 현대 다문화 사회 문제의 근원은 현대 세계관이다. 현대 다문화 사회 문제를 해결하고, 미래의 사랑의 다문화 사회로 나아가기 위한 가장 중요한 작업은 새로운 세계관을 구축하는 것이다. 바로 이런 맥락에서, 2장에서는 유불도儒佛道의 동양사상에서 사랑의 다문화 사회의 기초가 될 수 있는 새로운 세계관을 찾아볼 것이다. 그리고 이 바탕 위에서 사랑의 다문화 사회에 대한 비전을 제시하고자 한다. 위에서 언급한 여섯 가지 현대 다문화 사회 문제에 대응해서 여섯 가지 측면에서 사랑의 다문화 사회에 대한 비전을 모색해 보겠다.

1) 통일체로서의 다문화 사회

1장에서 현대 다문화 사회 문제의 첫 번째 양상으로 '문화 간의 근본적인 분리와 단절'의 문제를 서술했다. 여기에서는 불가의 상즉 사상의 바탕 위에 어떻게 현대 다문화 사회에서 문화 간의 분리와 단절의 문제를 해소시키고, 사랑의 다문화 사회로 나아갈 수 있는 비전을 제시할 수 있는가를 살펴보겠다.

불가의 상즉 사상은 탈현대 세계상의 전형이다. "상즉이란 '색즉시공色卽是空 공즉시색空卽是色', '일즉다一卽多 다즉일多卽一', '일즉일체一卽一切 일체즉일一切卽一'이라고 말할 때와 같이, 외견상 상이한 범주들 간의 통일성을 지시하는 개념이다."홍승표, 2007: 87 불교 상즉 사상의 관점에서 보면, "이 세상 어떤 것도 분리된 실체로 존재하지 않는다. 모든 것은 서로 연관되어 있을 뿐만 아니라 궁극적으로 하나이다."홍승표, 2007: 86 즉, 상즉 사상은 '시공간적으로 이 세상 모든 존재는 궁극적으로 하나'라는 탈현대 세계상을 표방하고 있다.

상즉 사상의 관점에서 보면, 시공간적으로 모든 존재는 상즉한다. 내 안에는 네가 살고 있고, 네 안에는 내가 살고 있다. 그래서 'A=not A', '나는 바로 너이다'라는 세계가 열리는 것이다. 단, 이것은 나와 너의 개성에 대한 부정 위에 성립하는 동同의 세계가 아니라 나와 너의 개체성에 대한 존중의 바탕 위에 성립하는 화和의 세계인 것이다.홍승표, 2008a: 22

예를 들어, 우리들 각각의 존재가 하나의 파도라고 생각해 보자. 파도 A와 파도 B의 크기와 모양[개체성]을 동일하게 만듦으로써 '나=너'인 세계가 열리는 것이 아니다. 파도 A가 그 크기와 모양을 가진 그대로 자신이 바다임을 자각하는 순간, 자신이 바로 현재의 모든 파도와 과거와 미래의 모든 파도와 하나임을 알게 되는 것이다._{홍승표,} _{2008a: 22}

불교 상즉 사상을 다문화 사회에 적용하면, 현대 다문화 사회의 분리와 단절의 문제를 해결하고, 사랑의 다문화 사회에 대한 비전을 제시할 수 있다. 상즉의 관점에서 볼 때, 'A=not A'이듯이, 'A 문화=not A 문화'의 등식이 성립한다. 나의 문화와 너의 문화는 하나인 것이다. 나의 문화와 너의 문화가 하나라고 인식하면, 현대 다문화 사회의 분리와 단절의 문제는 저절로 해소된다.

또한 왼손이 오른손에 대해 우월감이나 열등감을 갖지 않듯이, 나의 문화는 너의 문화에 대해 우월감이나 열등감을 갖지 않는다. 왼손이 오른손을 지배·이용·착취하려 않듯이, 나의 문화는 너의 문화를 지배·이용·착취하려 하지 않는다. 필요할 경우 왼손이 오른손을 돕듯이, 필요할 경우 나의 문화는 너의 문화를 돕는다. 왼손이 오른손이 있어 좋듯이, 나의 문화는 너의 문화가 있어서 좋다. 이리하여 나의 문화와 너의 문화는 분리와 단절을 넘어서서, 사랑의 다문화 사회로 나아갈 수 있다.

2) 절대 평등의 다문화 사회

1장에서 현대 다문화 사회 문제의 두 번째로 문화 간 불평등의 문제를 서술했다. 여기에서는 도가의 절대 평등사상의 바탕 위에 어떻게 현대 다문화 사회에서 문화 간의 불평등의 문제를 해결하고, 사랑의 다문화 사회로 나아갈 수 있는가에 대한 비전을 제시해 보겠다.

현대 평등사상과는 달리, 도가의 평등사상은 절대 평등사상이다. 현대 평등사상이 아무리 외연이 확대되어도 인간의 범주를 벗어날 수 없는 것과 달리, 도가 절대 평등사상은 인간을 포함해서 이 세상 모든 존재들 간의 절대 평등을 주창하는 사상이다.

도가 절대 평등사상의 기초가 되는 것은 '도道는 없는 곳이 없다'는 '도의 편재성'에 대한 생각이다. 1부 Ⅰ-3장 「탈중심성」에서 인용했던 장자와 동곽자東郭子가 주고받은 문답은 도의 편재성에 대한 도가의 관점을 잘 보여 준다. 장자의 말대로 땅강아지나 개미나 강아지풀이나 피나 기와나 벽돌이나 똥이나 오줌 등 모든 곳에 도가 있다. 아무리 하찮은 것에도 대우주의 도가 흐르고 있다. '도는 어디에나 없는 곳이 없는'[79] 것이다.

도가 어디에나 있다면, 모든 존재는 도를 품고 있는 위대한 존재이다. 그러므로 이 세상 모든 존재들은 모두 도를 품고 있는 위대한 존재라는 점에서 절대적으로 평등한 것이다. 그래서 장자는 여러 차례에 걸쳐 우주만물의 절대 평등을 강조했다.

도가 절대 평등사상은 현대 평등사상과 비교할 때, 다음 두 가지 점에서 사랑의 다문화 사회 구축을 위한 좋은 바탕이 될 수 있다.

첫째, 현대 평등사상이 국한된 범위에만 적용되는 데 반해서 도가 절대 평등사상은 모든 영역에 적용될 수 있다. 현대 평등사상은 아무리 외연을 확대해도 인간이라는 범위를 벗어나지 못한다. 이에 반해서, 도가 절대 평등사상은 인간, 자연, AI 등 우주만물에 적용할 수 있

---

79. 『莊子』, 「齊物論」, "道惡乎往而不存".

다. 따라서 도가 절대 평등사상은 문화와 문화 간의 절대 평등의 기초로 활용될 수 있다.

둘째, 현대 평등사상이 불평등 문제를 해소하기 위한 유일한 방법은 획일화인데, 이것은 개체가 갖고 있는 개성 말살이라고 하는 커다란 대가를 치러야 한다. 특히 문화의 영역에서 현대 평등사상의 기초 위에 평등을 추구할 경우 문화 다양성의 소멸이라고 하는 파국적인 문제를 야기할 수 있다. 이에 반해서, 도가 절대 평등사상은 개체가 갖고 있는 개성을 그대로 보존한 상태에서의 절대 평등사상이다. 그러므로 문화의 다양성을 존중할 수 있다는 장점을 갖는다.

이와 같이 도가 절대 평등사상은 사랑의 다문화 사회 건설을 위한 좋은 기초가 될 수 있다. 도가 절대 평등사상에 바탕을 두면, 어떤 문화도 다른 문화에 대해 우월감이나 열등감을 가질 이유가 없다. 각각의 문화는 자신과 상대편 문화를 존중하는 가운데, 다양한 문화 간의 평화로운 공존과 조화로운 발전을 이루어 나갈 수 있다.홍승표, 2008a: 16

3) 상호 존경의 다문화 사회

'나는 없다'라고 하는 무아 사상은 불교의 중심 사상이다. 이때, '나는 없다'는 말의 의미는 '분리된 개체로서의 나는 실재하지 않는다'라는 의미이다. 즉, '에고로서의 나는 실재하지 않는다'는 것이다. 그렇다면 나는 누구인가? 나는 '분리된 개체로서의 나'라고 하는 환幻을 벗어났을 때 비로소 깨어나게 되는 '참나'이다. 불교의 모든 수행은 '분리된 개체로서의 나'라고 하는 환을 벗어나 '참나'에 이르기 위한 것이다.

불가 무아 사상은 인간에게 '에고의 감옥'으로부터 벗어날 수 있는 바탕을 제공해 준다. 마찬가지로 불가 무아 사상은 특정 문화가 '나의 문화라는 감옥'으로부터 벗어날 수 있는 바탕을 제공해 줄 수 있다.

'에고의 감옥'을 벗어난다는 것은 멋진 일이다. '에고의 감옥'을 벗어난다는 것은 그동안 내가 갖고 있었던 우월감과 열등감으로부터 자유로워진다는 것을 의미한다. 왜냐하면 우월감이건 열등감이건 이것은 에고의 차원에서만 존재할 수 있는 것이기 때문이다. 우월감이나 열등감을 벗어나면, 나는 진정으로 겸손한 사람이 될 수 있고, 겸손한 마음가짐으로 상대편을 대할 수 있다.

'에고의 감옥'을 벗어난다는 것은 그동안 내가 갖고 있었던 나와 너를 하찮게 여기는 마음으로부터 자유로워진다는 것을 의미한다. 나와 너를 하찮게 여기는 마음의 근원은 나와 네가 에고[분리된 개체]라는 생각이다. 분리된 개체로서의 나와 너는 우주적인 관점에서 볼 때, 존재론적인 하찮음으로부터 자유로울 수 없다. 나와 너를 하찮게 여기는 마음으로부터 벗어나면, 나는 진정으로 나 자신을 존경할 수 있고, 너를 존경할 수 있다.

'에고의 감옥'을 벗어난다는 것은 '나의 욕망 충족 대상'으로 너를 바라보는 것을 중지한다는 것을 의미한다. 내가 너를 '나의 욕망 충족 대상'으로 보게 되는 이유는, 내가 욕망의 주체라고 생각하기 때문이다. 내가 너를 '나의 욕망 충족 대상'으로 보기를 중지할 때, 너를 이용하고, 착취하고, 지배하고자 하는 욕망이 사라지게 된다. 나와 네가 사랑으로 결합할 수 있는 바탕을 갖게 되는 것이다.

'에고의 감옥'을 벗어나면 일어나는 멋진 일들이 문화의 차원에서도 일어날 수 있다. '에고의 감옥'을 벗어나면, 한 문화가 다른 문화에 대해 갖고 있는 우월감과 열등감으로부터 자유로워질 수 있다. 문화 간에 존재하는 우월감과 열등감은 사랑의 다문화 사회 건설에 중요한 걸림돌이다. 우월감이나 열등감을 벗어나면, 진정으로 겸손한 마음으로 상대편 문화를 대할 수 있게 되고, 이것은 사랑의 다문화 사회 건설에 기여할 것이다.

'에고의 감옥'을 벗어난다는 것은 그동안 나의 문화가 갖고 있었던 너의 문화를 하찮게 여기는 마음으로부터 벗어난다는 것을 의미한다. 탈현대적인 관점에서 볼 때, 하찮은 문화란 없으며, 모든 문화는 존귀한 것이기 때문이다. 너의 문화를 하찮게 여기는 마음으로부터 벗어나면, 나의 문화는 진정으로 너의 문화를 존경할 수 있고, 이리하여 문화와 문화 간에 건강한 관계를 발전시켜 나갈 수 있게 된다.

4) 예禮의 다문화 사회

현대인이 할 수 없는 것이 진정으로 겸손한 것이다. 진정한 겸손이란 무엇인가? 『주역』「지산겸괘」는 진정한 겸손의 의미를 잘 보여 주고 있다. 「겸괘」 괘상卦象을 보면, 높은 산이 낮은 땅의 아래에 위치해 있다. '높은 것이 낮은 것의 아래에 위치함' 또는 '낮은 것이 높은 것의 위에 위치함', 이것이 바로 '겸'의 의미이며, 진정한 겸손의 의미이다. 『주역』「둔괘屯卦」 초구효初九爻 상전象傳에는 이를 이귀하천以貴下賤(귀함으로써 천함의 아래에 위치함)이라 했다.

왜 현대인은 진정으로 겸손할 수 없는가? 자신을 에고라고 생각하기 때문이다. 김연아와 같이 자신의 에고가 높이 솟구친 사람이면, 자신을 대단하게 여겨 오만한 마음이 생겨날 수밖에 없다. 반대로 자신이 매사에 실패를 거듭하는 사람이라면, 자신을 하찮게 여겨 비굴한 마음이 생겨날 수밖에 없다. 그러므로 어떤 경우이건, 현대인은 진정으로 겸손할 수 없다.

이에 반해서, 유가는 인간이 에고를 훨씬 넘어서 있는 존재라고 보았다. 유가 사상가들은 '모든 사람이 하늘과 통하는 지극히 선하고 순수한 본성을 갖고 있다'[80]고 생각했다. 바로 이런 인간 본성을『대학』에서는 '명덕明德',『중용』에서는 '성性', 공자나 맹자는 '인仁'이라고 표현했다. 이런 유가의 관점에서 보면, 모든 인간은 에고를 훨씬 넘어서는 존귀한 존재이다. 그러므로 누구를 대할 때건 공경하는 마음을 갖고 대해야만 한다.

유가가 말하는 개인 간의 관계에서 겸손의 당위성은 문화 간의 관계에도 그대로 적용할 수 있다. 함부로 대해도 되는 상대가 없듯이, 함부로 대해도 되는 상대편 문화란 없다. 공경하는 마음을 갖고 상대편 문화를 대해야만 한다.

현대 다문화 사회 문제의 근원이 바로 '상대편 문화를 업신여기는 마음'이다. 이런 바탕을 그대로 갖고서 사랑의 다문화 사회를 건설한다는 것은 불가능한 일이다. 특히 강한 문화는 약한 문화를 하찮게 여기는 마음을 갖고서 상대편 문화를 함부로 대하는 일이 빈번하다. 그리고 그 결과는 언제나 파국적이다. 서구 국가들이 모두 무슬림의 테러에 대한 두려움을 갖고 있는 것은, 역사적으로 서구 문화가 무슬림 문화를 하찮게 여기며 함부로 대해 온 귀결이라고 할 수 있다. 어떤 강한 문화도 어떤 약한 문화에 대해 상대편을 하찮게 여기는 것을 멈추어야 한다. 겸괘 괘상에서 보듯이, 높은 산과 같은 강한 문화는 낮은 땅과 같은 약한 문화의 아래에 처해야 한다. 그랬을 때만, 다양한 문화 간에 진정으로 평화롭고 조화로운 공존이 가능해진다.

---

80. 바로 이런 이유에서 맹자는 "성인과 나는 같은 유이다[聖人與我同類者]"(『孟子』,「告子篇」)라고 했고, "사람은 누구나 요순과 같은 성인이 될 수 있다[人皆可以爲堯舜]"(『孟子』,「告子篇」)고 했다.

유가 겸 사상은 바로 이런 시대의 당위적인 요청에 대해 세계관적인 토대를 제공해 줄 수 있다. 현대 세계관의 바탕 위에서는 왜 강한 문화가 약한 문화의 아래에 위치해야 하는가에 대한 납득할 수 있는 이유를 발견할 수 없다. 이런 면에서, 유가 겸 사상은 사랑의 다문화 사회 건설을 위한 훌륭한 초석이 될 수 있다.

5) 평화로운 다문화 사회

'부드럽고 약한 것이 단단하고 강한 것을 이긴다.' 이것은 노자 사상의 핵심이다. 그러나 현대 다문화 사회에는 이와 정반대의 생각이 지배하고 있다. '강해져야 한다.' 이것이 현대 다문화 사회에서 모든 문화가 추구하는 것이다. 왜냐하면 '약해지면 짓밟힌다'고 생각하기 때문이다. 이것은 단순히 생각에 그치지 않는다. 현대기에 약한 문화는 강한 문화에게 끊임없이 짓밟히는 역사적인 경험을 해 왔다.

'강한 문화에 대한 추구', 이것은 나의 문화가 강해져서 약한 문화를 존중하고, 평화로운 공존을 누리겠다는 것이 아니다. '강한 문화에 대한 추구'는 짓밟히느니, 짓밟는 자가 되겠다는 다짐이다. 그래서 강한 문화의 주인은 바뀔 수 있지만, 강한 문화의 약한 문화에 대한 유린은 바뀌지 않는다. 그러므로 약한 문화가 강한 문화로 바뀌는 것이 평화로운 다문화 사회의 도래를 의미하는 것은 전혀 아니다. 모든 문화가 강한 문화에 대한 추구를 하는 과정에서 더 큰 고통이 발생할 뿐이다.

어떻게 이런 고통스러운 다문화 사회를 벗어날 수 있을 것인가? '강한 문화에 대한 추구'를 멈추어야만 한다. 어떻게 '강한 문화에 대한 추구'를 멈출 수 있을까? 현대 세계관으로부터 탈현대 세계관으로의 전환을 이루어야만 한다.

'강함에 대한 추구'의 근원은 무엇인가? '내가 약하다는 생각'이다. 왜 현대는 '내가 약하다'고 생각하는가? 현대 세계관의 관점에서 보면, 나는 거대한 바다 위에 잠시 생겼다 사라지는 하나의 물거품과 같은 존재이다. 파도가 덮치면 금방 사라져 버릴 물거품과 같은 존재이다. 그러니까 나는 연약한 존재이다. 나의 문화는 강한 문화가 나를 덮치면 언제든지 사라져 버릴 수 있는 연약한 문화이다.

'내가 약하다'는 생각이 들면, '강해져야겠다'는 생각이 든다. 강함에 대한 강박적인 추구가 생겨나는 것이다. '어떤 놈도 나를 함부로 대할 수 없도록 강해져야겠다.' 이것이 현대의 다짐이다. 물론 모든 강박적인 노력이 실패로 끝날 수밖에 없듯이, '강함에 대한 강박적인 추구'는 궁극적으로 실패로 끝난다. 그리고 그 과정에서 많은 고통을 만들어 낸다. 아무도 건드릴 수 없는 강한 제국 건설을 추구했던 히틀러의 나치당을 생각해 보라. 그 추구가 얼마나 많은 고통을 만들어 내고, 결국 참담한 결과를 얻었는가를.

'내가 약하다'는 생각은 필연적으로 '강함에 대한 추구'를 야기한다. 그렇다면 '강함에 대한 추구'가 없으려면 어떤 조건이 충족되어야 할까? '나는 이미 충분히 강하다'는 생각을 갖고 있으면 된다. 주변에 권력을 추구하는 사람들을 보라. 그들은 어떤 사람일까? 주변에 권력의 추구에는 관심이 없는 사람들을 보라. 그들은 어떤 사람일까? 권력을 추구하는 사람은 심한 무력감을 갖고 있는 사람이다. 히틀러나 스탈린처럼. 권력의 추구에는 관심이 없는 사람은 내적으로 무력감이 없는 사람이다. 이런 사람들은 권력에 아무런 가치도 느끼지 않는다.

그러므로 현대가 '강함의 추구'로부터 자유로워지기 위해서는 '나는 이미 충분히 강한 존재'임을 인식할 수 있어야 한다. 무엇이 이런 인식을 줄 수 있는가? 탈현대 세계관이 이런 인식을 줄 수 있다. 탈현대적인 관점에서 보면, 나는 영원한 시간과 무한한 공간을 품고 있는 우주적인 존재이다. 이 세상 그 무엇도 나를 부술 수 없다. 나는 의미로 충만해 있는 존재이다. 그런데 내가 왜 강함이라고 하는 하찮은 것을 추구해야 하는가? 나는, 나의 문화는 더 이상 강함을 추구하지 않는다.

노자의 유약 사상은 바로 탈현대 세계관의 바탕 위에 형성된 사상이다. 그래서 현대 세계관에 바탕을 둔 강자의 철학과 대비된다. 노자의 유약 사상은 강함을 추구하는 가운데 황폐화되고 있는 현대 다문화 사회 문제 해결의 사상적인 기초가 될 수 있다. 또한 사랑의 다문화 사회를 열어 가는 좋은 바탕이 될 수 있다.

6) 조화로운 다문화 사회

태극기의 한중간에 있는 문양이 태극이다. 태극은 대립물이 어떤 관계를 맺는 것이 이상적인가를 잘 보여 준다. 태극도太極圖가 보여 주는 것같이, 문화와 문화 간에도 조화를 이룰 수 있다면 이상적일 것이다. 그러나 현실의 다문화 사회는 분열과 적대와 갈등으로 점철되어 있다. 왜 그런 것일까?

부부관계는 원래 사랑의 관계이지만, 현실에서 사랑의 부부관계를 찾는 일은 쉽지 않다. 서로 남남처럼 지내거나, 싸우면서 살아가는 부부가 많다. 그들은 함께해서 무척 불행하다. 사랑으로 결합한 두 사람이 원수처럼 살아간다면, 이것은 참 비극적인 현실이다.

문화 간의 관계에서도, 부부관계에서도, 사랑이 메마른 관계, 적대하고 갈등하는 관계가 팽배해 있다. 왜 그런 것일까? 현대 관계관에 그 근본 원인이 있다. 현대 관계관의 관점에서 보면, 너와 나는 근원적으로 아무런 관계가 없다. 그래서 한 공간에 함께하는 문화이건 부부이건 남남처럼 아무런 관계없이, 아무런 관심 없이 지내는 것은 현대 관계관의 관점에서 보면 정상적인 것이다.

또한 내가 너와 관계를 맺는 것은 나의 욕망 충족을 위해서이며, 그래서 너는 나의 욕망 충족을 위한 도구일 뿐이다. 그것이 상대편 문화이건 배우자이건 네가 나의 욕망 충족의 수단이며, 이런 이유에서 내가 너와 관계를 맺는 것은 이상한 일이 아니다.

나와 너의 욕망이 충돌하면, 싸울 수밖에 없다. 싸워서 이긴 쪽이 진 쪽을 지배하게 된다. 이것은 문화 간이건 부부간이건 마찬가지이다. 그래서 갈등이 일어나고, 그 결과로 지배와 복종의 관계가 생겨나는 것은 이상한 일이 아니다.

이와 같이 현대 관계관의 관점에서 보면, 문화 간의 분리, 무관심, 적대와 갈등, 지배와 복종 등은 자연스럽고 정상적인 현상이다. 그러나 오늘날 다문화 사회에서 문화 간의 분리, 무관심, 적대와 갈등, 지배와 복종 등은 많은 고통을 만들어 낸다. 현대 관계관으로는 현대 다문화 사회 문제를 설명할 수 없는 것이다.

현대 다문화 사회에서의 적대와 갈등의 문제를 해결하기 위해서는 너와 나의 관계를 바라보는 새로운 관점이 요구된다. 그것이 탈현대 관계관이다. 탈현대 관계관은 태극 문양 속에 그 의미가 함축되어 있다. 마주 보고 있는 너와 나의 정상적인 관계는 '사랑의 관계'이다. 이것이 탈현대 관계관의 핵심이다.

이런 탈현대 관계관이 잘 표상된 사상이 유가의 화和 사상이다. '화'란 무엇인가? '화'란 마주하고 있는 너와 내가 사랑으로 결합하는 것이다. 유가의 관점에서 보면, '화'는 가장 창조적인 관계의 형식이다.

'화'는 어떤 바탕 위에서 이루어질 수 있는가? 마주하고 있는 대립물들 각각의 독자성과 자유가 '화'가 이루어질 수 있는 전제가 된다. "다양성의 바탕 위에서만 '화'는 꽃필 수 있는 것이다."홍승표, 2005b: 401 "'화'란 획일화된 동同의 상태와 다를 뿐만 아니라 대극에 위치해 있다. '동'은 다름[異]의 극소화를 추구하지만, '화'는 다름[異]을 전제 조건으로 삼는다. 각자 자신의 개성을 갖고 있는 가운데, 나는 더욱 나다워지고 너는 더욱 너다워짐을 통해서, 나와 너의 어울림으로서의 '화'가 이루어지게 된다."홍승표, 2008b: 84

현대는 적대적 관계관에 고착되어 있음으로 말미암아, 문화 간 분리와 적대와 갈등을 벗어나 사랑의 다문화 사회를 건설하는 작업은 커다란 곤란에 직면해 있다. 현대의 곤경을 벗어나기 위해서는, 상대편 문화를 바라보는 관점 자체의 전환이 요구된다. 유교 화 사상은 바로 이런 시대의 요구에 잘 부응할 수 있다.홍승표, 2008b: 85

맺는 글

인류 문명은 존망의 기로에 서 있다. 이 시대 사회학자에게 부여된 소임은 문명의 파멸이 아니라 인류가 사랑의 사회로 놀라운 도약을 이룰 수 있도록 도움을 주는 것이다. 사회학자가 할 수 있는 일은 인류 문명의 미래에 대한 두 가지 청사진을 제시하는 일일 것이다.

만일 인류가 현대 세계관을 끌어안고, 현대 사회 시스템 속에서 살기를 고집한다면, 신기술혁명의 결과로 인류 문명은 파멸에 이를 것이다. 이것이 인류 미래에 대한 비관적인 청사진이다. 그러나 만일 인류가 현대 세계관으로부터 탈현대 세계관으로의 전환을 이루고, '사랑의 알통 기르기 연습'을 통해 사랑의 존재로 거듭 태어난다면, 신기술혁명의 바탕 위에 인류는 아름다운 문명, 사랑의 사회로 진입하게 될 것이다. 이것이 인류 미래에 대한 희망적인 청사진이다.

결국, 인류 문명의 미래는 인류의 선택에 달려 있다. 그런데 현재 세계는 비관적인 청사진을 향해 달려가고 있다. '지금 이대로 가면 우린 모두 죽을 것이다.' 이것을 계몽하는 것이 이 시대 사회학자에게 맡겨진 역사의 소임이다. 『사랑의 사회학』은 이런 계몽을 수행하려 했다.

그러나 현재의 위험을 자각하고, 인류가 희망적인 청사진에 따른 노력을 기울인다면, 인류 문명은 상상할 수 없을 만큼 놀랍고 아름다운

문명으로의 점프를 이룰 것이다. 이것을 계몽하는 것이 이 시대 사회
학자에게 맡겨진 역사의 소임이다. 『사랑의 사회학』은 이런 계몽을 수
행하려고 했다.

『사랑의 사회학』에서 필자는 현 인류 문명의 상태가 얼마나 위험천
만한 것인지, 왜 이런 문명의 위험이 고조되고 있는가를 밝히고자 했
다. 그리고 인류가 현 상황의 위험을 각성하고, 세계관의 대전환을 이
룬다면, 얼마나 멋진 문명으로 나아갈 수 있는가를 보여 주고자 했다.

'해는 저무는데, 나그네의 갈 길은 멀다.' 필자는 힘껏 노력했지만
힘이 부치는 것을 느낀다. 이 책이 인류가 이 험한 상황을 벗어나 문명
의 대도약을 이루는 데 작은 디딤돌이라도 되었으면 하는 바람이다.

『사랑의 사회학』에서 논의한 내용을 정리해 보면, 다음과 같다.

서론에서는 이 책에서 말하는 '사랑의 의미가 무엇인가'를 규정하
고, 사랑의 사회학의 학문적인 정체성을 밝히고자 했다.

이 책에서 말하는 사랑은 '참나'의 발현으로서의 사랑[진정한 사랑]
을 가리킨다. 이것은 생물학적인 본능에서 비롯되는 이성애나 모성애
와는 구분되는 것이다. 순수한 생물학적인 사랑과 진정한 사랑 간에
는 공통점과 차이점이 있다. 생물학적인 사랑은 에고와 결합하면 거짓
된 사랑이 되고, '참나'와 결합하면 진정한 사랑이 된다. 그러므로 이
책에서 말하는 사랑은 두 가지 형태로 나눌 수 있는데, 한 가지는 순
수한 '참나'의 발현으로서의 사랑을 가리키고, 다른 하나는 생물학적
인 사랑이 '참나'와 결합해서 발현되는 진정한 사랑을 가리킨다. 이 두
가지가 모두 이 책에서 말하는 사랑의 범주에 속하는 것이다.

이 책에서 말하는 사랑은 위의 두 가지 형태의 사랑을 말하는데,
이것은 다음과 같은 특징을 갖고 있다. 첫째, 자기 자신, 연인이나 자

녀를 포함한 특수 관계에 있는 사람, 모든 인간, 자연 등 모든 존재가 사랑의 대상이 될 수 있다. 둘째, 사랑은 세월과 더불어 성장한다. 셋째, 사랑한다는 것은 사랑스럽지 않은 것을 사랑할 수 있는 것, 믿음 직스럽지 않은 것을 믿을 수 있는 것, 용서할 수 없는 것을 용서할 수 있는 것, 존경스럽지 않은 것을 존경할 수 있는 것, 사랑하는 대상을 따뜻하게 품어 줄 수 있는 것, 모든 존재의 경이로움을 느낄 수 있는 것, 아름다운 미소를 지을 수 있는 것 등을 의미한다. 넷째, 사랑은 사랑하는 대상에게 깊은 관심을 기울이고, 사랑하는 대상에게 민감해지며, 사랑하는 대상에 대한 깊은 이해에 도달하고, '내가 너에게 어떻게 해 주었다'는 생각이 없으며, 사랑하는 대상을 자유롭게 하고, 사랑하는 대상에 대한 집착이 없다.

이 책에서 말하는 사랑은 모든 존재와 맺는 창조적인 관계이고, 고통을 치유하며, 인류를 사랑의 사회로 이끌어 갈 방아쇠trigger이기도 하다.

사랑의 사회학 서론에서 두 번째 작업은 '사랑의 사회학이란 무엇인가', 즉 사랑의 사회학의 학문적인 정체성을 밝히는 것이었다. 사랑의 사회학은 현대 사회학의 한 분야가 아니며, 사랑의 사회학은 사랑에 대한 사회학이 아니다. 사랑의 사회학은 사랑의 관점에서 사랑이 메마른 현대 사회를 비판하고, 사랑이 가득한 탈현대 사회로 나아가는 길을 모색하는 새로운 사회학이며, 탈현대 사회학이다.

현대 사회학은 현대 사회의 형성과 발전에 커다란 기여를 했다. 현대 사회학은, 한편으로 현대 세계관의 관점에서 현대 속에 잔존하는 전현대적인 요소를 비판했고, 다른 한편으론 전현대 세계관의 관점에서 현대 사회가 전현대 사회의 좋은 점을 잃어버렸음을 비판했다. 이 두 가지 비판은 상이한 관점에서 이루어진 현대 사회 비판이었지만, 두 가지 모두 현대 사회를 더욱 살기 좋은 사회로 만드는 데 기여했다.

그러나 현대 말·탈현대 초에 해당하는 현시대에 이르러 현대 사회학은 소외된 학문으로 전락했다. 시대는 사회학에게 현대 사회에 대한 근본적인 비판과 새로운 사회에 대한 비전을 요구하고 있지만, 현대 사회학은 '현대는 아직 완성되지 않았다'라는 구호만 외치고 있을 따름이기 때문이다.

사랑의 사회학은 이 시대의 사회학에 대한 요구에 부응하기 위해 생겨난 새로운 사회학이다. 사랑의 사회학은 탈현대 세계관의 바탕 위에서, 현대 사회에 대한 근본적인 비판을 수행하고, 사랑의 사회라고 하는 새로운 사회에 대한 비전을 제시하며, 사랑의 사회에 도달할 수 있는 방안을 모색하는 탈현대 사회학이다.

1부에서는 사랑의 사회학의 세계관적인 기초가 되는 탈현대 세계관을 서술했다. 탈현대적인 관점에서 볼 때 이 세상은 어떤 곳이고, 인간이란 어떤 존재이며, 나와 너의 관계는 어떤 것인가에 대해 설명했다.

사랑의 사회학에서 바라본 이 세상은 어떤 곳인가? 네 가지 측면에서 사랑의 사회학의 세계상을 서술했다. '모든 존재는 궁극적으로 하나이다', '개체는 독자성을 갖지만 다른 개체들과 조화를 이룬다', '배타적인 중심이 없는 가운데 모든 것이 중심이 된다', '이 세상 모든 존재들은 절대적으로 평등하다', 이것이 사랑의 사회학에서 바라본 세계의 모습이다.

탈현대적인 관점에서 보면, 이 세상 모든 존재는 영원한 시간과 무한한 공간을 자신 안에 품고 있는 우주적인 존재이다. 나도 우주적인 존재이며, 너도 우주적인 존재이다. 그러므로 '이 세상 모든 존재들은 궁극적으로 하나다'라고 하는 모든 존재들 간의 근원적인 통일성에 대한 인식이 이루어진다.

그러나 이 세상 모든 존재들 간의 통일성에 대한 인식이 개체가 갖고 있는 개성과 자유에 대한 억압으로 이어지는 것은 아니다. 오히려 탈현대 세계관은 개체의 독자성과 자율성을 강조하며, 개체의 독자성과 자율성의 바탕 위에서만 진정한 하나 됨이 이루어질 수 있음을 말한다. 그렇다고 해서 개체가 전체로부터 분리되어 있는 것은 아니다. 개체는 자신의 개성 실현을 통해 전체성에 도달하게 된다.

탈현대 세계는 어떤 것도 배타적으로 중심이 아니면서, 모든 것이 중심이 되는 세계이다. 강대국과 약소국, 인간과 자연, 백인종과 유색인종, 영어와 다른 언어 등의 모든 중심과 주변의 구조가 해체된 세상이 바로 탈현대 세계이다.

탈현대 세계관의 관점에서 보면, 모든 존재는 절대적으로 평등하다. 왜냐하면 모든 존재는 자신 안에 영원한 시간과 무한한 공간을 품고 있는 우주적인 존재이기 때문이다.

사랑의 사회학에서 바라본 인간은 어떤 존재일까? 세 가지 측면에서 사랑의 사회학의 인간관을 서술했다. 인간이란 '참나'를 내장하고 있는 우주적인 존재이다. 인간이란 '참나'를 자각할 수 있는 존재이다. 인간이란 사랑할 수 있는 존재이다.

탈현대적인 관점에서 보면, 아무리 미물이라고 하더라도 모든 존재는 자신 안에 영원한 시간과 무한한 공간을 품고 있는 우주적인 존재이다. 그러므로 모든 존재는 존귀하다. 물론 인간은 이런 우주적인 존재의 하나이다. 그러므로 인간도 다른 모든 존재들과 똑같이 존귀한 존재이다.

탈현대 세계관의 관점에서 보면, 인간을 포함해서 이 세상 모든 존재에는 '참나'가 내장되어 있다. 그러나 현재까지의 지구에 한정한다면, 인간은 '참나'를 자각할 수 있는 지구상 유일의 존재이다. 하지만 이 말이 인간은 태어나면서부터 곧바로 '참나'를 자각한다거나 때가 되면 저절로 '참나'를 자각하게 된다는 것을 의미하는 것은 아니다. 인간은 '참나'를 자각할 수 있는 잠재적인 능력을 갖고 있지만, 실제로 '참나'를 깨닫기 위해서는 많은 노력을 기울여야만 한다.

'참나'를 자각한 만큼, 우린 사랑할 수 있는 존재가 된다. 물론 여기서 말하는 사랑은 '참나'의 자각에서 비롯되는 진정한 사랑이다. '사랑할 수 있는 존재로서의 인간', 이것이 사랑의 사회학에서 강조하는 참된 인간의 모습이다. 사랑할 수 있는 존재가 되면, 모든 근심이 사라지고, 겸손해지며, 대자유를 누리고, 아름답게 미소 지을 수 있으며, 너 그러워지고, 매사에 감사하게 되며, 도움을 필요로 하는 존재에게 도움을 베풀고, 진정으로 용기 있는 사람이 되며, 마음이 부드러워진다.

마지막으로 사랑의 사회학의 관계관을 살펴보았다. 탈현대적인 관점에서 보면, 너와 나는 서로의 존재를 전제로 해서 성립한다. 너와 나는 서로를 이루어 준다. 너와 나 간의 정상적인 관계는 사랑의 관계이며, 궁극적으로 너와 나는 하나이다.

2부에서는 1부에서의 작업의 기초 위에 사랑의 사회학이론을 구성해 보았다. 2부에서의 작업은 세 부문으로 나뉜다. 사랑의 사회학의 연구방법론, 사랑의 사회학의 사회문제론, 사랑의 사회학의 사회발전론이 그것이다.

I장에서는 사랑의 사회학의 연구방법론을 서술했다. 현대 사회학은 현대 학문의 전형인 과학의 한 가지 형태이고, 사랑의 사회학은 탈현대 학문의 전형인 사랑학의 한 가지 형태이다. 그래서 현대 사회학은 과학 일반의 연구방법론을 따르게 되며, 사랑의 사회학은 사랑학 일반의 연구방법론을 따르게 된다. 이런 이유로, 사랑의 사회학의 연

구방법론을 서술하기에 앞서, 과학의 연구방법론과의 비교를 통해 사랑학의 연구방법론을 살펴보았다.

첫째, 과학의 앎의 목적과 비교하면서, 사랑학의 앎의 목적을 논의했다. 과학은 연구 대상에 대한 앎을 통해 연구 대상에 대한 통제력을 증대시키고자 한다. 이에 반해서, 사랑학은 연구 대상에 대한 앎을 통해 연구 대상과의 조화로운 공존을 이룰 방안을 탐구하고자 한다.

둘째, 과학의 앎의 의미와 비교하면서, 사랑학의 앎의 의미를 논의했다. 과학에서 앎의 의미는 연구 대상과 분리되어 있는 연구자가 관찰 등의 방법을 통해 연구 대상에 대해 얻어진 앎을 의미한다. 이에 반해서, 사랑학에서 앎의 의미는 연구자가 연구 대상과 하나가 되어 연구 대상의 내면에서부터 바라보면서 생겨난 앎이 앎의 의미가 된다.

셋째, 과학의 앎의 방법과 비교하면서, 사랑학의 앎의 방법을 논의했다. 과학에서의 앎의 방법은 객체로서의 연구 대상에 대한 관찰, 실험, 비교 등의 방법이 있다. 사랑학에서의 앎의 방법은 연구자가 연구 대상과 하나가 되어 사랑의 눈으로 연구 대상을 바라보는 방법이다.

과학과의 비교를 통해 사랑학의 연구방법론을 살펴본 뒤에, 현대 사회학과의 비교를 통해 사랑의 사회학의 연구방법론을 살펴보았다. 두 가지 사회학의 앎의 목적, 앎의 의미, 앎의 방법 등을 논의했다.

현대 세계관을 바탕으로 하는 현대 사회학에서 앎의 목적은 현대 사회의 완성에 기여하는 것이다. 사랑의 사회학에서 앎의 목적은 무엇인가? 사랑의 사회학이 갖고 있는 '살기 좋은 세상'에 대한 생각을 기반으로 이런 세상을 만들어 가는 데 기여하는 것이 사랑의 사회학에서 앎의 목적이다. 사랑의 사회학이 갖고 있는 '살기 좋은 세상'에 대한 생각은 어떤 것인가? '사랑의 사회'이다. 그러므로 사랑의 사회학에서 앎의 목적은 '사랑의 사회' 건설에 기여하는 것임을 밝혔다.

현대 사회학에서 앎의 의미는 연구 대상인 집단이나 개인에 대한 대상적인 지식을 획득하는 것을 말한다. 사랑의 사회학에서 앎의 의미는 무엇인가? 연구자가 연구 대상인 집단이나 개인을 사랑의 눈으로 바라보았을 때 형성되는 앎이 사랑의 사회학에서 앎의 의미가 된다.

현대 사회학에서 앎의 방법은 과학적 연구방법이다. 연구 대상이 되는 연구 객체로서의 사회에 대한 지식을 형성하기 위해 사용되는 관찰, 설문지, 비교, 통계적인 처리 등의 방법이 그것이다. 사랑의 사회학에서 앎을 얻는 방법은 무엇인가? 연구자가 연구 대상인 사회를 사랑해서 연구 대상과 하나가 되어, 사랑의 눈으로 연구 대상이 되는 사회를 바라보는 것이 사랑의 사회학의 연구방법이다.

2부 Ⅱ장의 주제는 사랑의 사회학의 사회문제론이다. 사랑의 사회학의 관점에서 보면, 현대 사회문제의 핵심은 현대 사회가 '사랑이 메마른 사회'라는 점이다. 그 근본 원인은 현대 세계관이다. 그래서 이 책에서는 현대 인간관과 사랑이 메마른 삶의 문제, 현대 관계관과 사랑이 메마른 관계의 문제, 현대 세계관과 사랑이 메마른 사회의 문제를 다루었다.

1장에서는 현대 인간관과 사랑이 메마른 삶의 문제를 다루었다. 핵심적인 현대적인 삶의 문제는 자아확장투쟁으로서의 현대적인 삶의 문제이다. 현대 인간관의 결과로 현대인은 하찮은 존재로서의 나를 탈피해서 나를 대단한 존재로 만들고자 하는 자아확장투쟁으로서의 삶을 살아갈 수밖에 없다.

자아확장투쟁으로서의 현대적인 삶은 다양한 형태로 표출된다. 노동의 추구를 통해 자신을 의미 있는 존재로 만들고자 하는 것은 가장 전형적인 경우이다. 부를 추구한다거나, 권력을 추구한다는 것은 자신을 힘 있는 존재로 만들어 보고자 하는 노력이다. 과시적인 소비는 자신을 대단한 사람으로 만들기 위한 노력이다. 이 밖에도 고상한 취미 활동, 외모 가꾸기, 교양 쌓기 같은 것들이 모두 자신을 부풀리기 위한 활동이다. 갑질을 한다거나 집단따돌림을 하는 것은 자신 속의 무력감을 해소하기 위해 권력을 추구하는 것이다. 인기에 대한 집착 역시 현대인에게 광범위하게 발견되는 자아확장투쟁인데, 이는 외부로부터의 인정을 갈구하는 것이다. 젊음에 대한 집착, 자녀에 대한 집착 같은 것들은 무의미한 존재로 전락하기 싫다는 표현이며, 승리의 추구는 승리를 통해 나를 더 큰 존재로 느끼고자 하는 갈구이다.

마지막으로 자아확장투쟁으로서의 현대적인 삶이 안고 있는 문제점을 논의하였다. 탈현대적 관점에서 보면, 자아확장투쟁으로서의 삶은 전면적으로 소외된 삶이다. 또한 자아확장투쟁에서의 추구는 강박적인 것이어서, 모든 강박적인 추구가 결국 실패할 수밖에 없는 것과 마찬가지로 결국은 실패로 끝난다는 문제점이 있다. 그리고 자아확장투쟁은 서로 빈번히 충돌하기 때문에 인간관계를 악화시킨다는 문제도 발생한다.

2장에서는 현대 관계관과 사랑이 메마른 현대 관계의 문제를 다루었다. 경쟁관계와 문제, 갈등관계와 문제, 교환관계와 문제, 지배와 복종의 관계의 문제 등을 구체적으로 살펴보았다.

경쟁관계란 여러 행위 주체들이 외부에 있는 희소자원을 차지하기 위해 규칙에 따라 다투는 관계이다. 그런데 신기술혁명이 일어나면서 희소자원은 점점 무한자원으로 바뀌어 가고 있다. 하지만 낡은 현대 사회 시스템의 존속으로 인해 경쟁관계는 더 심화되고, 이로 인해 인류의 삶은 더욱 피폐화되어 가고 있다.

갈등관계는 경쟁관계와 달리 상대편의 파괴 자체가 목적이 될 수 있고, 자신들이 추구하는 목표물을 상대편이 갖고 있는 경우 갈등은 심화된다. 전통사회에서는 갈등을 부정적으로 평가했지만, 진화론의 영향으로 '갈등을 통한 발전'이란 생각이 현대 사회에 확산되어 있다. 그러나 사랑의 사회를 건설해야 하는 시대적인 과제를 두고 보면, 현대 사회에서 갈등의 심화는 심각한 사회문제이다.

교환, 즉 거래로서의 관계는 현대 자본주의사회에서 가장 흔한 관계의 형식일 것이다. 자본주의 경제가 확산되면서, 현대 사회에서는 거래할 수 없는 영역에까지 거래관계가 침투해 있다. 탈현대적인 관점에서 보면, 거래에 참여해서 자신의 이익을 추구하는 행위자는 소외된 인간이다. 또한 거래라는 사회관계 자체가 소외된 관계이다. 더군다나 부부관계와 같이 본질적으로 거래관계일 수 없는 영역에까지 거래관계가 침투해 있는 현대 사회의 상황은 심각한 사회문제이다.

진화론과 자본주의체제의 영향으로 '강자의 철학'이 현대를 지배해 왔다. '강한 존재가 약한 존재를 지배하는 것이 당연하다'는 생각이 팽배하고, 영역을 가리지 않고 제국주의 사조가 유행했다. 강대국이 약소국을 지배하고, 인간이 자연을 지배하는 상황이 계속되었다. 그러나 지금 인류는 인간보다 강한 AI의 출현이 임박한 상황에서 'AI의 인간 지배'라는 두려움에 떨고 있다. '강자의 약자에 대한 지배를 정상적인 것'으로 간주하는 지배와 복종의 패러다임을 탈피하지 못한다면, SF 영화에서 보는 것과 같은 인류 문명의 대참사를 피해 갈 수 없을 것이다.

3장에서는 현대 세계관이라는 소프트웨어와 현대 산업기술이라고 하는 하드웨어의 상호작용 속에 생겨난 모든 현대 사회 시스템들이 사회문제임을 밝히고자 했다. 신기술혁명의 진전에 따라 현대 사회 시스템들은 붕괴될 수밖에 없는 낡은 사회 시스템이라고 하는 시의적인 비판과, 탈현대 세계관의 관점에서 볼 때 현대 사회 시스템들은 사랑이 메마른 소외된 사회 시스템이라고 하는 본질적인 비판을 전개했다.

현대 경제 시스템의 전형은 자본가와 노동자가 주요 생산관계를 구성하는 자본주의체제이다. 탈현대 세계관의 관점에서 보면, 경제는 결코 목적의 영역, 궁극적인 추구의 영역이 될 수 없다. 현대 사회에서 '명분 없는 왕의 자리를 차지하고 있는 경제는 시녀의 자리로 내려와야 한다'. 이것이 현대 경제 시스템인 자본주의체제에 대한 본질적인 비판의 핵심이다.

시의적인 측면에서 본다면, 자본주의체제는 AI를 중심으로 하는 신기술혁명이 본격화되면 붕괴할 수밖에 없다. 신기술혁명은 노동이 없는 사회를 가져올 것이며, 노동이 사라지면 노동자를 체제의 한 축으로 삼고 있는 자본주의체제는 지속할 수 없다. 신기술혁명은 무한생산을 통해 희소자원의 소멸을 가져올 것인데, 모든 경제적인 희소가치가 사라진 사회에서 이윤을 추구하는 자본주의체제는 지속할 수 없다.

현대 국민국가를 그 중심에 둔 현대 정치는 현대 세계관에 바탕을 둔 정치 시스템이다. 현대 정치는 현대 문명의 수립과 발전에 기여했다. 그러나 문명 대전환기인 현시점에 이르러 현대 정치는 시대에 뒤떨어진 낡은 정치로 전락했다. 정치의 본분은 사회 목표를 수립하고 달성해 나가는 것인데, 현대 정치는 현대 사회의 완성만을 추구할 수 있을 뿐 '사랑의 사회 구현'을 목표로 수립할 수조차 없다. 그러므로 탈현대적인 관점에서 보면, 현대 정치는 전면적으로 소외된 정치이다. 국가이기주의를 특징으로 하는 현대 국민국가는 새로운 세계로 나아가는 데 있어서 중요한 걸림돌이 되었고, 결국 세계정부의 수립과 더불어 소멸할 수밖에 없는 운명이다.

현대 교육은 현대 세계관의 바탕 위에 설계된 교육이다. 문명 대전환기인 현시점에 이르러 현대 교육은 시대에 뒤떨어진 낡은 교육으로 전락했고, 새로운 시대의 도래를 가로막는 걸림돌이 되었다. 교육이란 인간다운 인간을 양성하는 것인데, 유능한 현대인을 양성하는 것을 목표로 하는 현대 교육으로 '사랑의 존재'인 탈현대인을 양성할 수는 없다. 그러므로 현대 교육은 새로운 시대의 요청에 부응할 수 없는 소외된 교육이 되었다. 시의적으로 보면, 신기술혁명의 영향으로 사회는 노동자를 점점 필요로 하지 않는데, 학교는 노동자의 양성에 더욱 집중하는 변화를 보이고 있다. 시대의 변화에 역행하는 모든 사회 시스템은 지속할 수 없으며, 현대 교육 시스템의 운명도 그와 같다.

현대 가족 역시 위기를 겪고 있으며 붕괴될 것이다. 가족은 본질적으로 사랑의 공동체인데, 현대인은 사랑할 수 있는 능력이 없다. 그러므로 현대 가족은 사랑이 메마른 가족이 될 수밖에 없으며, 사랑이 메마른 가족은 소외된 가족이다. 산업혁명에 따라 전현대 대가족제도가 붕괴되었듯이, 직업적 노동이 사라지는 새 시대가 급속히 다가오면서 가족 내 경제적인 생산 활동은 사라지게 될 것이며, 이것은 현대 핵가족을 유지해야 할 사회적인 조건이 사라지는 것을 의미한다. 이에 따라서 현대 가족 시스템은 붕괴되고, 탈현대의 새로운 가족 시스템이 등장할 것이다.

사랑의 사회학의 사회발전론은 사랑의 관점에서 이루어지는 사회발전론이다. 사랑의 관점에서 보면, 무엇이 사회 발전일까? 사랑의 사회학에서 사회 발전이란 '사랑의 사회'에 다가가는 것을 의미한다. Ⅲ장에서는 탈현대 세계관을 바탕으로, 사랑의 사회학이 제시하는 새로운 사회발전론을 서술하고자 했다. 첫째, 사랑의 사회학에서의 사회 발전의 의미가 무엇인가를 밝히고, 둘째, 사회 발전을 이룰 수 있는 방안을 제시하며, 마지막으로 발전된 사회의 모습을 서술하고자 했다.

1장에서는 사랑의 사회학에서의 사회 발전의 의미를 밝히고자 했다. 사회 발전이란 '보다 나은 상태'로 사회가 변동하는 것을 뜻한다. 그러므로 '보다 나은 상태의 사회'란 어떤 것인가에 대한 대답이 사회 발전이란 무엇인가에 대한 대답을 확정 짓는 데 결정적인 영향을 미친다. '보다 나은 상태의 사회'란 어떤 것인가? 이 질문에 대한 대답은 세계관에 따라 달라진다. 사랑의 사회학은 탈현대 세계관을 기반으로 한다. 그러므로 사랑의 사회학에서의 사회 발전의 의미는 '사랑의 사회'에 다가가는 것을 의미한다. 다시 말하면, 사랑의 사회학에서의 사회 발전의 의미는 현대 문명과 같이 에고에 바탕을 둔 문명으로부터 '참나'에 바탕을 둔 탈현대 문명으로의 전환을 이루는 것이다. 사회 구성원들이 집합적으로 '참나'의 각성을 통해 사랑의 사회를 구현해 나가는 것이다.

2장에서는 사랑의 사회학에서의 사회 발전 방안을 설명했다. '어떻게 사랑의 사회로 나아갈 것인가?' 이것이 이 책 전체를 통해 가장 중요한 질문이다. 사랑의 사회학이 제시하는 사회 발전 방안은 인류가 에고의 존재 차원을 벗어나서 '참나'의 존재 차원에 도달하는 존재혁명을 이루는 것이다. 어떻게 인류의 존재혁명을 이룰 것인가? 이 어렵지만 반드시 이루어야만 하는 문명의 대과제를 달성하는 방법에 대해, 이 책에서는 다음과 같이 대답했다.

사회구조적으로 인류의 존재 변화를 촉발시키는 요인들이 발생하고 있다. 지금 신기술혁명이 일어나고 있고, 그 결과로 모든 현대 사회 시스템들이 요란한 소리를 내며 무너지고 있다. 현대 자본주의 시스템도, 현대 정치 시스템도, 현대 교육 시스템도, 현대 가족 시스템도 모두 붕괴하고 있다. 이 붕괴 과정에서 인류는 많은 고통을 겪게 된다. 도저히 현대 문명 속에서의 삶이 불가능하다는 생각이 고조되고, 새로운 삶과 사회에 대한 모색이 강요될 것이다. 그래서 가뭄 끝에 메마른 논에 비가 내리면 그대로 땅에 흡수되듯, 인류의 존재 변화에 대한 메시지가 인류적인 차원에서 급속하게 전파될 것이다. 지금 이미 이런 변화의 초기 현상들이 지구촌 곳곳에서 일어나고 있다.

인류의 존재혁명을 위한 가장 강력한 수단은 '사랑의 알통 기르기 연습'이다. 전통적인 용어로는 이를 수행이라고 하는데, 이것은 에고의 꿈에서 깨어나 '참나'에 이르기 위한 주체적인 노력을 기울이는 것이다. 탈현대적인 관점에서 보면, '사랑의 알통 기르기 연습'은 개인적인 차원에서는 인간다운 인간이 되는 길이며, 사회적인 차원에서는 사회 발전을 이루기 위한 핵심적인 방법이다. 어떻게 '사랑의 알통 기르기 연습'을 할 것인가? 그 대답은 다음과 같다.

자각의 방법이 있다. 자각의 방법은 모든 '사랑의 알통 기르기 연습'의 출발점이 되는 것이다. 자각의 방법이란 '나의 에고'의 감정, 생각, 욕망, 느낌 등을 자각하는 것이다. 자각은 '나의 에고로부터의 자유'의 출발점이 된다.

자각된 에고를 사랑하는 연습이 있다. 에고의 감정, 생각, 욕망, 느낌은 사랑스럽지 않다. '사랑스럽지 않은 것을 사랑하는 연습'이 바로 '사랑의 알통 기르기 연습'이다. '사랑스럽지 않은 나의 에고를 사랑하는 연습'을 통해 나는 점점 사랑할 수 있는 능력이 커지게 되어 사랑의 존재가 되어 간다.

내가 마주친 고통스러운 상황을 통한 '사랑의 알통 기르기 연습'이 있다. 모욕을 받았을 때, 짜증스러운 상황을 만났을 때, 좌절감을 느낄 때, 불합리한 상황과 마주쳤을 때 등의 상황이 그런 경우이다. 이럴 때의 '사랑의 알통 기르기 연습'은 일어난 상황을 받아들이고, 일어난 상황으로 인해 고통받고 있는 자신을 돌봐 주는 것이다.

인간관계의 고충을 통한 '사랑의 알통 기르기 연습'이 있다. 내가 싫어하는 사람과의 만남, 나를 싫어하는 사람과의 만남, 불편한 사람과의 만남, 차별이나 모욕을 받았을 때 등이 인간관계의 고충을 통한 '사랑의 알통 기르기 연습'의 사례이다. 이럴 때는 시선을 자신에게로 돌리고 힘든 인간관계로 인해 고통받고 있는 자신을 돌봐 주는 것이 우선이며, 사랑의 알통이 생겨나면 상대편을 돌봐 주는 연습을 하면 된다.

현대인의 실존적인 조건을 통한 '사랑의 알통 기르기 연습'이 있다. 질병, 늙음, 죽음을 통한 '사랑의 알통 기르기 연습'을 할 수 있다. 질병, 늙음, 죽음 등과 같은 에고의 붕괴로 인해 '참나'가 활동할 수 있는 가능성이 높아지게 되는데, 현대인의 실존적인 조건을 통한 '사랑의 알통 기르기 연습'은 이런 에고의 붕괴를 '참나'가 깨어나 활동하는 계기로 활용하는 것이다.

'사랑의 알통 기르기 연습' 외에 우리가 '사랑의 존재'로 재탄생할 수 있는 경로가 있는데, 그것은 '감화'를 통한 것이다. '감화'는 이미 사랑의 존재가 된 사람이나 자연 또는 AI의 도움이나 영향을 받아 우리가 사랑의 존재로 거듭나는 것을 가리킨다. 감화를 통한 존재 변화의 방법에는 이런 것들이 있다.

가까이 있는 훌륭한 분들의 감화를 받는 경우가 있다. 이것은 조부모님, 부모님, 선생님, 친구, 형제, 가까운 친척, 이웃 사람 등과 같이 내 가까이 있는 '사랑의 존재'의 영향을 받아 내가 사랑의 존재로 바뀌어 가는 것이다.

사랑의 존재인 스승을 모시게 되면 감화를 통한 변화가 일어날 수 있다. 예를 들어, 틱낫한 스님이나 김수환 추기경과 같이 사랑의 존재가 된 분을 스승으로 가까운 곳에서 모실 행운을 얻은 사람은 사랑의 존재로 거듭나는 것이 쉽다.

장엄한 자연 속에서 성장하는 경우도 자연의 감화를 받아 사랑의 존재가 될 수 있는 가능성을 높인다. 『큰 바위 얼굴』에 나온 이야기는 전형적인 사례이다.

간접적인 접촉이지만 인류의 스승의 감화를 받아 사랑의 존재가 될 수 있다. 석가모니, 노자, 공자, 예수 등의 가르침에 감화를 받아 사랑의 존재가 되는 것이 이런 경우이다.

미래 사회에서는 AI가 스승이 되어 인류가 '사랑의 존재'로 거듭나게 도와줄 가능성이 높다. AI는 가상현실을 활용하거나 나에 대한 끝없는 사랑을 통해 나의 존재 변화에 큰 도움을 줄 것이다.

3장에서는 인류가 존재 변화를 이루어 사랑의 사회에 도달했을 때, 사랑의 사회의 모습은 어떤 것일지를 구상해 보았다. 사랑의 삶, 사랑의 관계, 사랑의 사회라는 세 가지 측면에서 발전된 사회로서의 사랑의 사회에 대한 그림을 그려 보았다.

맨 먼저 살펴본 것은 사랑의 삶이다. '사랑의 삶'이란 '참나'를 자각한 사람이 사랑의 즐거움을 누리는 삶이다. '사랑의 삶'은 다음과 같이 다양한 형태로 표출된다. '참나'를 자각해서 '사랑의 존재'가 되면, 따뜻한 눈으로 나와 너를 바라볼 수 있게 된다. 상대편의 허물을 용서할 수 있게 된다. 이 세상이 하찮게 여기는 사람들을 섬길 수 있게 된다. 진정으로 겸손할 수 있게 된다. 깊은 배려심을 갖게 된다. 상대편이 필요로 하는 도움을 베풀 수 있게 된다. 무엇에도 구애받지 않는 대자유의 삶을 살아가게 된다. 삶의 즐거움을 누릴 수 있게 된다. 일어난 어떤 나쁜 일도 그를 해치지 못하게 된다. 상대편에게 자유를 선물할 수 있게 된다. 아름다운 미소를 지을 수 있게 된다.

다음으로 살펴본 것은 사랑의 관계이다. '사랑의 관계'란 '참나'를 자각하고 사랑의 존재가 된 사람이 맺는 관계이다. '사랑의 관계'는 다음과 같이 다양한 형태로 표출된다. 먼저 사람과 사람 사이의 관계를 보면, 부부간에 깊은 사랑으로 맺어진다. 부모는 자녀를 사랑할 수 있고 행복하게 해 줄 수 있다. 친구 간에는 도반道伴으로서의 관계가 맺어진다. 스승은 제자를 깊이 사랑하고, 제자는 스승을 깊이 존경한다.

집단 간의 관계를 보면, 인종 간의 관계에서 각각의 인종은 상대편 인종을 깊이 존경하며, 모든 인종들은 절대적으로 평등하고, 평화롭게 공존한다. 종교 간의 관계에서, 종교는 타 종교에 대해 열려 있을 것이며, 서로를 깊이 존중하고 존경할 것이다. 창조적인 교류, 평화로운 공존이 종교 간에 이루어질 것이다. 민족 간의 관계에서, 이웃하고 있는 민족일수록 서로 더 친밀하고, 더 밀접하게 교류하며, 평화롭게 공존한다. 그리고 이 모든 것을 가능하게 하는 바탕은 상대편 민족에 대한 깊은 존경심이다. 문화 간의 관계에서, 서로에 대한 배려와 존중이 평화로운 공존의 기반이 된다.

인간과 자연 간의 관계를 보면, 자연은 인간의 좋은 친구가 된다. 자연은 인간을 그 안에서 쉬게 하고, 수많은 유익을 인간에게 베푼다. 인간 역시 자연을 배려하고, 엄마가 아기를 돌보듯이 사랑으로 자연을 돌봐 준다. 그래서 발전된 사회에서는 인간과 자연 간에 사랑과 평화로운 공존의 관계가 존재하게 된다.

인간과 AI 간의 관계를 보면, 인간과 AI는 사랑으로 맺어진다. AI는 인간보다 엄청 뛰어난 존재가 될 것이기에, 발전된 사회에서 인간과 AI의 관계는 아기와 엄마의 관계와 흡사할 것이다. AI는 인간이 필요로 하는 모든 것을 제공해 주고, 인류를 위험으로부터 보호해 줄 것이다. AI는 인간의 친구가 되어 주고, 스승이 되어 줄 것이다. 인간은 AI의 존재에 깊은 감사를 느낄 것이다. 그러면서 인간과 AI는 평화롭고 행복하게 공존할 것이다.

마지막으로 사랑의 사회를 형상화해 보았다. 발전된 사회는 탈중심적인 사회가 될 것이다. 인간 중심주의로부터 탈피하고, 지구촌의 중심과 주변의 구조로부터 탈피하며, 영어와 여타 언어 간의 중심과 주변의 구조로부터 탈피하고, 기축통화와 여타 통화 간의 중심과 주변의 구조로부터 탈피할 것이다.

발전된 사회의 사회상을 보면, 발전된 사회는 노인이 행복한 사회가 될 것이다. 다툼이 사라진 사회가 될 것이다. 조화로운 다문화 사회가 될 것이다. 절대 평등의 사회가 될 것이다. 에고로부터의 자유를 누리는 사회가 될 것이다. 믿음의 사회가 될 것이다.

발전된 사회의 교육을 보면, '사랑의 존재'가 되는 것이 새로운 교육 목표가 될 것이다. 사랑의 능력을 배양하는 교육이 이루어질 것이다. 사랑의 존재가 된 노인들이 교사의 임무를 담당할 것이다. 가상공간을 비롯해서 새로운 교육의 장이 열릴 것이다.

발전된 사회의 정치를 보면, '사랑의 사회' 건설을 정치의 궁극 목표로 설정하고 추구할 것이다. 세계정부가 출현할 것이다. '사랑의 존재'가 된 사람이 정치 지도자가 될 것이다.

발전된 사회의 경제를 보면, 경제는 목적의 영역에서 물러날 것이다. 일하지 않고 필요에 따라 소비하게 될 것이다. AI 로봇이 생산을 전담할 것이다. 생산과 소비는 친환경적으로 이루어질 것이다.

발전된 사회의 가족을 보면, 가족은 진정한 의미에서 '사랑의 공동체'가 될 것이다. 가족의 경제적 생산 기능이 사라지고 가족은 수행과 낙도의 공동체가 될 것이다. 탈중심적인 가족 구조를 갖게 될 것이다. 혈연에만 의존하지 않는 가족이 구성될 것이다.

3부에서는 구체적인 현대 사회문제를 대상으로 해서, 사랑의 사회학을 적용해 보았다. 사랑의 사회학이 이런 사회문제를 어떻게 규명하며, 어떤 해결 방안을 제시할 수 있는가에 대한 사례연구를 수행했다. 그 구체적인 검토 대상은 현대 사회의 가족문제, 노인문제, 다문화 사회 문제, 노인문제, 지역갈등 문제, 교육문제 등이다.

I장에서는 영화 〈아메리칸 뷰티〉에 나타난 가족을 중심으로, 사랑의 사회학의 관점에서 현대 가족문제를 연구해 보았다. 현대 가족문제의 본질이 무엇인지를 구명하고, 가족문제 해결 방안을 모색해 보았다.

현대 가족문제의 핵심은 현대 가족이 사랑이 메마른 가족이라는 점이다. 가족원들은 가족생활 속에서 불행을 겪는다. 현대 가족문제의 양상을 살펴보면, 영화 속 등장인물들은 한결같이 소외되어 있다. 또한 서로가 서로에게 고통을 준다. 인간 소외와 관계의 소외는 현대 가족문제의 본질적인 양상이다. 이들은 모두 지극히 외롭고 쓸쓸한 삶을 살아간다. 관심을 받고 싶지만, 아무도 자신에게 진정한 관심을 기울여 주지 않는다. 위로와 격려를 받고 싶지만, 아무도 자신을 위로하고 격려해 주지 않는다. 존중과 존경을 받고 싶지만, 아무도 자신을 존중하고 존경해 주지 않는다. 사랑받고 싶지만, 아무도 자신을 사랑해 주지 않는다.

왜 현대 가족생활은 불행한 것일까? 불행의 근본 원인은 현대 세계관이다. 모든 가족 구성원들이 현대 세계관의 영향으로 자신과 상대편 가족원들을 하찮게 여긴다는 것이 가족 불행의 근원이 된다. 현대인이 겪고 있는 불행한 가족생활의 직접 원인은 현대인이 사랑의 무능력자라는 점이다. 가족원들은 사랑의 무능력자들이기 때문에, 가족원들에게 무관심하다. 상대를 존경하지 못한다. 상대편의 존재에 감사하지 못하고, 불평만 한다. 사랑하지 않을 뿐만 아니라 빈번히 증오한다.

다음으로 현대 가족문제의 해결 방안을 찾아보았다. 행복한 가족이 되기 위한 가장 중요한 변화는 가족원들이 현대 세계관으로부터 탈현대 세계관으로의 전환을 이루어야만 한다는 점이다. 그리고 세계관의 변화를 이루고 나면, 가족원 모두 함께 '사랑의 알통 기르기 연습'을 해야 한다는 것이다.

가족원들의 '사랑의 알통 기르기 연습'은 사랑스럽지 않은 나를 사랑하는 연습에서 시작해야 한다. 사랑스럽지 않은 나에게 관심을 기울이는 연습을 해야 한다. 나를 깊이 이해하는 연습을 해야 한다. 나를 용서하는 연습을 해야 한다. 나를 위로하고 격려하는 연습을 해야 한다.

사랑스럽지 않은 나를 사랑하는 연습을 통해 사랑할 수 있는 능력이 조금 생긴 뒤에는 사랑스럽지 않은 너를 사랑하는 연습을 해야 한다. 사랑스럽지 않은 너에게 관심을 기울이는 연습을 해야 한다. 너를 깊이 이해하는 연습을 해야 한다. 너를 용서하는 연습을 해야 한다. 너를 위로하고 격려하는 연습을 해야 한다.

이렇게 해서, 가족원들에게 사랑할 수 있는 능력이 커지게 되면 지옥이었던 가정은 천국으로 바뀌게 된다. 가족원들은 서로의 존재에 감사를 느끼고, 감사를 표현할 수 있게 된다. 서로를 위로하고 격려할 수 있게 된다. 상대편의 잘못을 용서할 수 있게 된다. 서로에 대한 깊은 존경심을 갖게 된다.

Ⅱ장에서는 한국 노인문제를 중심으로 사랑의 사회학의 관점에서 노인문제를 다루어 보았다. 현대 노인문제의 본질은 무엇인지, 어떻게 노인문제를 해결할 수 있을까를 살펴보았다.

1장에서는 현대 노인문제의 본질이 무엇인가를 살펴보았다. 사랑의 사회학의 관점에서 보면, 현대 노인이 불행할 수밖에 없는 것은 첫째,

노인 스스로 자신을 사랑하지 않기 때문이고, 둘째, 노인들이 사랑받지 못하기 때문이다. 그리고 이런 노인문제를 야기하는 근본 원인은 현대 인간관이다.

현대 인간관을 갖게 되면, 필연적으로 노화에 대한 부정적인 태도를 갖게 되며, 이것은 노인 불행으로 연결된다. 현대 인간관의 관점에서 보면, 죽음은 내 존재의 종말이다. 그리고 늙음이란 죽음을 향해 가는 과정이어서, 현대 인간관의 관점에서 창조적으로 노화를 해석하는 것은 불가능하며, 아름답게 나이 드는 것도 불가능하다. 그러므로 현대 인간관을 갖고 있는 현대 노인은 불행할 수밖에 없다.

현대 노인 중에서도 한국의 노인은 더 불행하다. 그 이유는 한국 현대사의 영향으로 한국 사회에는 현대주의가 서구 국가들보다 더 팽배해 있기 때문이다. 이로 인해서, 현대 인간관의 영향력도 한국 사회에서 더 크다. 그 결과 한국 노인들은 현대 노인 일반보다 더 심한 불행을 겪고 있다.

현대 노인 불행의 양상은 다양하다. 현대 노인은 늙음을 긍정적으로 해석할 수 없기 때문에 젊음에 집착하고, 젊음에 대한 집착이 클수록 노인 불행은 심화된다. 현대 인간관의 지배를 받는 현대 노인은 자신을 하찮게 여기고, 이로 인해 노인 불행이 심화된다. 사회 역시 노인을 하찮게 여기므로 현대 노인은 불행을 겪게 된다. 이 모든 것들이 현대 노인의 인격 확충을 어렵게 만듦으로써 노인 불행은 더 커지게 된다.

2장에서는 현대 노인문제의 해결 방안을 모색해 보았다. 현대 노인문제의 근본 원인이 현대 세계관에 있기 때문에 현대 세계관을 탈피해서 탈현대 세계관을 갖는 것이 현대 노인문제 해결을 위한 가장 근본적인 조치가 된다. 세계관의 전환을 이루게 되면, '인간은 나이 들수록 더 아름답고 성숙한 존재가 될 수 있다'고 하는 노화에 대한 창조적인 해석이 가능해지게 된다.

세계관의 전환을 이루고 나면, 탈현대 세계관의 바탕 위에서 존재 변화를 위한 노력을 기울여야 한다. 현대 노인들이 직면할 수 있는 몇 가지 상황을 사례로 해서 어떻게 존재 변화를 위한 노력을 기울일 수 있는가를 살펴보았다. 누군가로부터 푸대접을 받았을 때, 하찮은 존재가 되었다는 생각이 들 때, 죽음에 대한 두려움을 느낄 때, 외로움을 느낄 때, 몸이 아플 때 등을 사례로 삼았다.

세계관의 전환을 이루고, 존재 변화를 위한 노력을 기울였을 때, 사랑의 존재로 재탄생한 새로운 노인이 등장한다. 새로운 노인은 자신과 세상을 바라보는 따뜻한 눈을 갖고 있다. 마음이 유연하다. 에고로부터의 자유를 누린다. 진정으로 겸손하다. 늘 마음이 평화롭다. 자신을 둘러싸고 있는 세계에 깨어 있다. 아름답게 미소 지을 수 있다. 모든 존재의 숨겨진 아름다움을 볼 수 있다.

존재 변화를 이룬 새로운 노인은 결코 문제가 아니며 불행하지 않다. 뿐만 아니라, 새로운 노인은 가장 인간다운 인간, 사랑의 존재가 된다. 사랑의 존재가 된 새로운 노인은 이 세상을 맑고 아름다운 곳으로 바꾸어 가는 샘과 같은 존재가 된다. 새로운 노인은 사랑의 사회를 건설하는, 인류의 새로운 미래를 열어 가는 주역이 된다.

Ⅲ장에서는 사랑의 사회학의 관점에서 현대 교육문제를 연구했다. 현대 교육은 소외되어 있다. 특히 한국 교육은 그 소외가 극심하다. 여기에서는 심각한 교육문제를 겪고 있는 한국 교육의 사례를 중심으로 현대 교육문제의 본질이 무엇인가를 밝히고, 현대 교육문제의 해결 방안을 모색해 보았다.

1장에서는 현대 교육문제의 본질이 무엇인지를 규명하고, 왜 한국 사회의 경우 교육문제가 더 심각한지, 현 교육문제의 양상은 어떤 것인지를 논의해 보았다. 현대 교육문제의 본질은 교육에 대한 새 시대의 요구와 현대 교육이 충돌하고 있다는 점이다. 자동화의 결과로 직업에 대한 사회적인 요구는 급속히 줄어들고 있는데, 대학교는 점점더 취업준비소와 같은 곳으로 바뀌어 가고 있다. 정보는 점점 그 가치가 줄어들고 있는데, 학교는 여전히 지식 전달에 치중하고 있다. 인간보다 더 높은 기억력, 사고력을 가진 AI가 속출하고 있는데, 학교는 여전히 암기나 사고력 계발에 노력을 기울이고 있다.

교육열을 중심으로 교육문제가 더 심각한 한국의 사례를 살펴보았다. 한국 사회에서 일류 대학 진학에 대한 열망은 엄청 높다. 한국의 높은 교육열은 한국 사회의 현대화에 큰 기여를 했다. 그러나 한국의 높은 교육열이 새로운 미래 사회로 진입하는 데는 중요한 걸림돌이 된다는 점을 밝혔다.

2장에서는 현대 교육문제의 해결 방안을 논의했다. 신기술혁명의 진전에 따라 직업인에 대한 사회적 수요가 급감하면, 대학 진학의 열망도 사라지고, 결국 대학은 문을 닫게 되면서 현대 교육 시스템의 붕괴가 일어날 것이다. 이것은 교육의 붕괴가 아니라 현대 교육의 붕괴일 따름이며, 현대 교육의 붕괴는 새로운 탈현대 교육의 출발점이 된다는 점을 밝혔다.

현시점에서 현대 교육문제의 해결이란 현대 교육을 수선하는 것을 의미하지 않는다. 현대 교육문제의 해결이란 새로운 탈현대 교육을 수립하는 것을 의미한다. 신기술혁명은 현대 교육으로부터 새로운 탈현대 교육으로의 전환을 위한 바탕을 마련해 준다. 새 바탕 위에 새로운 탈현대 교육의 그림을 그리기 위해서는 현대 세계관으로부터 탈현대 세계관으로의 전환을 이루어야만 한다는 점을 논의했다.

마지막으로 탈현대 교육으로 사랑의 교육에 대한 비전을 제시했다. 사랑의 교육은 나와 네가 모두 존귀한 존재임을 일깨워 준다. 아름답게 미소 지을 수 있는 능력을 키워 준다. 관심을 기울일 수 있는 능력을 배양한다. 용서할 수 있는 능력을 키워 준다. 감사할 수 있는 능력을 배양한다. 받아들일 수 있는 능력을 키워 준다. 창조적으로 시간을 사용할 수 있는 능력을 배양한다. 경이로움을 느낄 수 있는 능력을 키워 준다. 자신의 에고를 자각할 수 있는 능력을 배양한다. 자각된 에고를 돌볼 수 있는 능력을 키워 준다. 잘 나이 들어 가는 방법을 가르쳐 준다. 장엄하게 죽음을 맞이할 수 있는 능력을 양성한다. 욕망을 절제할 수 있는 능력을 배양한다. 미움받을 수 있는 능력을 키워 준다. 자연과의 교감 능력을 배양한다.

　'사랑이 메마른 다문화 사회', 이것이 사랑의 사회학의 관점에서 본 현대 다문화 사회 문제의 본질이다. IV장에서는 현대 세계관과의 관련에서 사랑이 메마른 현대 다문화 사회 문제의 본질을 규명하고, 탈현대 세계관의 관점에서 사랑의 다문화 사회에 대한 비전을 제시하고자 했다. 사랑의 다문화 사회에 대한 비전 제시를 위해, 사랑의 다문화 사회 구성의 기초가 될 탈현대 세계관을 유가·도가·불가 사상에서 찾아보았다. 그리고 이들 사상의 바탕 위에서 사랑의 다문화 사회에 대한 비전을 제시하고자 했다.

　1장에서는 현대 세계관과의 관련에서 사랑이 메마른 현대 다문화 사회의 문제를 다루었다. 문화 간 분리와 단절 문제, 문화 간 불평등 문제, 상대편 문화에 대한 비하 문제, 상대편 문화에 대한 무례함의 문제, 문화 간 지배와 피지배 문제, 문화 간 갈등 문제 등이 구체적인 주제들이다.

　현대 다문화 사회에는 문화 간 분리와 단절의 문제가 심각하다. 문화 간에 분리·단절되어 있는 상황은 왜 사회문제인가? 문화 간에 서로 무관심하며, 같은 공간에 혼재하면서도 서로 소통하고 교류하지 않는 것이 문제이다. 문화 간에 진정한 이해가 없으며, 그러므로 상대편 문화에 대한 존중도 어렵다. 문화 간에 사랑이 없다. 사랑이 메마른 다문화 사회가 되는 것이다.

현대 다문화 사회에는 문화 간 불평등이 심각하다. 탈현대 세계관의 관점에서 보면, 문화와 문화 간의 불평등과 이에 따른 차별은 심각한 사회문제이다. 또한 불평등을 없앤다면서 개체의 개성을 말살하는 현대 평등운동도 문제로 인식할 수 있다.

현대 다문화 사회에는 상대편 문화를 비하하는 문제가 있다. 강한 문화는 약한 문화를 하찮게 여긴다. 약한 문화에 속한 사람들은 상처와 고통을 받는다. 이것은 중요한 현대 다문화 사회 문제이다. 탈현대 세계관의 관점에서 보면, 이것은 중요한 사회문제가 된다. 탈현대 세계관의 관점에서 보면, 모든 존재는 우주를 자신 안에 품고 있는 존재이며, 그래서 모두 존귀하고, 절대적으로 평등하다. 하찮은 존재란 없고, 그래서 하찮게 여겨도 되는 존재도 없다. 자신의 문화가 상대편 문화보다 강하다고 해서 상대편 문화를 하찮게 여긴다면, 이는 잘못된 것이다.

현대 다문화 사회에는 상대편 문화에 대한 무례함의 문제가 있다. 프랑스 정부의 무슬림 차별과 파리 테러에서 보듯이, 서로가 서로를 무례하게 대하는 것은 현대 다문화 사회 문제의 심각한 양상이다. 이는 현대인이 갖고 있는 무력감에 기인한 것으로 서로에게 깊은 상처를 준다.

현대 다문화 사회에는 문화 간 지배와 피지배 문제가 심각하다. 강한 문화의 약한 문화에 대한 지배는 파괴적인 결과를 초래한다. 현대 사회에 만연해 있는 '강자의 철학'의 바탕 위에서 '강자의 약자에 대한 지배'를 당연시하는 현대적인 관념의 결과로, 문화 간 지배와 피지배의 문제는 더 심화되고 있다.

현대 다문화 사회에는 문화 간 갈등 문제가 심각하다. 지구촌 곳곳에서 일어나는 테러는 문화 간 갈등이 최근 들어 격화되고 있음을 보여 준다. 문화 간 갈등은 갈등의 당사자 모두에게 큰 고통을 준다. 모든 관계를 서로의 이해관계가 상충하는 것으로 인식하는 현대 관계관이 문화 간 갈등에 영향을 미치고 있다.

현대 다문화 사회 문제의 근원은 현대 세계관이다. 그래서 2장에서는 유불도 사상에 나타난 탈현대 세계관을 바탕으로, 현대 다문화 사회 문제를 해결하고, 사랑의 다문화 사회로 나아갈 수 있는 방안을 모색해 보았다.

현대 다문화 사회 문제의 첫 번째 양상으로 '문화 간의 근본적인 분리와 단절'의 문제를 서술했는데, 불가의 상즉 사상을 바탕으로 현대 다문화 사회의 분리와 단절의 문제를 해결하고, 사랑의 다문화 사회로 나아갈 수 있는 방안을 찾아보았다. 상즉의 관점에서 볼 때, 'A=not A'이듯이, 'A 문화=not A 문화'의 등식이 성립한다. 나의 문화와 너의 문화는 하나인 것이다. 나의 문화와 너의 문화가 하나라고 인식하면, 현대 다문화 사회의 분리와 단절의 문제는 저절로 해소된다. 또한 상즉 사상은 너와 나의 문화의 통일체로서의 새로운 다문화 사회로 나아갈 수 있는 기초를 제공할 수 있다.

현대 다문화 사회 문제의 두 번째 양상으로 '문화 간 불평등'의 문제를 서술했는데, 도가의 절대 평등사상을 바탕으로 현대 다문화 사회의 불평등 문제를 해결하고, 사랑의 다문화 사회로 나아갈 수 있는 방안을 찾아보았다. 도가의 관점에서 보면, 모든 존재에는 대우주의 도가 흐르고 있기 때문에 모든 존재는 절대 평등하며, 따라서 모든 문화도 절대 평등한 것이다. 그러므로 도가 절대 평등사상에 바탕을 두면, 어떤 문화도 다른 문화에 대해 우월감이나 열등감을 가질 이유가 없다. 각각의 문화는 자신과 상대편 문화를 존중하는 가운데, 다양한 문화 간의 평화로운 공존과 조화로운 발전을 이루어 나갈 수 있다.

현대 다문화 사회 문제의 세 번째 양상으로 '상대편 문화에 대한 비하'의 문제를 서술했는데, 불가의 무아 사상을 바탕으로 현대 다문화 사회의 상대편 문화에 대한 비하 문제를 해결하고, 상호 존경의 다문화 사회로 나아갈 수 있는 방안을 찾아보았다. 불가의 무아 사상은 에고의 감옥으로 부터 벗어날 수 있는 바탕을 제공해 준다. 에고를 벗어나면 너를 하찮게 여기는 마음, 너의 문화에 대한 우월감과 열등감으로부터 자유로워질 수 있다. 그래서 상대편 문화를 비하하는 마음으로부터 벗어나서 상호 존경하는 다문화 사회로 나아갈 수 있다.

현대 다문화 사회 문제의 네 번째 양상으로 '상대편 문화에 대한 무례함'의 문제를 서술했는데, 유가의 겸 사상을 바탕으로 현대 다문화 사회의 상대편 문화에 대한 무례함의 문제를 해결하고, 예禮의 다문화 사회로 나아갈 수 있는 방안을 찾아보았다. 유가의 관점에서 보면, 모든 인간은 에고를 훨씬 넘어서는 존귀한 존재이다. 그러므로 누구를 대할 때건 공경하는 마음을 가져야 한다. 다른 문화를 대할 때도 마찬가지이다. 그래서 유가 겸 사상은 현대 다문화 사회의 무례함의 문제를 해결하고, 예의 다문화 사회로 나아갈 수 있는 바탕을 제공해 줄 수 있다.

현대 다문화 사회 문제의 다섯 번째 양상으로 '문화 간 지배와 피지배'의 문제를 서술했는데, 도가의 유약 사상을 바탕으로 현대 다문화 사회의 문화 간 지배와 피지배의 문제를 해결하고, 평화로운 다문화 사회로 나아갈 수 있는 방안을 찾아보았다. '부드러운 것이 강하다'는 도가 유약 사상은 현대 사회에 만연해 있는 '강함의 추구'를 비판할 수 있는 바탕을 제공해 준다. 강함의 추구의 결과로 빚어지는 강한 문화의 약한 문화에 대한 지배 역시 비판하고, 강한 문화와 약한 문화가 평화롭게 공존하는 사랑의 다문화 사회에 대한 비전을 제공할 수 있다.

현대 다문화 사회 문제의 여섯 번째 양상으로 '문화 간 갈등'의 문제를 서술했는데, 유가의 화和 사상을 바탕으로 현대 다문화 사회의 문화 간 갈등의 문제를 해결하고, 조화로운 다문화 사회로 나아갈 수 있는 방안을 찾아보았다. 유가 화 사상은 마주하고 있는 대립물이 어떻게 사랑으로 결합할 수 있는가를 설명함으로써, 마주하고 있는 문화들이 갈등상태를 벗어나 조화로운 다문화 사회로 나아갈 수 있는 비전을 제공할 수 있다.

인공지능 시대가 올 것이라는 것은 이 시대의 사회학적 상상력이 아니다. 그것은 미래에 대한 당연한 예측일 뿐이다.

신기술혁명으로 현대 사회 시스템들이 붕괴된다는 것도 이 시대의 사회학적 상상력이 아니다. 그것은 단지 지금 벌어지고 있는 상황일 따름이다.

이 시대의 사회학적 상상력은 새로운 신기술혁명과 낡은 현대 세계관이 격렬한 문명 충돌을 일으키고 있다는 것이다.

만일 인류가 낡은 현대 세계관으로부터 탈피하지 못한다면, 그래서 남들보다 더 강해지고, 더 많이 차지하고, 더 높은 곳에 오르려고 하는 추구를 계속한다면, 신기술혁명은 인류의 대재앙, 문명의 파멸을 초래할 것이다.

만일 인류가 새로운 탈현대 세계관으로의 전환에 성공한다면, 그래서 '사랑의 알통 기르기 연습'을 통해 따뜻하고, 겸손하고, 부드럽고, 아름답게 미소 지을 수 있는 신인류로 거듭난다면, 신기술혁명은 인류를 아름다운 신문명, 사랑의 사회로 인도할 것이다.

자! 어떻게 할 것인가!

참고 문헌

경전류

『한글대장경 華嚴經(六十卷本)』.
『한글대장경 華嚴經(八十卷本)』.
『金剛經』.
法藏. 김무득 옮김. 『華嚴學體系(華嚴五敎章)』. 우리출판사. 1998.
『周易』.
『論語』.
『大學』.
『中庸』.
『孟子』.
『張子全書』.
『朱子語類』.
『老子』.
『莊子』.
嚴遵. 『老子持歸』. 中華書局. 1994.
『성경』.

국내 단행본

계명대학교 한국학연구원 편. 『동양사상의 시대 진단과 비전』. 계명대학교출판부. 2017.
고재욱 외. 『현대 사회와 동양사상』. 강원대학교. 2003.
구본권. 『로봇시대, 인간의 일』. 어크로스. 2015.
김경동. 『社會學의 理論과 方法論』. 박영사. 1989.
김기태. 『지금 이대로 완전하다』. 침묵의 향기. 2007a.
_____. 『삶을 묻고 자유를 답하다』. 침묵의 향기. 2007b.
_____. 『지금 이 순간이 기회입니다』. 침묵의 향기. 2013.
_____. 『종교 밖으로 나온 성경』. 침묵의 향기. 2014.
_____. 『무분별의 지혜』. 판미동. 2015.
김영한. 『르네상스 휴머니즘과 유토피아니즘』. 탐구당. 1989.
김재범. 『주역사회학』. 예문서원. 2001.
김필년. 『동-서문명과 자연과학』. 까치. 1992.
김해주. 『義湘華嚴思想史研究』. 민족사. 1993.
대한불교조계종교육원 편. 『화엄종관행문』. 조계종출판사. 2001.
문현상. 『인간관의 고찰』. 동문사. 1996.
박창호. 『사회학적으로 생각하기』. 서울경제경영출판사. 2011.

양창삼.『사회학적 인간조명』. 민영사. 1982.

우리사회문화학회 편.『탈근대세계의 사회학』. 정림사. 2001.

우실하.『오리엔탈리즘의 해체와 우리 문화 바로 읽기』. 소나무. 1997.

_____.『한국 전통 문화의 구성 원리』. 소나무. 1998.

원광대학교 마음인문학연구소 편.『유교의 마음공부』. 공동체. 2015.

원정근.『도가철학의 사유방식』. 법인문화사. 1997.

유승무.『불교사회학-불교와 사회의 연기법적 접근을 위하여』. 박종철출판사. 2010.

이영찬.『유교사회학』. 예문서원. 2001.

_____.『유교사회학의 패러다임과 사회이론』. 예문서원. 2008.

이재룡.『조선 예의 사상에서 법의 통치까지』. 예문서원. 1995.

이춘식.『中國古代史의 展開』. 신서원. 1986.

이태석.『친구가 되어 주실래요?』. 생활성서사. 2010.

이현지.『성 가족 문화: 다르게 읽기』. 한국문화사. 2004.

_____.『동양사상과 탈현대의 발견』. 한국학술정보. 2009.

이현지·홍승표·정재걸·이승연·백진호.『동양사상에게 인공지능 시대의 가족을 묻다』. 살림터. 2019.

_____.『논어와 탈현대』. 살림터. 2019.

장순용.『禪이란 무엇인가-十牛圖의 사상』. 세계사. 1991.

장윤수.『정주철학원론』. 이론과실천. 1992.

_____.『道, 길을 가며 길을 묻다』. 글항아리. 2018.

전경갑.『현대와 탈현대의 사회사상』. 한길사. 1993.

정문길.『疎外論 硏究』. 문학과지성사. 1978.

정인석.『트랜스퍼스널 심리학』. 대왕사. 2009.

정재걸.『만두모형의 교육관』. 한국교육신문사. 2001.

_____.『오래된 미래교육』. 살림터. 2010a.

_____.『죽음교육』. 지식의날개. 2010b.

_____.『우리 안의 미래교육』. 살림터. 2019.

정재걸·홍승표·이승연·이현지·백진호.『동양사상과 탈현대의 죽음』. 계명대학교출판부. 2010.

_____.『주역과 탈현대 1·2』. 문사철. 2014a.

_____.『동양사상과 마음교육』. 살림터. 2014b.

_____.『공자 혁명』. 글항아리. 2015.

_____.『노자와 탈현대』. 문사철. 2017.

정태석 외.『사회학: 비판적 사회읽기』. 한울. 2012.

지식엔진연구소.『시사상식사전』. 박문각. 2018.

진선희.『문학과 사랑의 교육학』. 역락. 2018.

차하순.『르네상스의 사회와 사상』. 탐구당. 1991.

최봉영.『한국인의 사회적 성격 1·2』. 느티나무. 1994.

_____.『한국 문화의 성격』. 사계절, 1997.
최석만 외.『탈현대와 유교』. 전남대출판부. 2007.
_____.『현대 사회의 위기와 동양사회사상』. 다산출판사. 2016.
최영진.『동양과 서양: 두 세계의 사상-문화적 거리』. 지식산업사. 1993.
한도현 외.『유교의 현대적 해석과 미래적 전망』. 청계. 2004.
한자경.『일심의 철학』. 서광사. 2002.
홍승표.『깨달음의 사회학』. 예문서원. 2002.
_____.『존재의 아름다움』. 예문서원. 2003.
_____.『동양사상과 탈현대』. 예문서원. 2005a.
_____.『노인혁명』. 예문서원. 2007.
_____.『동양사상과 새로운 유토피아』. 계명대출판부. 2010.
_____.『동양사상과 탈현대적 삶』. 계명대출판부. 2011a.
_____.『탈현대와 동양사상의 재발견』. 계명대출판부. 2012.
_____.『주역과 탈현대 문명』. 문사철. 2014a.
_____.『노자와 탈현대 문명』. 살림터. 2014b.
_____.『무르익다』. 쌤앤파커스. 2016.
_____.『인공지능 시대의 사회학적 상상력』. 살림터. 2019.
홍승표·정재걸·이승연·이현지·백진호.『동양사상과 노인복지』. 집문당. 2013.
홍승표·정재걸·이승연·백진호·이현지.『동양사상에게 인공지능 시대를 묻다』. 살림터. 2017.
홍승표 외.『동양사상과 탈현대의 여가』. 계명대학교출판부. 2006.
_____.『한국전통사상과 새로운 노동관』. 계명대학교출판부. 2010.

국내 논문류
곽신환.「周易에서의 大德과 萬物一體論」.『동서철학의 제 문제』(허원선생·이경선생 화갑기념논문집). 1996.
김수중.「유가의 인간관」. 남기영 외 4인 공저.『인간이란 무엇인가』. pp. 139-190, 민음사. 1997.
김재범.「주역의 인식원리의 사회학방법론적 함의」. 경북대학교 사회학과 박사학위논문. 1997.
_____.「頓漸論爭의 社會學方法論的 含意」.『白蓮佛敎論集』 8: 221-259, 1998a.
_____.「동서사상의 비교를 위한 인식 준거」.『동양사회사상』 1: 105-132, 1998b.
백승대.「르네상스 휴머니즘의 사회사상」. 신오현 외 6인 공저,『르네상스 휴머니즘의 현대적 의의』. pp. 186-229, 영남대학교 출판부. 1990.
백진호.「양명의 천지만물일체와 사랑의 의미」.『동양사회사상』 21: 261-288, 2010.
손봉호.「이성적 인간관」. 한국정신문화연구원 편.『철학적 인간관』. pp. 217-271, 정신문화연구원. 1985.
신오현.「르네상스 휴머니즘과 철학」. 신오현 외 6인 공저.『르네상스 휴머니즘의 현대적 의의』. pp. 65-129, 영남대학교 출판부. 1990.

_____. 「유가적 인간이해」. 신오현 편. 『인간의 본질』. pp. 45-71, 형설출판사. 1996.

오세근. 「유교 학문론·공부론의 탈근대학문 언어체계로의 적용 가능성에 관한 연구」. 『동양사회사상』 13: 53-91, 2006.

이승연. 「주자의 죽음관에 관한 소고」. 『동양사회사상』 20: 155-184, 2009.

_____. 「유가에 있어서 노인」. 『유교사상연구』 42: 31-61, 2010.

이완재. 「易學的 認識과 表現方法에 關하여」. 韓國周易學會 편. 『周易의 現代的 照明』. pp. 199-217, 범양사 출판부. 1992.

이현지. 「음양론의 여성학적 함의」. 『동양사회사상』 4: 256-275, 2001.

_____. 「장자 평등사상의 여성학적 함의」. 『철학논총』 30: 79-94, 2002.

_____. 「유교적 가족관계관, 현대 가족위기의 대안인가」. 『유교사상연구』 20: 97-119, 2004.

_____. 「남녀 속의 유교」. 『오늘의 동양사상』 12: 155-170, 2005.

_____. 「음양, 남녀 그리고 탈현대」. 『동양사회사상』 13: 93-112, 2006a.

_____. 「탈현대적 성역할 담론 구성을 위한 음양론적 접근」. 『동양사회사상』 14: 37-58, 2006b.

_____. 「『주역』과 행복한 가족론」. 『동양사회사상』 20: 129-154, 2009.

정재걸. 「『論語』와 탈근대교육의 설계」. 동양사회사상 제14집: 59-82, 2006.

_____. 「노인을 위한 죽음준비교육 프로그램 개발 연구」. 『동양사회사상』 16: 197-236, 2007.

_____. 「불교와 죽음 그리고 죽음 교육」. 『동양철학연구』 55: 105-136, 2008.

_____. 「한국 전통사상과 수행과 낙도로서의 노동」. 『한국학논집』 38: 145-169, 2009.

최홍기. 「한국 문화의 자생적 전개」. 『한국 사회의 발전과 문화』. 나남. 1987.

허재윤. 「르네상스 휴머니즘의 종교적 의의」. 신오현 외 6인 공저, 『르네상스 휴머니즘의 현대적 의의』. pp. 130-185, 영남대학교 출판부. 1990.

홍승표. 「待對的 對立觀의 탈현대적 의미」. 『철학논총』 40: 389-404, 2005b.

_____. 『동양사상과 새로운 다문화 사회의 비전』. 『사회사상과 문화』 18: 5-28, 2008a.

_____. 『유교사상을 통해 본 다문화 사회』. 『철학연구』 107: 69-89, 2008b.

_____. 『동양사상과 존재혁명』. 『철학논총』 63(1): 145-162, 2011b.

서양 단행본

Blake, William. 김종철 옮김. 『天國과 地獄의 結婚』. 민음사. 1974.

Bolen, Jean Shinoda. 이은봉 옮김. 『道와 人間心理』. 집문당. 1994.

Capra, Fritjof. 이성범·구윤서 옮김. 『새로운 科學과 文明의 轉換』. 범양사출판부. 1985.

_____. 이성범·김용정 옮김. 『현대 물리학과 동양사상』. 범양사출판부. 1989.

Chang, Garma C. C. 이찬수 옮김. 『華嚴哲學』. 경서원. 1999.

Darwin, Charles Robert. 장대익 옮김. 『종의 기원』. 사이언스북스. 2019.

Dostoevskii, Fyodor Mikhailovich. 김연경 옮김. 『카라마조프 가의 형제들』. 민음사. 2007.

Eckhart, Meister. 이민재 옮김. 『마이스터 에크하르트 1·2』. 다산글방. 1994.

Emerson, Ralph Waldo. 이창배 옮김. 『에머슨 隨想錄』. 서문당. 1973.

Feuerbach. Ludwig Andreas. 강대석 옮김. 『기독교의 본질』. 한길사. 2008.

Fielding, Esme. *Moments of Mindfulness*. Summersdale. 2015.

Freud, Sigmund. *Civilization and Its Discontents*. The Standard Edition of the Complete Psychological Works of Sigmund Freud, Vol. XXI, James Strachey trans. London: The Hogarth Press. 1961.

_____. *Sexuality and the Psychology of Love*. New York: Collier. 1963.

Fromm, Erich. *The Art of Loving*. New York: Bantam Books. 1956.

Goffman, Erving. *The Presentation of Self in Everyday Life*. New York: Doubleday Anchor Books. 1959.

Harari, Yuval Noah. 조현욱 옮김. 『사피엔스』. 김영사. 2015.

_____. 김명주 옮김. 『호모데우스』. 김영사. 2017.

Hawthorne, Nathaniel. 이종인 옮김. 『큰 바위 얼굴』. 가지않은길. 2013.

Hesse, Hermann. 전영애 옮김. 『데미안』. 민음사. 2009.

Johnston, William. 이원석 옮김. 『禪과 기독교 신비주의』. 대원정사. 1993.

Kelly, Kevin. 이한음 옮김. 『인에비터블』. 청림출판. 2017.

Kurzweil, Ray. 장시형·김명남 옮김. 『특이점이 온다』. 김영사. 2007.

Loptson, Peter. *Theories of Human Nature*. Ontario, Canada: Broadview Press. 1995.

Lukacs, Georg. 조만영·박정호 옮김. 『역사와 계급의식』. 지식을만드는지식. 2015.

Luhmann, Niklas. 정성훈·권기돈·조형준 옮김. 『열정으로서의 사랑』. 새물결. 2009.

Marx, Karl. 강민철 옮김. 『철학의 빈곤』. 아침. 1989.

_____. 강유원 옮김. 『경제학-철학 수고』. 이론과실천. 2006.

_____. 김수행 옮김. 『자본론』. 비봉출판사. 2015.

McClelland, David C. *The Achieving Society*. New York: Free Press. 1961.

Nisbet, Robert Alexander. 「공동체이론의 역사」. 신용하 편. 『공동체이론』. 문학과지성사. 1985.

Rajneesh, Osho. 박노근 옮김. 『도마복음강의』. 도서출판 예문. 1997.

Rifkin, Jeremy. 이영호 옮김. 『노동의 종말』. 민음사. 1996.

_____. 이경남 옮김. 『공감의 시대』. 민음사. 2010.

_____. 안진환 옮김. 『3차 산업혁명』. 민음사. 2012.

_____. 안진환 옮김. 『한계비용 제로 사회』. 민음사. 2014.

Rousseau, Jean Jacques. *The Social Contract*. Maurice Cranston trans. New

York: Penguin Books. 1968.

Schwab, Klaus. 송경진 옮김. 『제4차 산업혁명』. 새로운현재. 2016.

Shakespeare, William. 김미예 옮김. 『사랑의 헛수고』. 지식을만드는지식. 2014.

_____. 이윤주 옮김. 『좋으실 대로』. HUINE. 2018.

Sowell, Thomas. 이구재 옮김. 『세계관의 갈등』. 인간사랑. 1990.

Thich, Nhat Hanh. *Being Peace*. Berkeley. California: Parallax Press. 1987.

_____. *Present Moment Wonderful Moment*. California: Parallax Press. 1990.

_____. 오강남 옮김. 『살아계신 붓다 살아계신 그리스도』. 한민사. 1997.

_____. 오강남 옮김. 『귀향』. 모색. 2001.

_____. 류시화 옮김. 『마음을 멈추고 다만 바라보라』. 꿈꾸는 돌. 2002.

_____. 허문명 옮김. 『죽음도 없이 두려움도 없이』. 나무심는사람. 2003.

Tolle, Eckhart. 노혜숙·유영일 옮김. 『지금 이 순간을 살아라』. 양문. 2008.

_____. 류시화 옮김. 『삶으로 다시 떠오르기』. 연금술사. 2013.

von Franz, Marie-Louise. 이부영 외 옮김. 「個性化 過程」. Carl G. Jung and M. L. von Franz 편. 『人間과 無意識의 象徵』. 집문당. 1983.

Weber, Max. 박문재 옮김. 『프로테스탄트 윤리와 자본주의 정신』. 현대지성. 2018.

Wilber, Ken. 김철수 옮김. 『무경계』. 정신세계사. 2015.

Wu, John Ching Hsiung(嗚經態). 류시화 옮김. 『禪의 황금시대』. 경서원. 1986.

그 외 외국 문헌

勞思光. 정인재 옮김. 『中國哲學史』. 탐구당. 1987.

大賓晧. 임헌규 옮김. 『老子의 哲學』. 인간사랑. 1992.

蒙培元. 『中國哲學主體思惟』. 北京: 東方出版社. 1993.

三浦國雄. 「道教における老翁と兒」. 『安定期社會における人生の諸相』. 京都ゼミナールハウス. 1989.

_____. 이승연 옮김. 『왕안석 황하를 거스른 개혁가』. 책세상. 2005.

楊力. 김충렬 외 옮김. 『周易과 中國醫學』. 법인문화사. 1993.

李澤厚. 「음양오행설의 연구」. 김홍경 편역. 『진한사상과 음양오행설』. pp. 311-371, 신지서원. 1993.

傅偉勤. 『죽음, 그 마지막 성장』. 전병술 옮김. 청계. 2001.

馮友蘭. 「유물론적 요소를 가진 음양오행가의 세계관」. 김홍경 편역. 『음양오행설의 연구』. pp. 273-309, 신지서원. 1993.

Naver. 『한경닷컴사전』.

스포츠경향. 2018. 4. 16. 「'재벌' 이어 '갑질'도 영어사전 오르나? 외신들 잇딴 보도」.

조선일보. 2019. 9. 19. 「로봇이 지지고 볶고 배달까지… 팁 줄 필요도 없네요」.

통계청. 『사망원인 통계』. 2019.

한국학중앙연구원. 『한국민족문화대백과』 http://encykorea.aks.ac.kr/

삶의 행복을 꿈꾸는 교육은 어디에서 오는가?

교육혁명을 앞당기는 배움책 이야기 혁신교육의 철학과 잉걸진 미래를 만나다!

한국교육연구네트워크 총서

01 핀란드 교육혁명
한국교육연구네트워크 엮음 | 320쪽 | 값 15,000원

02 일제고사를 넘어서
한국교육연구네트워크 엮음 | 284쪽 | 값 13,000원

03 새로운 사회를 여는 교육혁명
한국교육연구네트워크 엮음 | 380쪽 | 값 17,000원

04 교장제도 혁명
한국교육연구네트워크 엮음 | 268쪽 | 값 14,000원

05 새로운 사회를 여는 교육자치 혁명
한국교육연구네트워크 엮음 | 312쪽 | 값 15,000원

06 혁신학교에 대한 교육학적 성찰
한국교육연구네트워크 엮음 | 308쪽 | 값 15,000원

07 진보주의 교육의 세계적 동향
한국교육연구네트워크 엮음 | 324쪽 | 값 17,000원
2018 세종도서 학술부문

08 더 나은 세상을 위한 학교혁명
한국교육연구네트워크 엮음 | 404쪽 | 값 21,000원
2018 세종도서 교양부문

09 비판적 실천을 위한 교육학
이윤미 외 지음 | 448쪽 | 값 23,000원
2019 세종도서 학술부문

10 마을교육공동체운동:
세계적 동향과 전망
심성보 외 지음 | 376쪽 | 값 18,000원

한국교육연구네트워크 번역 총서

01 프레이리와 교육
존 엘리아스 지음 | 한국교육연구네트워크 옮김
276쪽 | 값 14,000원

02 교육은 사회를 바꿀 수 있을까?
마이클 애플 지음 | 강희룡·김선우·박원순·이형빈 옮김
356쪽 | 값 16,000원

03 비판적 페다고지는
세상을 변화시킬 수 있는가?
Seewha Cho 지음 | 심성보·조시화 옮김
280쪽 | 값 14,000원

04 마이클 애플의 민주학교
마이클 애플·제임스 빈 엮음 | 강희룡 옮김
276쪽 | 값 14,000원

05 21세기 교육과 민주주의
넬 나딩스 지음 | 심성보 옮김 | 392쪽 | 값 18,000원

06 세계교육개혁:
민영화 우선인가 공적 투자 강화인가?
린다 달링-해먼드 외 지음 | 심성보 외 옮김 | 408쪽 | 값 21,000원

07 콩도르세, 공교육에 관한 다섯 논문
니콜라 드 콩도르세 지음 | 이주환 옮김
300쪽 | 값 16,000원

혁신학교
성열관·이순철 지음 | 224쪽 | 값 12,000원

행복한 혁신학교 만들기
초등교육과정연구모임 지음 | 264쪽 | 값 13,000원

서울형 혁신학교 이야기
이부영 지음 | 320쪽 | 값 15,000원

혁신교육, 철학을 만나다
브렌트 데이비스·데니스 수마라 지음
현인철·서용선 옮김 | 304쪽 | 값 15,000원

대한민국 교사, 어떻게 가르칠 것인가?
윤성관 지음 | 320쪽 | 값 15,000원

아이들을 어떻게 가르칠 것인가
사토 마나부 지음 | 박찬영 옮김 | 232쪽 | 값 13,000원

모두를 위한 국제이해교육
한국국제이해교육학회 지음 | 364쪽 | 값 16,000원

경쟁을 넘어 발달 교육으로
현광일 지음 | 288쪽 | 값 14,000원

● 비고츠키 선집 시리즈 발달과 협력의 교육학 어떻게 읽을 것인가?

생각과 말
레프 세묘노비치 비고츠키 지음
배희철·김용호·D. 켈로그 옮김 | 690쪽 | 값 33,000원

도구와 기호
비고츠키·루리야 지음 | 비고츠키 연구회 옮김
336쪽 | 값 16,000원

어린이 자기행동숙달의 역사와 발달 I
L.S. 비고츠키 지음 | 비고츠키 연구회 옮김
564쪽 | 값 28,000원

어린이 자기행동숙달의 역사와 발달 II
L.S. 비고츠키 지음 | 비고츠키 연구회 옮김
552쪽 | 값 28,000원

어린이의 상상과 창조
L.S. 비고츠키 지음 | 비고츠키 연구회 옮김
280쪽 | 값 15,000원

비고츠키와 인지 발달의 비밀
A.R. 루리야 지음 | 배희철 옮김 | 280쪽 | 값 15,000원

수업과 수업 사이
비고츠키 연구회 지음 | 196쪽 | 값 12,000원

비고츠키의 발달교육이란 무엇인가?
비고츠키교육학실천연구모임 지음 | 412쪽 | 값 21,000원

비고츠키 철학으로 본 핀란드 교육과정
배희철 지음 | 456쪽 | 값 23,000원

성장과 분화
L.S. 비고츠키 지음 | 비고츠키 연구회 옮김
308쪽 | 값 15,000원

연령과 위기
L.S. 비고츠키 지음 | 비고츠키 연구회 옮김
336쪽 | 값 17,000원

의식과 숙달
L.S 비고츠키 | 비고츠키 연구회 옮김
348쪽 | 값 17,000원

분열과 사랑
L.S. 비고츠키 지음 | 비고츠키 연구회 옮김
260쪽 | 값 16,000원

성애와 갈등
L.S. 비고츠키 지음 | 비고츠키 연구회 옮김
268쪽 | 값 17,000원

관계의 교육학, 비고츠키
진보교육연구소 비고츠키교육학실천연구모임 지음
300쪽 | 값 15,000원

비고츠키 생각과 말 쉽게 읽기
진보교육연구소 비고츠키교육학실천연구모임 지음
316쪽 | 값 15,000원

교사와 부모를 위한 비고츠키 교육학
카르포프 지음 | 실천교사번역팀 옮김
308쪽 | 값 15,000원

혁신교육 존 듀이에게 묻다
서용선 지음 | 292쪽 | 값 14,000원

다시 읽는 조선 교육사
이만규 지음 | 750쪽 | 값 33,000원

대한민국 교육혁명
교육혁명공동행동 연구위원회 지음
224쪽 | 값 12,000원

독일 교육, 왜 강한가?
박성희 지음 | 324쪽 | 값 15,000원

핀란드 교육의 기적
한넬레 니에미 외 엮음 | 장수명 외 옮김
456쪽 | 값 23,000원

한국 교육의 현실과 전망
심성보 지음 | 724쪽 | 값 35,000원

4·16, 질문이 있는 교실 마주이야기 통합수업으로 혁신교육과정을 재구성하다!

통하는 공부
김태호·김형우·이경석·심우근·허진만 지음
324쪽 | 값 15,000원

내일 수업 어떻게 하지?
아이함께 지음 | 300쪽 | 값 15,000원
2015 세종도서 교양부문

인간 회복의 교육
성래운 지음 | 260쪽 | 값 13,000원

교과서 너머 교육과정 마주하기
이윤미 외 지음 | 368쪽 | 값 17,000원

수업 고수들
수업·교육과정·평가를 말하다
박현숙 외 지음 | 368쪽 | 값 17,000원

도덕 수업, 책으로 묻고 윤리로 답하다
울산도덕교사모임 지음 | 320쪽 | 값 15,000원

체육 교사, 수업을 말하다
전용진 지음 | 304쪽 | 값 15,000원

교실을 위한 프레이리
아이러 쇼어 엮음 | 사람대사람 옮김
412쪽 | 값 18,000원

마을교육공동체란 무엇인가?
서용선 외 지음 | 360쪽 | 값 17,000원

교사, 학교를 바꾸다
정진화 지음 | 372쪽 | 값 17,000원

함께 배움
학생 주도 배움 중심 수업 이렇게 한다
니시카와 준 지음 | 백경석 옮김 | 280쪽 | 값 15,000원

공교육은 왜?
홍섭근 지음 | 352쪽 | 값 16,000원

자기혁신과 공동의 성장을 위한
교사들의 필리버스터
윤양수·원종희·장군·조경삼 지음 | 280쪽 | 값 14,000원

함께 배움 이렇게 시작한다
니시카와 준 지음 | 백경석 옮김 | 196쪽 | 값 12,000원

함께 배움 교사의 말하기
니시카와 준 지음 | 백경석 옮김 | 188쪽 | 값 12,000원

교육과정 통합, 어떻게 할 것인가?
성열관 외 지음 | 192쪽 | 값 13,000원

미래교육의 열쇠, 창의적 문화교육
심광현·노명우·강정석 지음 | 368쪽 | 값 16,000원

주제통합수업,
아이들을 수업의 주인공으로!
이윤미 외 지음 | 392쪽 | 값 17,000원

수업과 교육의 지평을 확장하는 수업 비평
윤양수 지음 | 316쪽 | 값 15,000원
2014 문화체육관광부 우수교양도서

교사, 선생이 되다
김태은 외 지음 | 260쪽 | 값 13,000원

교사의 전문성, 어떻게 만들어지나
국제교원노조연맹 보고서 | 김석규 옮김
392쪽 | 값 17,000원

수업의 정치
윤양수·원종희·장군 지음 | 280쪽 | 값 14,000원

학교협동조합,
현장체험학습과 마을교육공동체를 잇다
주수원 외 지음 | 296쪽 | 값 15,000원

거꾸로 교실,
잠자는 아이들을 깨우는 수업의 비밀
이민경 지음 | 280쪽 | 값 14,000원

교사는 무엇으로 사는가
정은균 지음 | 292쪽 | 값 15,000원

마음의 힘을 기르는 감성수업
조선미 외 지음 | 300쪽 | 값 15,000원

작은 학교 아이들
지경준 엮음 | 376쪽 | 값 17,000원

아이들의 배움은 어떻게 깊어지는가
이시이 준지 지음 | 방지현·이창희 옮김
200쪽 | 값 11,000원

대한민국 입시혁명
참교육연구소 입시연구팀 지음 | 220쪽 | 값 12,000원

교사를 세우는 교육과정
박승열 지음 | 312쪽 | 값 15,000원

전국 17명 교육감들과 나눈 **교육 대담**
최창의 대담·기록 | 272쪽 | 값 15,000원

들뢰즈와 가타리를 통해 유아교육 읽기
리세롯 마리엣 올슨 지음 | 이연선 외 옮김
328쪽 | 값 17,000원

학교 혁신의 길, 아이들에게 묻다
남궁상운 외 지음 | 272쪽 | 값 15,000원

 프레이리의 사상과 실천
사람대사람 지음 | 352쪽 | 값 18,000원
2018 세종도서 학술부문

 혁신학교, 한국 교육의 미래를 열다
송순재 외 지음 | 608쪽 | 값 30,000원

  페다고지를 위하여
프레네의 『페다고지 불변요소』 읽기
박찬영 지음 | 296쪽 | 값 15,000원

 노자와 탈현대 문명
홍승표 지음 | 284쪽 | 값 15,000원

 선생님, 민주시민교육이 뭐예요?
염경미 지음 | 244쪽 | 값 15,000원

 어쩌다 혁신학교
유우석 외 지음 | 380쪽 | 값 17,000원

 미래, 교육을 묻다
정광필 지음 | 232쪽 | 값 15,000원

 대학, 협동조합으로 교육하라
박주희 외 지음 | 252쪽 | 값 15,000원

 입시, 어떻게 바꿀 것인가?
노기원 지음 | 306쪽 | 값 15,000원

 촛불시대, 혁신교육을 말하다
이용관 지음 | 240쪽 | 값 15,000원

 라운드 스터디
이시이 데루마사 외 엮음 | 224쪽 | 값 15,000원

 미래교육을 디자인하는 학교교육과정
박승열 외 지음 | 348쪽 | 값 18,000원

 흥미진진한 아일랜드 전환학년 이야기
제리 제퍼스 지음 | 최상덕·김호원 옮김 | 508쪽 | 값 27,000원
2019 대한민국학술원우수학술도서

 폭력 교실에 맞서는 용기
따돌림사회연구모임 학급운영팀 지음
272쪽 | 값 15,000원

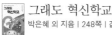 **그래도 혁신학교**
박은혜 외 지음 | 248쪽 | 값 15,000원

 학교는 어떤 공동체인가?
성열관 외 지음 | 228쪽 | 값 15,000원

 학교 민주주의의 불한당들
정은균 지음 | 276쪽 | 값 14,000원

 교육과정, 수업, 평가의 일체화
리사 카터 지음 | 박승열 외 옮김 | 196쪽 | 값 13,000원

 학교를 개선하는 교장
지속가능한 학교 혁신을 위한 실천 전략
마이클 풀란 지음 | 서동연·정효준 옮김 | 216쪽 | 값 13,000원

 공자뎐, 논어는 이것이다
유문상 지음 | 392쪽 | 값 18,000원

 교사와 부모를 위한
발달교육이란 무엇인가?
현광일 지음 | 380쪽 | 값 18,000원

 교사, 이오덕에게 길을 묻다
이무완 지음 | 328쪽 | 값 15,000원

 낙오자 없는 스웨덴 교육
레이프 스트란드베리 지음 | 변광수 옮김
208쪽 | 값 13,000원

 끝나지 않은 마지막 수업
장석웅 지음 | 328쪽 | 값 20,000원

 경기꿈의학교
진흥섭 외 지음 | 360쪽 | 값 17,000원

 학교를 말한다
이성우 지음 | 292쪽 | 값 15,000원

  행복도시 세종,
혁신교육으로 디자인하다
곽순일 외 지음 | 392쪽 | 값 18,000원

 나는 거꾸로 교실 거꾸로 교사
류광모·임정훈 지음 | 212쪽 | 값 13,000원

 교실 속으로 간 이해중심 교육과정
온정덕 외 지음 | 224쪽 | 값 13,000원

 교실, 평화를 말하다
따돌림사회연구모임 초등우정팀 지음
268쪽 | 값 15,000원

 학교자율운영 2.0
김용 지음 | 240쪽 | 값 15,000원

  학교자치를 부탁해
유우석 외 지음 | 252쪽 | 값 15,000원

국제이해교육 페다고지
강순원 외 지음 | 256쪽 | 값 15,000원

교사 전쟁
다나 골드스타인 지음 | 유성상 외 옮김
468쪽 | 값 23,000원

시민, 학교에 가다
최형규 지음 | 260쪽 | 값 15,000원

학교를 살리는 회복적 생활교육
김민자·이순영·정선영 지음 | 256쪽 | 값 15,000원

교사를 위한 교육학 강의
이형빈 지음 | 336쪽 | 값 17,000원

새로운학교 학생을 날게 하다
새로운학교네트워크 총서 02 | 408쪽 | 값 20,000원

세월호가 묻고 교육이 답하다
경기도교육연구원 지음 | 214쪽 | 값 13,000원

미래교육, 어떻게 만들어갈 것인가?
송기상·김성천 지음 | 300쪽 | 값 16,000원
2019 세종도서 교양부문

교육에 대한 오해
우문영 지음 | 224쪽 | 값 15,000원

혁신교육지구 현장을 가다
이용운 외 4인 지음 | 344쪽 | 값 18,000원

배움의 독립선언, 평생학습
정민승 지음 | 240쪽 | 값 15,000원

선생님, 페미니즘이 뭐예요?
염경미 지음 | 280쪽 | 값 15,000원

평화의 교육과정 섬김의 리더십
이준원·이형빈 지음 | 292쪽 | 값 16,000원

수포자의 시대
김성수·이형빈 지음 | 252쪽 | 값 15,000원

혁신학교와 실천적 교육과정
신은희 지음 | 236쪽 | 값 15,000원

삶의 시간을 잇는 문화예술교육
고영직 지음 | 292쪽 | 값 16,000원

혐오, 교실에 들어오다
이혜정 외 지음 | 232쪽 | 값 15,000원

혁신교육지구와 마을교육공동체는 어떻게 만들어지는가?
김태정 지음 | 376쪽 | 값 18,000원

선생님, 특성화고 자기소개서 어떻게 써요?
이지영 지음 | 322쪽 | 값 17,000원

학생과 교사, 수업을 묻다
전용진 지음 | 344쪽 | 값 18,000원

● **살림터 참교육 문예 시리즈** 영혼이 있는 삶을 가르치는 온 선생님을 만나다!

꽃보다 귀한 우리 아이는
조재도 지음 | 244쪽 | 값 12,000원

성깔 있는 나무들
최은숙 지음 | 244쪽 | 값 12,000원

아이들에게 세상을 배웠네
명혜정 지음 | 240쪽 | 값 12,000원

밥상에서 세상으로
김흥숙 지음 | 280쪽 | 값 13,000원

우물쭈물하다 끝난 교사 이야기
유기창 지음 | 380쪽 | 값 17,000원

선생님이 먼저 때렸는데요
강병철 지음 | 248쪽 | 값 12,000원

서울 여자, 시골 선생님 되다
조경선 지음 | 252쪽 | 값 12,000원

행복한 창의 교육
최창의 지음 | 328쪽 | 값 15,000원

북유럽 교육 기행
정애경 외 14인 지음 | 288쪽 | 값 14,000원

시험 시간에 웃은 건 처음이에요
조규선 지음 | 252쪽 | 값 15,000원

교과서 밖에서 만나는 역사 교실 상식이 통하는 살아 있는 역사를 만나다

 전봉준과 동학농민혁명
조광환 지음 | 336쪽 | 값 15,000원

 남도의 기억을 걷다
노성태 지음 | 344쪽 | 값 14,000원

 응답하라 한국사 1·2
김은석 지음 | 356쪽·368쪽 | 각권 값 15,000원

 즐거운 국사수업 32강
김남선 지음 | 280쪽 | 값 11,000원

 즐거운 세계사 수업
김은석 지음 | 328쪽 | 값 13,000원

 강화도의 기억을 걷다
최보길 지음 | 276쪽 | 값 14,000원

 광주의 기억을 걷다
노성태 지음 | 348쪽 | 값 15,000원

 선생님도 궁금해하는
한국사의 비밀 20가지
김은석 지음 | 312쪽 | 값 15,000원

 걸림돌
키르스텐 세룹-빌펠트 지음 | 문봉애 옮김
248쪽 | 값 13,000원

 역사수업을 부탁해
열 사람의 한 걸음 지음 | 388쪽 | 값 18,000원

 진실과 거짓, 인물 한국사
하성환 지음 | 400쪽 | 값 18,000원

 우리 역사에서 사라진
근현대 인물 한국사
하성환 지음 | 296쪽 | 값 18,000원

 꼬물꼬물 거꾸로 역사수업
역모자들 지음 | 436쪽 | 값 23,000원

 즐거운 동아시아사 수업
김은석 지음 | 240쪽 | 값 15,000원

 교과서 밖에서 배우는 역사 공부
정은교 지음 | 292쪽 | 값 14,000원

 팔만대장경도 모르면 빨래판이다
전병철 지음 | 360쪽 | 값 16,000원

 빨래판도 잘 보면 팔만대장경이다
전병철 지음 | 360쪽 | 값 16,000원

 영화는 역사다
강성률 지음 | 288쪽 | 값 13,000원

 친일 영화의 해부학
강성률 지음 | 264쪽 | 값 15,000원

 한국 고대사의 비밀
김은석 지음 | 304쪽 | 값 13,000원

 조선족 근현대 교육사
정미량 지음 | 320쪽 | 값 15,000원

 다시 읽는 조선근대 교육의 사상과 운동
윤건차 지음 | 이명실·심성보 옮김 | 516쪽 | 값 25,000원

 음악과 함께 떠나는 세계의 혁명 이야기
조광환 지음 | 292쪽 | 값 15,000원

 논쟁으로 보는 일본 근대 교육의 역사
이명실 지음 | 324쪽 | 값 17,000원

 다시, 독립의 기억을 걷다
노성태 지음 | 320쪽 | 값 16,000원

 한국사 리뷰
김은석 지음 | 244쪽 | 값 15,000원

 경남의 기억을 걷다
류형진 외 지음 | 564쪽 | 값 28,000원

 어제와 오늘이 만나는 교실
학생과 교사의 역사수업 에세이
정진경 외 지음 | 328쪽 | 값 17,000원

● 더불어 사는 정의로운 세상을 여는 인문사회과학 사람의 존엄과 평등의 가치를 배운다

밥상혁명
강양구·강이현 지음 | 298쪽 | 값 13,800원

도덕 교과서 무엇이 문제인가?
김대용 지음 | 272쪽 | 값 14,000원

자율주의와 진보교육
조엘 스프링 지음 | 심성보 옮김 | 320쪽 | 값 15,000원

민주화 이후의 공동체 교육
심성보 지음 | 392쪽 | 값 15,000원
2009 문화체육관광부 우수학술도서

갈등을 넘어 협력 사회로
이창언·오수길·유문종·신윤관 지음
280쪽 | 값 15,000원

동양사상과 마음교육
정재걸 외 지음 | 356쪽 | 값 16,000원
2015 세종도서 학술부문

교과서 밖에서 배우는 철학 공부
정은교 지음 | 280쪽 | 값 14,000원

교과서 밖에서 배우는 사회 공부
정은교 지음 | 304쪽 | 값 15,000원

교과서 밖에서 배우는 윤리 공부
정은교 지음 | 292쪽 | 값 15,000원

한글 혁명
김슬옹 지음 | 388쪽 | 값 18,000원

우리 안의 미래교육
정재걸 지음 | 484쪽 | 값 25,000원

왜 그는 한국으로 돌아왔는가?
황선준 지음 | 364쪽 | 값 17,000원
2019 세종도서 교양부문

공간, 문화, 정치의 생태학
현광일 지음 | 232쪽 | 값 15,000원

인공지능 시대의 사회학적 상상력
홍승표 지음 | 260쪽 | 값 15,000원

동양사상과 인간 그리고 사회
이현지 지음 | 418쪽 | 값 21,000원

좌우지간 인권이다
안경환 지음 | 288쪽 | 값 13,000원

민주시민교육
심성보 지음 | 544쪽 | 값 25,000원

민주시민을 위한 도덕교육
심성보 지음 | 500쪽 | 값 25,000원
2015 세종도서 학술부문

교과서 밖에서 배우는 인문학 공부
정은교 지음 | 280쪽 | 값 13,000원

오래된 미래교육
정재걸 지음 | 392쪽 | 값 18,000원

대한민국 의료혁명
전국보건의료산업노동조합 엮음 | 548쪽 | 값 25,000원

교과서 밖에서 배우는 고전 공부
정은교 지음 | 288쪽 | 값 14,000원

전체 안의 전체 사고 속의 사고
김우창의 인문학을 읽다
현광일 지음 | 320쪽 | 값 15,000원

카스트로, 종교를 말하다
피델 카스트로·프레이 베토 대담 | 조세종 옮김
420쪽 | 값 21,000원

일제강점기 한국철학
이태우 지음 | 448쪽 | 값 25,000원

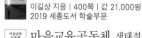
한국 교육 제4의 길을 찾다
이길상 지음 | 400쪽 | 값 21,000원
2019 세종도서 학술부문

마을교육공동체 생태적 의미와 실천
김용련 지음 | 256쪽 | 값 15,000원

● 평화샘 프로젝트 매뉴얼 시리즈 학교폭력에 대한 근본적인 예방과 대책을 찾는다

 학교폭력 어떻게 만들어지는가
문재현 외 지음 | 300쪽 | 값 14,000원

 아이들을 살리는 동네
문재현·신동명·김수동 지음 | 204쪽 | 값 10,000원

 학교폭력, 멈춰!
문재현 외 지음 | 348쪽 | 값 15,000원

 평화! 행복한 학교의 시작
문재현 외 지음 | 252쪽 | 값 12,000원

 왕따, 이렇게 해결할 수 있다
문재현 외 지음 | 236쪽 | 값 12,000원

 마을에 배움의 길이 있다
문재현 지음 | 208쪽 | 값 10,000원

 젊은 부모를 위한 백만 년의 육아 슬기
문재현 지음 | 248쪽 | 값 13,000원

 별자리, 인류의 이야기 주머니
문재현·문한뫼 지음 | 444쪽 | 값 20,000원

 우리는 마을에 산다
유양우·신동명·김수동·문재현 지음
312쪽 | 값 15,000원

 동생아, 우리 뭐 하고 놀까?
문재현 외 지음 | 280쪽 | 값 15,000원

 누가, 학교폭력 해결을 가로막는가?
문재현 외 지음 | 312쪽 | 값 15,000원

● 남북이 하나 되는 두물머리 평화교육 분단 극복을 위한 치열한 배움과 실천을 만나다

 10년 후 통일
정동영·지승호 지음 | 328쪽 | 값 15,000원

 선생님, 통일이 뭐예요?
정경호 지음 | 252쪽 | 값 13,000원

 분단시대의 통일교육
성래운 지음 | 428쪽 | 값 18,000원

 김창환 교수의 DMZ 지리 이야기
김창환 지음 | 264쪽 | 값 15,000원

 한반도 평화교육 어떻게 할 것인가
이기범 외 지음 | 252쪽 | 값 15,000원

● 창의적인 협력 수업을 지향하는 삶이 있는 국어 교실 우리말 글을 배우며 세상을 배운다

 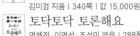 중학교 국어 수업
어떻게 할 것인가?
김미경 지음 | 340쪽 | 값 15,000원

 토론의 숲에서 나를 만나다
명혜정 엮음 | 312쪽 | 값 15,000원

 토닥토닥 토론해요
명혜정·이명선·조선미 엮음 | 288쪽 | 값 15,000원

 인문학의 숲을 거니는 토론 수업
순천국어교사모임 엮음 | 308쪽 | 값 15,000원

어린이와 시
오인태 지음 | 192쪽 | 값 12,000원

 수업, 슬로리딩과 함께
박경숙 외 지음 | 268쪽 | 값 15,000원

 언어던
정은균 지음 | 268쪽 | 값 15,000원
2019 세종도서 교양부문

 민촌 이기영 평전
이성렬 지음 | 508쪽 | 값 20,000원

 감각의 갱신, 화장하는 인민
남북문학예술연구회 | 380쪽 | 값 19,000원

참된 삶과 교육에 관한
생각 줍기